BACH-JAHRBUCH

Im Auftrag der Neuen Bachgesellschaft

herausgegeben von

Peter Wollny

106. Jahrgang 2020

EVANGELISCHE VERLAGSANSTALT

LEIPZIG

VERÖFFENTLICHUNG DER NEUEN BACHGESELLSCHAFT

Internationale Vereinigung, Sitz Leipzig

VEREINSJAHR 2020

Wissenschaftliches Gremium

Pieter Dirksen (Culemborg, NL), Stephen Roe (London),
Christoph Wolff (Cambridge, Mass.), Jean-Claude Zehnder (Basel)

Die redaktionelle Arbeit wurde unterstützt
durch das Bach-Archiv Leipzig – Stiftung bürgerlichen Rechts.
Die Neue Bachgesellschaft e.V. wird gefördert durch die Stadt Leipzig, Kulturamt

Geschäftsstelle der Neuen Bachgesellschaft: Burgstraße 1–5, 04109 Leipzig
Anschrift für Briefsendungen: PF 10 07 27, 04007 Leipzig

Anschrift des Herausgebers:
Prof. Dr. Dr. h.c. Peter Wollny, Bach-Archiv Leipzig, Thomaskirchhof 16, 04109 Leipzig
Anschrift für Briefsendungen: PF 10 13 49, 04013 Leipzig
Redaktionsschluss: 1. Juli 2020

Evangelische Verlagsanstalt GmbH, Leipzig, 2020
Printed in Germany
Notensatz: Frank Litterscheid, Hehlen
Gesamtherstellung: DZA Druckerei zu Altenburg GmbH, Altenburg
ISSN 0084-7682
ISBN 978-3-374-06625-4 // eISBN (PDF) 978-3-374-06626-1

INHALT

Besprechung

ABKÜRZUNGEN

1. Allgemein

AfMw = *Archiv für Musikwissenschaft, 1918–1926, 195 2ff.*

Am.B. = Amalien-Bibliothek (Dauerleihgabe in D-B)

Bach-
Konferenz 1985 = *Bericht über die Wissenschaftliche Konferenz zum V. Internationalen Bach-Fest der DDR Leipzig 28.–31. März 1985,* Leipzig 1987

Bach-Studien = *Bach-Studien,* 10 Bde., Leipzig 1922–1991

BC = Hans-Joachim Schulze und Christoph Wolff, *Bach Compendium. Analytisch-bibliographisches Repertorium der Werke Johann Sebastian Bachs,* Bd. I/1–4, Leipzig 1986–1989

BG = *J. S. Bachs Werke. Gesamtausgabe der Bachgesellschaft,* Leipzig 1851–1899

BJ = *Bach-Jahrbuch,* 1904 ff.

BR-CPEB = Wolfram Enßlin und Uwe Wolf, *C. P. E. Bach. Thematisch-systematisches Verzeichnis der musikalischen Werke,* Bd. 2: *Vokalwerke,* Stuttgart 2014 (Bach-Repertorium, Bd. III/2)

BR-WFB = Peter Wollny, *W. F. Bach. Thematisch-systemisches Verzeichnis der musikalischen Werke,* Stuttgart 2010 (Bach-Repertorium, Bd. II)

BT = *Sämtliche von Johann Sebastian Bach vertonte Texte,* hrsg. von Werner Neumann, Leipzig 1974

BWV = Wolfgang Schmieder, *Thematisch-systematisches Verzeichnis der musikalischen Werke von Johann Sebastian Bach. Bach-Werke-Verzeichnis,* Leipzig 1950

BWV² = *Bach-Werke-Verzeichnis* (wie oben); *2. überarbeitete und erweiterte Ausgabe,* Wiesbaden 1990

BWV²ᵃ = *Bach-Werke-Verzeichnis. Kleine Ausgabe nach der von Wolfgang Schmieder vorgelegten 2. Ausgabe,* hrsg. von Alfred Dürr und Yoshitake Kobayashi unter Mitarbeit von Kirsten Beißwenger, Wiesbaden 1998

BzBF = *Beiträge zur Bach-Forschung,* Leipzig 1982–1991

CBH = *Cöthener Bach-Hefte. Veröffentlichungen der Bach-Gedenkstätte Schloß Köthen,* Köthen 1981 ff.

DJbMw = *Deutsches Jahrbuch der Musikwissenschaft*

Dok I–VII   = *Bach-Dokumente, herausgegeben vom Bach-Archiv Leip-*
                 zig. Supplement zu Johann Sebastian Bach. Neue Ausgabe
                 sämtlicher Werke.
                 Band I: *Schriftstücke von der Hand Johann Sebastian*
                 Bachs, vorgelegt und erläutert von Werner Neumann und
                 Hans-Joachim Schulze, Leipzig und Kassel 1963
                 Band II: *Fremdschriftliche und gedruckte Dokumente zur*
                 Lebensgeschichte Johann Sebastian Bachs 1685–1750,
                 vorgelegt und erläutert von Werner Neumann und Hans-
                 Joachim Schulze, Leipzig und Kassel 1969
                 Band III: *Dokumente zum Nachwirken Johann Sebastian*
                 Bachs 1750–1800, vorgelegt und erläutert von Hans-Jo-
                 achim Schulze, Leipzig und Kassel 1972
                 Band IV: Werner Neumann, *Bilddokumente zur Lebensge-*
                 schichte Johann Sebastian Bachs, Kassel und Leipzig
                 1979
                 Band V: *Dokumente zu Leben, Werk und Nachwirken Jo-*
                 hann Sebastian Bachs 1685–1800. Neue Dokumente.
                 Nachträge und Berichtigungen zu Band I–III, vorgelegt
                 und erläutert von Hans-Joachim Schulze unter Mitarbeit
                 von Andreas Glöckner, Kassel 2007
                 Band VI: *Ausgewählte Dokumente zum Nachwirken Jo-*
                 hann Sebastian Bachs 1801–1850, hrsg. und erläutert von
                 Andreas Glöckner, Anselm Hartinger und Karen Leh-
                 mann, Kassel 2007
                 Band VII: *Johann Nikolaus Forkel. Ueber Johann Sebas-*
                 tian Bachs Leben, Kunst und Kunstwerke (Leipzig 1802).
                 Editionen. Quellen. Materialien, vorgelegt und erläutert
                 von Christoph Wolff unter Mitarbeit von Michael Maul,
                 Kassel 2008
DTÖ   = *Denkmäler der Tonkunst in Österreich,* Wien 1894ff.
Dürr Chr 2   = Alfred Dürr, *Zur Chronologie der Leipziger Vokalwerke*
                 J. S. Bachs. Zweite Auflage: Mit Anmerkungen und Nach-
                 trägen versehener Nachdruck aus Bach-Jahrbuch 1957,
                 Kassel 1976 (Musikwissenschaftliche Arbeiten, hrsg. von
                 der Gesellschaft für Musikforschung. 26.)
Dürr K   = Alfred Dürr, *Die Kantaten von Johann Sebastian Bach,*
                 Kassel und München 1971, 2. Auflage 1975
Dürr KT   = Alfred Dürr, *Die Kantaten Johann Sebastian Bachs mit*
                 ihren Texten, Kassel und München 1985
Dürr St   = Alfred Dürr, *Studien über die frühen Kantaten Johann*
                 Sebastian Bachs, Leipzig 1951

Dürr St 2	= Alfred Dürr, *Studien über die frühen Kantaten Johann Sebastian Bachs. Verbesserte und erweiterte Fassung der im Jahr 1951 erschienenen Dissertation*, Wiesbaden 1977
EDM	= *Das Erbe deutscher Musik*, 1935 ff.
Eitner Q	= Robert Eitner, *Biographisch-bibliographisches Quellenlexikon der Musiker und Musikgelehrten*, 10 Bde., Leipzig 1900–1904
Erler I–III	= Erler, Georg. *Die jüngere Matrikel der Universität Leipzig 1559–1809 als Personen- und Ortsregister bearbeitet und durch Nachträge aus den Promotionslisten ergänzt*, 3 Bde., Leipzig 1909
	Band I: *Die Immatrikulationen vom Wintersemester 1559 bis zum Sommersemester 1634*
	Band II: *Die Immatrikulationen vom Wintersemester 1634 bis zum Sommersemester 1709*
	Band III: *Die Immatrikulationen vom Wintersemester 1709 bis zum Sommersemester 1809*
Fk	= *Verzeichnis der Werke Wilhelm Friedemann Bachs*, in: Martin Falck, *Wilhelm Friedemann Bach. Sein Leben und seine Werke*, Leipzig 1913, [2]1919 (Reprint Lindau/B. 1956)
Gerber ATL	= Ernst Ludwig Gerber, *Historisch-Biographisches Lexikon der Tonkünstler*, Teil 1–2, Leipzig 1790–1792
Gerber NTL	= Ernst Ludwig Gerber, *Neues historisch-biographisches Lexikon der Tonkünstler*, Teil 1–4, Leipzig 1812–1814
Heawood	= Edward Heawood, *Watermarks, mainly of the 17th and 18th centuries*, Hilversum 1950
HoWV	= Uwe Wolf, *Gottfried August Homilius (1714–1785). Thematisches Verzeichnis der musikalischen Werke (HoWV)*, Stuttgart 2014 (Gottfried August Homilius. Ausgewählte Werke, Reihe 5: Supplement, Bd. 2)
JAMS	= *Journal of the American Musicological Society*, 1948 ff.
Jahrbuch SIM	= *Jahrbuch des Staatlichen Instituts für Musikforschung Preußischer Kulturbesitz Berlin*, 1969 ff.
Kalendarium [3]2008	= *Kalendarium zur Lebensgeschichte Johann Sebastian Bachs. Erweiterte Neuausgabe*, hrsg. von Andreas Glöckner, Leipzig und Stuttgart 2008 (Edition Bach-Archiv Leipzig)
Kobayashi Chr	= Yoshitake Kobayashi, *Zur Chronologie der Spätwerke Johann Sebastian Bachs. Kompositions- und Aufführungstätigkeit von 1736 bis 1750*, in: Bach-Jahrbuch 1988, S. 7–72

LBB	= *Leipziger Beiträge zur Bach-Forschung,* hrsg. vom Bach-Archiv Leipzig
	Band 1: *Bericht über die wissenschaftliche Konferenz anläßlich des 69. Bach-Fests der Neuen Bachgesellschaft, Leipzig 29.–30. März 1994. Passionsmusiken im Umfeld Johann Sebastian Bachs. Bach unter den Diktaturen 1933–1945 und 1945–1989,* hrsg. von Ulrich Leisinger, Hans-Joachim Schulze und Peter Wollny, Hildesheim 1995
	Band 2: Ulrich Leisinger und Peter Wollny, *Die Bach-Quellen der Bibliotheken in Brüssel – Katalog, mit einer Darstellung von Überlieferungsgeschichte und Bedeutung der Sammlungen Westphal, Fétis und Wagener,* Hildesheim 1997
	Band 3: Evelin Odrich und Peter Wollny, *Die Briefkonzepte des Johann Elias Bach,* Hildesheim 2000; zweite erweiterte Auflage 2005
	Band 4: Barbara Wiermann, *Carl Philipp Emanuel Bach. Dokumente zu Leben und Wirken aus der zeitgenössischen Hamburgischen Presse (1767–1790),* Hildesheim 2000
Mf	= *Die Musikforschung,* Kassel 1948 ff.
MGG²	= *Die Musik in Geschichte und Gegenwart. Allgemeine Enzyklopädie der Musik. Begründet von Friedrich Blume. Zweite neubearbeitete Ausgabe,* hrsg. von Ludwig Finscher, Kassel und Stuttgart 1994–2007
MuK	= *Musik und Kirche,* Kassel 1929 ff.
NBA	= *Neue Bach-Ausgabe. Johann Sebastian Bach. Neue Ausgabe sämtlicher Werke. Herausgegeben vom Johann-Sebastian-Bach-Institut Göttingen und vom Bach-Archiv Leipzig,* Leipzig, Kassel 1954–2007
NBA^rev	= *Neue Ausgabe sämtlicher Werke – Revidierte Edition. Herausgegeben vom Bach-Archiv Leipzig,* Kassel 2010 ff.
Schulze Bach-Facetten	= Hans-Joachim-Schulze, *Bach-Facetten: Essays – Studien – Miszellen,* Leipzig/Stuttgart 2017
Schulze Bach-Überlieferung	= Hans-Joachim Schulze, *Studien zur Bach-Überlieferung im 18. Jahrhundert,* Leipzig und Dresden 1984
Schulze K	= Hans-Joachim Schulze, *Die Bach-Kantaten. Einführungen zu sämtlichen Kantaten Johann Sebastian Bachs,* Leipzig und Stuttgart 2006 (Edition Bach-Archiv Leipzig)

Spitta I, II	= Philipp Spitta, *Johann Sebastian Bach,* 2 Bde., Leipzig 1873, 1880
TBSt	= *Tübinger Bach-Studien,* herausgegeben von Walter Gerstenberg.

Heft 1: Georg von Dadelsen, Bemerkungen zur Handschrift Johann Sebastian Bachs, seiner Familie und seines Kreises, Trossingen 1957

Heft 2/3: Paul Kast, *Die Bach-Handschriften der Berliner Staatsbibliothek,* Trossingen 1958

Heft 4/5: Georg von Dadelsen, *Beiträge zur Chronologie der Werke Johann Sebastian Bachs,* Trossingen 1958

TVWV	= Werner Menke, *Thematisches Verzeichnis der Vokalwerke von Georg Philipp Telemann,* 2 Bde., Frankfurt am Main 1981, 1983
Walther L	= Johann Gottfried Walther, *Musicalisches Lexicon oder Musicalische Bibliothec,* Leipzig 1732 (Reprint Kassel 1953)
Weiß	= *Katalog der Wasserzeichen in Bachs Originalhandschriften, von Wisso Weiß, unter musikwissenschaftlicher Mitarbeit von Yoshitake Kobayashi,* 2 Bde., Kassel und Leipzig 1985 (NBA IX/1)
Wq	= Alfred Wotquenne, *Thematisches Verzeichnis der Werke von Carl Philipp Emanuel Bach,* Leipzig 1905, Reprint Wiesbaden 1968

2. Bibliotheken

A-Wn	= Wien, Österreichische Nationalbibliothek, Musiksammlung
B-Bc	= Bruxelles, Conservatoire Royal de Musique, Bibliothèque
B-Br	= Bruxelles, Bibliothèque Royale Albert Ier
D-B	= Staatsbibliothek zu Berlin – Preußischer Kulturbesitz, Musikabteilung mit Mendelssohn-Archiv. Als Abkürzung für die Signaturen der Bach-Handschriften (*Mus. ms. Bach P* bzw. *St*) dienen *P* und *St*
D-Bsa	= Bibliothek der Sing-Akademie zu Berlin (Depositum in D-B)
D-Dl	= Dresden, Sächsische Landesbibliothek – Staats- und Universitätsbibliothek, Musikabteilung
D-Ha	= Hamburg, Staatsarchiv
D-HAu	= Halle/Saale, Martin-Luther-Universität, Universitäts- und Landesbibliothek
D-HER	= Herrnhut, Evangelische Brüder-Unität, Archiv
D-Hs	= Hamburg, Staats- und Universitätsbibliothek Carl von Ossietzky
D-LEb	= Leipzig, Bach-Archiv
D-LEm	= Leipzig, Städtische Bibliotheken – Musikbibliothek
D-LEst	= Leipzig, Stadtbibliothek
D-MAt	= Magdeburg, Zentrum für Telemann-Pflege und -Forschung
D-Mbs	= München, Bayerische Staatsbibliothek
D-Sla	= Stuttgart, Landeskirchliches Archiv
D-W	= Wolfenbüttel, Herzog August Bibliothek, Musikabteilung
F-Pn	= Paris, Bibliothèque Nationale
PL-GD	= Gdańsk, Biblioteka Gdańska Polskiej Akademii Nauk
RUS-SPsc	= St. Petersburg, Rossijskaja nacional'naja biblioteka
S-Skma	= Stockholm, Musik- och teaterbiblioteket

Luther – Josquin – Bach
Über Luthers Musikbegriff und Bachs Kirchenmusik

Von Friedhelm Krummacher (Kiel)

Den Freunden Werner Breig und Christoph Wolff

So oft Luthers Musikauffassung erörtert wurde, so selten wurden dabei die ihm bekannten Werke herangezogen.[1] Und wo vom lutherischen Gepräge der Kirchenmusik Bachs die Rede war, kamen kaum die Belege für Luthers Musikverständnis zur Sprache. Wie aber der Musikbegriff des Reformators nicht ohne die Werke verständlich ist, die ihm als musterhaft galten, so kann erst an ausgewählten Kompositionen einsichtig werden, was Luthers Äußerungen für Bach bedeuteten. Da von Luther zu Bach – über den Abstand zweier Jahrhunderte – kein direkter Weg führt, ist es unumgänglich, eine schrittweise Vermittlung zu suchen. So sind zunächst maßgebliche Zeugnisse Luthers zu resümieren, bevor einige ihm geläufige Werke zu nennen sind. Und ebenso bleibt zu prüfen, wieweit Bach mit Schriften Luthers vertraut war, um danach drei exemplarische Sätze hervorzuheben.[2]

I

Wer sich über Luthers Musikauffassung informieren will, sieht sich auf verstreute Aufsätze und auf ältere Bücher angewiesen, die vorwiegend von musikalisch interessierten Theologen geschrieben wurden.[3] Wie ein roter Faden zieht sich durch sie die Vorstellung, für Luther habe Musik die Aufgabe, Gottes Wort in Tönen zu verkündigen. Oskar Söhngen zufolge findet die Kirchenmusik „ihre eigentliche Sinnerfüllung doch erst dort, wo sie in den Dienst des Evangeliums tritt." Zwar sei sie als Teil der Schöpfung ein Lobpreis des Schöpfers, doch stehe sie für Luther primär „im Dienst der Exegese und der Verle-

---

[1] Vgl. MGG² Personenteil, Bd. 11 (2004), Sp. 636–654 (J. Stalmann), hier Sp. 651.

[2] Der folgende Beitrag schließt an einen früheren Versuch an, um weitere Belege und Argumente in den Blick zu nehmen; siehe F. Krummacher, *Luthers Musikbegriff und die Kirchenmusik Bachs,* in: Luther. Zeitschrift der Luther-Gesellschaft 56 (1985), S. 135–151.

[3] Aus der älteren Literatur sind drei Studien hervorzuheben: K. Anton, *Luther und die Musik.* Zwickau 1928 (mit zahlreichen Quellenbelegen); H. Preuß, *Martin Luther. Der Künstler,* Gütersloh 1931 (hier besonders S. 89–144); C. Müller, *Das Lob Gottes bei Luther, vornehmlich nach seinen Auslegungen des Psalters,* München 1934.

bendigung des Wortes".[4] Ähnlich meinte Walter Blankenburg, Luthers Gedanken „über die Bedeutung der Musik für die gottesdienstliche Verkündigung" seien „ für die Geschichte der evangelischen Kirchenmusik richtungweisend geworden"[5]. Nach Christhard Mahrenholz rückte Luther die Musik in eine „über alle anderen Künste […] hinausgehende Nähe zum Wort", die sie als „wortverhaftet und wortgebunden, worttragend und wortdarbietend" erscheinen lasse."[6] Und der Bach-Forscher Friedrich Smend – auch er vorab Theologe – wollte in symbolischen Zahlen, durch die Bach das Wort Gottes auslege, das lutherische Gepräge seiner Vokalwerke nachweisen, die „das Werk Luthers, die Predigt des Wortes und immer nur des Wortes, mit ihren Mitteln weitertreiben".[7] Dagegen bestand Friedrich Blume 1931 darauf, bei der „Beurteilung von Luthers Musikanschauung" sei zwischen dem „Liebhaber" kunstvoller Musik und seinem Wirken „als praktischer Theologe" zu unterscheiden.[8] Damit aber zog er sich den Vorwurf des Theologen Christoph Wetzel zu, in dieser Trennung Luther „als Prediger und Lehrer des Evangeliums […] in das Schema einer säkularen Anthropologie" zu pressen.[9] Auf theologischer Seite berief man sich oft auf Luthers Wort, daß erst „die Noten den Text lebendig machen".[10] Ergänzend wurde darauf verwiesen, daß nach Luther dem Menschen „die Stimme mit der Rede" verliehen sei, um „Gott mit Gesängen und Worten zugleich zu loben".[11] Der Satz aus den Tischreden, auf den man sich vielfach bezog, lautet in seiner lateinischen Fassung: „Sic praedicavit Deus evangelium etiam per musicam".[12] Die Aussage, Gott

[4] O. Söhngen, *Theologische Grundlagen der Kirchenmusik,* in: Leiturgia. Handbuch des evangelischen Gottesdienstes, Bd. IV: Die Musik des evangelischen Gottesdienstes, Kassel 1961, S. 1–266, hier S. 73 und 79.

[5] W. Blankenburg, *Der mehrstimmige Gesang und die konzertierende Musik im evangelischen Gottesdienst,* ebenda, S. 661–719, hier S. 671.

[6] C. Mahrenholz, *Luther und die Kirchenmusik,* in: Mahrenholz, Musicologica et Liturgica. Gesammelte Aufsätze, hrsg. von K. F. Müller, Kassel 1960, S. 136–153, hier S. 141 und 147.

[7] F. Smend, *Luther und Bach* (1947), in: Smend, Bach-Studien. Gesammelte Reden und Aufsätze, hrsg. von C. Wolff, Kassel 1969, S. 153–175, hier S. 163.

[8] F. Blume, *Die evangelische Kirchenmusik,* Potsdam 1931, S. 5.

[9] C. Wetzel, *Studie zur Musikanschauung Martin Luthers,* in: Musik und Kirche 25 (1955), S. 238–245 und S. 274–279, hier S. 277; vgl. auch ders., *Die Träger des geistlichen Amtes,* in: Leiturgia, Bd. IV (wie Fußnote 4), S. 269–341, hier S. 301 f.

[10] Zitiert bei Söhngen (wie Fußnote 4), S. 79, sowie bei Mahrenholz (wie Fußnote 6), S. 146.

[11] Blankenburg (wie Fußnote 5), S. 670.

[12] *D. Martin Luthers Werke,* hrsg. von J. K. F. Knaake et al., 120 Bde., Weimar 1883–2009 (Weimarer Ausgabe), Abteilung 2, Bd. 2, Tischreden, Nr. 1263; nach dieser Edition (abgekürzt WA) werden die Tischreden (TR) fortan mit Nummern und weitere Texte mit Band- und Seitenzahlen zitiert.

habe das Evangelium auch durch die Musik verkündet, bedeutet aber keineswegs, die Aufgabe der Kirchenmusik liege primär in der Verkündigung. Eher war gemeint, Musik als solche künde bereits vom Evangelium Gottes. Luther aber hatte zugleich hinzugefügt „ut videtur in Josquin" – womit er nachdrücklich auf den kunstvollsten Komponisten seiner Zeit verwies. Die theologischen Diskussionen, die in Kürze referiert wurden, müssen hier nicht weiter verfolgt werden. Denn die Standpunkte, die lange als unverrückbar erschienen, sind mittlerweile nicht nur durch die kirchenmusikalische Praxis überholt, sondern auch durch neuere theologische Beiträge in Frage gestellt worden.[13] Nach wie vor blieb dabei aber offen, welche Werke es waren, die Luther bei seinen Äußerungen über Musik im Blick hatte. Zwar wurde niemals übersehen, daß die Verbindung von Sprache und Musik eine elementare Einsicht Luthers war, die ihn dazu befähigte, die frühen Muster des protestantischen Kirchenliedes zu formen.[14] Doch wurde von theologischer Seite kaum wahrgenommen, wie vertraut Luther mit der mehrstimmigen Musik seiner Zeit war.[15] Als grundlegender Entwurf seiner Musikauffassung gilt ein thesenhafter Text „Über die Musik", der wahrscheinlich um 1530 notiert wurde:[16]

Περί τῆς μουσικῆς | μουοικὴν ἐράω | Eciam damnantes non placent Schwermerii, | Quia | 1. Dei donum non hominum est, | 2. Quia facit letos animos | 3. Quia fugat diabolum | 4. Quia innocens gaudium facit, | interim pereunt irae libidines Superbia. | Proximum locum do Musicae post Theologiam. Hoc patet exemplo David et omnium prophetarum, qui sua omnia metris et cantibus mandaverunt. | 5. Quia pacis tempore regnat. Duces Bavariae laudo in hoc, quia Musicam colunt, Apud nos Saxones arma et Bombardae praedicantur.

Die Liebe zur Musik, die sich von musikfeindlichen Schwärmern abgrenzt, gründet in der Erfahrung, daß Musik die Seelen fröhlich mache, den Teufel verjage, unschuldige Freude bewirke, Zorn, Begierde und Hochmut vertreibe und im Frieden herrsche. Zwar folgen solche Hinweise Vorstellungen der An-

---

[13] M. Silesius Viertel, *Kirchenmusik zwischen Kerygma und Charisma. Anmerkungen zu einer protestantischen Theologie der Musik,* in: Jahrbuch für Liturgik und Hymnologie 29 (1985), S. 111–123, sowie die eingehende Darstellung von C. Krummacher, *Musik als praxis pietatis. Zum Selbstverständnis evangelischer Kirchenmusik,* Göttingen 1994, hier besonders S. 14–33.

[14] Vgl. dazu zusammenfassend Stalmann (wie Fußnote 1), S. 640–645.

[15] Dagegen hatte Blume schon 1931 nachdrücklich auf Luthers musikalische Kenntnisse hingewiesen (wie Fußnote 8, S. 5–7).

[16] Vgl. die diplomatisch getreue Wiedergabe WA 30 II, S. 695f., sowie die deutsche Übersetzung bei Söhngen (wie Fußnote 4), S. 69f. Entsprechende Formulierungen finden sich ferner in TR, Nr. 7034.

tike, die seit Augustinus immer wieder aufgegriffen wurden.[17] Ihnen geht jedoch die Einsicht voraus, Musik sei Gottes und nicht der Menschen Gabe. Daraus aber ergibt sich die Folgerung, der Musik gebühre nach dem Zeugnis der Sänger des Alten Testaments der Platz nächst der Theologie. So konnte Luther auch die Musikpflege der bayerischen Herzöge loben, während in Sachsen nur Waffen zu hören seien. Zuvor schon hatte Luther 1524 die Vorrede zum Wittenberger Gesangbuch geschrieben, das von dem Torgauer Hofkapellmeister Johann Walter herausgegeben wurde.[18] Lagen bis dahin nur kleine Liederhefte vor, so bildete Walters Werk das erste größere Gesangbuch der Reformation.[19] Es enthielt aber nicht nur Texte und Melodien, sondern bot die Lieder in kunstvoller Mehrstimmigkeit. Offensichtlich entsprach das einem Wunsch Luthers, der in seiner Vorrede betonte, die Lieder seien „in vier stimmen bracht/ nicht aus anderer ursach/ denn das ich gern wolte die jugent/ die doch sonst sol vnd mus in der Musica vnd andern rechten künsten erzogen werde/ etwas hette/ damit die der BulLieder vnd fleischlichen Gesenge los wurde/ vnd an derselben stat/ etwas heilsames lernete/ vnd also das gute mit lust/ wie den jungen gebürt/ eingienge." Daß damit „Buhl-Lieder" verhindert werden sollen, scheint zwar die Musik in moralisch-didaktische Dienste zu nehmen, doch wird gerade mehrstimmigen Sätzen die Fähigkeit zugetraut, zur Einübung in die Künste beizutragen.

Vierzehn Jahre später (1538) erschien die lateinische Vorrede zu den *Symphoniae jucundae,* einer Ausgabe anspruchsvoller Motetten für die Schulkantoreien, die zur Reihe der Musikdrucke des seit 1523 in Wittenberg tätigen Verlegers Georg Rhau gehörten.[20] In deutscher Fassung wurde der Text noch 1605 als *Encomion musices* von Michael Praetorius veröffentlicht.[21] Luthers umfängliches Vorwort – fraglos das wichtigste Zeugnis seines Musikbegriffs – führt von der unbelebten Natur über die Laute aller Geschöpfe zum menschlichen Gesang, um ihr Ziel in der mehrstimmigen Kunstmusik zu finden. Am

---

[17] Söhngen (wie Fußnote 4), S. 91 f., sowie B. A. Föllmi, *Das Weiterwirken der Musikanschauung Augustins im 16. Jahrhundert,* Bern 1954 (Europäische Hochschulschriften. XXXVI/116.), S. 126–131.

[18] J. Walter, *Geystliche gesangk Buchleyn,* Wittenberg 1524, hrsg. von O. Schröder, Kassel 1943 (mit Faksimile der Vorrede aus dem Tenor-Stimmbuch von 1551).

[19] *Das deutsche Kirchenlied* (DKL), hrsg. von K. Ameln, M. Jenny und W. Lipphardt, Bd. I/1: *Verzeichnis der Drucke,* Kassel 1975, S. 3–6.

[20] G. Rhau, *Symphoniae jucundae* 1538, hrsg. von Hans Albrecht, Kassel 1959 (Musikdrucke aus den Jahren 1538 bis 1545, Bd. 3), S. XV.

[21] M. Praetorius, *Musae Sioniae* I (1605), hrsg. von R. Gerber, Wolfenbüttel und Berlin 1928 (Gesamtausgabe der musikalischen Werke. 1.), S. VII–IX. Trotz der nicht unbegründeten Mahnung, Luthers lateinischen Text heranzuziehen (vgl. Viertel, wie Fußnote 13, S. 118; C. Krummacher, wie Fußnote 13, S. 31), wird hier die wirkungsmächtige Übersetzung von Praetorius zitiert.

Beginn steht die Einsicht, Musik sei als „Kunst von Anfang der Welt allen und jeglichen Creaturen von Gott gegeben". Alles Seiende klinge, und wie selbst die Luft töne, sobald sie bewegt werde, so sei allen Tieren und zumal den Vögeln Klang und Gesang gegeben. „Wo aber die naturliche Musica/ durch die Kunst gescherfft vnd polirt wirdt/ da siehet und erkennet man erst zum Theil (denn gentzlich kans nicht begriffen noch verstanden werden) mit grosser Verwunderung/ die grosse und volkommene Weißheit Gottes/ in seinem wunderbarlichen Werck der Musíca".[22] Sachkundig wird beschrieben, wie „einer eine schlechte Weise oder Tenor (wie es die Musici heissen) hersinget/ neben welcher drey/ vier oder fünff andere Stimmen auch gesungen werden", die „vmb solchen Tenor spielen/ vnd springen/ vnd mit mancherley Art und Klang dieselbige Weise wunderbarlich zieren vnd schmücken [...]. Wer aber darzu kein Lust noch Liebe hat/ vnd durch solch lieblich Wunderwerck nicht beweget wírdt/ das mus warlich ein grober Klotz sein". Daher wollte Luther „jederman/ vnd sonderlich jungen Leuten diese Kunst befohlen/ vnd sie hiemit vermahnet haben/ daß sie ihnen diese köstliche nützliche vnd fröliche Creatur GOTtes theur/ lieb vnd werth sein lassen". Zusammenfassend heißt es: „Deinde assuescas in hac creatura Creatorem agroscere et laudare".[23]

Wohlgemerkt: All dies gilt für eine Kunstmusik, die als Kunst den Schöpfer bezeugt, aber mit keinem Wort in den Dienst der Verkündigung genommen wird. Auf keine Funktion verengt, vermag ein solches Musikverständnis offenbar auch wortlose Musik einzuschließen. Zugleich aber verpflichtet es den Musiker dazu, seine Kunst nach bestem Vermögen zu entfalten."[24]

II

Von Luthers musikalischen Erfahrungen zeugen vor allem zahlreiche Äußerungen in seinen Tischreden. An der Authentizität dieser Notizen seiner Tischgenossen ist nicht zu zweifeln, weil sie andere Aussagen Luthers bestätigen und sich zudem gegenseitig ergänzen. Wird mehrfach davon gesprochen, Musik vertreibe alle Traurigkeit, so begegnet in diesem Zusammenhang der Satz,

---

[22] Demgemäß heißt es in den Vorlesungen über das 1. Buch Mose: „Proinde ocularia miracula longe minore sunt quam auricularia" (So sind die sichtbaren Wunder weit geringer als die hörbaren), vgl. WA 44, S. 352.

[23] In der Übersetzung von Praetorius: „Darnach daß sie sich auch gewehnen/ Gott den Schöpffer in dieser Creatur zu erkennen/ zu loben vnd preisen".

[24] Vgl. auch Krummacher (wie Fußnote 13), S. 24 f. und S. 49. Daß sich die Termini „ars" und „opus" nicht vollauf mit den späteren Begriffen „Kunst" und „Werk" decken, muß kaum eigens gesagt werden. Vgl. dazu H. von Loesch, *Der Werkbegriff in der protestantischen Musiktheorie des 16. und 17. Jahrhunderts. Ein Mißverständnis,* Hildesheim 2001.

„die Noten machen den Text lebendig".[25] Das bedeutet aber nicht, die Musik sei primär dem Text verpflichtet, sondern umgekehrt, daß der Text erst durch die Musik seinen Nachdruck gewinne. Im September 1538 heißt es, wer musikkundig sei, sei zu allem geschickt. Weil daher die Musik in den Schulen notwendig sei, müsse ein Lehrer auch singen können.[26] Luther wußte sehr genau, wovon er sprach. Nach eigenem Zeugnis hatte er als Erfurter Student nicht nur das Lautenspiel erlernt, sondern auch das „Absetzen", also die Umschrift von Stimmen zur Lautentabulatur.[27] Daß er die Grundregeln des Kontrapunkts beherrschte, geht aus einer kleinen vierstimmigen Motette hervor, die 1545 gedruckt wurde. Die Zuschreibung darf wohl als gesichert gelten, da der Druck noch zu Lebzeiten Luthers und quasi unter seinen Augen in Wittenberg erschien.[28] Der Text „Non moriar sed vivam" (Ps. 118,17) wird hier mit dem 8. Psalmton verbunden, der im Tenor mit kleinen Auszierungen zu einer geschmeidigen Linie umgebildet wird, während seine Binnenklausel mit einigem Geschick durch die Bewegung der Gegenstimmen überspielt wird. So kurz der Satz ist, so korrekt und dennoch sangbar ist gleichwohl seine Stimmführung (Beispiel 1).

Beispiel 1: Martin Luther, Non moriar sed vivam

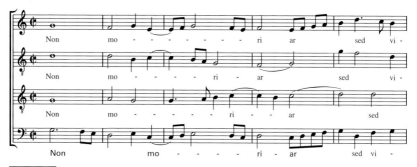

---

[25] TR, Nr. 2545b: „Musica est optima scientia. Die nothen machen den text lebendig, Fugit onmis spiritus tristitiae, sicut videmus in Saule". Entsprechend TR, Nr. 2545a: „Musica est optima ars, qua notae vivere faciant verba. Fugat omnem spiritum tristitiae, sicut scriptum est de Saule". Vgl. auch die deutsche Version in TR, Nr. 968.

[26] TR, Nr. 968: „Man muß Mucicam von Noth wegen in Schulen behalten. Ein Schulmeister muß singen können, sonst sehe ich ihn nicht an. Man sol auch junge Gesellen zum Predigtamt nicht verordnen, sie haben sich denn in der Schul wol versuchet und geübet".

[27] TR, Nr. 6428: „Cum esset Ephordiae baccalaureus, laeso crure domi lateret, didicit sua sponte in testudine vnd auch absetzen."

[28] Vgl. die Edition in WA 35, S. 537, hrsg. von H.-J. Moser. Dem Kommentar des Herausgebers zufolge (S. 535 f.) findet sich der Erstdruck in einem Schuldrama „Lazarus" von J. Greff, Wittenberg 1545, mit der Angabe „Folget Non moriar sed viuam D. M. L.".

Die Tischreden bezeugen mehrfach, daß in Luthers Haus nach den Mahlzeiten nicht selten gesungen wurde, wobei der Reformator die Werke des bayerischen Hofkomponisten Ludwig Senfl besonders schätzte. Als man 1538 „etliche feine liebliche Motetten des Senfels sang, verwunderte sich D. M. L. und lobt sie sehr, und sprach: Eine solche Motette vermöcht ich nicht zu machen, wenn ich mich auch zureißen sollt, wie er denn auch wiederum nicht einen Psalm predigen konnte als ich. Drum sind die Gaben des h. Geistes mancherley, gleichwie auch in einem Leibe mancherley Glieder sind.[29] Die Äußerung scheint zugleich anzudeuten, daß Luther sich selbst wenigstens einfachere Sätze zutraute. In einem Brief aus Coburg bat er 1530 Senfl darum, ihm nach Möglichkeit eine mehrstimmige Fassung der Antiphon „In pace in idipsum" abschreiben und zukommen zu lassen. Während ihn von Jugend an der zugehörige Tenor erfreut habe, könne er den Text erst jetzt vollauf verstehen, ohne aber eine entsprechende Komposition zu kennen.[30] Obwohl er dem Komponis-

---

[29] TR, Nr. 968. Eine deutsche Übersetzung des Briefs erschien in dem Druck Zehen Psalmen Davids (Leipzig 1554) von D. Köler, der hier auch mitteilte, Senfl habe Luther „einen andern gesang geschickt, aus dem Psalm: Non moriar, sed vivam et narrabo opera Domini etc."; vgl. dazu den Kommentar zu TR, Nr. 968, S. 636.

[30] WA Briefe, Bd. 5, Nr. 1727, S. 639: „Ad te redeo et oro, si quod habes exemplar istis cantici: ,In pace in idipsum, mihi transcribi et mitti cures. Tenor enim iste a inventute

ten nicht die Mühe einer Vertonung zumuten wollte, erfüllte Senfl die Bitte
offenbar mit einem eigenen Werk.[31] Als man am Neujahrstag 1537 einige „herausragende Gesänge" musizierte,
beklagte Luther den Tod vieler „feiner Musiker" und nannte dabei Josquin des
Prez, Pierre de la Rue und Heinrich Fink.[32] Wie vertraut er mit der Kunstmusik
seiner Zeit war, zeigen vor allem seine aufschlußreichen Bemerkungen über
Josquin. Der vielfach isoliert zitierte Satz, Gott habe das Evangelium auch
durch Musik verkündet, gehört zwar einerseits in den Kontext der Äußerungen
zum Verhältnis zwischen Gesetz und Evangelium.[33] Andererseits wird der anschließende Hinweis auf Josquin durch seine Fortsetzung ergänzt: „Sic Deus
praedicavit euangelium etiam per musicam ut videtur in Josquin, des alles
composition frolich, willig, milde heraus fleust, ist nitt gezwungen und gnedigt
[Textlücke: per regulas], sicut des fincken gesang." Für die kursiv markierte
Textlücke zog Martin Staehelin eine Fassung heran, die Johannes Aurifaber
1566 mitteilte.[34] Sie bestätigt die Konjektur der Weimarer Ausgabe mit den
Worten „ist nicht gezwungen, noch genöthiget und an die Regeln stracks und
schnurgleich gebunden, wie des Finken gesang".[35] Was Luther in Josquins
Kunst bewunderte, war also vor allem der freie Strom der Stimmen, der mit

---

me delectavit, et nunc multo magis, postquam et verba intelligo. Non enim vidi eam
antiphonam vocibus pluribus compositam."

[31] Luther fuhr fort: „Nolo autem te gravare componendi labor, sed praesumo te habere
aliunde compositam". Zu Senfls Vertonung vgl. O. Kongsted, *Ludwig Senfls „Lu-
ther-motetter."* En forskningsberetning, in: Fund og Forskning i det Kongelige Bib-
lioteks Samlinger 39 (2000), S. 7–41, hier S. 28–33; vgl. dazu die Neuausgabe in:
Die Handschrift des Jodocus Schalreuter (Ratsschulbibliothek Zwickau Mus. Ms. 73),
hrsg. von M. Just und B. Schwemer, Wiesbaden 2005 (EdM 116a), S. 100–103.

[32] TR, Nr. 3536: „Prima Januarii anni 1537. Egregias cantilenas post coenam ceciner-
unt. Quas cum admiraretur Doctor Martinus, dixit cum singultu: Ach, wie feine musici sindt in 10 jharen gestorben! Josquin, Petrus Loroe, Finck et multi alii excellen-
tes".

[33] TR, Nr. 1258: „Lex et euangelium. Was lex ist gett nicht von stad; was euangelium
ist, das gett von stadt [!]", vgl, dazu Krummacher, wie Fußnote 13, S. 23 f. In diesen
Zusammenhang gehören auch die Äußerungen Luthers, in denen das Evangelium
mit dem „b fa mi" der Musik, also mit der Halbtonstufe verglichen wird, deren wechselnde Stellung für die Unterscheidung der Modi maßgeblich ist, wogegen die anderen Tonstufen auf das „Gesetz" bezogen werden. Vgl. dazu die beiden Fassungen in
TR, Nr. 816 und die entsprechende Formulierung in TR, Nr. 2996.

[34] M. Staehelin, *Luther über Josquin,* in: Festschrift Martin Ruhnke zum 65. Geburtstag, hrsg. von den Mitarbeitern des Instituts für Musikwissenschaft der Universität
Erlangen-Nürnberg, Neuhausen-Stuttgart 1986, S. 326–338, hier S. 328; vgl. dazu
auch den als Ergänzung zu TR, Nr. 1258 mitgeteilten Wortlaut.

[35] Ebenda, S. 328. In seiner Studie konnte Staehelin zeigen, daß Luthers Gegenüberstellung einer natürlich fließenden Musik und einer an Regeln gebundenen Kunst

dem Gesang des Finken insofern zu vergleichen sei, als er die satztechnische Meisterschaft des Komponisten nicht spüren lasse.[36] Eine solche Einsicht setzt zugleich die Kenntnis der elementaren Regeln des Kontrapunkts voraus. Als ein solches Werk am 26. 12. 1538 gesungen wurde, meinte man allerdings, mit der sechsstimmigen Motette „Haec dicit Dominus" habe man eine Komposition des Torgauer Hofmusikers Conrad Rupsch gewählt, der sich ihre Aufführung in seiner Sterbestunde gewünscht habe.[37] Unter seinem Namen war das Werk 1537 in einem Nürnberger Druck von 1537 erschienen, der schon ein Jahr später in Luthers Haus vorlag und damit beweist, daß man sich in diesem Kreis um aktuelle Musikdrucke bemühte.[38] Doch scheint man nicht gewußt zu haben, daß die Komposition auf eine Vorlage von Josquin zurückging, die Rupsch mit einem anderen Text versehen hatte.[39] Dabei wurde der Psalmtext „Circumdederunt me gemitus mortis" (Ps. 116,3) mit den Worten „Haec dicit Dominus" (nach Hosea 13,14) verbunden. Luther äußerte dazu, diese „ausgezeichnete Motette" verbinde Gesetz und Evangelium und zugleich Tod und Leben, indem zwei Stimmen klagen: „Stricke des Todes haben mich umfangen" und von den vier anderen Stimmen mit den Worten übertönt werden: „So spricht der Herr, aus der Hand des Todes werde ich mein Volk erlösen". „Es ist sehr wol und trostlich componirt.[40]

---

auf Äußerungen der zeitgenössischen Musiktheorie zurückweist; vgl. ebenda, S. 330–332.

[36] Mit dem Hinweis auf „des Finken Gesang" dürfte wohl nicht der von Luther geschätzte Heinrich Fink gemeint sein. Dagegen hatte W. Wiora gemeint, Luthers Worte seien auf den gezwungenen Gesang des im Käfig gehaltenen Finken zu beziehen. Vgl. W. Wiora, *Josquin und „des Finken Gesang"*. Zu einem Ausspruch Martin Luthers, in: DJbMw 13 (1969), S. 72–81, hier S. 74–79. Die Interpretation des Vergleichs ist jedoch insofern nachrangig, als Luthers Aussagen über Josquin hinreichend eindeutig sind.

[37] TR, Nr. 4316: „Cantilena Haec dicit Dominus. 26. Decembris canebant: Haec dicit Dominus, sex vocum, a Connrado Rupff compositum, qui cupiit in agone mortis hoc sibi decantari".

[38] *Novum et insigne opus musicum*, hrsg. von J. Ott, Nürnberg 1537. Die geistliche Fassung von Rupsch ist offenkundig nur in diesem Druck (und daneben in deutschen Handschriften) überliefert; vgl. MGG2 Personenteil, Bd. 14 (2005), Sp. 689 f. (M. Just).

[39] H. Grüß, *Martin Luther und die Musik seiner Zeit*, Kommentar zur Einspielung Capriccio, Königsdorf 1982; ders., *Martin Luther und die Musik seiner Zeit*, in: Ansichtssachen. Notate, Aufsätze, Collagen, hrsg. von A. Michel, T. Schinköth und H.-J. Schulze, Altenburg 1999, S. 53–65, hier S. 55 f.

[40] TR, Nr. 4316: „Estque egregia muteta legem et euangelium, mortem et vitam comprehendens. Duae voces querulae lamentantur: Circumdederunt me gemitus mortis etc., deinde quatuor voces vberschreien dise: Haec dicit Dominus, de manu mortis liberabo populum meum etc.".

Dagegen stellt das zugrundeliegende Werk von Josquin eine höchst kunstvolle Chanson dar, deren französischer Text die Nymphen zur Klage über die Betrübnis eines Einsamen herbeiruft (Beispiel 2a).[41] Während sie lange als nicht authentische Kontrafaktur einer geistlichen Vorlage mit lateinischem Text galt,[42] konnte Martin Just im Anschluß an frühere Autoren belegen, daß es sich

Beispiel 2a: Josquin des Prez, Nimphes, napées / Circumdederunt me

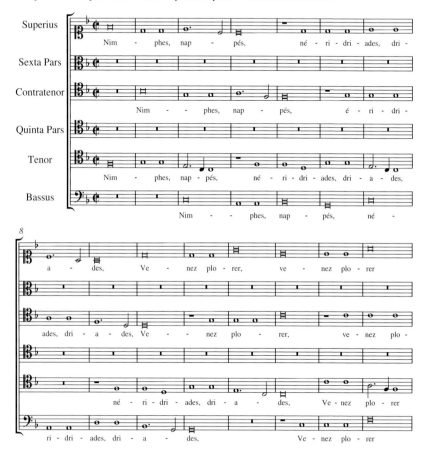

---

[41] Das Notenbeispiel ist den Werken von Josquin des Prés, hrsg. von A. Smijers u. a., entnommen (hier Wereldijke Werken Nr. 21, S. 54 f.).

[42] Vgl. H. Osthoff, *Josquin Desprez,* Bd. 2, Tutzing 1965, S. 94 f., sowie H. Reiffenstein, *Die weltlichen Werke des Josquin des Prez,* Diss. Frankfurt am Main 1952, masch., S. 20 f. Beide Autoren folgen der Argumentation von M. van Crevel, *Adrianus Petit Coclico. Leben und Beziehungen eines nach Deutschland emigrierten Josquinschülers,* Den Haag 1940, S. 102–110.

höchstwahrscheinlich umgekehrt verhält.[43] Wie der Vergleich der Chanson mit der Kontrafaktur zeigt, suchte Rupsch zwar grundsätzlich Josquins Stimmführung beizubehalten, doch mußte er die Notenwerte aufteilen oder zusammen-

[43] M. Just, *Josquins Chanson „Nymphes, Napées" als Bearbeitung des Invitatoriums „Circumdederunt me" und als Grundlage für Kontrafaktur, Zitat und Nachahmung,* Mf 43 (1990), S. 305–335; dazu zuvor B. J. Blackburn, *Josquin's Chansons: Ignored and Lost Sources,* JAMS 29 (1976), S. 30–76, speziell S. 50–52, sowie J. Milsom, *Circumdederunt: „A favourite Cantus Firmus of Josquin's"?,* in: Soundings 9 (1982), S. 2–10; vgl. auch L. F. Bernstein, *Chansons for Five and Six Voices,* in: The Josquin Companion, hrsg. von R. Sherr, Oxford 2000, S. 393–422, hier S. 408, sowie D. Fallows, *Josquin,* Brepols 2009, S. 296 f.

ziehen und mitunter auch einzelne Worte auslassen, um den deutschen Text unterzubringen.[44] Die ersten 15 Takte mögen genügen, um das Verfahren von Rupsch anzudeuten (Beispiel 2b). Daß Josquin denselben Psalmvers wie bei Rupsch mit einem weltlichen Text verband, konnte erst zu späterer Zeit befremden, als Geistliches und Weltliches nicht mehr so eng wie einst verflochten waren. Ob Luther gegen eine solche Mischung Einwände gehabt hätte, mag dahingestellt sein. Immerhin zögerte er nicht, die Texte seiner Kirchenlieder mit Melodien zu verbinden, deren weltliche Herkunft ihm bewußt gewe-

Beispiel 2b: Conrad Rupsch, Haec dicit Dominus/ Circumdederunt me (nach Josquin: Nymphes, napées)

---

[44] Vgl. dazu das Faksimile in der Einspielung unter Leitung von Hans Grüß (wie Fußnote 39).

sen sein dürfte. Indes bewunderte er hier ein besonders kunstvolles Werk Josquins, das wegen seiner eigenartigen Textpaarung zur Gruppe der „motettischen Chansons" gerechnet wird.[45] Quinta und Sexta vox bilden im Abstand dreier Breven einen Quintkanon, dem das Invitatorium des Officium Defunctorum „Circumdederunt me"[46] im 6. Ton zugrundeliegt. Der Kanon wird von den vier französisch textierten Gegenstimmen in partiell imitierendem Satz kontrapunktiert, dessen Motivik vom cantus prius factus unabhängig bleibt.[47] Johann Mathesius – auch er einst Tischgenosse in Wittenberg – überlieferte später Luthers Ausspruch, Josquin sei „der noten meister, die habens müssen machen, wie er wolt; die andern sangmeister müssens machen, wie es die noten haben wöllen. Freylich hat der Componist auch seyn guten geyst gehabt, wie Bezaleel, sonderlich, da er das *Haec dicit Dominus* und das *Circumdederunt me,* wercklich und lieblich in einander richtet".[48] Demnach hätte Luther erfahren, daß das Werk von Josquin stamme, ohne aber zu wissen, daß es auf eine Chanson zurückging.[49] Daß sich sein Kommentar auf die geistliche Version bezieht, jedoch nicht seine Einsicht in die Kunst des Musikers. Da er imstande gewesen sein dürfte, die Struktur des Satzes zu erfassen, ist nicht auszuschließen, dass sein Verweis auf „lex" und „evangelium" nicht nur die Textschichtung meinte, sondern zugleich das Verhältnis zwischen den vom „Gesetz" der Kanons regulierten Stimmen und den frei imitierenden Gegenstimmen einschloß. Indem er dabei Josquin mit Bezaleel verglich, bezog er sich auf den Künstler, dem im Alten Testament der Bau des Tempels mit all seinem Schmuck anvertraut worden war.[50] Ein höherer Maßstab war wohl für Luther kaum denkbar, um die Meisterschaft Josquins auszudrücken.

---

[45] Vgl. MGG², Personenteil, Bd. 9 (2003), Sp. 1223 und 1244 (L. Finscher).

[46] Auf eine Vorlage aus Worcester verwies W. Elders, *Plain Chant in the Motets, Hymns, and Magnificat of Josquin des Prez,* in: Josquin des Prez. Proceedings of the International Josquin Festival Conference, hrsg. von E. E. Lowinsky, New York 1976, S. 523–542, hier S. 530. Dagegen konnte Just Quellen aus den Diözesen Bamberg und Würzburg nachweisen, deren Fassungen der von Josquin verwendeten Version näherstehen (wie Fußnote 43), S. 310 f.

[47] Zur Stimmführung Josquins vgl. die analytischen Hinweise bei Just (wie Fußnote 43), S. 317 f. und S. 323.

[48] Vgl. M. van Crevel (wie Fußnote 42), S. 102–110, hier besonders S. 105 f.; demnach entstammt das Zitat dem Druck von J. Mathesius, *Historien von des Ehrwürdigen in Gott seligen thewren Manns Gottes, Doctoris Martini Luthers, Anfang, lehr, leben und sterben,* Nürnberg 1566, S. CLII; vgl. auch W. Wiora, *Lex und Gratia in der Musik,* in: Festschrift J. Müller-Blattau, hrsg. von C.-H. Mahling, Kassel 1966, S. 330–340, hier S. 331.

[49] Van Crevel (wie Fußnote 42), S. 106–110, suchte zu zeigen, daß die geistliche Fassung, die nach heutiger Kenntnis auf Rupsch zurückgeht, ebenfalls Josquin zuzuweisen sei.

[50] Vgl. dazu 2. Mose 31,1–4; 35,1–4; 37,1–29 und 38,1–20.

Bei gleicher Gelegenheit wurde eine Motette von Antoine de Févin gesungen, die man demselben Nürnberger Druck wie das vorangehende Werk entnahm.[51] Dem vierstimmigen Werk Févins waren hier zwei „unechte" Stimmen zugefügt worden, die nach heutiger Kenntnis auf Arnold von Bruck zurückgehen.[52] Luther bemerkte dazu, jemand habe es besser machen wollen und dabei die „simplicitas" des Originals zerstört, dessen vier Stimmen ein Muster an Süße und Einfachheit seien.[53] Zwar ist ungewiß, ob man ihn zuvor über den Sachverhalt informiert hatte, unabhängig davon war er aber offenkundig dazu imstande, das Verhältnis zwischen Original und Bearbeitung zutreffend zu beurteilen. Die Motette von Févin ist weithin durch den Wechsel von Bicinien der Unter- und Oberstimmen geprägt, zwischen denen die Stimmen für wenige Takte im vierstimmigen Satz zusammentreten, der sonst dem knappen Exordium und der erheblich längeren Conclusio vorbehalten ist. Wenn dieser transparente Satz durch einen Discantus secundus und eine Sexta vox ergänzt wurde, so wurde zugleich im durchgehend vier- bis sechsstimmigen Vollklang die subtile Balance zwischen gering- und vollstimmigen Phasen aufgehoben. Als Beispiel kann der Beginn gelten, in dem der zweite Sopran nur eine Füllstimme bildet, während die ab Takt 10 folgenden Bicinien durch die Ergänzungen unkenntlich werden (Beispiel 3). Diese Differenz war es offenbar, die

Beispiel 3: Antoine de Févin, Sancta Trinitas unus Deus (Discantus secundus und Sexta vox von Arnold von Bruck)

---

[51] TR, Nr. 4316; „Deinde canebant: Sancta trinitas, etiam sex vocum, sed duae erant adulterinae".

[52] Vgl. A. von Bruck, *Sämtliche lateinische Motetten und andere unedierte Werke,* hrsg. von O. Wessely, Graz und Wien 1961 (DTÖ 99), S. 99–104 sowie den Kommentar S. 123 f.

[53] Ebenda heißt es weiterhin: „Ubi dixit: Es hats ainer wollen besser machen et simplicitatem depravavit, Nam quatuor illae voces mirae sunt suavitatis et simplicitatis."

Luther wahrnahm, als er die Stimmführung von Févins vierstimmiger Originalfassung rühmte. Ähnlich anerkennend konnte er sich zwar über die kunstvolle Faktur anderer Werke äußern, in denen er jedoch die angemessene „suavitas" vermißte.[54] Klarer noch als andere Zeugnisse zeigen solche sachlichen Urteile, wie genau Luther mit der kunstvollen Musik seiner Zeit vertraut war.

54 Vgl. TR, Nr. 4897, wonach ihm Lucas Edemberger einige „cantilenas plenas fugarum" eines ungenannten Autors vorlegte, über den Luther urteilte: „Artis sat habet: […] sed caret suavitate".

III

Wer von evangelischer Kirchenmusik redet, denkt weniger an die Psalmlieder der reformierten Kirche als an die Musik der lutherischen Tradition, die nicht allein durch Liedtexte und ihre Melodien geprägt wurde. Eher zeichnete sie sich durch ihr Vermögen aus, vielfach Impulse aus aktueller weltlicher Musik und ebenso aus der katholischen Kirchenmusik aufzunehmen. Die Eigenart lutherischer Musik gründete bis zur Aufklärung in der Kontinuität der sie tragenden Institutionen, das heißt: der durch Luther und Melanchthon geprägten Kantoreien in ihrer Verbindung von Schule und Kirche mit dem Kantor als Lehrer und Leiter der Musik.[55] Nächst der Choralbearbeitung entstanden in Motetten und geistlichen Konzerten oder Kantaten und Oratorien mit deutschem Text genuin protestantische Gattungen, die dennoch nicht ohne ihre italienischen Vorbilder zu denken sind. Zugleich bot die Kirche aber auch Raum für eigenwillige Formen der Orgelmusik, und im lutherischen Bereich vollzog sich die Emanzipation der Kirchenmusik zu konzertanten Darbietungen wie den halböffentlichen Aufführungen des Hamburger Collegium musicum oder den Abendmusiken der Lübecker Organisten. All das wäre undenkbar, wenn die lutherische Musik allein an ihrer verkündigenden Funktion zu messen wäre.

Bis zu Bachs Generation hielt eine Tradition vor, die durch Qualität und Aktualität der Kirchenmusik gekennzeichnet war. Bis auf die Köthener Jahre, in denen Bach als Kapellmeister eines reformierten Hofes keine Kirchenmusik zu schreiben hatte, wirkte er stets in lutherischen Gebieten – als Stadtorganist in Mühlhausen und Arnstadt ebenso wie als Hoforganist in Weimar und als Thomaskantor in Leipzig. Seit er in Weimar am 2. März 1714 zum Konzertmeister ernannt worden war, übernahm er zugleich die Aufgabe, monatlich eine eigene Kantate aufzuführen. Und mit der Bewerbung um das Thomaskantorat entschied er sich für ein Amt, das wie kaum ein anderes von lutherischen Traditionen geprägt war.[56]

Nicht leicht läßt sich von Bachs eigenem Verhältnis zu Luther sprechen. Zwar wissen wir, daß er das Abendmahl zwar nicht sehr oft, wohl aber durchaus

[55] Vgl. J. Rautenstrauch, *Luther und die Pflege der kirchlichen Musik in Sachsen bis zum 2. Jahrzehnt des 17. Jahrhunderts. Ein Beitrag zur Geschichte der sächsischen Kantoreien und ihrer Vorläufer der katholischen Bruderschaften,* Leipzig 1906; R. Vollhardt, *Geschichte der Cantoren und Organisten von den Städten im Königreich Sachsen,* Berlin 1899, sowie ergänzend D. Krickeberg, *Das protestantische Kantorat im 17. Jahrhundert, Studien zum Amt des deutschen Kantors,* Berlin 1965 (Berliner Studien zur Musikwissenschaft. 6.).

[56] R. Wustmann, *Musikgeschichte Leipzigs,* Bd. 1: *Bis zur Mitte des 17. Jahrhunderts,* Leipzig 1909; M. Maul, *„Dero berühmbter Chor". Die Leipziger Thomasschule und ihre Kantoren 1212–1804,* Leipzig 2012, S. 18 f.

regelmäßig nahm.[57] Und unter den wenigen erhaltenen Briefen findet sich zumindest ein Schreiben, das etwas von der Frömmigkeit ahnen läßt, mit der er schwere Erfahrungen zu tragen wußte.[58] Aufschlußreicher als solche vereinzelten Zeugnisse ist das Nachlaßverzeichnis, das unter rund 50 theologischen Schriften zwei vielbändige Luther-Editionen und weitere Einzelausgaben nennt, zu denen auch Luthers Tischreden gehörten.[59] Daß er wenigstens drei der hier genannten Bücher offenbar schon 1722 besaß, deutet wohl daraufhin, daß er mit der Sammlung seiner Bibliothek schon früher begonnen hatte.[60] Der Zufall hat es gefügt, daß eine autographe Quittung überliefert ist, aus der hervorgeht, daß er 1742 auf einer Leipziger Auktion „Teutsche und herrliche Schriften des seeligen D. M. Lutheri erwarb.[61] Dabei fügte er hinzu, die Bände kamen „aus des großen *Wittembergi*schen *General-Superintenden*tens u. *Theologi D. Abrah: Calovii Bibliothec,* u. woraus Er vermuthlig seine große Teütsche Bibel *colligiret*; so auch nach deßen Absterben in des gleichfalls großen *Theologi D. J. F. Mayers* Hände kommen". Der Hinweis auf zwei „große" Theologen als Vorbesitzer zeugt kaum nur von bibliophilem Interesse, sondern verweist auf die Bedeutung, die solche Autoritäten für Bach hatten. Offenbar war er deshalb dazu bereit, für die ersteigerte Edition – wie Christoph Wolff

---

57 Dok II, Nr. 162; H. Besch, *Johann Sebastian Bach. Frömmigkeit und Glaube,* Kassel
    und Basel ²1950, konnte in seiner schon 1934 abgeschlossenen Arbeit noch nicht von
    den heute bekannten Quellen ausgehen.

58 Nachdem sein dritter Sohn Johann Gottfried Bernhard unter Hinterlassung von
    Schulden die Stadt Sangerhausen verlassen hatte, in der ihm der Vater die Organistenstelle an der Jacobikirche vermittelt hatte, schrieb Bach dem Ratsherrn Johann
    Friedrich Klemm am 21. Mai 17 41 (Dok I, Nr. 42): „so muß mein Creütz in Gedult
    tragen, meinen ungerathenen Sohn aber lediglich Göttlicher Barmhertzigkeit überlaßen, nicht zweifelnd, Dieselbe werde mein wehmütiges Flehen erhören, und endlich nach seinem heiligen Willen an selbigem arbeiten, daß er lerne erkennen, wie die
    Bekehrung einig und allen Göttlicher Güte zuzuschreiben."

59 Dok II, Nr. 627, hier „Cap. XII. An geistlichen Büchern". Bei den Luther-Ausgaben
    dürfte es sich um die siebenbändige „Altenburger" (1661–1664) und die achtbändige
    „Jenaer" Ausgabe (1555–1558) gehandelt haben. Vgl. R. A. Leaver, *Bachs Theologische Bibliothek. Eine kritische Bibliographie,* Neuhausen-Stuttgart 1983 (Beiträge
    zur theologischen Bachforschung. 1.), S. 52–59.

60 Auf der Titelseite des „Clavier-Büchlein vor Anna Magdalena Bachin Anno 1722"
    notierte Bach die Titel von drei Schriften des Leipziger Theologen Augustin Pfeiffer.
    Vgl. Dok I, Anhang Nr. 3.

61 Dok I, Nr. 123. Bei der Erbteilung fielen „Calovii Schrifften 3. Bände" und „Lutheri
    opera 7. Bände" der Witwe Anna Magdalena zu (vgl. Dok II, Nr. 628), die einem
    ihrer Söhne zu Weihnachten 1749 eine Bibelausgabe geschenkt hatte (vgl. Dok I,
    Nr. 54K und Dok IV, Nr. 594).

berechnete – „mehr als ein Zehntel seines festen Jahresgehalts" aufzuwenden.[62] Als eines der wenigen Bücher aus seinem Nachlaß ist *Die Heilige Bibel nach S. Herrn D. Martini Lutheri Deutscher Dolmetschung und Erklärung* erhalten, die Abraham Calov 1681/82 in Wittenberg herausgegeben hatte.[63] Zahlreiche Lesespuren und Bemerkungen weisen darauf hin, wie intensiv Bach die drei Bände benutzte, die er spätestens seit 1733 besaß.[64] Besonders aufschlußreich sind vier Notizen, die der Musik im Alten Testament gelten. Die erste Anmerkung begegnet bei 2. Mose 15,20–21 zum Gesang Mirjams: *„NB*. Erstes Vorspiel, auf 2 *Chören* zur Ehre Gottes zu *musiciren*".[65] Es bleibe dahingestellt, ob die Worte so direkt auf Bachs doppelchörige Werke zu beziehen sind, wie Leaver es wollte.[66] Bach dürfte den vorangehenden Lobgesang Moses gelesen haben, als er seinen Kommentar nach Vers 21 schrieb („Und Mirjam sang ihnen vor: Laßt uns dem Herrn singen"). Demnach wäre das Wort „Vorspiel" auf Mirjams „Vorsingen" mit einer „Pauke" zu beziehen und ähnlich wie in manchen Psalmen zu verstehen.[67] Und der Hinweis auf ein „Erstes Vorspiel" dürfte bedeuten, im Bericht vom Lobgesang zwischen Mose, Mirjam und „allen Weibern" liege der erste biblische Beleg für einen solchen Wechselgesang vor. Drei weitere Einträge gelten den Chroniken und lassen darauf schließen, daß Bach in ihnen eine Begründung der eigenen Tätigkeit fand. Zur Beschreibung der Tempelmusik „mit Harfen, Psaltern und Zimbeln" (1. Chr. 25) notierte er: „*NB*. Dieses *Capitel* ist das wahre Fundament aller Gottgefälligen Kirchen *Music*. etc.". Wenig später erschien ihm der Bericht über die Ordnung der Ämter (1. Chr 28) als „*NB*. Ein herrlicher Beweiß, daß neben anderen Anstalten des Gottesdienstes, besonders auch die *Musica* von Gottes Geist

---

[62] C. Wolff, *Johann Sebastian Bach*, Frankfurt am Main 2000, S. 360. Während Wolff damit rechnete, daß Bach die Bände für sich kaufte, nahm H.-J. Schulze an, er habe sie für einen anderen Interessenten erworben, vgl. Schulze, *Marginalien zu einigen Bach-Dokumenten*, BJ 1961, S. 79–99, hier S. 98.

[63] Vgl. Dok II, Nr. 627 (S. 494), sowie Leaver, *Bachs Theologische Bibliothek* (wie Fußnote 59), S. 46–51, sowie ders., *J. S. Bach and Scripture. Glosses from the Calov Bible Commentary*, St. Louis 1985, S. 43–46. Aus Bachs Besitz liegt ferner ein Nachdruck des Gesangbuchs der Böhmischen Brüder vor, der in der Spezifikation fehlt und beweist, daß das Verzeichnis nicht den gesamten Buchbestand erfaßte (BC, Teil IV, S. 1268).

[64] Herz BQA, S. 187–195, sowie Leaver, *J. S. Bach and Scripture* (wie Fußnote 63), S. 93–97.

[65] Die folgenden Zitate nach Dok III, S. 636. Vgl. auch Herz BQA, S. 189 f., sowie Leaver, *J. S. Bach and Scripture* (wie Fußnote 63), S. 71 f. und S. 93–97.

[66] Leaver, *J. S. Bach and Scripture* (wie Fußnote 63), S. 71 f.

[67] Etwa vor Ps. 55, 61 und 67 („vorzusingen, auf Saitenspiel"), ähnlich auch vor Ps. 4 und 12.

durch David mit angeordnet worden". Und wo vom „Loben des Herrn" mit „Drommeten, Zimbeln und Saitenspielen" die Rede ist (2. Chr 5,13), vermerkte er: „*NB*. Bey einer andächtigen *Musique* ist allezeit Gott mit seiner Gnadengegenwart".

Leaver suchte zu zeigen, daß Bach auf der Auktion im Herbst 1742 die Altenburger Luther-Ausgabe erworben und anschließend bei seinen Einträgen in die Calov-Bibel benutzt habe.[68] Das würde bedeuten, daß auch seine Bemerkungen zur Musik im Alten Testament unter dem Eindruck der Lektüre von Luthers Schriften zu sehen wären. So reizvoll der Gedanke ist, so wenig bedarf es solcher Belege, um das Verhältnis seiner Notizen zu Luthers Auffassungen zu erfassen. Nicht nur der Hinweis, die gottesdienstliche „Musica" sei von Gott „angeordnet", entspricht Luthers Sicht der Musik als „Dei donum, non hominum". Wie Luther die Gesänge des Alten Testaments als Beweise für die herausragende Bedeutung der Musik verstand, so galten Bach die alttestamentlichen Berichte über Lobgesang und Tempelmusik als Belege für das „wahre Fundament" der Kirchenmusik. Und der Hinweis auf Gottes „Gnadengegenwart" bei einer andächtigen Musik setzt Luthers Verständnis der Musik als einer besonderen „creatura Dei" voraus. Die Devisen „J. J." und „SDGl", mit denen Bach seine Partituren begann und beendete, waren offenbar mehr als traditionelle Formeln.[69] Eine ähnlich genaue Lektüre, wie die Calov-Bibel belegt, darf man wohl für die Schriften Luthers voraussetzen, die sich in Bachs Besitz befanden. Da kein Exemplar dieser Ausgaben erhalten ist, läßt sich zwar nicht belegen, was Bach in ihnen besonders interessierte. Vermutlich gehörten dazu aber auch Luthers Bemerkungen zur Musik, und Leaver konnte darauf hinweisen, daß die verfügbaren Editionen der Tischreden in der Regel auch ein Kapitel „De musica" enthielten.[70] Wie Leaver in Luther den „Hauptautor" der Bachschen Bibliothek sah,[71] so nannte auch Martin Petzoldt die Anzahl der Luther-Ausgaben „erstaunlich" und folgerte daraus, Bach habe in Luther „den wichtigsten Kronzeugen seiner vom Gottesdienst her bestimmten Theologie gesehen".[72] Allerdings wäre anzufügen, daß sich Luthers Äußerungen über mehrstimmige Musik nicht auf Werke für den Gottesdienst, sondern auf Motetten bezogen, die man im Hause sang. Zwar ist es legitim, sie auch für gottesdienstliche Musik geltend zu machen, doch lassen sie sich dann nicht von Luthers Verständnis der Musik als „optima ars" trennen.

---

[68] Leaver, *J. S. Bach and Scripture* (wie Fußnote 63), S. 25 f.
[69] Vgl. ebenda, S. 105 f.
[70] Ebenda, S. 60.
[71] Ebenda, S. 19.
[72] M. Petzoldt, *Beobachtungen zur Spezifik der theologischen Bibliothek Johann Sebastian Bachs*, in: Bach-Konferenz 1985, S. 65–75, hier S. 73.

Indes erlauben weder Bachs Bücher noch seine Ämter und Aufgaben umstandslose Rückschlüsse auf das, was Luthers Musikbegriff für seine kompositorische Arbeit bedeutete. Auch maßgebliche Zeitgenossen wie Johann Friedrich Fasch in Zerbst, Gottfried Heinrich Stölzel in Gotha oder Christoph Graupner in Darmstadt waren durchaus fromme und belesene Männer, die ebenso wie Bach ihre Kantaten und Passionen für den Gottesdienst schrieben. Wenn derart generelle Kriterien wenig besagen, muß man sich desto mehr an Bachs Werke halten und nach Eigenarten fragen, die sie von der Musik der Zeitgenossen unterscheiden. Nichts scheint in seiner Vokalmusik so sehr auf lutherische Traditionen zu deuten wie die eindringliche Auslegung der Texte. Solange man an der Meinung festhält, lutherische Musik bestimme sich als Wortverkündigung, muß Bachs Musik in dem Maß als lutherisch erscheinen, wie sie als Wortausdeutung verstanden wird. Demgemäß ging die theologische Bach-Forschung von den Textvorlagen aus, um ihre biblischen Grundlagen zu erfassen und dabei die zeitgenössische Homiletik einzubeziehen. Während Martin Petzoldt in seinem Kompendium diese Aufgabe in beeindruckender Weise bewältigte, beschränkten sich seine Hinweise zur Musik auf die musikwissenschaftliche Standardliteratur.[73] Zuvor schon hatte sich vor allem Renate Steiger bemüht, die Relationen zwischen Text und Musik mit Begriffen der Rhetorik zu erfassen.[74] Was Bach von rhetorischen Lehrbüchern wußte, mag dahingestellt bleiben, falls es sich dabei aber um allgemein geltende Traditionen handelte, müßten sie den Zeitgenossen ebenso vertraut gewesen sein, ohne über spezifische Eigenarten von Bachs Kunst viel zu besagen. Zweifellos dienten seine Kantaten als Predigtmusik, deren Texte sich auf die Schriftlesungen in der Folge des Kirchenjahrs bezogen. Diese Funktion wurde aber ebenso durch Werke anderer Autoren erfüllt, die geringere Schwierigkeiten boten und daher weiter verbreitet waren. Daß man Worte wie „Schmerz" oder „Sünde" mit Chromatik zu verbinden hatte, verstand sich fast von selbst, und für Begriffe wie „Sonne" und „Schlange" kannten alle versierten Opernkomponisten steigende und gewundene Figuren.[75] Die Beherrschung solcher Mittel beschränkte sich keineswegs auf Bach, und ihr bloßer Nachweis belegt erst recht keine genuin lutherische Tradition. Was Bach von seiner Zeit unterschied, war

---

[73] M. Petzoldt, *Bach-Kommentar. Theologisch-musikwissenschaftliche Kommentierung der geistlichen Vokalwerke Johann Sebastianas Bachs*, Bd. 1: *Die geistlichen Kantaten des 1. bis 27. Trinitatis-Sonntags,* Stuttgart und Kassel 2004, Bd. 2: *Die geistlichen Kantaten vom 1. Advent bis zum Trinitatisfest,* ebenda 2007.

[74] R. Steiger, *Gnadengegenwart. Johann Sebastian Bach im Kontext lutherischer Orthodoxie und Frömmigkeit,* Stuttgart-Bad Cannstatt 2002.

[75] Zur begrenzten Geltung der Rhetorik vgl. A. Forchert, *Musik und Rhetorik im Barock,* in: Schütz-Jahrbuch 1985/86, S. 5–21, sowie ders., *Bach und die Tradition der Rhetorik,* in: Kongreßbericht Stuttgart 1985, hrsg. von D. Berke und D. Hanemann, Kassel 1987, Bd. 1, S. 169–178.

vor allem die kunstvolle Struktur seiner Musik, die seine Vokalwerke weit
mehr auszeichnet als isolierte Details der Textausdeutung und gerade darin
Luthers Verständnis der Musik als „optima ars" verpflichtet ist.

IV

Als Bach am 30. Mai 1723 seine erste Kantate als Leipziger Thomaskantor
aufführte, war er offenbar von dem Vorsatz geleitet, sich zunächst einen Vorrat
eigener „Kirchenstücke" zu schaffen. Zwar sind insgesamt drei Kantaten-Jahrgänge belegbar, doch sind diese nur mehr oder minder vollständig erhalten.
Obwohl die im ersten Amtsjahr aufgeführten Werke fast durchweg nachweisbar sind, liegt insofern kein geschlossener Jahrgang vor, als Bach rund 35 neue
Kantaten schrieb und sonst auf – mitunter erweiterte – Weimarer Werke oder
auf parodierte weltliche Kantaten der Köthener Jahre zurückgriff.[76] Solche
Rekurse tragen zusammen mit der außerordentlichen Vielfalt der neuen Werke
dazu bei, daß der erste Leipziger Jahrgang auf den ersten Blick einen verwirrend vielfältigen Eindruck macht. Die Autoren der Texte sind zwar nur
ausnahmsweise bekannt, doch lassen sich – wie Alfred Dürr zeigte – deutlich
verschiedene Gruppen erkennen.[77] Davon unabhängig enthalten die Werke, die
Bach bis zum Neujahrstag 1724 schrieb, fast durchweg Eingangschöre mit
biblischen Spruchtexten. Nur je einmal findet sich zu Beginn ein Solosatz zu
biblischem beziehungsweise gedichtetem Text,[78] während nach Neujahr an
erster Stelle häufiger Arien mit gedichteten Texten stehen.[79]
In 22 von 30 Werken dieser Phase begegnen Chorsätze, die in der Regel als
Eingangssätze erscheinen. Daß sie für Bach eine neue Aufgabe waren, wird im
Vergleich mit seinen früheren Vokalwerken einsichtig. Aus der Zeit zwischen

---

[76] Zu den Daten vgl. Dürr Chr 2; vgl. ferner Kalendarium ³2008 sowie Bach-Handbuch,
hrsg. von K. Küster, Kassel 1999, S. 192–242.

[77] Dürr K, S. 41–43.

[78] BWV 89 „Was soll ich aus dir machen" (zum 22. Sonntag nach Trinitatis), BWV 167
„Ihr Menschen, rühmet Gottes Liebe". Auf freier Dichtung gründet zwar auch der
Eingangssatz aus BWV 24 „Ein ungefärbt Gemüte", doch folgt ihm als dritter Satz
das chorische Dictum „Alles nun, das ihr wollet".

[79] Neben BWV 24 zum 4. Sonntag nach Trinitatis (mit chorischem Dictum in Satz 3)
sind BWV 167 zu Johannis und BWV 89 zum 22. Sonntag nach Trinitatis sowie
BWV 155, 82 und 83 zum 1. und 3. Sonntag nach Epiphanias bzw. zu Sexagesimä
zu nennen. Die Kantate BWV 194 „Höchsterwünschtes Freudenfest", die neben dem
Eingangschor mit gedichtetem Text in Satz 7 einen Chorsatz mit Spruchtext enthält,
entstand als Parodie nach unbekannter Vorlage zur Orgelweihe in Störmthal am
2. 11. 1723 und wurde mit ihrer Wiederaufführung zu Trinitatis 1724 nachträglich in
den Jahrgang aufgenommen.

Ende 1714 und Dezember 1716 sind 13 Kantaten erhalten, deren Texte in Drucken des Weimarer Hofpoeten Salomon Franck vorliegen. Während sie meist drei und mitunter vier Arien enthalten, sehen nur die drei letzten Texte Eingangschöre vor. Obgleich Bach zwei als „Aria" bezeichnete Texte chorisch vertonte, schrieb er in diesem zwei Jahren insgesamt nur fünf Chorsätze. Anders stand es zuvor, als er am Palmsonntag 1714 den zumeist vierwöchigen Turnus seiner Kantaten begann. Die ersten Textvorlagen, deren Autoren nur teilweise gesichert sind, boten ihm Anlaß für immerhin sechs Chorsätze. Insgesamt enthalten die Weimarer Kantaten zwar fast 60 Arien, aber lediglich 12 Chorsätze, die durchweg auf gedichteten Texten basieren. Demgegenüber wird einsichtig, welche Herausforderung es für Bach war, in Leipzig erstmals eine Reihe von Chorsätzen zu Bibeltexten zu schreiben. Zwar konnte er von den drei letzten Weimarer Chören ausgehen, in denen er erstmals versucht hatte, instrumentale Ritornelle, die ihm in Arien seit längerem vertraut waren, mit einem Vokalpart zu verbinden, der als Fuge oder doch als kontrapunktischer Satz konzipiert war. War hier die Gliederung vom gedichteten Text vorgegeben, der die Analogie zur Arie nahelegen mochte, so war die Disposition eines Satzes zu biblischer Prosa dem Komponisten überlassen. Anders gesagt: War dort der Komponist an die Vorgaben der Dichtung gebunden, so stand hier die Satzanlage in seinem Ermessen. So individuell die Sätze sind, so deutlich zeichnen sich doch einige Prinzipien ab. In der Regel bilden die Sätze Kombinationen von obligatem Instrumental- und kontrapunktischem Vokalpart, wobei freilich Art und Anteil beider Ebenen vielfach variieren. Folgen anfangs fugierte Vokalsätze partiell noch dem traditionellen Permutationsprinzip, das Bach schon in den frühesten Kantaten verwendet und in den ersten Weimarer Chorsätzen modifiziert hatte, so tritt dieses Verfahren im Sommer 1723 in dem Maß zurück, wie der Instrumentalpart durch Ritornelle geprägt wird, deren Motivik mit dem Chorsatz verkettet wird. Von 12 Sätzen dieser Art heben sich – wie Arno Forchert zeigte – weitere Satzgruppen durch zusätzliche Kennzeichen ab.[80] Zu ihnen zählen drei motettische Eingangschöre, die in wechselndem Ausmaß den Prinzipien des strengen Satzes folgen (BWV 179, 64 und 144).[81] Ihren Gegenpol bilden zwei instrumental geprägte Sätze, die sich an der französischen Ouvertüre und am italienischen Concerto orientieren (BWV 119 und 109). Rechnet man die französische Ouvertüre aus BWV 194 dazu, so ergibt sich wieder eine dreisätzige Gruppe. Daneben stehen drei Choralsätze, die durch interpolierte Rezitative erweitert werden (BWV 38, 95 und 73). Sie füh-

---

[80] A. Forchert, *Johann Sebastian Bach und seine Zeit,* Laaber 2000, S. 226–229, sowie F. Krummacher, *Bachs Zyklus der Choralkantaten. Aufgaben und Lösungen,* Göttingen 1995, passim.

[81] Vgl. dazu die eingehenden Untersuchungen von S. Oechsle, *Bachs Arbeit am strengen Satz. Studien zum Kantatenwerk,* Habilitationsschrift Kiel 1995, masch.

ren ebenso auf die Choralkantaten des zweiten Jahrgangs hin wie drei weitere Sätze mit instrumentalen Choralzitaten.[82]

I. Leipziger Jahrgang, Eingangssätze 1723

De tempore	Datum	BWV	Textincipit	Eingangssatz
1. p. Trin.	30. 5.	75	Die Elenden sollen essen	Dictum chorisch
2. p. Trin.	6. 6.	76	Die Himmel erzählen die Ehre Gottes	Dictum chorisch
4. p. Trin.	20. 6.	24	Ein ungefärbt Gemüte	Dichtung solistisch Satz 3 Dictum chorisch
Johannis	24. 6.	167	Ihr Menschen, rühmet Gottes Liebe	Dichtung solistisch
8. p. Trin.	18. 7.	136	Erforsche mich, Gott, und erfahre mein Herz	Dictum chorisch
9. p. Trin.	25. 7.	105	Herr, gehe nicht ins Gericht	Dictum chorisch
10. p. Trin.	1. 8.	46	Schauet doch und sehet ob irgendein Schmerz sei	Dictum chorisch
11. p. Trin.	8. 8.	179	Siehe zu, daß deine Gottesfurcht	Dictum motettisch
12. p. Trin.	15. 8.	69a	Lobe den Herrn, meine Seele	Dictum chorisch
13. p. Trin.	22. 8.	77	Du sollt Gott, deinen Herrn, lieben	Dictum chorisch + c.f.
14. p. Trin.	29. 8.	25	Es ist nichts Gesundes an meinem Leibe	Dictum chorisch + c.f.
Ratswahl	30. 8.	119	Preise, Jerusalem, den Herrn	Dictum chorisch (Französische Ouvertüre)
15. p. Trin.	5. 9.	138	Warum betrübst du dich, mein Herz	Choral + Rezitativ

[82] Wie die dialogische Kombination von Spruch und Choral in BWV 60/1 kann hier auch der Eingangssatz aus BWV 190 mit zwei kurzen Zitaten aus dem Tedeum außer Betracht bleiben.

De tempore	Datum	BWV	Textincipit	Eingangssatz
19. p. Trin.	3. 10.	48	Ich elender Mensch, wer wird mich erlösen	Dictum chorisch + c.f.
21. p. Trin.	17. 10.	109	Ich glaube, lieber Herr, hilf meinem Unglauben	Dictum chorisch (Concerto-Satz)
22. p. Trin.	24. 10.	89	Was soll ich aus dir machen, Ephraim	Dictum solistisch
Orgelweihe Störmthal	2. 11.	194	Höchsterwünschtes Freudenfest (Parodie)	Dictum chorisch (Französische Ouvertüre)
24. p. Trin.	7. 11.	60	O Ewigkeit, du Donnerwort („Dialogus")	Choral + Spruch
25. p. Trin.	14. 11.	90	Es reißet euch ein schrecklich Ende	Dichtung solistisch
2. Weihn.	26. 12.	40	Darzu ist erschienen der Sohn Gottes	Dictum chorisch
3. Weihn.	27. 12.	64	Sehet, welch eine Liebe hat uns der Vater	Dictum motettisch

Die drei Dicta mit instrumentalen Choralzitaten entstanden zum 22. und 29. August sowie zum 3. Oktober 1723 und rücken damit enger als andere Sätze zusammen. Fast scheint es, als habe Bach daran gelegen, binnen weniger Wochen drei verschiedene Lösungen eines Problems zu erproben. Obwohl der erste dieser Sätze schon früher erörtert wurde,[83] ist die Satzreihe bisher nicht in ihrem Zusammenhang untersucht worden.[84] Dem Eingangssatz aus BWV 77, den Bach für den 13. Sonntag nach Trinitatis schrieb, liegt ein Vers des Evangeliums zugrunde, in dem Christus die Frage eines Schriftgelehrten mit den Worten beantwortet: „Du sollst Gott, deinen Herrn, lieben von ganzem Herzen, von ganzer Seele, von allen Kräften und von ganzem Gemüte, und deinen Nächsten wie dich selbst" (Luk 10,27).[85] Die Vertonung dieses Textes fällt dem vierstimmigen Chor zu, dessen Baßstimme zumeist von der Viola verstärkt oder umspielt wird. Neben dem Vorspiel ist lediglich ein Zwischenspiel den

---

[83] Vgl. F. Krummacher, *Explikation als Struktur: Zum Kopfsatz der Kantate BWV 77*, in: Bach-Konferenz 1985, S. 207–217.

[84] E. Platen, *Untersuchungen zur Struktur der chorischen Choralbearbeitungen Johann Sebastian Bachs*, Diss. Bonn 1959, S. 153–160. Platen rechnete die Sätze zu den „Sonderformen der chorischen Choralbehandlung".

[85] Vgl. H. K. Krausse, *Eine neue Quelle zu drei Kantatentexten Johann Sebastian Bachs*, BJ 1981, S. 7–22, sowie das Faksimile ebenda, S. 22, wo der Text des Eingangschors am Beginn eines zweiten Teils steht.

Instrumenten allein überlassen, die sonst den Vokalstimmen zugeordnet und nur partiell obligat geführt werden. Damit ergibt sich ein wechselnd vier- und fünfstimmiger Kernsatz, der phasenweise ohne Generalbaß auskommt. Seine Motivik bezieht er primär aus dem syllabisch deklamierten Textincipit „Du sollt Gott, deinen Herrn, lieben", dessen Fortsetzung mit der Fortspinnung des Kopfmotivs gekoppelt wird, wogegen weitere Textglieder erst später nachgetragen werden (so T. 38–41 und 48–63 „von allen Kräften"). Ausnahmen bilden eine in Vierteln fallende Linie, die zu den Worten „und von ganzem Gemüte" als Imitationsmotiv die Stimmen durchzieht (T. 51 f.), und besonders die Schlußworte („und deinen Nächsten als dich selbst"), denen die letzten elf Takte mit einem fallenden Deklamationsmotiv vorbehalten sind (T. 67–77). Im Kern liegt also ein motettischer Satz vor, der von motivisch unselbständigen Instrumentalstimmen gestützt wird und sich trotz wechselnder Textglieder durch hohe motivische Konzentration auszeichnet (Beispiel 4a). Wie BWV 69a und 64 gehört BWV 77 zu den Werken, die auf zweiteilige Texte aus einem in Gotha gedruckten Jahrgang von Johann Oswald Knauer zurückgehen und von einem unbekannten Autor eingreifend gekürzt und verändert wurden. Schließt Knauers Vorlage mit zwei Strophen aus Luthers Lied „Dies sind die heilgen zehn Gebot", so endet BWV 77 mit einem Schlußchoral zur Melodie „Ach Gott, vom Himmel sieh darein", der in der autographen Partitur – der einzigen Quelle – kein Text beigegeben ist.[86] Dagegen kombinierte Bach den Spruchtext des Eingangschors mit der Melodie zu Luthers Gebote-Lied, die er durch einen freien Quintkanon zwischen Trompete und Generalbaß verdoppelte. Falls er nicht den Schlußchoral Knauers kannte, konnte ihn

Beispiel 4a: J. S. Bach, Du sollt Gott, deinen Herren, lieben (BWV 77:1), Choralvorlage

Dies sind die heil - gen zehn _ Ge - bot   Du solle Gott, dei-nen Her-ren lie-ben von gan-zem Her[-zen]

Choralkanon, Zeile I
Tromba

Bc.

Choralzeile IV/1-2
Tromba

(hoch   auf   dem   Berg   Si - na - i,   Ky - ri - e - leis)

Bc.

---

[86] Zum Text des Schlußchorals von BWV 77 siehe BJ 2001, S. 62 (P. Wollny).

der Spruchtext an weitere Schriftstellen erinnern, in denen das Liebesgebot das „vornehmste von allen Geboten" genannt wird.[87] Während die Choralmelodie im Generalbaß mit Finalis G zu Halben und Ganzen augmentiert wird, erklingt sie in der Trompete als Quintkanon in Viertelbewegung. Dazwischen werden von der Trompete weitere Melodiezitate eingeschaltet, die sich zumeist auf die erste Choralzeile beschränken. Wie das Lied fünf Zeilen umfaßt, die im Kanon verdoppelt werden, so zählt die Trompetenstimme zehn Einsätze, womit der Satz in doppelter Weise auf den Dekalog hinzuweisen scheint.

obere Zeilen = Tromba da tirarsi, untere Zeilen = Basso continuo jeweils mit Anzahl der Kanonphasen; I–V = Zeilen der Choralvorlagen; 1–77 = Taktzahlen der Zeilenzitate in Trompete bzw. Generalbaß

1.	2.	3.	4.	5.	6.	7.	8.	9.	10.
Id	Ic	**IId**	Ig	**IIIg**	Ic + IIg	**IV/1d**	Ig	**IV/2+Vd**	I–Vd
8–10	15–17	22–24	28–30	40–41	43–47	53–54	56–58	63–65	67–77
9–14		24–30		41–46		54–57		64–67	67–77
Ig		**IIg**		**IIIg**		**IV/1g**		**IV/2+Vg**	Orgelpunkt G
1.+2.		*3.+4.*		*5.+6.*		*7.+8.*		*9.+10.*	

Die kanonische Anlage ist freilich nicht ganz so intrikat, wie sie zunächst wirkt, da sich beide Stimmen nur kurz und in wechselndem Abstand kreuzen. Zwar setzen die Zeilen der Trompete vor denen des Basses (dessen Schlußton am Ende gedehnt und mit der vollständigen Melodie in der Trompete gepaart wird). Doch ist die Basis der zahlensymbolischen Deutung brüchig, da sie den wechselnden Status der Zeilenzitate und der Kanonphasen verkennt. Einerseits sind die zusätzlichen Zitate der Trompete nicht nur unterschiedlich transponiert, sondern erfassen einmal auch die zweite Zeile und am Ende sogar alle Zeilen des Chorals. Andererseits ergibt sich die Zehnzahl im Kanon erst aus der Teilung der Schlußzeile und der Addition der beteiligten Stimmen. Wäre es nur um die Zahl gegangen, so hätte nichts nähergelegen als die Abtrennung des angehängten „Kyrieleis". Wenn Bach sich aber dafür entschied, den Schnitt in die vierte Zeile zu verlegen, um ihren Rest mit dem „Kyrieleis" zusammenzuziehen, so mußte er einen anderen Grund als nur die Zahl gehabt haben.[88] Obwohl die Melodie von Johann Gottfried Walther als Beispiel des Hypomixo-

---

[87] Vgl. Mk 2,28–31, Mt 22,37–40 sowie 3. Mose 19,18 und 5. Mose 6,5.

[88] Die Fassung der Schlußzeilen entspricht Bachs anderen Bearbeitungen des Liedes, zu denen neben dem Kantionalsatz BWV 298 die Orgelchoräle BWV 635 (aus dem Orgelbüchlein) und BWV 678–679 (aus Clavier-Übung III) gehören. Nur in BWV 678 werden die Zeilen durch Pausen getrennt, wobei Zeile IV ebenso wie in BWV 77/1 aufgeteilt wird, doch liegt dabei nur ein Oktav- und kein Quintkanon vor. – Zur Kanonstruktur von BWV 77/1 und BWV 678 siehe auch W. Breig, *„Ueberhaupt ist*

lydischen genannt wurde,[89] teilt sie mit anderen mittelalterlichen Weisen Eigenarten, die eine modale Zuordnung erschweren. Zwar schließt sie auf G, während die zwei ersten Zeilen auf C enden, doch führt die dritte Zeile nach F, wogegen die vierte auf B endet, womit die große Terz über der Finalis erniedrigt wird. Gerade hier griff Bach ein, indem er die vier ersten Töne der vierten Zeile, die nichts als einen steigenden Quartgang umfassen, von der Fortführung trennte, so daß die erweiterte Schlußzeile auf dem kritischen Ton B ansetzt. Damit umspannt der Baß eine fallende Quintreihe von G bis B, die sich mit der Version der Trompete eine Quinte aufwärts bis D erweitert, während die zusätzlich eingefügten Zitate nach C und G wechseln. Zwar ist der Satz ohne Vorzeichen notiert, doch steht er – wie bei solchen Vorlagen im 18. Jahrhundert üblich – faktisch in G-Dur. Durch die Augmentation der Vorlage jedoch, die zudem in der Trompete eine Quinte höher erscheint, wird das harmonische Spektrum in dem Maß erweitert, wie es sich von G- und C-Dur aus nach g- und c-Moll hin verlagert (Beispiel 4b).

Beispiel 4b: J. S. Bach, Du sollt Gott, deinen Herren, lieben, T. 73–77

mit dem Choral nicht zu spaßen". Bemerkungen zum Cantus-firmus-Kanon in Bachs choralgebundenem Orgelwerk, BJ 2010, S. 11–27, speziell S. 19–21.

[89] J. G. Walther, Praecepta der Musicalischen Composition, hrsg. von P. Benary, Leipzig 1955, S. 176.

Emil Platen sah im Vorspiel eine „Grundperiode", die im Choreinbau mit Stimmtausch wiederkehre und damit einen „Formkern" bilde, in den die „Chorperioden" eingefügt seien.[90] Indes liegt ein primär motettischer Satz vor, der nur anfangs als zweistimmiger Kanon mit freier Unterstimme erscheint. Seine vokale Prägung erweist er im Kopfmotiv, das auf den Beginn des Chorals bezogen ist. Einerseits bildet es eine Krebsumkehrung der ersten Zeile, andererseits erscheint es als Kontraktion ihres steigenden Quartgangs (mit Repetition des letzten statt des ersten Tons). Da die Streicher den Vokalpart verdoppeln oder umspielen, läßt sich auch nicht von einem „Choreinbau" reden, der einen obligaten Orchesterpart voraussetzen würde. So streng reguliert der Satz wirkt, so frei verfügt er über die Kanon- wie über die Gegenstimmen. Der Prozeß, den er durchläuft, ist das Resultat der im Kanon angelegten Verlagerung seiner tonalen Achsen. Umschreibt der dreistimmige Beginn eine erweiterte C-Dur-Kadenz ohne Generalbaß, so steht ihm am Ende das chromatisch durchsetzte Tutti über Orgelpunkt gegenüber, dessen querständige Dissonanzen Bach dazu veranlaßten, vorgreifend die Stimmführung zu skiz-

---

[90] Platen (wie Fußnote 84), S. 156 f.

zieren.[91] Obwohl die Kanonstimmen 44 von insgesamt 77 Takten füllen, sind sie dem Satz nicht als feste Zeitachse eingeschrieben. Während ihr Zeitabstand wechselt, bleibt der Quintabstand trotz der Zusatzzitate der Trompete konstant. Entscheidend indes sind die tonalen Implikationen der Vorlage, die der Satzverlauf auszutragen hat.

V

Im Eingangschor aus BWV 25 („Es ist nichts Gesundes an meinem Leibe"), der eine Woche später entstand, wird die Paarung von Spruch und Choral in dreifacher Weise variiert. An die Stelle des Kanons tritt ein Kantionalsatz für Zink und drei Posaunen mit der Melodie „Herzlich tut mich verlangen", die durch drei Blockflöten verstärkt wird und hier wohl auf das Lied „Ach Herr, mich armen Sünder" anspielt. Haßlers Weise von 1601 steht zur Harmonik der Bach-Zeit nicht so quer wie die Vorlage in BWV 77, doch prägt ihr phrygischer Modus den ganzen Satz. Die acht Zeilen werden nicht augmentiert, sondern zu vier Zeilenpaaren zusammengefaßt, die jeweils vier Takte einnehmen und nur 16 von insgesamt 74 Takten ausfüllen. Den verfügbaren Freiraum nutzte Bach für einen fugierten Vokalsatz, der von paarigen Quintkanons ausgeht. Den Stollenzeilen geht ein kurzes Vorspiel mit der ersten Choralzeile voran, deren augmentierte Form in Baßlage verlegt und mit zwar nicht sonderlich profilierten, aber höchst variablen Achtelfiguren der Streicher verbunden wird (T. 1–4). Wie sie nur den ersten Satzteil begleiten, so erscheint das Choralzitat des Basso continuo lediglich vor der ersten beziehungsweise dritten Zeile. Beiden Gliedern des Spruchtextes (Ps. 38,4) sind zwei vokale Motive zugeordnet, die zunächst getrennt und am Ende kombiniert werden. Nach dem Vorspiel setzen die Oberstimmen mit einem zweistimmigen Quintkanon ein, der in den Unterstimmen wiederholt und von den Oberstimmen kontrapunktiert wird. Gemäß der Barform der Vorlage kehrt dieser vokale Block unter Stimmtausch zum zweiten Stollen des Chorals wieder (T. 22–36 ~ T. 1–15). Das gilt nicht mehr für die weitere Fortführung, die anders angelegt ist (vgl. T. 36–41 mit T. 15–21). Im letzten Drittel wird zum zweiten Textglied ein neues Motiv eingeführt, das auf die erste Choralzeile zurückweist (T. 41–63: „und ist kein Friede"). Zugleich wird die kanonische Anlage von einer Imitationskette abgelöst, die anfangs der Generalbaß mit Sechzehntelketten begleitet, während wenig später die Streicher colla parte eintreten. Indem der Schlußteil beide

---

[91] Zu der Skizze vgl. R. L. Marshall, *The Compositional Process of J. S. Bach. A Study of the Autograph Scores of the Vocal Works*, Bd. 1–2, Princeton 1972, hier Bd. 2, S. 52.

Motive mit den letzten Choralzeilen verkettet, fungiert er als Synthese des ganzen Satzverlaufs.

Teile:	Vorspiel – A[1] (Stimmtausch)	Vorspiel – A[2]	B	C
Takte:	1–5, 5–15 – 15–21	22–36 (~ 1–15) – 36–41	41–63	63–74
Glieder:	Kanonkette – Motiv a	Kanonkette – Motiv a	Imitation – Motiv b	Motive a + b
Choral:	+ Zeilen 1–2	+ Zeilen 3–4	+ Zeilen 5–6	+ Zeilen 7–8

Merkwürdigerweise bleiben die Streicher nur in den Stollenzeilen obligat, um danach entweder zu pausieren oder den Vokalpart zu duplieren. Gern wüßte man, was Bach dazu bewog, die anfängliche Konzeption zu ändern. Leider ist kein Autograph erhalten, das über seine Arbeit Aufschluß geben könnte. Obwohl der Satz zu kunstvoll ist, um von einem Bruch zu reden, bleibt die wechselnde Funktion der Instrumente auffällig. Daß Bach den Versuch aufgab, Motette und Kantionalsatz mit obligatem Instrumentalpart zu vereinen, mag am kargen Material des Vorspiels liegen, das sich mit dreitönigen Formeln begnügt, kommt aber zugleich der Verdeutlichung der Kombination von Spruch und Choralsatz zugute.

Auf dieses Problem kam Bach zurück, als er im Eingangschor aus BWV 48 zum 3. Oktober 1723 einen Satz entwarf, der einen kontrapunktischen Vokalsatz mit einem Choralzitat im Unterquartkanon und zudem mit einem obligaten Instrumentalpart verbindet. War die Paarung von Choralkanon und fugiertem Chorsatz schwierig genug, so steigerte sich der Anspruch mit dem Vorhaben, eine solche Kombination in einen motivisch selbständigen Instrumentalsatz einzufügen, so daß sich ein insgesamt dreischichtiger Satzverband ergibt.

Bei Eintritt des Chores zeigt sich, daß „Chor- und Instrumentalthematik" – wie Emil Platen formulierte – „zueinander erfunden" sind.[92] Bei aller Prägnanz ist die instrumentale Motivik variabel genug, um sich dem Vokalsatz anzupassen, der zugleich auf den Choralkanon der Bläser abgestimmt werden muß. Der kurze Spruchtext, der an das Evangelium von der Heilung des Lazarus anschließt, besteht aus einem Satz, der keine Aufteilung erlaubt: „Ich elender Mensch, wer wird mich erlösen vom Leibe dieses Todes?" (Röm 7,24). Demnach liegt allen vokalen Abschnitten die gleiche, nur leicht modifizierte Motivik zugrunde, die auf das Ritornell hin erfunden ist. Mit seinem Kopfmotiv

---

[92] Platen (wie Fußnote 84), S. 154.

teilt sie dabei nicht nur den charakteristischen Sextsprung, sondern auch die in Vierteln fallende Schlußwendung (Beispiel 5a).

Während der Choralkanon auf eine Trompete und zwei Oboen in unisono verteilt wird, fällt den Streichern die Motivik des Vorspiels zu, das durchaus die Funktion eines Ritornells erfüllt. Es gründet auf einem akkordischen Gerüst, das aber durch die Oberstimme ein durchaus eigenes Profil gewinnt. Sein Kopfmotiv besteht nach auftaktiger Viertel aus drei gebundenen Achteln,

Beispiel 5a: J. S. Bach, Ich elender Mensch, wer wird mich erlösen (BWV 48: 1), T, 1–6 und 12–17

die durch eine aufspringende Achtelnote und danach durch fallende Viertel ergänzt werden. Damit ergibt sich ein zweitaktiges Modell, das variiert dreimal wiederholt und durch vier Takte mit einer sequenzierten Achtelkette samt Kadenzgruppe vervollständigt wird. Zugleich basiert die harmonische Konstruktion auf einer Sequenz, die über c- und d-Moll zur Tonika g-Moll zurücklenkt.

Die dritte Schicht bildet der Kanon mit einer Melodie, die traditionell zum Text „Herr Jesu Christ, du höchstes Gut" gehört, wogegen ihr im Schlußchoral eine Strophe des Liedes „Herr Jesu Christ, ich schrei zu dir" unterlegt ist.[93] Während die Trompete den Choral in c-Moll anstimmt, folgt nach zwei Takten die g-Moll-Version der Oboen, die der Tonart des Satzes entspricht. Obwohl zu den Klauseln der c-Moll-Zeilen die Initien der g-Moll-Version erklingen, führt der Unterquartkanon nicht zu solchen Konsequenzen wie in BWV 77/1, da die erstmals 1593 gedruckte Melodie eher der Dur-Moll-Harmonik entspricht. Mit sieben Zeilen, die jeweils sechs Takte ausfüllen, bestimmt der Choralkanon fast ein Drittel des Satzes. Am Ende wird er in der Trompete durch ein Zitat der Stollenzeilen erweitert, deren Schlußton die Quinte des Grundtons der Oboe bildet (Beispiel 5b).

oben: Streicher mit Ritornellmotivik (Rit. = Ritornell), Mitte: Choralkanon, unten: vokaler Spruchsatz (mit Taktzahlen)

Vorspiel 1–12 (Rit. 1)	A¹ 13–16	20–30 (Rit. 2)	35–36, 41–44	A² 44–88 ~1–44 (mit Rit. 3–4)	B 89–103	104–117 (Rit. 5)	119–126, 129–138
	Zeile 1 15–20		Zeile 2 30–35	Zeilen 3–4 59–64, 74–79	Zeile 5 98–103		Zeilen 6–7 (+2)
	13–21 kanon. Duo		31–43 imitatorisches Tutti	44–88 ~ 1–44 (Wiederholung, Stimmtausch)	89–107 kanonische Quintkette		114–138 Tutti (121–127 ~ 89–95 kanonische Quintkette)

Während in der ersten Choralzeile ein zweistimmiger Quintkanon zwischen Sopran und Alt vorangeht, wird die zweite mit dem Vokalpart verknüpft, in dem ein Kanon der Außenstimmen durch freier geführte Mittelstimmen er-

---

[93] Dürr K, S. 473 f.

Beispiel 5b: J. S. Bach, Ich elender Mensen wer wird mich erlösen, T. 127–132

gänzt wird. Gemäß der Barform des Chorals kehrt wie in BWV 25/1 mit den Stollenzeilen auch der gesamte A-Teil wieder, der von vornherein auf paarigen Tausch von Ober- und Unterstimmen hin berechnet ist. Dagegen beruht der B-Teil mit den drei letzten Choralzeilen in seiner ersten Phase auf einem kanonischen Block, der mit einer Quintkette gepaart ist und damit auf die latente Beziehung zwischen Kanon und Permutationsverfahren verweist (T. 59–98).[94] Bei Eintritt der fünften Chorzeile wird er von einer rhythmischen Motivvariante abgelöst, die vom Alt imitiert und vom Baß abgewandelt wird (T. 99–109). Mit dem Ende dieser Phase wird ein letztes Ritornell-Zitat gepaart, dessen Kadenzgruppe sich mit dem Eintritt der nächsten vokalen Phase kreuzt. Sie ist als kanonische Imitation des zum Oktavsprung erweiterten Kopfmotivs angelegt, das mit der vorletzten Choralzeile und zugleich mit der Ritornellmo-

---

94 Platen (wie Fußnote 84), S. 155, sah „die typischen Merkmale des Permutationsverfahrens" im „schichtweisen Aufbau eines in den Stimmen vertauschbaren Satzblocks".

tivik kombiniert wird (T. 113–120). Und der letzte Abschnitt greift anfangs
unter Stimmtausch auf den kanonischen Block zurück, während seine freie
Fortführung mit der letzten Choralzeile und zugleich mit der Ritornellmotivik
verschränkt wird (T. 121–128 ~ T. 89–95).
Zwar macht das Autograph anfangs den Anschein einer Reinschrift, die wohl
durch Skizzen vorbereitet wurde. Das Bild ändert sich aber in den Zeilen des
Abgesangs, und instruktiv ist zumal die Schlußphase, in der sich Bach nachträglich für einen ein- statt wie sonst einen zweitaktigen Abstand der Kanonstimmen entschied, Dabei notierte er den vierten Ton der letzten Choralzeile
zuerst als punktierte Halbe, korrigierte ihn dann aber zu einer punktierten Viertel mit drei Achteln, so daß ein bereits begonnener Takt entfallen mußte. Offenbar war seine Arbeit vom Kanon geleitet, dessen Abschnitte wohl vor der Aus-
formung der Gegenstimmen entworfen wurden.

*

Was aber ist lutherisch an solcher Musik? Gewiß nicht nur eine Wortausle-
gung, die man auch in Werken von Zeitgenossen finden kann. Dagegen ist die
Kunst, die Bachs Werke auszeichnet, kaum ohne den Gedanken verständlich,
der Komponist habe die Gaben zu entfalten, die ihm als „donum Dei" verliehen seien. Ein Skeptiker mag zwar nach wie vor eindeutige Belege für Bachs
Kenntnisse von Luthers Äußerungen zur Musik vermissen. Bedenkenswert
bleibt indes die historische Konstellation, in der in einem von Luther bewun-
derten Werk Josquins zwei durchaus vergleichbare Sätze von Bach gegenüberstehen, dessen Interesse an Luthers Schriften hinreichend belegt ist. Dabei war
Bach kaum an Vorschriften zur Wortverkündigung gebunden, die auf Luther
zurückzuführen wären. Vielmehr teilen seine Kompositionen mit denen Josquins jenen Kunstrang, der Luther als Inbegriff einer „optima ars" erschien.
Für beide Komponisten gilt das Wort vom „sangmeister", bei dem die Noten
„habens müssen machen, wie er wolt."

Bachs Privatschüler – Eine Nachlese*

Von Hans-Joachim Schulze (Leipzig)

I.

Goldene Berge hatte der Leipziger Regierende Bürgermeister Gottfried Lange zwar nicht im Angebot, als er sich um einen Nachfolger für den am 5. Juni 1722 verstorbenen Thomaskantor Johann Kuhnau bemühte, aber immerhin die Aussicht auf ein Jahreseinkommen von wenigstens tausend Talern für den designierten Stelleninhaber. Georg Philipp Telemann, den man schon seit 1704 auf der Warteliste führte, nahm die Offerte zunächst dankend zur Kenntnis, erwirkte dann aber eine Verbesserung seiner Hamburger Bezüge, sagte in Leipzig ab und blieb wie vorgesehen in der Hansestadt. Christoph Graupner als nächstführender Kandidat wäre gern in sein Heimatland Sachsen zurückgekehrt, zumal die zugesagten Einkünfte mehr Solidität versprachen als die eher vagen Gehaltszusicherungen am ewig klammen Hof von Hessen-Darmstadt, doch Graupners Dienstherr verweigerte dem „stattlichen Componisten" die erbetene Entlassung. Definitiv geködert mit dem offenbar gleichbleibenden Angebot wurde schließlich der Köthener Kapellmeister Johann Sebastian Bach, der sich noch sieben Jahre später an die überaus „favorable" Beschreibung der Leipziger Stelle als ausschlaggebendes Argument für einen Wechsel in die angesehene Universitäts- und Handelsstadt erinnerte.[1]
Die Wahlhandlung, mit der sich am 22. April 1723 das gesamte Ratskollegium befaßt hatte, schloß Bürgermeister Lange mit der Bemerkung, daß es nötig wäre, „auf einen berühmten Mann bedacht zu seyn, damit die Herren *Studiosi animir*et werden möchten."[2] Dies zielte sicherlich primär auf die Tradition der kostenlosen Mitwirkung von Studenten bei der sonn- und festtäglichen Kirchenmusik, könnte aber den Hintergedanken einschließen, daß so mancher Studiosus beim Thomaskantor Musikunterricht nehmen werde, für seine Aktivitäten einen Preisnachlaß erhielte und so dem Stadtsäckel jegliche Belastungen erspart blieben. Ohnehin ließ sich leicht ausrechnen, daß das seit undenklichen Zeiten nicht mehr erhöhte Gehaltsfixum des Kantors, ungeachtet aller mit diesem verbundenen Vergünstigungen sowie der kaum überschaubaren Anzahl von Kleinbeträgen aus Begräbnisgebühren, Legaten für Gedenkveran-

---

* Fortführung und Diskussion des Beitrags: Bernd Koska, *Bachs Privatschüler*, BJ 2019, S. 13–82.
[1] Vgl. die knappe Zusammenfassung in: Schulze Bach-Facetten, S. 44–52.
[2] Dok II, Nr. 129 (S. 95).

staltungen, Hochzeits-, Huldigungs- und Trauermusiken sowie anderen vergleichbaren Einkünften nicht ausreichen würde, um die Versprechungen bezüglich einer Jahreseinnahme von tausend und mehr Talern zu erfüllen. Für die unabdingbare Aufstockung konnte allein das „Informiren", der privat erteilte Musikunterricht sorgen – notabene als außerschulisches Vorhaben, denn im Blick auf die Schülerschaft hatte Bach sich wenige Tage vor seiner Wahl verpflichten müssen, die Knaben „nicht alleine in denen darzu gehörigen ordentlichen Stunden, sondern auch *privatißime* im Singen ohne Entgeld [zu] *informiren*".[3] Diese in Hinsicht auf seine Verdienstmöglichkeiten kontraproduktive Anordnung mag Bach in der Folgezeit nicht selten umgangen haben, und so wird der Anfang August 1730 im Engeren Rat erhobene Vorwurf, „es thue der *Cantor* nicht allein nichts, [...] halte die Singestunden nicht",[4] sich auch mit auf die im April 1723 eingegangene Verpflichtung beziehen.

Wieviel Zeit seine „vielen Beschäftigungen"[5] Bach – insbesondere in seinen Leipziger Jahren – zum „Informiren" ließen, wissen wir nicht. Ein so extensives Vorgehen, wie in anderen Universitätsstädten zuweilen zu beobachten, war ihm sicherlich nicht möglich. Im benachbarten Halle hatte sein ehemaliger Schüler Johann Gotthilf Ziegler „einen ungemein starcken Zugang von Scholaren, so, daß von früh 6 bis Abends 9 Uhr alle Stunden besetzt [waren]" und im Jahre 1730 nicht weniger als 33 „*Expectanten*" gleichsam vor der Tür warteten.[6] In Erfurt hatte Jacob Adlung (1699–1762) „von Anno 1728 bis 1762 im Clavierspielen 218, und in Sprachen 284 Personen informiret [...], ohne die, welche mir entfallen sind."[7] In Jena, wo mit Johann Nikolaus Bach (1669–1753) der 1735 vom Thomaskantor so betitelte „dermalige *Senior* aller noch lebenden Bachen"[8] das Musikleben prägte, mag es ruhiger zugegangen sein. In Göttingen bildeten die Einnahmen aus der Erteilung von Klavierunterricht für Johann Nikolaus Forkel (1749–1818) während seiner Studienzeit die einzige Finanzbasis.[9]

Unterschiedlich waren die Verhältnisse in Städten ohne Universität. „*Mons. Agricola* ist vor etwa einem Viertheil Jahr nach Berlin [...] gegangen und hat allda sein vollkommenes *Conto* mit *informir*en gefunden", heißt es in einem Brief Johann Elias Bachs (1705–1755) aus Leipzig an Johann Ernst Bach

---

[3] Revers vom 19. 4. 1723; Dok I, Nr. 91.
[4] Dok II, Nr. 280.
[5] Formulierung C. P. E. Bachs; vgl. Dok III, Nr. 803 (S. 289f.).
[6] Walther L, S. 657.
[7] J. Adlung, *Musica Mechanica Organoedi*, Bd. II, Berlin 1768, Vorrede, S. XI.
[8] Dok I, Nr. 184, „Ursprung der *musicalisch-Bach*ischen *Familie*" (1735), Nr. 27.
[9] Johann Wilhelm Häßler, *Lebenslauf*, Erfurt 1787, S. VI (Wiedergabe in: W. Kahl, *Selbstbiographien deutscher Musiker des 18. Jahrhunderts*, Köln und Krefeld 1958 [Reprint Amsterdam 1972], S. 62).

(1722–1777) in Eisenach.[10] Allerdings hatte in der preußischen Hauptstadt nach dem Tod des „Soldatenkönigs" das „musicalische Saeculum" begonnen. In Weimar hingegen klagte Johann Sebastians Vetter Johann Gottfried Walther (1684–1748), daß er fast keine Schüler mehr auszubilden habe und die dringend benötigten Nebeneinkünfte auf einem Tiefpunkt angelangt seien.[11] Auch Bach wird sich in Thüringen und später in Köthen mit einer überschaubaren Zahl von Schülern abgefunden haben. Selbst in Berlin wuchsen die Bäume nicht in den Himmel. Als Carl Friedrich Zelter (1758–1832) 1783 oder etwas früher bei dem jüngeren Fasch[12] Unterricht zu nehmen wünschte, erhielt er zur Antwort, daß ihm (Fasch) „seine vielen Lektionen anfingen, beschwerlich zu werden", „dagegen habe Kirnberger gar nichts zu tun und leide einigermaßen Not."[13]

So wichtig die finanzielle Komponente hinsichtlich des Erteilens von Unterricht ist, so bildet sie doch nur die materielle Seite dieser Tätigkeit ab. Bedeutsamer ist die Weitergabe des selbst Erfahrenen und Erarbeiteten an die Mitwelt und vor allem an die nachfolgende Generation, auch wenn diese jedweder Art von Belehrung kritisch bis ablehnend gegenüberstehen sollte. Johann Sebastian Bachs Bemühungen um die musikalische Qualifizierung der eigenen Familie lassen sich teilweise dokumentieren, größerenteils aber auch nicht, da offenbar eine Reihe maßgeblicher Quellen, insbesondere Sammlungen von Klavierstücken nicht erhalten geblieben sind. Die Rolle der beiden Clavierbüchlein für Anna Magdalena Bach und die Nutzung des dort zusammengetragenen Materials sowohl für die Gattin selbst als auch für die kleineren Kinder bedürfte einer eigenen Betrachtung – bis hin zu der Frage, ob und inwieweit der Thomaskantor den Anfangsunterricht für den Nachwuchs Personen seines Vertrauens übertrug.[14]

Auf einem anderen Blatt steht, daß Bachs Ältester Wilhelm Friedemann, zumindest in seinen späteren Jahren, niemals auch nur eine einzige Note aus

---

[10] 9. 1. 1742; vgl. LBB 3, S. 181.

[11] *Johann Gottfried Walther, Briefe*, hrsg. von K. Beckmann und H.-J. Schulze, Leipzig 1987, S. 70, 73 f., 81, 103 u. ö.

[12] Christian Friedrich Carl Fasch (1736–1800).

[13] *Carl Friedrich Zelters Darstellungen seines Lebens*, hrsg. von J.-W. Schottländer, Weimar 1931, S. 129. Johann Philipp Kirnberger starb kurze Zeit später (27. Juli 1783).

[14] Aufschlußreich in dieser Hinsicht ist die Eintragung des F-Dur-Satzes BWV Anh. 131 in das 1725 begonnene Clavierbüchlein, als dessen Schreiber (und zweifellos auch Komponisten) Peter Wollny (BJ 2002, S. 33–36) Bernhard Dieterich Ludewig ermitteln konnte, jenen Schüler also, dem Bach seine „kleine Familie zu treufleißiger *Information*" (Dok I, Nr. 72, März 1737) anvertrauen konnte.

Werken seines Vaters gespielt haben soll[15] und überdies das Unterrichten grundsätzlich und ausnahmslos ablehnte,[16] daß der Zweitälteste Carl Philipp Emanuel sich gegenüber Charles Burney beklagte, sein Vater habe ihm ehedem das Spiel fünfstimmiger Fugen durch alle Tonarten zugemutet,[17] und daß der Benjamin Johann Christian es trotz des – für die letzte Lebenszeit des Thomaskantors belegten – großzügigen Geschenks eines Übungsinstruments[18] nicht dahin zu bringen vermochte, die Tastenmusik seines Vaters zu beherrschen.[19] Johann Sebastians Anliegen, das bei ihm Erlernte „zu seiner Zeit wieder auf andere gute Subjecte fortzupflanzen",[20] zeitigte bei einigen seiner Schüler bemerkenswerte Erträge. Als Carl Friedrich Zelter im Frühjahr 1783 bei Kirnberger vorsprach und um Beratung bezüglich seines Komponierens bat, mußte er sich eine wahre Gardinenpredigt anhören, die in der Frage gipfelte: „Sie wollen Häuser bauen und nebenher komponieren, oder wollen Sie komponieren und nebenher Häuser bauen?"[21] Johann Christian Kittel fertigte seinen Schwiegersohn Johann Wilhelm Häßler (1747–1822), der nach der Rückkehr von seiner 1790–1792 absolvierten England-Reise um Unterricht im Kontrapunkt bat, mit der Bemerkung ab: „Ein halber Narr bist du schon. Lernst du noch mehr von der Komposition, so wirst du ein Ganzer".[22]

II.

Eine Beurteilung von Bachs Privatschülern sollte in jedem Fall auf Angaben über deren soziale Herkunft zurückgreifen können. Hilfreich hierfür sind Namen und insbesondere Beruf des jeweiligen Vaters, die sich normalerweise aus Geburts- beziehungsweise Taufeintragungen in Kirchenbüchern gewinnen lassen, zuweilen auch aus Lebensläufen, sofern diese im Zusammenhang mit Bewerbungen vorgelegt worden sind, sowie aus anderen, üblicherweise verstreuten und oft nicht leicht zu ermittelnden Quellen. Auch wenn Vollständigkeit erfahrungsgemäß nie zu erreichen sein wird, lassen sich auch ohne zeitraubende Feldforschungen noch so manche Ergänzungen auftreiben, die das von Bernd Koska Vorgelegte weiter anreichern. Solche Addenda sind am Ende die-

---

[15] Vgl. *Briefwechsel zwischen Goethe und Zelter in den Jahren 1796 bis 1832. Fünfter Theil, die Jahre 1828 bis 1830 Juny*, hrsg. von F. W. Riemer, Berlin 1834, S. 210.

[16] Vgl. BJ 2017, S. 233 f., sowie Dok VII, S. 177.

[17] Dok III, S. 252, in der deutschen Übersetzung (S. 253) allerdings abgemildert.

[18] Dok II, Nr. 628 (S. 504).

[19] Dok III, Nr. 804. Zu Johann Sebastians Urteil über die drei genannten Söhne vgl. auch Dok III, Nr. 973.

[20] Dok III, Nr. 975 (Bericht J. F. Reichardts über J. P. Kirnberger).

[21] Zelter (wie Fußnote 13), S. 130–133.

[22] BJ 1962, S. 102.

ses Beitrags entsprechend der Gruppierung in nachweisliche, mutmaßliche und vermeintliche Bach-Schüler zusammengestellt. Zu den dann noch immer verbleibenden Lücken sei folgendes angemerkt. Daten zu familiärer und sozialer Herkunft sind relativ leicht zu entbehren, wenn es sich um Angehörige des Adels handelt. Zu nennen sind hier die Herren (jeweils „von") Jagemann (A 5), Boyneburg (A 26), Würben/Wrbna (A 55), Hochberg, Dietrichstein, Flemming und Vitzthum von Eckstädt (C 21–24).

Nicht zu entbehren, jedoch gegenwärtig nicht zu ermitteln sind Daten zu Personen, für deren Herkunft wenige oder überhaupt noch keine Anhaltspunkte vorliegen: Hinrich Conrad Kreising (A 19), Johann Christoph Ritter (A 37), Jacob Ernst Hübner (B 11), Johann Georg Voigt d. Ä. (C 4) und Johann Georg Kreising (C 11).

Unbekannt bleiben die Namen der Väter in Fällen, da die zuständigen Kirchenbücher infolge der Ereignisse des Zweiten Weltkriegs und dessen Folgen nicht mehr existieren dürften: Hierbei geht es um Siegismund Freudenberg (* 1704; A 16) aus dem ehemals niederschlesischen Gebhardsdorf sowie um Johann Balthasar Reimann (* 1702; B 28) aus Breslau-Neustadt. Namen und auch Beruf des Vaters fehlen für Christoph Gottlob Wecker (* 1700; B 12) aus Friedersdorf. Das gleiche Defizit besteht bei zwei Personen aus ehemals deutschen Ansiedlungen in Siebenbürgen: Peter Schimert (* 1712; A 33) aus Hermannstadt und Andreas Stollmann (* um 1710; C 27) aus Hamlesch.

Eine Vervollständigung der bereits bekannten Namen und Daten sollte sich dagegen bei den folgenden Personen bewerkstelligen lassen, insbesondere durch Befragung der zumeist noch vorhandenen Kirchenbücher. Dies betrifft Namen und Beruf des Vaters bei Johann Heinrich Heil (Seeba 1706; A 24), Johann Sebastian Koch (Ammern 1689; C 3) und Christian Leberecht Zimmermann (Halle 1727; C 31). Lediglich der Name des Vaters wäre zu ergänzen bei Johann Melchior Stockmar (Naunhof 1698; C 7), lediglich der Beruf bei Johann Jacob Kieser (Gräfinau 1703; A 21), Johann Christoph Baumgarten (Wölfis 1687; B 4) sowie Johann Gottlieb Preller (Oberroßla 1727; C 28). Zu fahnden bliebe auch noch nach der Geburts- oder Taufeintragung für Friedrich Rudolf Lüdecke (Oschersleben?; C 12).

Eine Gesamtschau hinsichtlich der Herkunft der sicher belegten Bach-Schüler, der unsicheren Kantonisten sowie der guten Gewissens aus diesem Kreise Auszuschließenden zeigt, daß neben einigen Adeligen sowie den – hier vor allem zu erwartenden – Musikern fast ausschließlich „Kleine Leute" vertreten sind: Kleinbürger, Handwerker, Bauern sowie einige Amtsträger. Abkömmlinge reicher Kaufleute und anderer Angehöriger des Großbürgertums sucht man vergebens. Im Gegenzug ist aus Bachs Schule auch kein genuiner Hofkapellmeister oder ähnlich ranghoher Musiker hervorgegangen.

Die von Bernd Koska vorgelegte Einteilung der bisher erkundeten Personen in drei Kategorien ist hilfreich und dient der Gewinnung eines Überblicks. Allerdings generiert sie auch neue Fragen. Wenn etwa Johann Gottfried Fulde als Empfänger eines Widmungskanons in den Rang eines möglichen Bach-Schülers aufsteigt – warum dann nicht auch Ludwig Friedrich Hudemann (1703–1770), der ebenfalls mit einer Widmung bedacht worden ist und der wie jener in Leipzig studiert hat? Wenn die vier Grafen, denen im Oktober 1734 die Ehre zuteil wurde, die Präsentexemplare des Textes der Huldigungskantate „Preise dein Glücke, gesegnetes Sachsen" (BWV 215) den Angehörigen der königlich/kurfürstlichen Familie überreichen zu dürfen,[23] wenigstens Aufnahme in die Kategorie C finden konnten – warum dann nicht auch der in gleicher Funktion agierende Textdichter der Huldigungskantate „Entfernet euch, ihr heitern Sterne" (BWV Anh. 9) nebst den beiden Marschällen, die am Abend des 12. 5. 1727 den Fackelzug zu Ehren des sächsisch-polnischen Potentaten leiteten?[24] Auch über Hans Carl von Kirchbach (1704–1753), den Initiator und Finanzier der Gedenkveranstaltung für die Königin/Kurfürstin Christiane Eberhardine[25] im Oktober 1727 mit der Aufführung der Trauer-Ode BWV 198 wäre gelegentlich nachzudenken.

Ungeklärt bleiben darüber hinaus so manche Fälle, in denen weder Akten noch anderweitige Überlieferungen für Anhaltspunkte sorgen. Genannt sei hier der nachmals in seiner Geburtsstadt tätige Christian Gottlob Meißner (1707–1760), dessen nervös-flüchtige Notenschrift bis ins 20. Jahrhundert mit derjenigen Bachs verwechselt worden ist.[26] Als Bach nach Leipzig kam, war Meißner 16 Jahre alt, 1731 ging er als Kantor nach Geithain. Wer hatte in der Zwischenzeit für seine Ausbildung gesorgt? Samuel Gottlieb Heder (* 1713, Ende der 1730er Jahre noch in Merseburg nachweisbar) schrieb einen Großteil des Aufführungsmaterials für die Darbietung von Bachs Matthäus-Passion im

---

23 Dok II, Nr. 353.
24 Dok II, Nr. 220. Zu Christian Friedrich Haupt (Textdichter) vgl. BJ 1985, S. 166–168 (H.-J. Schulze). Von den beiden Marschällen rückte Georg Irmler (1695–1762) 1740 in das Lehrerkollegium der Thomasschule auf, wobei Bachs Zeugnis ein musikalisches Defizit wohlwollend umschreibt (Dok I, Nr. 76), während der aus Satzungen bei Annaberg (nicht Salzungen, wie bei Erler angegeben) stammende, aber wohl in Gränitz geborene Johann Gottfried Hoffmann (1704–1741) in verschiedenen Pfarrstellen (zuletzt in Zörbig) tätig wurde (vgl. *Pfarrerbuch der Kirchenprovinz Sachsen*, Bd. 4, Leipzig 2006, S. 260).
25 Vgl. Dok II, Nr. 225ff.
26 Meißner schrieb das sogenannte „Züricher Autograph" des Wohltemperierten Klaviers und das „Mendelssohn-Autograph" des Orgelbüchleins sowie zahlreiche Aufführungsmaterialien für Werke J. S. Bachs und andere Kompositionen. Vgl. Schulze Bach-Überlieferung, S. 101 ff.

Jahre 1736.[27] Auf einer Abschrift der Kantate BWV 22 brachte er einen gleichsam internen Vermerk an: „Dies ist das Probestück in Leipzig".[28] Sollte er wie nachmals Bernhard Dieterich Ludewig und Johann Elias Bach als Bachs Adlatus tätig gewesen sein und als Gegenleistung einige musikalische Unterweisung vom Thomaskantor erhalten haben?

III.

Einzelbemerkungen[29]

A 2
Johann Martin Schubart (* 8. 3. 1690 Geraberg, † 2. 4. 1721 Weimar)
Die verschiedentlich anzutreffende Behauptung, Schubart sei in der zweiten Jahreshälfte 1717 vertretungsweise als Organist der Schloßkirche beziehungsweise der Schloßkapelle in Köthen tätig gewesen,[30] geht auf eine mißverständliche Formulierung Philipp Spittas[31] zurück: „Seine [Bachs] Uebersiedlung nach Cöthen fand noch im November [1717] statt, denn in der Adventszeit fungierte schon in wohlverdienter Nachfolge auf der Orgelbank der Schloßkirche sein treuer Schüler Schubart." Gemeint ist hier die Schloßkirche Weimar.
Zu einigen Schubart mutmaßlich zuzuweisenden Bach-Abschriften vgl. BJ 2013, S. 87–95 und 109–115 (C. Blanken), zu Abschriften nach Werken anderer Komponisten vgl. BJ 2015, S. 100–108 (P. Wollny).

A 3
Johann Gotthilf Ziegler (* 25. 3. 1688 Leubnitz b. Dresden, † 13. 9. 1747 Halle)
Zu Zieglers exzessiver Unterrichtstätigkeit vgl. das in Abschnitt I Angeführte.

A 4
Johann Tobias Krebs (d. Ä.) (* 7. 7. 1690 Heichelheim, † 11. 2. 1762 Buttstädt)

---

[27] Zu Unzulänglichkeiten des Materials vgl. A. Dürr, *De vita cum imperfectis*, in: Studies in Renaissance and Baroque Music in Honor of Arthur Mendel, Kassel und Hackensack/N. J. 1974, S. 243–254.

[28] NBA I/8.1–2 Krit. Bericht (C. Wolff, 1998), S. 18.

[29] Einige Angaben zu Namen und Beruf des jeweiligen Vaters konnten nach Aufzeichnungen Hans Löfflers ergänzt werden, ohne die Kirchenbücher nochmals zu befragen. Das von Hans Löffler (1887–1957) zusammengetragene Material zu Bach-Schülern wurde aus seinem Nachlaß vom Bach-Haus Eisenach übernommen, steht aber seit Dezember 1963 dem Bach-Archiv Leipzig als Dauerleihgabe zur Verfügung (Bestandssignatur: *NL 6*)

[30] BJ 1905, S. 29 (R. Bunge) sowie *Johann Sebastian Bach in Thüringen,* Weimar 1950, S. 78 (R. Jauernig) und 176 (H. Löffler).

[31] Spitta I, S. 578.

Den Beruf (Stand) des Vaters nennt das zuständige Kirchenbuch: „Mitnachbar" (möglicherweise Landwirt).[32]

A 6

Philipp David Kräuter (* 14. 8. 1690 Augsburg, † 7. 10. 1741 Augsburg) Grundlegendes zu Biographie und Schaffen liefern Ernst Ludwig Gerber (1813),[33] Friedrich Städtler (1970)[34] sowie Franz Krautwurst.[35] Den Namen des Vaters nennt Krautwurst (1990, S. 31): Philipp Kräuter (Kreuterer, Kreiterer).

A 8

Samuel Gmelin (* 1. 11. 1695 Plauen, † Februar 1751 Elsterberg) Angabe des Geburtsdatums nach Vollhardt (S. 416). Den Namen des Vaters, eines Leinwebers, nennt Gmelins Bewerbungsschreiben von 1726 (vgl. Dok II, Nr. 206): Samuel Gmelin [d. Ä.].

A 14

Friedrich Gottlieb Wild (* 14. 8., ~ 15. 8. 1700 Bernsbach, † 1761? St. Petersburg?) Namen und Beruf des Vaters nennt das zuständige Kirchenbuch: Johann Wild, Blechhändler. Eine Diskussion der bislang offenen Fragen um die Herkunft Wilds folgt in Abschnitt IV.

A 15

Heinrich Nicolaus Gerber (* 6. 9., ~ 8. 9. 1702 Wenigenehrich, † 6. 8. 1775 Sondershausen) Den Namen des Vaters nennt das zuständige Kirchenbuch: Christian Gerber (□ 30. 6. 1734, 76 ¾ Jahre alt).[36]

A 16

Siegismund Freudenberg (* Seifershau, ~ 20. 4. 1704 Gebhardsdorf) Nach Fritz Hamann war der Vater (Name nicht angegeben) von Beruf „Handelsmann".[37]

A 17

Johann Christoph Dorn (* 5. 9., ~ 7. 9. 1707 Gruna, † 18. 4. 1785 Torgau)

---

[32] BJ 1940/48, S. 136 (H. Löffler).

[33] Gerber NTL III, Sp. 101 f. (möglicherweise unter Nutzung von Nachträgen J. G. Walthers für dessen *Musicalisches Lexicon* von 1732).

[34] *Ein Augsburger als Schüler Joh. Seb. Bachs*, in: Gottesdienst und Kirchenmusik, 1970, S. 165–167 (hiernach Dok III, S. 649 f. = Dok II, Nr. 53a, 53b, 58a).

[35] Vgl. die Literaturangaben Dok V, S. 311.

[36] D-LEb, *NL 6*, Heft 22. Als Beruf des Vaters ist „Landmann" angegeben, im Begräbniseintrag auch „Gerichtsschöppe".

[37] F. Hamann, *Siegismund Freudenberg. Dokumente um einen schlesischen Schüler Sebastian Bachs*, BJ 1940/48, S. 149–151, hier S. 149.

Namen und Beruf des Vaters nennt das zuständige Kirchenbuch: Christoph Dorn, Fähr-mann.[38]

A 23
David Nicolai (* 22. 2., ~ 23. 2. 1702 Görlitz, † 25. 11. 1764 Görlitz)
Namen und Beruf des Vaters nennt das zuständige Kirchenbuch: David Nicolai [d. Ä.], Tuchmacher.[39]

A 25
Carl Hartwig (* 18. 8. 1709 Olbernhau, ☐ 5. 8. 1750 Zittau)
Namen und Beruf des Vaters nennt das zuständige Kirchenbuch: Christoph Hartwig, Schuhmacher und Gastwirt.[40]

A 27
Lorenz Christoph Mizler (* 25. 7. 1711 Heidenheim † 8. 5. 1778 Warschau)
Das Auf und Ab seiner wissenschaftlichen Laufbahn schildert zusammenfassend das Mizler-Kapitel in *Bach in Ansbach*.[41]

A 28
Bernhard Dieterich Ludewig (* 7. 11. 1707 Thonhausen, † 27. 2., ☐ 1. 3. 1740 Thon-hausen)
Ludewig starb im elterlichen Haus in Thonhausen (Dok I, S. 143), nicht in Schmölln (Irrtum in Dok II und V, Personenverzeichnis). Bachs lange verschollenes Zeugnis vom 10. 10. 1737 (Dok I, Nr. 74) ist offenbar vor etwa zehn Jahren in Zörbig wiedergefun-den worden.

A 31
Johann Friedrich Schweinitz (* 16. 6. 1708 Friedebach, † 10. 7. 1780 Pyrmont)
Namen und Beruf des Vaters nennt das zuständige Kirchenbuch: Hans Friedrich Schweinitzer, Organist.[42] Im Coburger Matrikeleintrag vom 9. 5. 1729 wird der Vater als Schullehrer bezeichnet.[43]
Daß Schweinitz' Kirchenkantaten eher dem Vorbild Gottfried Heinrich Stölzels als demjenigen Johann Sebastian Bachs zu folgen scheinen, mag damit zusammenhängen,

---

[38] Mitteilung des Pfarramts vom 19. 12. 1962.
[39] D-LEb, *NL 6*, Heft 28.
[40] W. Müller, *Gottfried Silbermann – Persönlichkeit und Werk. Eine Dokumentation*, Leipzig 1982, S. 292, Fußnote 1831.
[41] H.-J. Schulze, *Bach in Ansbach*, Leipzig 2013, S. 102–121 und 193. Vgl. außerdem H. R. Jung/H.-E. Dentler, *Briefe von Lorenz Mizler und Zeitgenossen an Meinrad Spiess (mit einigen Konzepten und Notizen)*, in: Studi Musicali 32, 1 (2003), S. 73–196.
[42] Mitteilung des Pfarramts vom 24. 9. 1965.
[43] C. Hoefner, *Die Matrikel des Gymnasium Casimirianum Academicum zu Coburg 1606–1803*, Würzburg 1955–1958, S. 224.

daß während seiner Leipziger Studienzeit in den Hauptkirchen relativ häufig Kantaten aus der Feder Stölzels aufgeführt worden sind.[44]

A 36
Johann Georg Heinrich (* 10. 4., ~ 14. 4. 1721 Merseburg)
Als Alumne der Thomasschule Leipzig (10. 6. 1734 bis [Ostern] 1740) wurde Heinrich zeitweilig mit Notenschreibarbeiten für Johann Sebastian Bach beschäftigt, fertigte jedoch auch Kopien für den eigenen Gebrauch an, hier insbesondere eine Abschrift[45] des Wohltemperierten Claviers I, wohl nach Bachs Autograph von 1722 (D-B, *P 415*). Ungeachtet ihrer Signatur (D-LEm, *Poel. mus. Ms. 34)* stammt die Kopie offenbar nicht aus dem Besitz des Leipziger Sammlers Karl Heinrich Ludwig Poelitz (1772–1838). Die Verzeichnung von Heinrichs Immatrikulation an der Universität Leipzig (28. 3. 1740) unter „Hemrich" geht wohl auf eine verderbte handschriftliche Quelle zurück.[46]

A 39
Johann Gottlieb Haase (* um 1715 Profen?)
Geburts- beziehungsweise Taufdatum sind nicht mehr zu ermitteln, da die Profener Kirchenbücher und -akten 1822 durch einen Brand vernichtet worden sind. Hilfsweise kann der Eintrag von J. G. Haases mutmaßlich jüngerem Bruder Samuel Siegfried (* 22. 3. 1717 Profen) vom 8. 7. 1731 in die Alumnenmatrikel der Thomasschule Leipzig[47] herangezogen werden; hier erscheinen Name und Beruf des Vaters: Christoph Haase, Cantor in Profen.

A 40
Georg Ludwig Raden (* 19. 4. 1718 Zeitz, † 1. 6. 1764 Zeitz)
Namen und Beruf des Vaters nennt das zuständige Kirchenbuch: Adam Friedrich Raden, Steuereinnehmer.[48]

A 47
Friedrich Gottlob Fleischer (* 14. 2. 1722 Köthen, † 4. 4. 1806 Braunschweig)
Auf das im zuständigen Köthener Kirchenbuch belegte Datum (* 14., ~ 17. 2. 1722) ist in neuerer Literatur mehrfach hingewiesen worden. Es lag auch für Dok III vor, wurde aber aus nicht mehr feststellbaren Gründen durch die fehlerhafte Angabe vieler Lexika (14. 1. 1722) ersetzt.

A 48
Christian Gottlob Wünsche (Wunsch; ~ 17. 12. 1720 Joachimstein, † 1754 Glogau?)

---

[44] Vgl. A. Glöckner, *Ein weiterer Kantatenjahrgang Gottfried Heinrich Stölzels in Bachs Aufführungsrepertoire?*, BJ 2009, S. 95–115.
[45] Vgl. BJ 2016, S. 81–83 und 108 f. (P. Wollny).
[46] Erler III, S. 151; vgl. Dok I, S. 147, sowie Dok V, S. 281.
[47] Stadtarchiv Leipzig, *Thomasschule Nr. 483.*
[48] D-LEb, *NL 6,* Heft *52.*

Namen und Beruf des Vaters nennt das zuständige Kirchenbuch: Christoph Wünsche, Gutsverwalter.[49] Vermutungsweise auf C. G. Wunsch zu beziehen ist eine Bemerkung Siegismund Justus Ehrhardts im Kapitel *Geschichte der Ev. Stadt-Schulen zu Glogau u. ihren Lehrern;* hier erscheint unter den in Glogau als Mädchenlehrer tätigen Organisten „N. [nomen nescio] Wunsch, *Candit. jur.* 1753 –1754, st[arb].“[50]

A 50
Christoph Transchel (* 12. 6. 1721 Braunsdorf, † 8. 1. 1800 Dresden)
Namen und Beruf des Vaters nennt Hans Volkmann in seinem einschlägigen Aufsatz: Christoph Transchel [d. Ä.], Bauer, Musiker.[51]

A 51
Johann Friedrich Drobisch (* 1. 10. 1723 Zwickau, † 10. 4. 1762 Dresden)
Namen und Beruf des Vaters nennt Hans-Rainer Jung im Kapitel über das *Große Concert* in Leipzig: Burkhard Trobisch, Rechenmeister.[52]

A 57
Johann Georg Voigt (d. J.) (* 12. 6. 1728 Ansbach, □ 5. 5. 1765 Ansbach)
Ein eigenes Kapitel über Vater und Sohn Voigt findet sich in *Bach in Ansbach.*[53]

B 4
Johann Christoph Baumgarten (~ 30. 8. 1687 Wölfis, † 27. 5. 1772 Eisenberg)
Den Namen des Vaters nennt das zuständige Kirchenbuch (Beruf nicht angegeben): Christoph Baumgarten.[54]

B 7
Carl Gotthelf Gerlach (* 31. 12. 1704 Calbitz, † 9. 7. 1761 Leipzig)
Lit.: W. Neumann, *Das „Bachische Collegium Musicum",* BJ 1960, S. 5–27, bes. S. 7, 8, 10, 11 f., 17–19, 26 f.; A. Glöckner, *Die Musikpflege an der Leipziger Neukirche zur Zeit Johann Sebastian Bachs,* Leipzig 1990 (BzBF 8), S. 88 –138: Das Wirken von Carl Gotthelf Gerlach an der Leipziger Neukirche (1729 –1761).

---

[49] D-LEb, *NL 6,* Heft *69.*

[50] S. J. Ehrhardt, *Presbyterologie des Evangelischen Schlesiens. Dritten Theils Erster Haupt-Abschnitt, welcher die Protestantische Kirchen- und Prediger-Geschichte der Stadt und des Fürstenthums Groß-Glogau in sich begreift,* Liegnitz 1783, S. 142.

[51] H. Volkmann, *Christoph Transchel – Ein Schüler J. S. Bachs in Dresden,* in: Festschrift Martin Bollert zum 60. Geburtstage, Dresden [1936], S. 175–187, hier S. 176 f.

[52] H.-R. Jung, *Das Gewandhausorchester. Seine Mitglieder und seine Geschichte seit 1743,* Leipzig 2006, S. 19.

[53] Schulze (wie Fußnote 41), S. 142–150 und 195.

[54] Mitteilung des Pfarramts vom 16. 1. 1967.

B 12
Christoph Gottlob Wecker (* 16. 12. 1700 Friedersdorf, † 20. 4., ☐ 23. 4. 1774
Schweidnitz)
Das Geburtsdatum ist nach der Altersangabe des Begräbniseintrags (73 Jahre, 4 Monate, 4 Tage) errechnet.

B 20
Christoph Nichelmann (* 13. 8. 1717 Treuenbrietzen, † 20. 6. 1762 Berlin)
Q/L: T. Schwinger, *Die Musikaliensammlung Thulemeier und die Berliner Musiküberlieferung in der zweiten Hälfte des 18. Jahrhunderts*, Beeskow 2006, S. 394–430:
Christoph Nichelmann und die Sammlung Thulemeier.

B 24
Maximilian Nagel (~ 22. 11. 1712 Nürnberg, ☐ 18. 4. 1748 Ansbach)
Ein eigenes Kapitel über Maximilian Nagel, seinen älteren Bruder und andere Familienangehörige findet sich in *Bach in Ansbach*.[55]

B 31
Johann Nikolaus Tischer (* 19. 2., ~ 22 2. 1707 Böhlen, † 20. 3., ☐ 22. 3. 1773
Schmalkalden)
Namen und Beruf des Vaters nennt das zuständige Kirchenbuch: Nicol Tischer, Schneidermeister.[56]

B 36
Johann Gottfried Fulde (* 21. 9. 1718 Nimptsch, † 4. 1. 1796 Dyhernfurth)
Namen und Beruf des Vaters nennt Siegismund Justus Ehrhardt: Gottfried Fulde,
Schuhmacher (wohl Vorsitzender der Innung).[57]

B 37
Benjamin Gottlieb Faber (* 1721 Breslau, † nach 1780 Winzig?)
Namen und Beruf des Vaters nennt eine Promotions-Einladungsschrift der Universität
Leipzig: Gottfried Faber, Schreib- und Rechen-Meister und Mitglied der Hamburgischen [Kunst- und] Rechnungs-Societät.[58]

---

[55] Schulze (wie Fußnote 41), S. 122–133 und 194.
[56] W. von Grüner in einer für die *Schmalkaldischen Geschichtsblätter* vorgesehenen
     Abhandlung (*Johann Nicolaus Tischer (1707–1773) – Organist, Konzertmeister,
     Pädagoge und Komponist;* elektronische Vorabveröffentlichung 2015: http://wv-
     gruener.de/untersuchungsergebnisse-zu-johann-nicolaus-tischer/).
[57] Ehrhardt, *Presbyterologie* (wie Fußnote 50). Bd. I/1, Liegnitz 1780, S. 598. Vgl.
     H.-J. Schulze, *Johann Sebastian Bachs Kanonwidmungen*, BJ 1967, S. 82–92, hier
     S. 88–90.
[58] Deutsche Übersetzung in: [A. Kriegel], *Nützliche Nachrichten von denen Bemühungen derer Gelehrten in Leipzig,* Leipzig 1749, hier S. 570.

B 42
Johann Becker (* 1. 9. 1726 Epterode, † 1. 7. 1804 Kassel)
Grundlegende biographische Mitteilungen finden sich bei Friedrich Wilhelm Strieder (1787).[59]
1776 erwarb Becker bei einer Auktion den neuerdings so genannten Codex E. B. 1688, eine der wichtigsten Sammelhandschriften mit Tastenmusik der zweiten Hälfte des 17. Jahrhunderts,[60] ursprünglich angelegt von dem Dresdner Organisten Emanuel Benisch.[61]

B 43
Friedrich Wilhelm Marpurg (* 21. 11. 1718 Seehof/Wendemark, † 22. 5. 1795 Berlin)
Namen und Beruf des Vaters nennt eine neuere Veröffentlichung[62] auf der Basis älterer, entlegener Literatur: Friedrich Wilhelm Marpurg [d. Ä.; 1688–1751], Landwirt.

C 1
Johann Schmidt (* 16. 12. 1674 Remstädt, † 22. 7. 1746 Zella)
Namen und Beruf des Vaters (wohl nach dem zuständigen Kirchenbuch): Phil[ipp] Schmidt, Bäckermeister.[63]

C 4
Johann Georg Voigt (d. Ä.) (□ 7. 11. 1766 Ansbach)
Zu Herkunft und Laufbahn J. G. Voigts vgl. die Literaturangabe zu dessen Sohn (A 57).

C 7
Johann Melchior Stockmar (* 9. 2. 1698 Naunhof, † 17. 3. 1747 Leisnig)
Verwirrende Angaben zum Geburtsort finden sich bei Vollhardt („Naundorf b. Grimma"; erst durch neueren Nachtrag zu Naunhof berichtigt)[64] sowie bei Franciscus Nagler („Naundorf b. Höfgen/Mulde").[65] Eine kurz nach Stockmars Tod erschienene Ver-

---

[59] F. W. Strieder, *Grundlage zu einer Hessischen Gelehrten- und Schriftsteller-Geschichte*, Bd. VII (Kassel 1787), S. 19–23, und Bd. XIV (Kassel 1804), S. 338.

[60] F. W. Riedel, *Quellenkundliche Beiträge zur Geschichte der Musik für Tasteninstrumente in der zweiten Hälfte des 17. Jahrhunderts*, Kassel 1960 (Schriften des Landesinstituts für Musikforschung Kiel. X.), S. 99–111.

[61] 1679–1695 tätig als Organist an der (alten) Frauenkirche, danach bis zu seinem Tod (vor dem 2. 10. 1725) an der Kreuzkirche; vgl. Müller (wie Fußnote 40), S. 244. Die Identifizierung Benischs als Schreiber ist Kerala J. Snyder zu verdanken (*Dieterich Buxtehude. Leben, Werk, Aufführungspraxis*, Kassel 2007, S. 371–373).

[62] *Johann Christoph Gottsched, Briefwechsel, mit Einschluß des Briefwechsels von Luise Adelgunde Victorie Gottsched*, Bd. 4: 1735–1737, Berlin 2010, S. 597.

[63] *Johann Sebastian Bach in Thüringen*, Weimar 1950, S. 177 (H. Löffler).

[64] R. Vollhardt, *Geschichte der Cantoren und Organisten von den Städten im Königreich Sachsen*, Berlin 1899 (Reprint Leipzig 1978), S. 187 bzw. 445*.

[65] F. Nagler, *Das klingende Land*, Leipzig 1936, S. 264.

öffentlichung enthält neben dem Geburtsdatum den Hinweis „eines Baders Sohn zu Naunhof bei Leipzig".[66]

C 13
Johann Wilhelm Koch (* 31. 1. 1704 Buttelstedt, † 8. 11. 1745 Ronneburg)
Namen und Beruf des Vaters nennt das zuständige Kirchenbuch: Hans Wilhelm Koch, Seiler.[67]

C 17
Johann Andreas Michael Nagel (~ 29. 9. 1710 Sulzbach, † 29. 9. 1788 Altdorf)
Zu Herkunft und Laufbahn J. A. M. Nagels vgl. die Literaturangabe zu dessen Bruder (B 24).

C 24
Ludwig Siegfried Vitzthum von Eckstädt (* 14. 7. 1716 Dresden, † 5. 12. 1777 Dresden)
Q/L: Zu einem Druckexemplar von Bachs Clavier-Übung I aus dem Besitz des Grafen vgl. Schulze Studien, S. 91 f.

C 25
Johann Trier (* 2. 9. 1716 Themar, □ 6. 1. 1790 Zittau)
J. Triers Vater war von Beruf Schuhmacher.[68]
Als Schüler Johann Sebastian Bachs bezeichnet wird Johann Trier von dessen Schüler Johann Gottlob Schneider (1753–1840).[69]

IV.

Problemfälle

A 1
Johann Caspar Vogler (* 23. 5. 1696 Hausen; □ 3. 6. 1763 Weimar)
Nach singulärer Mitteilung Johann Nikolaus Forkels[70] war Vogler Bachs „ältester Schüler" und wurde von ihm schon in Arnstadt sowie in Weimar unterrichtet; die Ausbildung hätte demgemäß in Voglers zwölftem Lebensjahr beziehungsweise noch früher begonnen. Hinsichtlich der Glaubwürdigkeit von Forkels Bericht wäre Bachs (allerdings nicht datierbares) Interesse für den frühbegabten Görlitzer Organistensohn David Trau-

---

[66] J. Kamprad et al., *Leisniger Chronica*, Leisnig 1753, S. 243.
[67] D-LEb, *NL 6*, Heft 56.
[68] Jung (wie Fußnote 52), S. 18.
[69] F. Kempe, *Friedrich Schneider. Ein Lebensbild*, Dessau 1859, 2. Ausgabe Berlin 1864, S. 9.
[70] Forkel 1802, S. 42.

gott Nicolai (1733–1800)[71] ebenso zu vergleichen wie die Frage einer Schülerschaft Christian Friedrich Penzels (vgl. die Bemerkungen unter C 30).

A 14

Friedrich Gottlieb Wild (*/~ 14. 8. 1700 Bernsbach?; † 1761 St. Petersburg?) Nach Bachs Zeugnis vom 18. 5. 1727 hatte Wild während seiner vierjährigen Leipziger Studienzeit „durch seine wohlerlernte *Flaute traversiere und Clavecin*" die Kirchenmusik „zieren helffen" und zusätzlich Bachs Kompositionsunterricht genossen.[72] Im zugehörigen Bewerbungsschreiben vom Folgetag erwähnt Wild den Besuch von „Schulen und Universitäten". Nachzuweisen sind gegenwärtig lediglich das Gymnasium in Zittau sowie die Universität Leipzig. Im Zittauer Schülerverzeichnis[73] erscheint, verbunden mit der Jahreszahl 1723, ein Friedrich Gottlob Wild aus „Bernsdorf", während die Leipziger Universitätsmatrikel unter dem 20. 4. 1723 zwar den korrekten Namen angibt, als Herkunftsort jedoch „Grünhaus" mit dem Zusatz L[usatiae] sowie der auf eine Eingliederung in die „polnische Nation" zielenden Zuordnung P[olonus] nennt.[74] Im Unterschied hierzu wird in den gedruckten Funeralien für einen am 26. 3. 1723 beerdigten Zittauer Kaufmann als Verfasser eines Trauergedichts Friedrich Gottlieb Wildt aus Bernsbach erwähnt.[75] Der einzige Ort dieses Namens liegt im sächsischen Erzgebirge in der Nähe der Stadt Grünhain, und in der Tat enthält das Kirchenbuch von Bernsbach unter dem 14. 8. 1700 den Namen Friedrich Gottlieb Wild.[76] Sollte dieser Herkunftsnachweis zutreffen, so ließe sich hinsichtlich der frühesten musikalischen Ausbildung Wilds eine Parallele zu dem ebenfalls aus Bernsbach stammenden nachmaligen Zwickauer Kantor Johann Daniel Stieler (1707–1741) ziehen. Nach Aufzeichnungen Johann Gottfried Walthers (Addenda für sein *Musicalisches Lexicon* von 1732)[77] besuchte Stieler, bei dem sich schon früh musikalische Begabung geäußert hatte, zunächst die Stadtschule in Grünhain[78] und empfing hier den Unterricht eines Organisten. Bei jenem dürfte es sich um den ab 1712 im Amt nachweisbaren Isaac

---

[71] Dok III, Nr. 1042.

[72] Dok I, Nr. 57.

[73] O. Friedrich, *Album des Gymnasiums zu Zittau*, Zittau 1886, S. 46. Auf welche Quellen die mutmaßlichen Verwechslungen von Bernsdorf und Bernsbach sowie Gottlieb und Gottlob zurückgehen, konnte nicht geklärt werden.

[74] Erler III, S. 458.

[75] *Katalog der Leichenpredigten und sonstiger Trauerschriften in der Christian-Weise-Bibliothek zu Zittau. Katalogteil I*, Stuttgart 1999, S. 45, Nr. 1871. Entgegen der Angabe des Katalogs weist ein dem Namen des Verfassers zugesetztes G. sicherlich auf einen Schüler des Gymnasiums und nicht auf ein Mitglied des Lehrerkollegiums.

[76] Mitteilung des Pfarramts vom 18. 1. 1965. Vgl. Dok III, S. 725.

[77] Gerber ATL, Bd. II, Sp. 582 f.

[78] 1722 wechselte er an die Stadtschule im thüringischen Buttstädt, wurde hier von Bachs Schüler Johann Tobias Krebs d. Ä. musikalisch weitergebildet und bezog 1726 die Universität Jena. Zu seinen musikalischen Aktivitäten vgl. Gerber a. a. O. sowie BJ 1940/48, S. 142 (H. Löffler), und Vollhardt, S. 369 und 379.

Anger (1690–1741) aus Grünhain handeln.[79] Dieser könnte also auch als Musiklehrer des jungen Friedrich Gottlieb Wild in Frage kommen.

Nicht endgültig zu klären ist derzeit, ob der „Grünhaus"-Vermerk mit seinen Zusätzen in der Leipziger Matrikel auf eine bloße Verwechslung mit Grünhain zurückgeht (dann wären die Zusätze *L* und *P* als unautorisierte Erläuterungen zu verstehen), oder ob in Grünhaus tatsächlich ein Namensvetter beziehungsweise regelrechter Doppelgänger für den Bernsbacher Friedrich Gottlieb Wild existiert hat.[80]

A 62
Johann Gottfried Müthel (* 17. 1. 1728 Mölln; † 14. 7. 1788 Bienenhof b. Riga)
Koska bezweifelt im Blick auf den Zeitabstand gegenüber 1750 die Richtigkeit von Ebelings 1773 erschienener Mitteilung, Bach habe Müthel „sehr freundschaftlich" aufgenommen und ihm „eine Wohnung in seinem Hause" eingeräumt.[81] Christoph Daniel Ebeling (1741–1817) gehörte in Hamburg zum engsten Kreis um Carl Philipp Emanuel Bach, war demnach sicherlich gut informiert. Im Mai 1750 (mutmaßliche Ankunft Müthels in Leipzig)[82] hatte Bachs Sohn Johann Christoph Friedrich die Kantorenwohnung längst verlassen (Anstellung in Bückeburg), und schon Anfang 1749 war die Tochter Elisabeth Juliana Friederica ausgezogen (Heirat mit Johann Christoph Altnickol in Naumburg). Das von Ebeling ebenfalls referierte Zusammentreffen Müthels mit den Bach-Söhnen (gemeint sind wohl Wilhelm Friedemann und Carl Philipp Emanuel) ist möglicherweise erst nach dem Tod des Thomaskantors anzunehmen.

B 12
Christoph Gottlob Wecker (* 16. 12. 1700 Friedersdorf; † 20. 4. 1774 Schweidnitz)
Mit Weckers Namen verknüpft sind einige ebenso betrübliche wie ungeklärte Quellenverluste. Johann Sebastian Bachs Briefe vom 28. 2. 1727 und 20. 3. 1729 sowie das am 20. 3. 1729 ausgestellte Zeugnis sind in Schweidnitz nicht mehr nachweisbar.[83] Nach einer brieflichen Auskunft vom Anfang der 1960er Jahre soll nach dem Ende des Zweiten Weltkriegs ein „Beauftragter" erschienen sein, der vorgab, die Bach-Dokumente der Thomaskirche Leipzig überbringen zu wollen, und habe diese auch in Empfang genommen. Seither sind sie verschollen. Ungewiß ist, inwieweit jener Bericht auf bloßem Hörensagen beruht, denn der Auskunft Erteilende, Josef Franciszek Brylla (* 1. 3. 1928 in Bremen), war erst seit 1959 als Kantor an der Schweidnitzer Friedenskirche tätig.[84]

---
[79] Vgl. Vollhardt, S. 150 und 434*.
[80] Das Dorf Grünhaus befand sich nördlich von Finsterwalde (Lausitz); es ist 1975 dem Braunkohlentagebau zum Opfer gefallen. Zuständig für einige Orte im Kirchenkreis Niederlausitz (darunter Grünhaus) ist jetzt die Gemeinde Finsterwalde-Süd. Eine Anfrage hinsichtlich der Existenz einschlägiger Kirchenbücher aus der Zeit um 1700 blieb leider erfolglos.
[81] Koska, a. a. O., S. 23 f., sowie Dok III, Nr. 777 (S. 250).
[82] Vgl. Dok II, Nr. 602.
[83] Vgl. Dok I, Nr. 18, 20 und 60. Auch das Empfehlungsschreiben von M. G. Hein (12. 3. 1729, vgl. Dok II, Nr. 257) ist offenbar nicht mehr vorhanden.
[84] Biographische Angaben nach S. Aderhold, *Chronologische Musikgeschichte der evangelischen Gemeinde in der Friedenskirche zu Schweidnitz unter Berücksichti-*

Nach einer brieflichen Andeutung von Fritz Feldmann (ebenfalls nach 1960) könnten die Bachiana auch zeitweilig oder dauernd in der Obhut des Schlesischen Landesmuseums gewesen sein. Seltsamerweise ist auch ein eindrucksvolles Porträt C. G Weckers, das noch im Oktober 1960 inventarisiert und fotografiert worden war, in Schweidnitz nicht mehr nachweisbar.[85] Da andererseits vor kurzem ein ursprünglich der Friedenskirche Schweidnitz gehörendes Traubuch des 18. Jahrhunderts in Deutschland aus unbekanntem Besitz aufgetaucht war und nach Schweidnitz zurückgeführt werden konnte, wäre denkbar, daß nach Kriegsende Befürchtungen bestanden, wertvolle Dokumente könnten als „Beutekunst" abwandern, und daher versucht worden ist, dies und jenes „in Sicherheit zu bringen".

C 30
Christian Friedrich Penzel (* 25. 11. 1737 Oelsnitz; † 14. 3. 1801 Merseburg)
Ungeklärt ist bis heute, ob Penzel den Thomaskantor zu Recht als „seinen Lehrer" bezeichnet.[86] Penzels Aufnahme in das Alumnat der Thomasschule Leipzig erfolgte erst am 18. 5. 1751,[87] doch wäre denkbar, daß er schon vorher einmal nach Leipzig gereist ist, um eine Bewerbung abzugeben oder die vorhandenen Möglichkeiten zu erkunden, und bei dieser Gelegenheit eine Begegnung mit Johann Sebastian Bach stattgefunden hat. Wie lange Penzel Alumne geblieben ist, läßt sich derzeit nicht feststellen; ein undatierter Vermerk in der Matrikel besagt „doctus iuvenis, sed ad deteriora flexus, et ob eam causam abiit, cum mallet dimitti quam puniri."[88] 1755 ist er jedenfalls noch mit der Thomasschule verbunden.[89]

---

gung ihres Kirchenarchivs, Schweidnitz 2015 (elektronische Ressource; vgl. http://stephan-aderhold.de), S. 765.

[85] Aderhold, S. 334. Die Inventarkarte (mit Foto) befindet sich im Denkmalsamt Waldenburg (ebenda, S. 862, Anmerkung 397).

[86] Vgl. Dok III, Nr. 726 und die dort diskutierten Hinweise sowie Dok V, S. 308.

[87] Vgl. hierzu die Nachweise über Penzels Mitwirkung (noch als Externus) in dem für die Neue Kirche zuständigen Chor III im März und April 1751 (A. Glöckner, BJ 2006, S. 22 f. und 26 f.) sowie über eine fehlgeschlagene Bewerbung im April 1756 (ebenda, S. 23, Fußnote 55).

[88] Stadtarchiv Leipzig, *Thomasschule Nr. 483*.

[89] Zu seinen Abschriften von Bachs Choralkantaten (Juli bis September 1755) und deren Begleitumständen vgl. BJ 2003, S. 110–119 (M. Maul/P. Wollny).

Überlegungen zu einigen Köthener Vokalwerken J. S. Bachs

Von Peter Wollny (Leipzig)*

Das Thema „Bach und Köthen" gilt zwar als umfassend erforscht, tatsächlich sind jedoch – bedingt durch das ernüchternd spärliche Archivmaterial – noch immer viele Defizite zu beklagen.[1] Insgesamt wirken die Köthener Jahre trotz aller in den letzten Jahrzehnten unternommenen Anstrengungen wie eine Art autonomer Periode in Bachs Biographie. Von den das traditionelle Bach-Bild teils dramatisch korrigierenden Neuerkenntnissen und Entdeckungen der letzten sechs Jahrzehnte hat die Köthener Zeit jedenfalls kaum profitiert, und neue Konturen konnten fast ausschließlich durch Arbeiten abseits der üblichen Pfade freigelegt werden. Die Erforschung des Themenkomplexes Köthen scheint ihre ganz eigenen Methoden zu fordern und obendrein in ihrem eigenen Tempo voranzuschreiten. Doch auch wenn angesichts eines stark ausgedünnten Aktenbestands und der spärlichen Überlieferung von Musikalien die Hoffnung auf unerwartete Funde inzwischen eher gering ist, bedeutet dies nicht, daß wir unsere Bemühungen um die Erweiterung unseres Wissens einstellen können. Im folgenden sollen anhand einer Reihe von Fallstudien einige neue Anstöße gegeben werden, die zeigen mögen, daß das wiederholte Durchforsten und Befragen des bekannten Quellenmaterials noch immer zu neuen Erkenntnissen führen kann.

I.

Die vergleichsweise kleine Zahl von Kopisten, deren Hilfe Bach sich in seinen Köthener Jahren für die Anfertigung von Aufführungsmaterialien bediente, ist bislang noch wenig erforscht.[2] Die systematische Suche nach Schriftproben

---

* Eine kürzere Fassung dieses Beitrags wurde am 3. Dezember 2014 auf einem Ehrensymposium anläßlich des 80. Geburtstags von Hans-Joachim Schulze vorgetragen. Die hier präsentierte stark erweiterte und überarbeitete Fassung sei ihm nunmehr nachträglich zum 85. Geburtstag in Verehrung und Dankbarkeit zugeeignet.

[1] Siehe H.-J. Schulze, *Von Weimar nach Köthen – Risiken und Chancen eines Amtswechsels,* in: CBH 11 (2003), S. 9–27, speziell S. 9.

[2] Namentlich bekannt sind bisher Bachs Ohrdrufer Neffe Johann Bernhard Bach d. J. (1700–1743) und der Kantor der reformierten Stadtschule Johann Jeremias Göbel († 1729); siehe NBA I/35 Krit. Bericht (A. Dürr, 1964), S. 86; Schulze Bach-Überlieferung, S. 55; und BJ 2003, S. 97–99 (M. Maul/P. Wollny). Bei dem früher als

von Musikern aus dem Umkreis der Hofkapelle sollte jedoch trotz der schlechten Quellenlage nicht aufgegeben werden. Welche Erkenntnisse hier zu erwarten sind, mag das folgende Fallbeispiel zeigen.
Der Kopist Anonymus K 1 (NBA IX/3, Nr. 25) ist als Schreiber einer Continuo-Partie der heterogenen „Köthener Stimmengruppe" der bereits um 1713 in Weimar entstandenen Kantate „Mein Herze schwimmt im Blut" BWV 199 (in *St 459*)[3] sowie als Hauptschreiber des Stimmensatzes von Francesco Bartolomeo Contis Kantate „Languet anima mea" (D-B, *Mus. ms. 4081*) nachgewiesen. In beiden Fällen ist das Wasserzeichen Springendes Einhorn + Monogramm (Weiß 13) zu erkennen, das uns auch in den Originalstimmensätzen der Kantate BWV 184a *(St 24)* und des fünften Brandenburgischen Konzerts BWV 1050 *(St 130)* begegnet. Die Zahl der erhaltenen Köthener Originalhandschriften Bachs ist zwar zu klein, um auf der Basis ihrer Wasserzeichenbefunde belastbare Aussagen über deren chronologische Einordnung machen zu können, doch fällt immerhin auf, daß Weiß 13 in keinem der sicher datierbaren Autographe aus der Zeit zwischen 1721 und 1723 vorkommt:

1721	Brandenburgische Konzerte *(Am.B. 78)*	Weiß 28
1722	Wohltemperiertes Klavier I *(P 415)*	Weiß 28
1722	Erstes Klavierbüchlein für A. M. Bach *(P 224)*	Weiß 1
1722	„Durchlauchtster Leopold" BWV 173a *(P 42, Fasz. 2)*	Weiß 1 und Weiß 129 (singulär)
1723	„Du wahrer Gott und Davids Sohn" BWV 23 *(P 69* und *St 16)*	Weiß 1
1723	„Jesus nahm zu sich die Zwölfe" BWV 22 *(P 119)*	Weiß 104 (singulär)
1723	Inventionen und Sinfonien BWV 772–801 *(P 610)*	Weiß 78 (singulär)

Nochmals andere Wasserzeichen (Weiß 4 und 76) zeigen Partitur und Stimmen zu der für eine Aufführung am Neujahrstag 1719 komponierten Kantate „Die

---

„Anonymus 6" bezeichneten Kopisten handelt es sich vermutlich um den Köthener Organisten Emanuel Leberecht Gottschalck († 1727); siehe H.-J. Schulze, *Johann Sebastian Bachs Konzerte – Fragen der Überlieferung und Chronologie*, in: Beiträge zum Konzertschaffen Johann Sebastian Bachs, hrsg. von P. Ahnsehl, K. Heller und H.-J. Schulze, Leipzig 1981 (Bach-Studien 6), S. 9–26, speziell S. 19.

[3] Siehe NBA I/20 Krit. Bericht (K. Hofmann, 1985), S. 26–28; ergänzend T. Schabalina, *Ein weiteres Autograph Johann Sebastian Bachs in Rußland: Neues zur Entstehungsgeschichte der verschiedenen Fassungen von BWV 199*, BJ 2004, S. 11–39, und NBA Supplement (P. Wollny, 2011), S. 87–93.

Zeit, die Tag und Jahre macht" BWV 134a. Sollten die Quellen mit dem Zeichen Weiß 13 mithin auf den engen Zeitraum um 1719/20 beschränkt sein?

Die Identität von Anonymus K 1 kann mit Hilfe eines archivalischen Dokuments einigermaßen sicher bestimmt werden – ein Brief des Köthener Agnus-Organisten Christian Ernst Rolle zeigt mit wünschenswerter Eindeutigkeit, daß dessen Schreiber der gesuchte Notenkopist ist (siehe Abbildungen 1 und 2).[4] Zu Rolles Lebensweg und Tätigkeit in Köthen liegen neuere detaillierte Erkenntnisse vor, die uns erlauben, ihn als den neben Bach in den 1710er und 1720er Jahren wohl profiliertesten Musiker Köthens zu werten.[5] Geboren im Dezember 1693 in Halle und auf dem dortigen Gymnasium (ab 1708) und der Universität (ab 1711) ausgebildet, trat Rolle 1714 als Nachfolger des von Fürst Leopold zum Kammerdiener berufenen Emanuel Leberecht Gottschalck seine Stelle an der lutherischen Kirche St. Agnus in Köthen an. Im Sommer 1722 wurde er – vermutlich auf Bachs Empfehlung – als Nachfolger des Geigers Martin Friedrich Marcus in die Hofkapelle aufgenommen, behielt aber weiterhin auch seine Organistenstelle. Seine ab 1720 belegten Bemühungen, Köthen zu verlassen, führten 1728 zu seiner Ernennung zum Organisten der

---

[4] Bei dem Schriftstück handelt es sich um Rolles Bewerbung um das Stadtkantorat in Stolberg/Harz im Jahr 1727 (Stadtarchiv Stolberg/Harz, *H 77 [ACTA das allhiesige Cantorat betreffendt 1632–1812]*, unpaginiert). Da der mit „Stollberg | den 24 Decembr | 1727" datierte Brief wegen mehrerer Korrekturen nur bedingt kalligraphisch wirkt und die Unterschrift mit Rolles vollständiger Amtsbezeichnung versehen ist („Christian Ernst Rolle | Hochfürstl. Anhaltischer *Cammer | Musicus, Organiste* und | *Collega Tertius* der Luthe- | rischen Kirche und Schule"), sollte dessen autographer Charakter eigentlich nicht zweifelhaft sein. Allerdings weist ein an Graf Christoph Friedrich von Stolberg-Stolberg gerichtetes Bewerbungsschreiben Rolles um den Stadt- und Hoforganistendienst in Stolberg vom 27. Mai 1720 (Landesarchiv Sachsen-Anhalt, Abteilung Magdeburg, Standort Wernigerode, *Rep. H Stolberg-Stolberg, H I Nr. 5 [Acta Die Bestellung der Organisten alhier betr. 1716]*, fol. 17 f.) deutlich abweichende Schriftzüge auf; bemerkenswert erscheint bei diesem Schreiben – neben dem unpersönlichen und etwas manierierten Duktus – der Umstand, daß das Tagesdatum nachgetragen wurde und die Unterschrift lediglich Rolles Namen nennt. Es ist daher anzunehmen, daß nur der Brief vom 24. 12. 1727 von Rolles Hand stammt. Die beiden vorstehend genannten Dokumente wurden von Michael Maul ermittelt; siehe hierzu M. Maul, *Rolle contra Räder. Einblicke in den Himmelfahrtsgottesdienst der Agnuskirche im Jahr 1718*, in: CBH 13 (2006), S. 147–162, speziell S. 156. – Rolle war in seiner späteren Brandenburger Zeit der Lehrer des nachmaligen Berliner Domorganisten Christian Friedrich Schale (1713–1800); möglicherweise geht auf diese biographische Konstellation ein Seitenweg der Berliner Bach-Überlieferung zurück.

[5] Die nachfolgenden biographischen Informationen nach H.-J. Schulze, *Johann Sebastian Bach und Köthen – Wege und Irrwege der Forschung*, in: CBH 12 (2004), S. 9–27, speziell S. 21–23. Ergänzungen bei Maul, *Rolle contra Räder* (wie Fußnote 4).

St.-Gotthard-Kirche in Brandenburg an der Havel. Hier starb er Ende September 1739.

Werfen wir als nächstes einen Blick auf die im Stimmensatz der Conti-Kantate vorkommenden Nebenschreiber, die also vermutlich zu Rolles Umfeld zu zählen sind:

– Die gesamte Violonestimme und der fünfte Satz in der Partie der ersten Ripien-Violine stammen von Anonymus K 4 (NBA IX/3, Nr. 28). Die auffälligen Violinschlüssel ähneln in bemerkenswertem Maße denjenigen in der rätselhaften Solostimme zu Satz 6 im Stimmensatz von BWV 199 *(St 459)*. Deren Schreiber ist als der hier singulär auftretende Anonymus L 4 (NBA IX/3, Nr. 51) erfaßt, und die mutmaßlich für ein Violoncello piccolo bestimmte Partie wird tentativ der Leipziger Stimmengruppe zugeordnet. Vielleicht ist die Übereinstimmung der Violinschlüssel dem Zufall geschuldet (die gelegentlich vorkommenden Baßschlüssel und Viertelpausen weichen deutlich von den bei Anonymus K 4 beobachteten Formen ab), doch sollte die Möglichkeit zumindest erwogen werden, die Stimme der Köthener Gruppe zuzurechnen, zumal sie – wie Klaus Hofmann beobachtet hat – unmittelbar auf die autographe Köthener Gambenstimme zurückgeht.[6]
– Der fünfte Satz in der Partie der zweiten Ripien-Violine stammt von dem Bachs Weimarer Umfeld zugerechneten Anonymus W 18 (NBA IX/3, Nr. 23), von dem auch die fragmentarische Violonestimme zu der Adventskantate „Bereitet die Wege, bereitet die Bahn" BWV 132 *(St 5)* stammt. Yoshitake Kobayashi, der diese Schreiberkonkordanz aufgedeckt hat,[7] hielt es für wahrscheinlich, daß Anonymus W 18 gemeinsam mit Bach von Weimar nach Köthen gegangen ist, schloß aber auch die Möglichkeit nicht aus, daß die Violonestimme zu BWV 132 – das einzige Überbleibsel des originalen Aufführungsmaterials dieser Kantate – erst in Köthen auf einem Rest Weimarer Papiers geschrieben wurde. Bei genauer Betrachtung der Quelle ist zu erkennen, daß Anonymus W 18 für seine Niederschrift offenbar den ursprünglich nur auf der ersten Seite beschriebenen Titelumschlag des heute im übrigen verschollenen Weimarer Stimmensatzes benutzte. So erklären sich das auf Weimar deutende Wasserzeichen und die hierzu passenden Schriftzüge Bachs auf der Titelseite von *St 5*. Da der Stimmensatz zu der Conti-Kantate jedoch zweifelsfrei in Köthen entstanden ist, dürfte auch die Violone-Partie zu BWV 132 wohl eine in Köthen im Umkreis des Agnus-Organisten Rolle entstandene Zusatzstimme sein.

---

[6] Siehe NBA I/20 Krit. Bericht, S. 27 f. und S. 35.
[7] Siehe BJ 1978, S. 58, sowie NBA IX/3, Textband, S. 10.

Die Identifizierung von Christian Ernst Rolle erlaubt uns, die seit geraumer Zeit diskutierte Mitwirkung Bachs an Aufführungen von Figuralmusik in Köthen außerhalb des reformierten Hofes genauer zu umreißen. Bach scheint – vielleicht vor allem in seinen ersten Jahren in der anhaltinischen Residenz – einige seiner noch in Weimar komponierten Werke beziehungsweise Stücke aus seiner Notensammlung für Aufführungen in der lutherischen Agnus-Kirche zur Verfügung gestellt zu haben. Anhand der ineinandergreifenden Schreiberbefunde lassen sich gegenwärtig BWV 132, BWV 199 und Contis „Languet anima mea" vermutungsweise diesem Repertoire zuordnen. Auffällige gemeinsame Merkmale dieser drei Werke sind die Bevorzugung solistischer Stücke mit anspruchsvollen Sopranpartien und eine vergleichsweise kleine Instrumentalbegleitung.

Hinsichtlich ihrer Vokalbesetzung weisen zwei weitere nachweislich in Köthen erklungene, allerdings wesentlich größer besetzte Werke in eine ähnliche Richtung: Zum einen deutet die innerhalb des vielschichtigen originalen Aufführungsmaterials der umfangreichen Weimarer Kantate „Ich hatte viel Bekümmernis" BWV 21 (*St 354*) überlieferte Köthener Stimmengruppe[8] auf eine Vokalbesetzung mit Solosopran, zu dem in zwei Sätzen des zweiten Teils noch ein Baß hinzutritt.[9] Zum anderen war die Köthener Urform der Störmthaler Orgelweihkantate „Höchsterwünschtes Freudenfest" BWV 194 nach Überlegungen von Hans-Joachim Schulze möglicherweise eine für ein Kirchweihfest bestimmte Geistliche Kantate, deren Solosätze lediglich Sopran und Baß vorsahen.[10] Damit ergibt sich auch eine Verbindung zu den weltlichen Huldigungsmusiken dieser Zeit, die ebenfalls vokale Duett-Besetzungen bevorzugen.[11]

---

[8] Siehe NBA I/16 Krit. Bericht (P. Brainard, 1984), S. 100–102 und 104–107. Ebenfalls zum Köthener Bestand gehört die von Johann Jeremias Göbel geschriebene Alto-Stimme (A 27) sowie meines Erachtens die Oboen-Stimme A 28, die in NBA IX/3 einem singulär auftretenden Weimarer Kopisten (Nr. 17: Anonymus W 12) zugewiesen ist. – Am Rande und mit gebotener Vorsicht sei vermerkt, daß die in dem aus der Sammlung Poelchau stammenden Berliner Konvolut D-B, *Mus. ms. 30308* enthaltene Abschrift einer Missa in a-Moll „del Sig. Kaiser" zahlreiche Schriftmerkmale aufweist, die denen von Kopisten im Umkreis von C. E. Rolle ähneln. Sollte diese Quelle ebenfalls aus Köthen stammen? Dann wäre der Komponist vielleicht nicht mit dem Hamburger Kapellmeister Reinhard Keiser gleichzusetzen, sondern mit dem Köthener Organisten Bernhard Christian Kayser.

[9] Siehe auch C. Wolff, *„Die betrübte und wieder getröstete Seele": Zum Dialog-Charakter der Kantate „Ich hatte viel Bekümmernis"*, BJ 1996, S. 139–145, speziell S. 141.

[10] CBH 12, S. 20f. (H.-J. Schulze).

[11] Vgl. BWV 66a und BWV 134a (Alt und Tenor) sowie BWV 184a und BWV 173a (Sopran und Baß).

Weitere Berührungspunkte zwischen Bach und Rolle sind angesichts des weit-gehenden Verlusts von Rolles Schaffen nur schwer auszumachen. So muß offenbleiben, ob die von Rolle 1729 angekündigten „6 Buß-Lieder zum Prälu-diren auf einer mit 2. oder 3. Clavieren und Pedalen wohl versehenen Orgel" als künstlerische Auseinandersetzung mit Bachs großen Weimarer Choralbear-beitungen zu betrachten sind. Die einzige Rolle eindeutig zugeschriebene Komposition ist der separat überlieferte Satz („Presto") eines „Concerto di C. E. Rolle" in a-Moll. Die von unbekannter Hand herrührende Abschrift fin-det sich in einem aus dem Besitz des Köthener Musikers Carl August Hartung stammenden Konvolut (D-B, *Mus. ms. 30382*). Möglicherweise war das Werk Teil einer im Walther-Lexikon unter dem Stichwort Rolle erwähnten Serie von „sechs Concerten aufs Clavier", die 1716 im Druck erschienen.[12] Das stilisti-sche Profil suggeriert, daß Rolle ebenso vom „Vivaldi-Fieber" ergriffen war wie der Weimarer Hoforganist und Konzertmeister Bach. Während Bach Kon-zerte von Vivaldi und anderen Meistern auf das Cembalo und die Orgel über-trug, scheint Rolle sich den neuartigen italienischen Concerto-Stil in eigenen Tastenwerken angeeignet zu haben. Bezieht man in diese Überlegungen ein ebenfalls in D-B, *Mus. ms. 30382* enthaltenes Konzert in F-Dur des aus Halle stammenden, später als Sekretär und Kammermusikus von Bachs Gönner Markgraf Christian Ludwig von Brandenburg nachweisbaren Johann Gotthilf Jänichen (1701–vor 1750) ein,[13] so lassen sich Umrisse eines Repertoires er-kennen, das vielleicht ein Stück der Vorgeschichte des fünften Brandenburgi-schen Konzerts bildet.

II.

Als nächstes sei ein Blick auf eine Komposition geworfen, zu der die Akten eigentlich längst geschlossen sind: Seit den von Alfred Dürr und Georg von Dadelsen in den späten 1950er Jahren angestellten Chronologie-Forschungen gilt es allgemein als erwiesen, daß Bach die Pfingstkantate „Wer mich liebt, der wird mein Wort halten" BWV 59 im Mai 1723 – also noch in Köthen – in Vorbereitung auf sein neues Amt als Kantor der Leipziger Thomasschule kom-poniert hat. Für den Termin „Pfingsten 1723" sprach nach Ansicht von Georg von Dadelsen der unzweideutige Schriftbefund („Übergang des C-Schlüssels von der flüchtigen zweiteiligen Form zur Hakenform").[14] Da die erste von

---

[12] Siehe Walther L, S. 531. – Die Handschrift D-B, *Mus. ms. 30382* stammt, wie sich an der Akzessionsnummer („2171") erkennen läßt, aus dem Nachlaß von Friedrich Konrad Griepenkerl; vgl. BJ 1978, S. 224 (K. Heller). Diese Erkenntnis ist in BJ 2011, S. 76–78 (A. Talle) und S. 90 (P. Wollny) nachzutragen.

[13] Zu J. G. Jänichen siehe BJ 2017, S. 119–121 (R.-S. Pegah).

[14] TBSt 4/5, S. 89, 97 und 125.

Bach zu bestreitende Kantatenaufführung jedoch für den 30. Mai (1. Sonntag nach Trinitatis) anberaumt wurde – also zwei Wochen nach dem im Jahr 1723 auf den 16. Mai fallenden Pfingstsonntag –, war nicht auszumachen, ob das Werk überhaupt an diesem Pfingstfest erklang. Alfred Dürr formulierte in seinem Kalendarium für den 16. 5. 1723 denn auch entsprechend vorsichtig:

Aufführung einer Kantate in der Universitätskirche (Spitta II, 37): Vielleicht BWV 59, belegt durch Partitur *P 161*: Eigenschrift Bachs vor 1724 (nach Dadelsen II)[15]

Eine Aufführung des Werks zum Abschluß von Bachs erstem Dienstjahr galt hingegen als gesichert, da die zugehörigen Stimmen sich mit Bestimmtheit dem Jahr 1724 zuordnen ließen. Als Aufführungsort wurde – einer bereits 1938 von Arnold Schering vorgetragenen Überlegung folgend – mehrheitlich wiederum eine Darbietung in der Universitätskirche favorisiert.

Betrachtet man die Quellen indes noch einmal unvoreingenommen, wird zum einen deutlich, daß die Partitur ein unvollendeter Torso ist. Bach setzte lediglich die ersten vier der insgesamt sieben Sätze umfassenden Kantatendichtung aus Erdmann Neumeisters Eisenacher Jahrgang von 1714 in Musik, und die Kantate endet – künstlerisch wenig befriedigend – mit einer geringstimmigen Arie für Baß, Violine und Continuo. Sechs Systeme auf der letzten Seite der autographen Partitur *(P 161)* blieben frei, außerdem fehlt der übliche „Fine"-bzw. „SDG"-Vermerk. Eine Weiterführung der Kompositionsarbeit war also ursprünglich offenbar vorgesehen, unterblieb dann aber aus unbekannten Gründen.[16] Doch *P 161* weist weitere Besonderheiten auf: Der flüchtige, korrekturenreiche Schriftduktus zeigt zwar eindeutig, daß es sich um die erste Niederschrift des Werks handelt; abweichend von der Praxis seiner Leipziger Kantaten trug Bach die vier Sätze der Kantate jedoch auf eine Lage von drei ineinandergelegten Papierbogen (1 Ternio) ein. Derartige Anordnungen finden sich in der Regel nur bei reinschriftlichen Partituren, bei denen Bach genau abschätzen konnte, wieviel Papier er benötigen würde. Für seine Entwurfspartituren bevorzugte er hingegen hintereinandergelegte Einzelbogen, da er auf diese Weise vermied, zu viel oder zu wenig Papier zu disponieren, und da bei dieser Vorgehensweise leicht ein Bogen mit nachträglich verworfener musikalischer Substanz entfernt werden konnte. Im vorliegenden Fall wäre für die fehlenden drei Sätze zusätzlich zu der im unteren Drittel unbeschriebenen letzten Seite des Ternio mindestens ein weiterer aus zwei gefalteten und ineinan-

---

[15] Dürr Chr 2, S. 57.
[16] Die bei Spitta I, S. 505 f., mitgeteilte Deutung, Bach habe sich an der „musikalisch unvortheilhaften Anordnung" des Texts gestört und ihn aus diesem Grund nicht vollständig in Musik gesetzt, erscheint wenig glaubwürdig.

dergelegten Bogen bestehender Binio benötigt worden, doch gibt es keinerlei Hinweise, daß eine solche zweite Lage je existierte.

Das Vorhandensein eines zu *P 161* gehörenden Leipziger Stimmensatzes *(St 102)* scheint zunächst im Einklang mit Dürr und von Dadelsen und ungeachtet des unfertigen Zustands ein Beleg dafür zu sein, daß eine Aufführung der vier Sätze umfassenden Kantate am Pfingstsonntag des Jahres 1724 (28. Mai) tatsächlich stattgefunden hat. Doch auch die Stimmen weisen merkwürdige Ungereimtheiten auf: Sie wurden von Bach nicht revidiert und sind bezüglich des Schlußsatzes ambivalent. In der *Basso*-Stimme findet sich nach Satz 4 der Vermerk „Chorale segue", während *Tenore* und *Viola* einen ausdrücklichen „Volti"-Vermerk enthalten, der freilich ins Leere führt, da die jeweiligen Rückseiten nur unbeschriebene Notenzeilen aufweisen. Noch auffälliger ist, daß die von Anonymus Io (NBA IX/3, Nr. 61) geschriebene transponierte Continuo-Stimme von Bach nicht beziffert wurde und somit strenggenommen für eine Aufführung untauglich war.[17] Von den zu erwartenden Dubletten (Violino I, Violino II, Continuo) fehlt ebenfalls jede Spur. Wurden sie möglicherweise nie angefertigt?

So spricht vieles dafür, daß Bach eine Aufführung wiederum lediglich plante, es dann aber vorzog, auf seine schon mehrfach erprobte Weimarer Pfingstkantate „Erschallet, ihr Lieder" BWV 172 zurückzugreifen, für die im Mai 1724 ebenfalls ein neuer Stimmensatz angefertigt und von ihm genauestens revidiert wurde.[18] Folgt man dieser Überlegung, dann hätte Bach im Frühjahr 1724 mit der Möglichkeit gerechnet, seine noch unvollendete Pfingstkantate BWV 59 rechtzeitig vor dem Pfingstfest abzuschließen, und angesichts seiner hohen Arbeitsbelastung die bereits vorhandenen Sätze 1–4 vorsorglich schon einmal in Stimmen ausschreiben lassen. Dies wäre mithin in der Hoffnung geschehen, die noch fehlenden Teile sowie eventuelle letzte Eingriffe und Zusätze in den vorhandenen Sätzen zu gegebener Zeit rasch nachtragen zu können. Dann jedoch muß Bach seine Prioritäten geändert und seine Kräfte auf die Vorbereitung des Choralkantaten-Jahrgangs konzentriert haben, mit dessen Aufführung er am 11. Juni begann.[19] So wäre verständlich, warum er ab Ende Februar 1724, wo immer das möglich war, ältere Werke (BWV 22, 23, 18, 31, 4, 12, 165) beziehungsweise verhältnismäßig rasch vorzubereitende geistliche Parodien von Köthener Huldigungskantaten (BWV 66, 173, 184) aufführte.

---

[17] Siehe die Quellenbeschreibung in NBA I/13 Krit. Bericht (D. Kilian, 1960), S. 64 f.

[18] Dürr Chr 2, S. 70; NBA I/13 Krit. Bericht, S. 37.

[19] Siehe mein Vorwort zu der Faksimileausgabe von Partitur und Originalstimmen der Kantate „O Ewigkeit, du Donnerwort" BWV 20, Kassel 2017 (Faksimile-Reihe Bachscher Werke und Schriftstücke. Neue Folge. 9. / Documenta musicologica. 2. Reihe, Handschriften-Faksimiles. 52.).

Erst im Mai 1725, als Bach sich nach dem vorzeitigen Abbruch des Choralkantaten-Jahrgangs für die Pfingstfeiertage die Komposition von drei Kantaten auf Dichtungen der Leipziger Poetin Christiane Mariane von Ziegler vorgenommen hatte, griff er seinen Kantatentorso wieder auf. In die Kantate zum Pfingstsonntag („Wer mich liebet, der wird mein Wort halten" BWV 74) übernahm er die Sätze 1 und 4 mit tiefgreifenden Veränderungen, Satz 3 plazierte er am Ende der Kantate zum Pfingstdienstag („Er rufet seinen Schafen mit Namen" BWV 175), und schließlich nutzte er zwei der unbeschriebenen Systeme auf der letzten Seite von *P 161*, um den Schlußchor der Kantate zum Pfingstmontag („Also hat Gott die Welt geliebet" BWV 68) zu skizzieren. Die Pfingstkantate BWV 74 stellt also gewissermaßen die Leipziger Realisierung der ursprünglichen Werkidee (BWV 59) dar.[20]

Kehren wir nach diesen Überlegungen zur Leipziger Werk- und Aufführungsgeschichte wieder zur autographen Partitur von Kantate BWV 59 zurück, stellt sich erneut die Frage nach der Entstehungszeit. Hierzu sei zunächst ein Blick auf die Entwicklung von Bachs Handschrift zwischen etwa 1720 und 1725 geworfen. Wie bereits erwähnt, hat Georg von Dadelsen in seinen Chronologie-Studien von 1958 beobachtet, daß Bach spätestens ab 1722 in seinen Konzept- ebenso wie in seinen Reinschriften eine neue Form des C-Schlüssels verwendete.[21] Neben der sogenannten „Dreierform", die bereits das Schriftbild der Weimarer Werke prägte, taucht eine aus der kalligraphischen zweiteiligen Form entstandene verschliffene Übergangsform auf, die ab Ende 1723 in die

---

[20] Diese Schlußfolgerung wird auch durch die Überlieferung der Originalquellen der beiden Kantaten gestützt. Offenbar bewahrte Bach die Stimmen zu BWV 59 und BWV 74 gemeinsam auf. Ihre Wege trennten sich erst im späten 18. Jahrhundert. – Daß BWV 59 in Leipzig – nicht zuletzt auch wegen der Besetzung mit zwei (statt drei) Trompeten – nicht verwendbar war, bedeutet nicht, daß Bach diese Fassung gänzlich verwarf. Dies zeigt die auf das Jahr 1731 datierte Abschrift *P 162*, als deren Hauptschreiber der Schleizer Figuralkantor Johann Sebastian Koch (1689–1757) bestimmt werden kann. Koch, dessen hohe künstlerische Ambitionen anhand mehrerer aussagekräftiger Eingaben dokumentiert sind, dürfte sich seine Vorlage(n) – möglicherweise Partitur und Stimmen – von Bach ausgeliehen und die Kantate für seine Zwecke eingerichtet haben (siehe hierzu NBA I/13 Krit. Bericht, S. 66–68 und S. 73). Zu Koch siehe Dok II, Nr. 107K; H. R. Jung, *Musik und Musiker im Reußenland. Höfisches und städtisches Musikleben in den Residenzen der Staaten Reuß ä. L. und j. L. vom 17. bis 19. Jahrhundert*, Weimar 2007, S. 226, 234 f., 361 f. und 365 f.; C. Blanken, *Die in Grimma überlieferten Kantaten des Schleizer Kapelldirektors Johann Georg Reichard (1710–1782) unter Graf Heinrich XII zu Reuß-Schleiz*, in: Wilhelm Friedemann Bach und die protestantische Kirchenkantate nach 1750, hrsg. von W. Hirschmann und P. Wollny, Beeskow 2012 (Forum Mitteldeutsche Barockmusik. 1.), S. 285–311, speziell S. 288, 291 f. und 304. Ich danke meinem Kollegen Bernd Koska, der mir mehrere Schriftproben von Koch zur Verfügung gestellt hat.

[21] TBSt 4/5, S. 95

vertraute „Hakenform" mündet. Eine Zeitlang nutzte Bach die beiden Formen nebeneinander, ja er setzte sie in seinen Kantatenpartituren sogar bewußt ein, um zwischen Instrumental- und Vokalstimmen zu differenzieren. Zur Illustration dieses Sachverhalts ist ein Blick auf die Partituren der Köthener Huldigungskantate „Durchlauchtster Leopold" BWV 173a (*P 42, Fasz.* 2, geschrieben im Dezember 1722), der Leipziger Probekantaten „Jesus nahm zu sich die Zwölfe" BWV 22 (*P 119,* geschrieben im Februar 1723) und „Du wahrer Gott und Davids Sohn" BWV 23 (*P 69,* geschrieben im Februar 1723) sowie schließlich der Kantate zum 2. Sonntag nach Trinitatis „Die Himmel erzählen die Ehre Gottes" BWV 76 (*P 67,* geschrieben Anfang Juni 1723) aufschlußreich. Wir haben hier also offenbar ein für mindestens zwei bis drei Jahre konstantes Schriftstadium vor uns, das erst im Herbst 1723 aufzuweichen begann (siehe Abbildungen 3 und 4).

Vergleichen wir die genannten Quellen mit den Schriftformen in der autographen Partitur von BWV 59, so fällt auf, daß letztere sich nicht in die gängige Chronologie fügen. Die C-Schlüssel weisen durchweg die Dreierform auf, außerdem ist der Schrift insgesamt ein ausgesprochen zierlicher Duktus eigen, der sonst nach 1720 gar nicht mehr zu beobachten ist. Da Bach zudem für die Partitur keines der ab 1720 üblichen Papiere sondern eine singuläre Sorte verwendete, erscheint die gegenwärtig akzeptierte chronologische Einordnung dieses Autographs doch recht fraglich. Eingehende Schriftvergleiche werden durch die geringe Zahl der Köthener Autographe zwar erschwert, doch ist immerhin deutlich zu erkennen, daß die Partitur der Pfingstkantate BWV 59 sich hinsichtlich ihrer Schriftformen unmittelbar an die späten Weimarer Autographe anschließt. Erhellend ist wegen des in beiden Fällen manifesten Konzeptschriftcharakters die Gegenüberstellung von *P 161* und der autographen Partitur der für eine Aufführung am 1. Januar 1719 komponierten Kantate „Die Zeit, die Tag und Jahre macht" BWV 134a (F-Pn, *Ms. 2*). Das Autograph von BWV 134a zeigt durchweg größere und gröbere Schlüsselformen; besonders deutlich ist dies an den Baßschlüsseln und den merklich voluminöseren Schleifen der Violinschlüssel zu beobachten. Auffällig sind auch die dicken Akkoladenklammern in den Rezitativen von BWV 134a, während die Arie in BWV 59 feine Begrenzungslinien aufweist. Insgesamt ähneln die Schriftformen in *P 161* stärker der im Dezember 1716 entstandenen Partitur des Eingangssatzes der Kantate „Herz und Mund und Tat und Leben" BWV 147 (*P 102)* als der etwa zwei Jahre später komponierten Köthener Huldigungsmusik BWV 134a.

Somit erscheint eine Datierung von *P 161* auf die Zeit um 1717/18 naheliegend – also eine Einordnung entweder in die letzte Phase der Weimarer oder in die erste der Köthener Periode. Doch mit dieser Datierung tun sich neue Probleme auf: Im Kirchenjahr 1717 wurde in Weimar ein Jahrgang auf Dichtungen von Salomon Franck musiziert, die eigentlich für Kapellmeister und Konzertmeister hätten verbindlich sein müssen.[22] Allerdings fehlen in Bachs überliefertem Schaffen merkwürdigerweise jegliche Hinweise auf die Komposition von Kantaten für das Jahr 1717. Sollte nach dem Tod des Weimarer Kapellmeisters Johann Samuel Drese († 1. 12. 1716) die im März 1714 mit Bach getroffene, auf Arbeitsteilung zwischen Kapellmeister, Vizekapellmeister und Konzertmeister zielende Vereinbarung, „Monatlich neüe Stücke" aufzuführen, hinfällig geworden sein?[23] Dann wäre es Bach möglich gewesen, für das Pfingstfest 1717 gegebenenfalls eine Bestellung von auswärts anzunehmen oder sich außerhalb Weimars aufzuhalten.[24]

Andererseits könnte man geneigt sein, spezifische musikalische Merkmale – insbesondere die für Köthener Kantaten typische Duett-Struktur des ersten Satzes – eher auf Köthen als auf Weimar zu beziehen und damit 1718 als Entstehungsjahr zu favorisieren. Zu Pfingsten 1718 (5. Juni) befand Bach sich im Gefolge seines neuen Dienstherrn Fürst Leopold von Anhalt-Köthen auf seiner ersten Reise nach Karlsbad, die für die Zeit vom 9. Mai bis zum 29. Juni belegt ist.[25] Sollte der Kantatentorso BWV 59 im Frühsommer 1718 in Karlsbad entstanden sein, wäre vielleicht eine biographische Verbindung zu der Neufassung der abschließenden Arie (Satz 8) der Weimarer Kantate „Mein Herze schwimmt im Blut" BWV 199 zu ziehen. Die offenbar in die Köthener Zeit fallende Umdisponierung dieses Satzes, mittels derer Bach – nachdem er die oberste Instrumentalpartie, den Vokalpart und den Continuo aus den Weimarer Originalstimmen spartiert hatte – das ursprünglich auf vier hohe Stimmen (Oboe, Violino I, Violino II, Viola) verteilte motivische und polyphone Gewebe auf drei hohe und eine tiefe Stimme (Violino I, Violino II, Viola, Viola da gamba) übertrug und dabei größtenteils neu faßte *(P 1162)*, deutet auf eine kurzfristig anberaumte Darbietung des Werks in Minimalbesetzung und offenbar außerhalb von Bachs üblichem Wirkungsbereich – vielleicht mit einem kleinen „Reiseensemble" der Hofkapelle während eines der beiden Aufenthalte von Fürst Leopold in Karlsbad (1718 bzw. 1720).[26] Folgt man dieser Überlegung, wäre für die Entstehung der Neufassung von BWV 199/8 wohl die Reise im Frühsommer 1718 zu bevorzugen, da die in Kapitel I diskutierte Continuo-Stimme von Christian Ernst Rolle vermutlich um 1719/20 geschrie-

---

[22] S. Franck, *Evangelische Sonn- und Fest-Tages-Andachten Auf Hochfürstl. Gnädigste Verordnung Zur Fürstl. Sächsis. Weimarischen Hof-Capell-Music*, Weimar und Jena 1717.

[23] Siehe hierzu auch Dürr St 2, S. 68 f.; und K. Hofmann, *Neue Überlegungen zu Bachs Weimarer Kantaten-Kalender*, BJ 1993, S. 9–29.

[24] Für das Jahr 1717 sind Reisen nach Gotha (vermutlich März/April) und Dresden (Herbst) dokumentiert; vgl. Dok I, Nr. 6, und Dok V, Nr. B 81a.

[25] Vgl. Dok I, Nr. 110; sowie M. Hübner, *Neues zu Johann Sebastian Bachs Reisen nach Karlsbad*, BJ 2006, S. 93–107.

[26] Siehe hierzu NBA Supplement, S. 87–93 (mit Faksimile und Übertragung).

ben wurde und die Existenz der „Köthener Fassung" von BWV 199 voraussetzt. Tatsächlich gleichen sich die Schriftformen der beiden Autographe *P 161* und *P 1162* in auffälliger Weise; beide zeigen jenen schlanken, zierlichen Duktus, der uns auch in Bachs Honorarquittung für die Orgelprüfung in der Leipziger Paulinerkirche vom 18. Dezember 1717 begegnet.[27] Da die „Karlsbad-Hypothese" bislang nicht belegbar ist, sollte sie mit der gebotenen Vorsicht behandelt werden; immerhin aber bildet die hier vorgeschlagene Datierung der unvollendeten Pfingstkantate BWV 59 auf die frühe Köthener Zeit aufgrund des quellenkritischen Befunds eine solide Basis für weitere Überlegungen.

Mit der Zeit „um 1718" nähern wir uns einer Phase in Bachs Leben, die bislang kaum mit biographischen Daten und noch viel weniger mit greifbaren Kompositionen gefüllt werden kann. Der eingeschlagene Pflock vermag daher vielleicht als Ausgangspunkt für stilkundliche Überlegungen dienen. Bach hatte im Dezember 1716 in den Eingangschören der Adventskantaten „Wachet! Betet! Betet! Wachet!" BWV 70a und „Herz und Mund und Tat und Leben" 147a begonnen, neue Wege der Verschränkung von Vokal- und Instrumentalstimmen zu erproben. Waren die Singstimmen in den Chören der 1714 entstandenen Werke weitgehend mit den Instrumentalstimmen colla parte geführt oder als „Exzerpte" des Instrumentalsatzes gestaltet, bemühte Bach sich nun um eine selbständigere Führung bei simultan erklingendem Ritornell. Diese Verbindung von zwei gleichberechtigten musikalischen Ebenen, von Alfred Dürr mit dem Begriff „Vokaleinbau" bezeichnet, setzt eine überlegene Beherrschung der polyphonen Satztechnik voraus. Die Kombination von Ritornellthematik und eigenständiger Vokallinie hatte Bach zunächst in den geringstimmigen Arien seiner Weimarer Kantaten erprobt. In vollstimmigen Sätzen hingegen gelang ihm dies zunächst nur über flächigen Harmonien, die er figurativ und motivisch auflockerte, ohne zu einer wirklich eigenständigen Polyphonie vorzudringen (siehe Beispiel 1).[28] Verglichen mit dem Eingangssatz der 1716 entstandenen Kantate „Wachet! betet! betet! wachet!" BWV 70a stellt das Duett der Kantate BWV 59 eine bemerkenswerte kompositorische Weiterentwicklung dar. Auch wenn der Satz vielleicht nicht die expressive Intensität mancher Weimarer Kantatensätze erreicht, hat Bach hier eine neue Ebene satztechnischer Komplexität erklommen. Die beiden Singstimmen tragen den biblischen Text (Joh. 14,23) insgesamt fünfmal vor. Diese von kurzen Instrumentalzwischenspielen unterbrochenen

---

[27] Dok I, Nr. 109 (Faksimile bei W. Neumann, *Bach. Eine Bildbiographie,* revidierte Neuauflage, München 1960, S. 78).

[28] Siehe hierzu F. Krummacher, *Bachs Weg in der Arbeit am Werk. Eine Skizze,* Göttingen 2001 (Veröffentlichung der Joachim Jungius-Gesellschaft der Wissenschaften Hamburg. 89.), S. 34–52, speziell S. 36 f.

Beispiel 1

Vokalblöcke umfassen dreimal acht und zweimal sechs Takte. Sie verwenden drei unterschiedliche Motive, die stets mit den jeweils gleichen Textgliedern versehen sind (a: „Wer mich liebet", b: „der wird mein Wort halten", c: „und wir werden zu ihm kommen"). Die beiden Singstimmen behandeln die Motive in kanonischen Imitationen, wobei die Intervalle nach dem folgenden Schema wechseln:

I (T. 8–15): C-Dur → G-Dur

     a   S/B   Unterquarte
     b   S/B   Untersept
     c   S/B   Unternone

II (T. 16–23): G-Dur → a-Moll

     a   B/S   Oberquinte
     b   B/S   Obernone
     c   B/S   Oberquarte

III (T. 27–35): a-Moll → d-Moll
a   S/B   Unteroktave
b   S/B   Unterquinte
c   S/B   Unterquinte

IV (T. 39–45): F-Dur → C-Dur
a   S/B, B/S   Unterquarte, dann Oberquinte
b   B/S   Obernone
c   B/S   Obersept

V (T. 46–51): C-Dur → C-Dur
a   S+B   Terzparallelen
b   S+B   Sextparallelen
c   S+B   Sextparallelen

Bei genauerem Hinsehen wird deutlich, daß manche der Imitationen entweder identisch sind oder mittels des Stimmtauschverfahrens gewonnen wurden, so daß es von jedem Motiv lediglich drei verschiedene Formen gibt (a: I = II = IV; III, V; b: I = II = IV; III, V; c: I = IV, II = III; V). Die systematische Erkundung der Möglichkeiten in der Behandlung der beiden Singstimmen erinnert ein wenig an die „Evolutiones" von Exempeln in Lehrbüchern des doppelten Kontrapunkts. Was Bachs Realisierung zu hoher Kunst macht, sind indes der übergeordnete harmonische Spannungsbogen und die geschickte Verknüpfung zu einem abgerundeten Ganzen.

Die größte Besonderheit des Satzes liegt aber in dem Umstand, daß Bach diese strengen Imitationsabschnitte mit immer wieder neuen instrumentalen Kontrapunkten verknüpft hat. Selbst dort, wo in den Vokalstimmen lediglich ein Stimmtausch vorliegt, erfand er für das Orchester in souveräner Meisterschaft neue Gegenstimmen. Diese Variabilität läßt sich an folgenden Beispielen ersehen:

Beispiel 2a

Beispiel 2b

Beispiel 2c

Beispiel 2d

Beispiel 2e

Die diesem Duett eigene komplexe Kombinatorik ist umso erstaunlicher, als der natürliche Fluß der einzelnen Partien an keiner Stelle beeinträchtigt wurde.

Die Lösung dieser satztechnischen Herausforderung scheint Bach für die Handhabung des Vokaleinbaus in größer besetzten Ensemblesätzen den Weg gewiesen zu haben, an dessen Ende die Meisterwerke seines Leipziger Vokalschaffens standen (man denke etwa an den Kopfsatz der Kantate „Ich elender Mensch, wer wird mich erlösen" BWV 48).

Mit der Neudatierung der Pfingstkantate BWV 59 auf den Beginn der Köthener Periode und ihrer Bewertung als Schlüsselwerk für die Entwicklung eines für Bachs reifen Stil zentralen satztechnischen Prinzips tut sich allerdings ein Problem auf. Die von Bach am 11. Juli 1723 in Leipzig aufgeführte Kantate „Ärgre dich, o Seele, nicht" BWV 186 geht – nach allgemeinem Konsens – in ihrem Eingangschor und ihren vier Arien auf ein Werk (BWV 186a) zurück, das Bach gemeinsam mit zwei weiteren Kantaten (BWV 70a und 147a) im Dezember 1716 in Weimar komponiert hat.[29] Während die beiden Schwesterwerke hinsichtlich des in ihren Eingangschören beobachteten wenig eigenständigen Vokaleinbaus (über flächigen Harmonien beziehungsweise in collaparte-Führung mit den Instrumenten) gut in unsere Argumentation passen, zeichnet sich der Kopfsatz von BWV 186 durch die außerordentlich kunstvolle Integration der Singstimmen in das polyphone Gewebe der Instrumente aus. War Bach also doch bereits in Weimar in der Lage, derart komplexe Satzstrukturen zu realisieren?

Eine mögliche Lösung dieses Widerspruchs ergibt sich aus der Quellenlage der drei Weimarer Adventskantaten von 1716. Während BWV 70a (2. Advent) durch drei Streicherstimmen (Violine I, II, Viola) im Originalstimmensatz zu BWV 70 *(St 95)* gut dokumentiert ist[30] und von BWV 147a zumindest der Eingangschor in einer Weimarer Niederschrift vorliegt *(P 102)*,[31] sind zu BWV 186a keine musikalischen Quellen überliefert.[32] Dieses Werk existiert lediglich in seiner späteren erweiterten Leipziger Fassung (BWV 186); die mutmaßliche

---

[29] Die Datierung beruht auf dem Umstand, daß die Texte der drei Kantaten aus Francks *Evangelischen Sonn- und Fest-Tages-Andachten* (siehe Fußnote 22) stammen und hier für den 2.–4. Adventssonntag bestimmt sind. Sie gehören mithin zu jenem Jahrgang, dessen Aufführung am Weimarer Hof für das Kirchenjahr 1716/17 – also den Zeitraum vom 1. Advent 1716 (29. 11.) bis zum 26. Sonntag nach Trinitatis 1717 (21. 11.) – vorgesehen war; allerdings sind keine weiteren Vertonungen dieser Dichtungen nachweisbar. Siehe Dürr St 2, S. 65 und 68 f.

[30] Vgl. NBA I/1 Krit. Bericht (A. Dürr, 1955), S. 86–88, und NBA I/27 Krit. Bericht (A. Dürr, 1968), S. 103–107 und 111 f.

[31] Vgl. NBA I/1 Krit. Bericht, S. 110–112, und NBA I/28.2 (U. Wolf, 1995), S. 29–38, 45 und 53–55.

[32] Vgl. NBA I/1 Krit. Bericht, S. 89–97, und NBA I/18 Krit. Bericht (A. Dürr, 1967), S. 27–34 und 37–45; sowie Dürr St 2, S. 50 f.

Weimarer Gestalt (Satz 1, 3, 5, 8 und 10 aus BWV 186 sowie ein abweichender Schlußchoral) wurde allein aus dem Weimarer Textdruck für das Kirchenjahr 1716/17 (Francks *Evangelische Sonn- und Fest-Tages-Andachten*) erschlossen. Doch die Annahme einer Weimarer Fassung zieht gravierende Probleme hinsichtlich der Besetzung, der Transpositionsverhältnisse und des Umfangs der Stimmen nach sich, die Editoren und Ausführende zu allerlei oft waghalsigen Hilfskonstruktionen zwingt. Zumindest für die Arie „Mein Heiland läßt sich merken" (BWV 186/5) läßt sich keine sinnvolle „Weimarer Fassung" rekonstruieren.[33] Somit wäre denkbar, daß die Kantate BWV 186, die singulär in einer – gleichwohl aus Bachs Besitz stammenden und daher als Originalquelle anzusehenden – Partiturabschrift von Bachs Schüler Bernhard Christian Kayser *(P 53)* erhalten ist, überhaupt erst in Leipzig komponiert wurde. Die im Kopftitel von Kaysers Abschrift genannte Jahreszahl „ao. 1723" wäre dann – analog zu der autographen Datierung von BWV 76 im Kopftitel von *P 67* – auf die Entstehung der Komposition zu beziehen und nicht auf ihre Überarbeitung oder die Kopienahme. Die Weimarer Fassung von „Ärgere dich, o Seele, nicht" BWV 186a hätte somit als Phantom zu gelten, und der auffällig beschleunigte Rhythmus von Bachs Kantatenproduktion in der Adventszeit 1716, der gerne als gewichtiges Zeugnis seiner beruflichen Ambitionen gewertet wird,[34] wäre erneut auf seine Stimmigkeit und biographischen Implikationen zu durchdenken.

III.

Der 1819 gedruckte Nachlaßkatalog von Johann Nikolaus Forkel erwähnt unter der Losnummer 94 die Partitur einer verschollenen „Neujahrs-Cantate" von J. S. Bach mit dem Textincipit „Ihr wallenden Wolken" BWV² Anh. I 197/BC G 52.[35] Werner Neumann, der die Kantate 1964 im Kritischen Bericht zu NBA I/4 (Kirchenkantaten zu Neujahr und zum Sonntag nach Neujahr) besprochen hat, konnte nicht endgültig entscheiden, ob es sich bei dem Werk um eine Leipziger Kirchenkantate oder um eine Köthener Festmusik gehandelt hat.[36] Der 1989 erschienene vierte Teil des Bach-Compendiums hielt sich ebenfalls beide

---

[33] Siehe hierzu besonders K. Hofmann, *Gehörte die Oboe da caccia zu Bachs Weimarer Kanteninstrumentarium?*, BJ 2018, S. 69–80, speziell S. 70–75.

[34] Erstmals bei Dürr St, S. 57 bzw. Dürr St 2, S. 68 f.

[35] *Verzeichniß der von dem verstorbenen Doctor und Musikdirector Forkel in Göttingen nachgelassenen Bücher und Musikalien*, Göttingen 1819, S. 137 („94 [Bach, J. Sebast.] Neujahrs Cantate Ihr wallen den Wolken etc. P[artitur]").

[36] NBA I/4 Krit. Bericht (W. Neumann, 1964), S. 118.

Optionen offen, setzte aber mit der Eingliederung in die Werkgruppe G („Weltliche Kantaten für Hof, Adel und Bürgertum") einen anderen Akzent.[37] Das Werk bleibt zwar nach wie vor verschollen, doch lassen sich unter Heranziehung eines bislang noch nicht ausgewerteten Sammlungskatalogs des Braunschweiger Gelehrten Friedrich Konrad Griepenkerl (1782–1849) Aufschlüsse über die Bestimmung und mutmaßliche Gestalt der Komposition gewinnen. In Griepenkerls eigenhändigem „Ausführlichen Verzeichniß der Musikalien nach den Namen der Komponisten alphabetisch geordnet"[38] findet sich unter den Bachschen Vokalwerken folgender Eintrag:

Neujahrs Kantate. An Sr. Hochfürstl. Durchl. zu Anhalt-Köthen etc. *a Voce sola (di Basso) II Trav. II Violini, Viola, Violoncello, Cembalo obligato e Continuo di J. S. Bach.* Diese sehr schöne Abschrift habe ich aus Forkels Auction für 1 r. 6 ggl. erstanden; sie scheint von Forkels eigner Hand zu sein, Titel und Text lassen wenigstens keinen Zweifel übrig.

Der Eintrag ergänzt in willkommener Weise die bisher aus dem Forkel-Katalog bekannten Angaben. Als zusätzliche Bestätigung für Griepenkerls Mitteilung zum Schriftbefund mag die Formulierung und leicht zu erschließende Anordnung des Titels gelten, die wohl wie folgt aussah, wobei die Spezifizierung der Singstimme vermutlich als späterer Zusatz Griepenkerls aufzufassen ist:

Neujahrs Kantate.
An Sr. Hochfürstl. Durchl. zu Anhalt-Köthen etc.
a
Voce sola
II Trav. II Violini, Viola, Violoncello,
Cembalo obligato
e Continuo
di
J. S. Bach.

Die ebenfalls aus Forkels Besitz stammende Abschrift der Kantate „Non sa che sia dolore" BWV 209 *(P 135)* wurde von ihrem Besitzer mit einem ganz ähnlichen Titel versehen[39]:

---

[37] BC, Teil IV, S. 1625.
[38] Niedersächsisches Landesarchiv Wolfenbüttel, *VIII Hs 24.*
[39] In Forkels Nachlaßverzeichnis von 1819 (siehe Fußnote 35) steht dieses Werk mit der Losnummer 93 unmittelbar vor „Ihr wallenden Wolken". Zu der Abschrift von BWV 209 vgl. auch NBA I/41 Krit. Bericht (A. Glöckner, 2000), S. 38–40.

Cantata,
à
Voce sola,
I Traversa, II Violini e Viola
col Continuo
composta
da
Giov: Sebast. Bach

Da Bachs bislang nachweisbare musikalische Beiträge zu den traditionellen Köthener Neujahrshuldigungen zeitlich genau eingeordnet werden können, ergibt sich ein vergleichsweise enger Spielraum für die Datierung von „Ihr wallenden Wolken". Von den insgesamt sechs in Frage kommenden Terminen sind die Jahre 1719, 1720 und 1723 mit anderen Werken belegt (siehe die Aufstellung weiter unten). Für das Jahr 1721 wird vielfach das Fragment BWV 184a in Anspruch genommen, doch lassen sich den fünf erhaltenen Instrumentalstimmen (in *St 24*) keine Hinweise auf die Bestimmung des Werks entnehmen.[40] Für die Neujahrstage 1718 und 1722 sind bislang keine Aufführungen greifbar. Eine weitere Eingrenzung ergibt sich aus dem solistischen Einsatz des Cembalos. Es liegt auf der Hand, daß diese Besonderheit mit dem vermutlich im Februar 1719 angekauften und von Bach von Berlin nach Köthen geholten „großen Clavecin oder Flügel mit 2 Clavituren" von Michael Mietke in Verbindung steht.[41] Auf der Basis dieser Überlegungen kommen für die Aufführung von „Ihr wallenden Wolken" mithin die Neujahrstage 1721 und 1722 in Betracht.

1. 1. 1718	?	?
1. 1. 1719	„Die Zeit, die Tag und Jahre macht"	BWV 134a / BC G 5
1. 1. 1720	„Dich loben die lieblichen Strahlen"	BWV Anh. 6 / BC [G 6]
1. 1. 1721	?	?
1. 1. 1722	?	?
1. 1. 1723	„Musicalisches Drama"; Text und Musik unbekannt, vermutlich größer besetzt	BWV Anh. 8 / BC [G 10]

In ihrer Besetzung ähnelt die Kantate sowohl der Geburtstags-Serenata „Durchlauchtster Leopold" BWV 173a von 1722 als auch der undatierten ita-

---

[40] Zu BWV 184a siehe NBA I/14 Krit. Bericht (A. Dürr, 1963), S. 146 f. und S. 164–173.
[41] Siehe Dok II, Nr. 95.

lienischen Solokantate „Amore traditore" BWV 203. Die Verwendung eines obligaten Cembalos läßt zudem an das fünfte Brandenburgische Konzert BWV 1050 denken, das vielleicht sogar gemeinsam mit der Kantate (als einleitender Sinfonia?) dargeboten wurde.

Griepenkerls Katalog mit dem Nachweis einer verschollenen Köthener Neujahrskantate regt dazu an, einige Aspekte der Bach-Überlieferung zu durchdenken. Der Umstand, daß Forkel von zwei ähnlich besetzten weltlichen Werken Bachs Partiturabschriften besaß, die in seinem unmittelbaren Umfeld entstanden sein müssen, wirft die Frage nach den ihm zugänglichen Vorlagen auf. Unweigerlich denkt man an Wilhelm Friedemann Bach, der Forkel um 1774 aus seinem Quellenfundus die autographen Partituren des Choralkantaten-Jahrgangs zugänglich machte.[42] Eine andere Möglichkeit sollte jedoch als mindestens gleichrangig bedacht werden. Der kürzlich von Andrew Talle porträtierte, ursprünglich in Köthen, später in Braunschweig tätige Organist Carl August Hartung (1723–1800)[43] konnte durch eingehende schriftkundliche Untersuchungen als einer der wichtigsten Bach-Sammler im letzten Drittel des 18. Jahrhunderts bestimmt werden.[44] Hartung stand in engem Kontakt zu seinem Köthener Kollegen, dem Bach-Schüler Bernhard Christian Kayser (1705–1758),[45] und war später in seiner Braunschweiger Zeit ein wichtiger Quellenlieferant Forkels.[46] Im Jahr 1757 vermerkte Hartung in seinem privaten Haushaltsbuch den Ankauf oder das Ausleihen von „Bachischen Cantaten".[47] Der Begriff „Cantata" deutet – im Gegensatz zum heutigen Sprachgebrauch – auf weltliche Werke. Es wäre mithin denkbar, daß hier die beiden später für Forkel kopierten Kantaten „Non sa che sia dolore" BWV 209 und „Ihr wallenden Wolken" gemeint waren (wobei der weiter unten, in Fußnote 53, skizzierte mögliche Überlieferungsweg gegebenenfalls als zusätzliche Bekräftigung gewertet werden mag). Die vorstehend dargelegten Erkenntnisse zur Neujahrskantate „Ihr wallenden Wolken" in Griepenkerls Verzeichnis lassen die empfindlichen Verluste im Köthener Repertoire umso schmerzlicher erscheinen, als die verschollenen

---

[42] Siehe NBA I/18 Krit. Bericht, S. 162, und Schulze Bach-Überlieferung, S. 21.
[43] A. Talle, *Die „kleine Wirthschafft Rechnung" von Carl August Hartung*, BJ 2011, S. 51–80.
[44] P. Wollny, *Carl August Hartung als Kopist und Sammler Bachscher Werke*, BJ 2011, S. 81–101.
[45] A. Talle, *Nürnberg, Darmstadt, Köthen – Neuerkenntnisse zur Bach-Überlieferung in der ersten Hälfte des 18. Jahrhunderts*, BJ 2003, S. 143–172, speziell S. 155–167; ders., *Der Kayser aus Köthen. Zum 300. Geburtstag eines wiederentdeckten Bach-Schülers*, in: CBH 13 (2006), S. 13–31.
[46] BJ 2011, S. 93f. (P. Wollny).
[47] BJ 2011, S. 55–57, 68 und 80 (A. Talle).

Werke uns sicherlich wertvolle Einblicke in anderweitig nicht mehr zugängliche Facetten von Bachs Schaffen ermöglicht hätten.

IV.

Die heutzutage üblichen Aufführungen von barocken Meisterwerken im Konzertsaal lassen leicht vergessen, daß etwa Bachs Huldigungsmusiken in ihrer Zeit nicht als „absolute" Kunst rezipiert wurden, sondern in ein ausgeklügeltes höfisches Zeremoniell eingebunden waren.

Über die genauen Aufführungsbedingungen von Bachs weltlichen Kantaten der Köthener Zeit ist zwar kaum etwas bekannt, doch zeigt die im folgenden vorzustellende Quelle exemplarisch, daß sie in der Regel im Rahmen aufwendiger Festprogramme erklangen. Fürst Leopold von Anhalt-Köthen (1694–1728) ging am 11. Dezember 1721 seine erste Ehe mit der gut sieben Jahre jüngeren Friederica Henrietta von Anhalt-Bernburg (1702–1723) ein. Die von Bach nachmals als „amusa" charakterisierte „Berenburgische Princeßin"[48] feierte fünf Wochen nach ihrer Trauung, am 22. Januar 1722, zum ersten Mal ihren Geburtstag in der Köthener Residenz – Anlaß für prachtvolle Festlichkeiten, die zwei Tage darauf in einem Festbankett in dem mit ephemeren architektonischen Elementen dekorierten und mit einer Illumination geschmückten „Hoch-Fürstlichen Bilder-Saal" (dem heutigen Spiegelsaal) gipfelten. Ein in der Universitätsbibliothek Halle erhaltener Gelegenheitsdruck gibt detailliert Auskunft über die von dem Merseburger Bildhauer und Baumeister Johann Michael Hoppenhaupt entworfene Ausstattung und deren emblematisches Programm.[49] Der Wortlaut der 20 Sei-

---

[48] Dok I, Nr. 23.
[49] D-HAu, *Pon. Xb 681, FK.* – J. M. Hoppenhaupt (1685–1751) stand mit dem Köthener Hof zwischen 1718 und 1734 in Verbindung; in dieser Zeit gestaltete er die fürstlichen Gemächer, baute die Schloßkapelle um und schuf mindestens zwei große Illuminationen (1729 und 1730) sowie ein Castrum doloris für die 1732 verstorbene zweite Ehefrau von Fürst August Ludwig. Zu Hoppenhaupts Tätigkeit in Köthen siehe R. Schmitt, *Zur Baugeschichte der Köthener Schloßkapelle*, in: CBH 5 (1992), S. 45–99, speziell S. 54–57 und S. 92 f. Zu seinen sonstigen Werken siehe L. Grote, *Johann Michael Hoppenhaupt, der Schöpfer des Porzellankabinetts im Deutschen Museum*, in: Jahrbuch der Preußischen Kunstsammlungen 59 (1938), S. 250–257; P. Ramm, *Barock in Merseburg. Johann Michael Hoppenhaupt (1685–1751) und seine Zeit. Katalog zur Gedenkausstellung im Museum Merseburg*, Merseburg 1985 (²1987); ders., *Bildhauer des Barock im herzoglichen Merseburg*, in: Barocke Fürstenresidenzen an Saale, Unstrut und Elster, hrsg. vom Museumsverbund „Die fünf Ungleichen e. V." und dem Museum Schloß Moritzburg Zeitz, Gesamtredaktion J. Säckl und K. Heise, Petersberg 2007, S. 248–263, sowie ergänzend die Abbildun-

ten umfassenden Schrift ist im Anhang dieses Beitrags vollständig wiedergegeben.

Die in dem gedruckten Programm enthaltenen Beschreibungen sind zwar nicht immer klar formuliert, so daß sich in Ermangelung von bildlichen Darstellungen für manche Details das Gemeinte nicht ohne weiteres erschließt; dennoch entsteht ein Gesamteindruck von der Pracht und Vielfalt der Dekorationen. Wie die Schrift detailreich ausführt, war der Saal mit zwei halben Amphitheatern eingefaßt und mit antikisierenden Säulen ausgestattet. Die festliche Beleuchtung wurde von „400. Lampen" gewährleistet, die so aufgestellt waren, daß sie die Umrisse der architektonischen Elemente betonten. Die Aufbauten bestanden sowohl aus allegorischen Gestalten (Providentia/Göttliche Vorsehung, Jupiter, Pietas, Justitia) als auch aus Tafeln mit emblematischen und biblischen Sprüchen. Die beiden Ecken an der Stirnseite des Saals waren mit den illuminierten Namensinitialen des Herrscherpaars und mit Chronodistichien geschmückt. Eine Deutung dieses Bildprogramms und seine Einordnung in die Traditionen der barocken Festkultur an mitteldeutschen Höfen soll hier nicht versucht werden[50]; in unserem Zusammenhang erscheint aber der Hinweis beachtenswert, daß hinter einem der beiden Amphitheater – also für den Betrachter unsichtbar – „die herrliche *Instrumental*- und *Vocal-Music logir*et" war (fol. 4v). Diese knappe Bemerkung kann sich nur auf die Darbietung einer Geburtstagskantate aus der Feder des Kapellmeisters Johann Sebastian Bach beziehen, von der offenbar keine musikalischen Spuren erhalten sind. Immerhin erlaubt die Beschreibung die Vermutung, daß das in den Dekorationen ver-

---

gen S. 237–246. Zu einer gedruckten Beschreibung von Hoppenhaupts Illumination anläßlich der Erbhuldigung für Fürst August Ludwig im Juli 1729 siehe *Bey Ihro Hoch-Fürstl. Durchl. Des Durchlauchtigsten regierenden Fürsten von Anhalt-Cöthen, den 21ten Julii 1729. in Fürstlicher Residenz eingenommenen solennen Erb-Huldigung wurden […] instehend beschriebene prächtige Illuminationen aufgerichtet durch Johann Michael Hoppenhaupt, Hochfürstl. Mersebl. Baumeister, COETHEN/ Gedruckt bey Johann Christoph Schöndorffen/ Hoff-Buchdr.;* Exemplar: D-Hau, *Pon Xb 565, FK (2).*

[50] Zur kunstgeschichtlichen Erforschung dieses an mitteldeutschen Höfen verbreiteten Phänomens siehe etwa den Band „Ephemere Architektur" der Online-Zeitschrift *Archimaera* (2010; https://www.archimaera.de/2009/ephemere_architektur). Instruktive graphische Darstellungen von illuminierten Szenenbildern, die den 1722 im Festsaal des Köthener Schlosses angebrachten Dekorationen häufig ähneln, finden sich bei T. Lediard, *Eine COLLECTION Curieuser VORSTELLUNGEN, In ILLUMINATIONEN und FEUER-WERCKEN So in denen Jahren, 1724. biß 1728. inclusivè, Bey Gelegenheit einiger Publiquen Festins und Rejouïssances, In HAMBURG, Und mehrentheils Auf dem Schau-Platze daselbst […] Sind vorgestellet worden, In Sechzehn Grossen Kupfer-Platen sauber gestochen und auff das accurateste abgebildet; Nebst derselben besondern, vollkommenen und ausführlichen Beschreibungen,* Hamburg 1730.

wirkliche Programm sich im Libretto der sicherlich eigens zu diesem Anlaß
gedichteten und komponierten Kantate niedergeschlagen hat. Nehmen wir an,
daß der Saal auch bei anderen Hoffesten in vergleichbarer Manier geschmückt
war (Fußnote (a) auf Bl. 3v der Beschreibung deutet dies für Leopolds Geburtstag am 10. Dezember 1719 an), so wäre zu erwägen, ob die in drei textlich
respektive musikalisch erhaltenen Köthener Huldigungsmusiken auftretenden
Allegorien und mythologischen Figuren (BWV 66a/BC [G 4]: „Die Glückse-
ligkeit Anhalts", „Fama"; BWV 134a/BC G 5: „Göttliche Vorsehung", „Zeit";
BWV Anh. 7/BC [G 7]: „Sylvia", „Phillis", „Thyrsis") in der Ausstattung des
Aufführungsorts ihr Pendant fanden.

Eine weitere Erwähnung der Geburtstagsmusik von 1722 findet sich in einem
von zwei der Beschreibung angehängten Gelegenheitsgedichten.[51] Dort heißt
es „Uber die hinter diesem Theil befindliche Music":

Dem Höchsten zu Ehren,
Last freudigst euch hören.
Da COETHENS regierender Götter-Krayß lacht.
Stimmt an, rufft alle
Mit jauchzendem Schalle,
    Ein freudiges VIVAT und Lobgesang zu,
    Dieweil Er für unsere Wohlfahrt und Ruh
    Mehr als ein vielsehender Argus gewacht,
Dem Höchsten zu Ehren,
Laßt freudigst Euch hören,
Da COETHENS regierender Götter-Krayß lacht.

Die dreiteilige Anlage dieser Dichtung in Da-capo-Form und mit daktylischem
Metrum gibt zu der Vermutung Anlaß, daß diese Zeilen einen Abschnitt aus
dem Libretto der Geburtstagskantate (Schlußchor?) wörtlich zitieren.
Die Geburtstagsfeierlichkeiten vom Januar 1722 haben auch in den Köthener
Kammerrechnungen ihre Spuren hinterlassen. In den Rubriken „Titulus 1.
Außgabe Geld, S. Hochfürstl: Durchl: Meinen Gnädigsten Herren. Vor Bücher

---

[51] Die beiden angehängten Gedichte haben folgende Titel: (1) *Zufällige schlechte Ge-*
dancken | über dem | ILLVMINATIONS-Werck | auff dem | Hoch Fürstlichen Schloß-
Platz | in gebundenen Zeilen eilend entworffen, | von eben demselben | Nichtgeübtem
Tichter, | Cöthen gedruckt mit Löfflerschen Schrifften, (2) *Der | In erwehntem Am-*
phitheatro | sich befindende | ANHALT-COETHNISCHE | Götter-Krayß/ | mit poeti-
schen Gedancken | in tiefster Veneration | betrachtet | von | T. | Cöthen gedruckt mit
Löfflerschen Schrifften. Die zitierte Passage findet sich im zweiten Gedicht.

einbinden" und „Titulus 10. Außgabe Geld, Zur Buchdruckerey" finden sich folgende Eintragungen[52]:

(1)	26 Janr.	Die von F. Capelle gefertigte *Musique* zu binden	N. 442	16 [g.]
(2)	31 Jan:	Vor die *Explicationes der Illumination* des Fürstl. Großen Saales einzubinden	N. 443	4 [thlr.]
(3)	5 Jan:	Dem Buchdrucker Löffler vor *Capell-Carmina* [...] zu drucken	N. 1264	14 [thlr.]
(4)	14 Febr:	Demselben vor Druckerlohn wegen der *Illumination* des großen Saales und Cammer *Musique*	N. 1265	10 [thlr.] 14 [g]

Die Positionen (2) und (4) dürften sich auf die vorstehend diskutierte Beschreibung beziehen, wobei der Textdruck der Huldigungskantate offenbar in Position (4) inbegriffen ist. Bei (3) könnte es sich – vermutlich neben anderen, nicht erhaltenen Kasualdrucken, etwa auf den Geburtstag der Fürstin – um die beiden dem Hallenser Exemplar der Beschreibung angehängten Gelegenheitsgedichte handeln, als deren Autor – in Anbetracht der auf den Titelseiten vermerkten Initiale „T" – das Kapellmitglied Johann Christoph Torlee in Frage kommt (zu der Zeit das einzige Kapellmitglied mit dieser Namensinitiale). Unklar bleibt die Deutung von (1). Sollte hier eine handschriftliche Partitur der Huldigungskantate gemeint sein, die Bach im Anschluß an die Aufführung seinem „gnädigen und Music so wohl liebenden als kennenden Fürsten" überreichte und die sodann als Widmungsexemplar in die fürstliche Bibliothek übernommen wurde?[53]

---

[52] Landesarchiv Sachsen-Anhalt, Abteilung Dessau, *Z 73* (Köthener Kammerrechnungen 1721/22), S. 56 (Einträge 1 und 2) sowie S. 193 (Einträge 3 und 4). Siehe auch G. Hoppe, *Köthener politische, ökonomische und höfische Verhältnisse als Schaffensbedingungen Bachs (Teil 1)*, in: CBH 4 (1986), S. 13–62, speziell S. 16 und 47.

[53] Folgt man der in Kapitel III vermuteten Überlieferung einer Partiturabschrift von Bachs Neujahrskantate „Ihr wallenden Wolken" BWV[2] Anh. I 197/BC G 52 über den Köthener Kammermusiker und Hoforganisten Bernhard Christian Kayser und den Schloßkantor Carl August Hartung, so wäre die hier möglicherweise belegte Archivierung Bachscher Notenhandschriften ein wichtiges Bindeglied der Provenienzkette. Mit der 1754 erfolgten Auflösung der Hofkapelle könnten die als Widmungsexemplare archivierten Musikalien ausgesondert und von dem einzigen in Diensten verbliebenen Hofmusiker B. C. Kayser übernommen worden sein.

V.

Abschließend sei ein Blick auf die Trauermusik „Klagt, Kinder, klagt es aller Welt" BWV 244a / BC [B 22] geworfen, die Bach im Rahmen der feierlichen Beisetzung von Fürst Leopold am 24. März 1729 in der reformierten Köthener Stadtkirche St. Jakob vor und nach der Gedächtnispredigt aufführte.[54] Die Parodiebeziehungen, die dieses bedeutende Werk mit der Trauerode von 1727 und der Matthäus-Passion verbinden, sind seit langem aufgedeckt.[55] Gleichwohl bestehen bezüglich der biographischen Einordnung noch zahlreiche offene Fragen. In dem von Carl Philipp Emanuel Bach und Johann Friedrich Agricola verfaßten Nekrolog auf J. S. Bach finden wir eine ungewöhnlich wortreiche und emphatische Schilderung der Entstehungsgeschichte und Aufführung dieser Trauermusik:

Die Vorsehung schien ihn noch vor dem bald darauf, wider alles Vermuthen erfolgten Tode des Fürsten, von Cöthen entfernen zu wollen, damit er zum wenigsten bey diesem betrübten Fall nicht mehr gegenwärtig seyn durfte. Er hatte noch das traurige Vergnügen, seinem so innig geliebten Fürsten, die Leichenmusic von Leipzig aus, zu verfertigen, und sie in Person in Cöthen aufzuführen.[56]

Zur Erklärung dieser starken Akzentuierung innerhalb der sonst so knappen Lebensbeschreibung mag die folgende Neuerkenntnis beitragen. Der Text der Trauermusik stammt von dem Leipziger Dichter Christian Friedrich Henrici alias Picander, der vermutlich von Bach für diese Arbeit empfohlen wurde. Das Hofprotokoll verlangte, daß solche Texte vorab zensiert wurden. Zu diesem Zweck wurde eine merkwürdigerweise nur die ersten drei „Abtheilungen" umfassende Abschrift der Dichtung nach Köthen gesandt; diese ist gemeinsam mit einem Exemplar des überarbeiteten und anschließend gedruckten Texts noch heute in der Köthener Trauerakte des Staatsarchivs Dessau erhalten.[57] Das Wasserzeichen der Abschrift (MA mittlere Form = Weiß 122) deutet auf eine Entstehung in Bachs Leipziger Umfeld. Der bisher nicht identifizierte

---

[54] F. Smend, *Bach in Köthen*, Berlin 1951, S. 76–91, 163–169 und 204–219; NBA I/34 Krit. Bericht (R. Higuchi, 1987), S. 39–42; BC Teil III, S. 900 f.

[55] Siehe BG 12/2 (W. Rust, 1863), S. V; BG 20/2 (W. Rust, 1873), S. VII–XII; Spitta I, S. 766; Spitta II, S. 449 f.

[56] Dok III, Nr. 666 (S. 84).

[57] Landesarchiv Sachsen-Anhalt Dessau, *Abteilung Köthen, A 6, Nr. 26 I (Acta betr. das Absterben und die Bestattung des Fürsten Leopold von Cöthen 1728/9)*, fol. 96 f., 102 und ungezählte Bll.; Inhaltsverzeichnis der Akte bei Smend (wie Fußnote 54), S. 164 f.

Schreiber des handschriftlichen Texts erweist sich nun überraschend als der junge Carl Philipp Emanuel Bach (siehe Abbildung 5).[58] An diese Erkenntnis lassen sich weitere Überlegungen knüpfen. Wie wir nun wissen, war der zweitälteste Bach-Sohn an der Vorbereitung der Trauermusik unmittelbar beteiligt. Es ist denkbar, daß der Fünfzehnjährige auch in die Anfertigung des Stimmenmaterials einbezogen wurde und möglicherweise sogar als Sänger oder Instrumentalist an der Aufführung mitwirkte. Mit dem in den Akten genannten Sohn des „anhero verschriebenen CapellMeisters Bachen", der zusammen mit seiner „Ehefrau" aus Leipzig anreiste, ist also vermutlich Carl Philipp Emanuel gemeint und nicht, wie bislang angenommen, sein älterer Bruder Wilhelm Friedemann.[59] Die Aufführung der pompösen Trauermusik in der mit schwarzem Tuch ausgekleideten Jakobskirche dürfte auf den Fünfzehnjährigen einen solch nachhaltigen Eindruck gemacht haben, daß er diese noch ein Vierteljahrhundert später in der erwähnten ungewöhnlich emotionalen Passage des Nekrologs als eines der Hauptwerke seines Vaters bezeichnete.[60]

[58] Zur Handschrift des jungen C. P. E. Bach siehe P. Wollny, *Zur Rezeption französischer Cembalo-Musik im Hause Bach in den 1730er Jahren*, in: In Organo Pleno. Festschrift für Jean-Claude Zehnder zum 65. Geburtstag, hrsg. von L. Collarile und A. Nigito, Bern 2007, S. 265–275; ders., *Zwei Bach-Funde in Mügeln. C. P. E. Bach, Picander und die Leipziger Kirchenmusik in den 1730er Jahren*, BJ 2010, S. 111–151, speziell S. 126–146 und 149–151; vgl. auch BJ 1996, S. 9 und 18 (P. Wollny).

[59] Dok II, Nr. 259.

[60] Doch auch W. F. Bach war bei der Trauerfeier in Köthen möglicherweise anwesend. Der älteste Bach-Sohn hielt sich in der zweiten Hälfte der 1720er Jahre längere Zeit in Merseburg auf, wo er bei Johann Gottlieb Graun Unterricht im Violinspiel nahm. Setzen wir diesen Aufenthalt auf die Zeit um 1728/29 an – zwischen 1724 und 1727 ist W. F. Bach regelmäßig als Kopist in den Leipziger Stimmensätzen seines Vaters nachgewiesen (vgl. NBA IX/3, Textband, S. 19) –, könnte er sich unter den „Musicis auß Halle, Merseburg, Zerbst, Deßau und Güsten" befunden haben, die für die Aufführung von Bachs Trauermusik nach Köthen „verschrieben" wurden. Dann wäre es im März 1729 in Köthen zu einer kleinen Familienzusammenkunft gekommen.

Anhang

[1r]

Die | Erste, Algemeine *ANHALT-COETHENISCHE* | Landes-Freude. | über dem | Hohen Geburths-Tag/ | Ihro Hochfü[r]stl. Durchlaucht. | unserer gnadigsten Fürstin und Frauen/ | FRAUEN | *FRIDERICA* | *HENRIETTA,* | Fürstin zu Anhalt/ | *Reliqua.* | auf dem Hochfürstl. Schloß den *24. Jan. 1722* | nach vorhergegangener Hochfürstl. gnädigster *Adprobation* | und denen Kunst-*Reguln* der *Architectur* | in verschiedenen *Inscript.* und *Embl.* | vorgestellet | Cöthen, gedruckt mit Löfflerischen Schrifften.

[2r]

Am ersten Tage
wird
auf dem so genandten Hoch Fürstlichem Bilder-Saal
præsentiret
Die bisherige geseegnete Regierung unseres Durchlauchtigsten Gnädigsten Landes Fürsten und Herren/ Herren *LEOPOLDS,* Fürsten zu Anhalt etc. Vornehmlich aber so, wie Selbige durch die höchst-erfreulichste Hoch Fürstliche Hohe Vermählung mit der Durchlauchtigsten Gnädigsten Fürstin und Frau, Frau *FRIDERICA HENRIETTA* Fürstin zu Anhalt etc. etc. einen mercklichen Zusatz empfangen, Nebst einem freudigem *Prognosticon* des zukünfftig blühenden hohen Wolseyns des Hoch Fürstlichen Durchlauchtigsten Hauses *ANHALT-COETHEN* und des gantzen Landes.

I.
Zu dem Ende
Hat der Fürstliche Land Baumeister Herr *Hoppenhaupt,* so viel die *Repartition* der *Architectur* und *Illuminir*ung betrifft, die gantze *Invention* in zweyen gegen einander bey | [2v] denen äussersten Enden stehenden *Amphitheatris* eingefasset, und durchgängig die Dorische Ordnung mit ihren *Trygliphen* angebracht, welche zu beyden Enden an die Mittlere grosse *Camine* (die ebenfalls *illuminiret* sind) anstossen. An solcher Ordnung ist die obere *Corniche* mit grünen Tannen-Reiß nach rechter Ordnung derer Glieder gebunden, und darinnen mit güldenen Leisten die *Separation* deutlich gemachet, auch die *Trygliphen* in dem Frieß vergüldet, auff welcher Corniche oder sämtliche *Entablement* das gantze Werck so wohl an beyden Runden *Circuln* als geraden Linien in die 400. Lampen *aptir*et.

II.
Die *Pylaster* sind grün insgesamt gleichfals ausgebunden, die *Base & Chapiteau* vergüldet und zu beyden Seiten mit güldenen Leisten eingefasset.

III.
In dem Haupt-Amphitheatro oben wo in der Mitte beyde Hoch Fürstl. Hoch Fürstl. Durchl. Durchl. ihren Platz haben ist ein *Baldachin* auffgerichtet, welcher oben mit vielen Lichterwerck und *Gueridonetten* schön verziehret, worauf der Fürsten-Huth

auff einem Küssen liegend zu sehen, der untere Theil ist mit Tappezier-Arbeit gemachet.

IV.

Hinter Höchst-erwehnte Hoch Fürstl. Hoch Fürstl. Durchl. Durchl. Personen ist eine besondere Art von einer *Glorie*, worauff lange mit unverwandtem Gesicht zu sehen das Auge nicht *sufficient*, in deren Mitte die Zahl des Alters unserer Durchlauchtigsten Gnädigsten Fürstin *XX*. befindlich. Unter ermeldeter *Glorie* stehen folgende Worte:

ISTVD. A. DOMINO. FACTVM.
ET. MIRABILE. IN. OCVLIS.
NOSTRIS. |
[3r] Das ist vom HErrn geschehen/ und ist ein
Wunder in unsern Augen.

In welchen man nicht allein nach den Buchstaben die Bedeutung der *Glorie* samt ihrem und des gantzen *Amphitheatri Splendeur* als in einem kurtzem *Compendio* verstellen, sondern auch die Gedancken der Zuschauer zugleich höher auffleiten will zu dem Uhrsprung alles Heils, woraus diese Hoch Fürstliche Glückseeligkeit geflossen.

Neben dieser stehen zu beyden Seiten 2. Statuen, deren die zur rechten Hand
Die *PROVIDENTIA* ist mit einem Spieß in der rechten Hand und einen Zweig in der Lincken bestrahlet von der Sonne, mit der Beyschrifft:

PROVIDENTIA.
Die göttliche Vorsehung.

anzuzeigen, daß Dieselbe biß daher das Theureste Durchlauchtigste Haupt des Landes väterlich vor allem Unfall bewahret, und unter dessen glücklicher Regierung das gantze Land mit vielem Seegen getröstet habe.

Welches die zur Lincken etwas specialer vorstellet unter dem Bildniß
Des Jupiters der unserm Durchlauchtigstem Fürsten die Hand reichet, mit der Unterschrifft:

CONSERVATORI. PATRIS.
PATRIAE.
Dem Erhalter des Durchl. Landes Vatters.

Und also mit der vorigen harmonirende, noch eine besondere Wolthat des Höchsten entdecket, erwiesen in der hohen Vermählung beyder Hoch Fürstl. Hoch Fürstl. Durchl. Durchl. Häupter, wodurch das hohe Hoch Fürstl. Durchl. Hauß *ANHALT*-Cöthen gleichsam auf neue Säulen | [3v] gegründet, zugleich nach eingerichteter Unterschrifft die demüthigste Dancksagung aller getreuer Unterthanen vor dieselbe zu dem Vater aller Barmhertzigkeit auslieferende.

Nebst selbigen folget zur Rechten
PIETAS mit ausgebreiteten Händen stehend, und die *Pallas* in ihrem *Ornat* sitzend, mit der Beyschrifft

PIA. ERVDITIO.
Die mit Gottesfurcht gepaarte Gelehrsamkeit.

um in *devotester Submission* zu erkennen zu geben den Grund aller Hochlöblichen Hoch Fürstlichen Tugenden, wie nicht allein die wahre Furcht vor GOttes Nahmen und die Erreichung des einzigen Zwecks der Ehre Gottes aus der gantzen geseegneten

Regierung Ihro Durchl. hervorgeleuchtet, sondern wie Sie auch rühmlichst davor bisher gesorget, daß unter Dero geseegneter Regierung dem Hause Jacob GOttes Rechte und dem Israel sein Gesetz in Kirchen und Schulen möchte verkündiget werden, wohin zu rechnen die hohe Fürstliche Gnaade und Mildthätigkeit, womit sie denen wahrhafftig Gelehrten in allen Facultäten und allerhand Künsten und Wissenschafften erfahrnen zu gethan sind *(a)*

Dieser gegen über zur Lincken steht
Die Gerechtigkeit, in der einen Hand das Schwerdt und die Wage, in der anderen die Sonne und den Mond haltende, mit der Beyschrifft: |

[4r] *IVSTVS. AETERNVM. VIREBIT.*
Der Gerechte wird blühen in Ewigkeit.
Womit theils auf die Grund-Säule des Landes der Gerechtigkeit wodurch Selbiges bißher in Belohnung des Guten und Bestraffung des Bösen von Ihro Durchl. regieret, gesehen wird, theils auff dem daher entstandenen Ruhm einer so gerechten Hohen Regierung, theils auf dem deshalb zu hoffendem immerwährenden blühenden Zustand des Durchl. Anhalt-Cöthnischen Hauses, wobey man nach dem Buchstaben sinnspielet auff die Worte des *7. vers.* des *LXXII. Ps.* Zu seinen Zeiten wird blühen der Gerechte, und grosser Friede seyn, biß der Mond nimmer sey; Und in ansehung des Sinn-Bilds der Sonne auf den *17. vers* erwehnten *Ps.* Sein Nahme wird ewig bleiben, so lange die Sonne währet, wird Sein Nahme auff die Nachkommen reichen, und werden durch Denselben geseegnet seyn:

Vornemlich da alle Bedeutungen der beyden Himmels-Lichter so wohl in der Bilder-Sprache des heiligen Geistes vorkommende, wenn Sie von Hohen Häuptern und Regenten der Erde gebrauchet werden, als auch, wie sie bey denen berühmtesten *Emblem-* und *Hieroglyphischen Scriben*ten befindelich, alle getreue Unterthanen dem Durchl. Durchl. Fürsten-Paar mit grössestem Recht zueignen, welche nach ihrem Werth vorzustellen, die nie gnug zu preisende Hochfürstl. Demuth gnädigst verbiehtet.

Darauff schliessen die beyde Ecken beyderseits Hochfürstl. Hochfürstl. Durchl. Durchl. *illumini*rte Nahmen in ihren *Initial*-Buchstaben. An deren einer Ecke folgende *Chronodist. Inscription.* |

[Fußnote] *(a)* Wobey man nicht umhin kann anzuführen das Höchstrühmlichste Zeugniß welches in diesem Stück von Ihro Hoch Fürstl. Durchl. und dem gantzen Hoch Fürstl. Anhalt in dem *edir*ten Abriß des bey Hoch Fürstl. am 10. *Dec.* 1719. eingefallenen Hohen Geburths-Tag auff Hoch Fürstl. Abend-Taffel *præsentir*ten *Obelisc.* oder *Gugl.* gleich vom Anfang nach der Wahrheit und Ubereinstimmung vieler berühmten *Scribenten* in folgenden Worten mit eingerücket war. - - - Um so vielmehr als das Hoch Fürstl. Hauß Anhalt, bey denen *Nationen* von *Europa* welche Wissenschafften kennen und lieben den Ruhm und Ehre hat, daß Es für anderen grossen Fürstlichen Häusern denen *Studiis* zugethan gewesen, und solche gefördert, auch Ihro Hoch Fürstl. Durchl. der ietzt regierende Fürst zu Cöthen belieben tragen solchen löblichen Neigungen der Hohen Vorfahren nachzugehen, und so wohl Gelehrte als in allerhand anderen Künsten geschickte und erfahrne Leute mit Dero Gnade und vieler Mildthätigkeit zugethan seyn.

[4v] *VENITE.*

QVIS. MELIORES. VIDIT.

LEOP. PRINCIPE.

Kommet herbey getreue Unterthanen, wer hat einen besseren Landes Vatter als den Durchlauchtigsten *LEOPOLD* gesehen? An dem anderen Eck aber unter ebenfals illuminirte Hochfürstl. Hochfürstl. Durchl. Durchl. Nahmen in ihren *Initial*-Buchstaben:

IVBILATE.

QVIS. DVLCIORES. DABIT.

FRID. HENRIETTA.

Frolocket ihr Bürgere die Durchlauchtigste Fürstin *FRIDERICA HENRIETTA* übertrifft alles Vergnügen.

Welche *Inscriptiones* sowohl auff die Helffte ietzt erwehnten *Amphitheatri alludiren,* als die an denen gegen überstehenden Eingängen sich befindlichen *Invitationes* näher erläuteren. Auch ist hinter diesen Theilen die herrliche *Instrumental-* und *Vocal-Music logir*et.

V.

In dem übrigen diesem gegen überstehendem Theile des *Amphitheatri* wird *præsentir*et

Eben diese bißher höchst-geseegnete glückliche Regierung Ihro Hochfürstl. Durchl. Unsres gnädigsten Fürsten und Herren, aber so wie Selbige durch die Hochfürstl. Vermählung einen mercklichen Zusatz empfangen, nebst einem freudigem *Prognosticon* des zukünfftig blühenden Hohen Wohlseyns des Hochfürstl. Durchl. Hauses *ANHALT-COETHEN* und des gantzen Landes. |

[5r] Zu dem ende

A.

Stehen vorigen beyden erwehnten Ecken gegen über an statt der illuminirten Hochfürstl. Hochfürstl. Durchl. Durchl. Nahmen, so wohl am rechten als lincken Eingang

Die beyde vereinigte Brust-Bilder der Hochfürstl. Hochfürstl. Durchl. Durchl. Personen, von oben durch eine Hand aus den Wolcken mit denen Fürsten-Hüten gekröhnet,

Womit man *alludir*et auff die erwünschte Hohe Vereinigung der beyden Hochfürstl. Hochfürstl. Durchl. Durchl. Cöth. *BERNB.* Häuser, und zugleich das Fundament der in diesem andern Theil des *Amphitheatri* vorkommenden *Inventionen* andeuten wollen, mit der Beyschrifft die die Jahr Zahl in sich enthält:

Am rechten Eingang:

HEVS. CIVES. TERRAE.

und am Lincken die übrigen dazu gehörige Worte:

HI. AMOR. DECVSQVE.

Hieher ihr Bürger, und beschauet die Liebe und die Zierde des gantzen Landes. Worauff

B.

In der Mitte der Oeffnung ein grosser Spiegel dergestalt *affigir*et, daß die oben am anderen Eck des obersten Theils des *Amphitheatri* sitzende Hochfürstl. Hochfürstl. Durchl. Durchl. Personen das gantze Werck der *Glorie* und der gesamten Tafel hinwiederum *repræsentiret* sehen können, wie dann die Hochfürstl. Tafel von einer solchen Länge, daß in die 100. Persohnen daran Platz nehmen können, wozu die grosse und an beyden Seithen in einer | [5v] *accurat*en Linie gesetzte Lichter ein merckliches zur Schönheit mit beytragen, auch ist in der Mitte unter dem Spiegel der Schenck-Tisch zu sehen. Besonders ist auch von Zuckerkünstlers Hand in der Mitte der Tafel eine Invention des Ehren-Tempels von gegossenem Zucker, mit vielen Verziehrungen und *Ornament*en angebracht, gleich wie dann auch die Mitte der gantzen Hochfürstl. Tafel mit lauter *Confitur*en angerichtet, und der übrige zu beyden Seithen befindlichen Platz zum Speisen *ordinir*et ist.

C.

An beyden Seithen erwehnten Spiegels *præsentir*en sich abermahls 4. Statuen, 2. an jeder Seithe gleich dem oberem Amphitheatro, deren die erste zur rechten Hand Die Göttin *VENVS* begleitet von ihrem Sohne, Zweige, Bluhmen und Früchte darreichet mit der Unterschrifft:

SECVLO. FRVGIFERO.

Der erwünschten Fruchtbringenden Zeit. (zu Ehren.)

Zur Bezeugung der frohen Hoffnung nicht allein, daß durch die Hohe Durchl. Vermählung es dem Hochfürstl. Durchl. Hause A. Cöthen niemahlen an Durchl. Printzen fehlen werde, welche den Stuhl Ihrer Durchlauchtigsten Vätter ererben werden, sondern, daß unter einer solchen geseegneten Hohen Regierung auch das gantze Land durch des HErren Gnaade werde im Seegen liegen bleiben, und ein jeder das Gute desselben unter seinem Weinstock und Feigenbaum geniessen können.

Die andere zur Rechten darauf folgende, Ist die Göttin *MINERVA*, vorgestellt in ihrem gantzem *Ornat*, nebst einem Buch so sie neben sich liegen hat, mit der Unterschrift: |

[6r] *SALVTIS. CVSTOS.*

Die sorget vor unser Heyl.

Womit man zu verstehen geben will den tieffsten Eindruck, welcher von der Durchlauchtigsten Fürstin reiner Gottes-Furcht, und denen daraus fliessenden Hohen Fürstlichen Tugenden, die des Landes Wohl nur zu befördern suchen, in den Hertzen Dero getreuen Unterthanen gepräget, und welche zugleich den Grund aller Freude und aller Hoffnung auffs Zukünfftige ausliefern. *(b)*

[Fußnote] *(b)* Denen in der *Rom. Historie* und den Geheimnissen der Heyd. *Mythol.* Erfahrnen, ist bekandt, daß Heyden selbst in ihrer Finsterniß unter der Vorstellung des Bildes der *Minervae* noch etwas getappet, wann sie dadurch die Stützen der Wohlfart eines Landes haben vorstellig machen wollen. Ein *Cicero* ließ zu dem Ende eine Statue der *Minerva*, deren Er *ad Fam. Lib. XII. Ep. 25.* gedencket, machen, die Er in seinem Hause sonderbahr verehrete. Und als Er auf des *Clodii* Anstifftung ins *Exilium* gehen muste, schaffete Er selbige ins *Capitolium,* und ließ auff der *Bas:* setzen *Minervae Custodi Vrbis.* Andere Gedancken der Heyden hiehin gehörig der Kürtze halber zu verschweigen.

Die erste zur lincken Hand ist die *FORTVNA*, die Himmels-Kugel auff dem Haupt, und die *Cornua Copiæ* in die Arme habende, mit der Beyschrifft:

FORTVNAE. MANENTI.

Der beständigen Glückseeligkeit.

Also vorstellende das inbrünstige Verlangen getreuer Unterthanen, daß der allgenugsahme GOtt das erlebte freudige ja frolockende Vergnügen des Landes und dessen Blüthe im Geist- und leiblichen Vergnügen wolle ewig seyn lassen, ins besondere aber das Hochfürstliche Durchl. Hauß *ANHALT-COETHEN* in allem Hohen, erwünschtem und beständigem Wohlseyn biß ins späte Alterthum zur Stütze, Freude und Crone des Landes erhalten.

zu welchem ende die letzte *Statue* zur Lincken
zwey Personen *præsentir*et, die an einem brennenden Altar opfferen, mit der Unterschrifft: |

C. |

[6v] *VOTA. PVBLICA.*

Diß wünscht das gantze Land.

Und also die Pflicht getreuer Unterthanen abmahlet, umb unermüdet allen erwehnten Seegen über das Hochfürstl. Durchl. Hauß, dem gantzem Lande, und der Hochfürstl. *Resid.* Stadt Cöthen von dem Vatter aller Gnaden und Barmhertzigkeit zu erbitten, und das stetige Rauch-Werck der Gebethe Fürbitten und Dancksagungen anzuzünden, und die davon den Anfang auffs neue machende, von Hertzen seuffzen:

GOtt laß die andre Sonn die Theurste Fürstin leben/
Er woll nach seinem Rath IHR späte Jahre geben:
Es wachsen die Cedern/ die Hoffnung der Länder
Der Güte des Himmels unschätzbahre Pfänder.

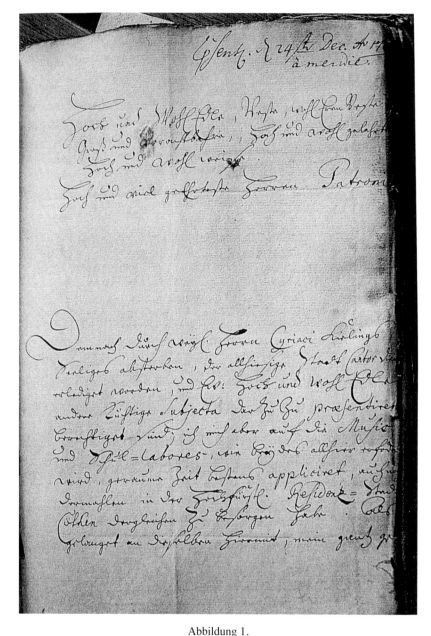

Abbildung 1.
Christian Ernst Rolle, Bewerbung um das Kantorat in Stolberg, 24. Dezember 1727.
Stadtarchiv Stolberg/Harz, *H 77 (ACTA das allhiesige Cantorat betreffendt 1632–1812),* unpaginiert

Abbildung 2.
Francesco Bartolomeo Contis Kantate „Languet anima mea"; D-B, *Mus. ms. 4081;*
erste Seite der Soprano-Stimme

Abbildung 3.
J. S. Bach, „Du wahrer Gott und Davids Sohn" BWV 23; *P 69,* S. 16

Abbildung 4.
J. S. Bach, „Wer mich liebet, der wird mein Wort halten" BWV 59; *P 161*, S. 1

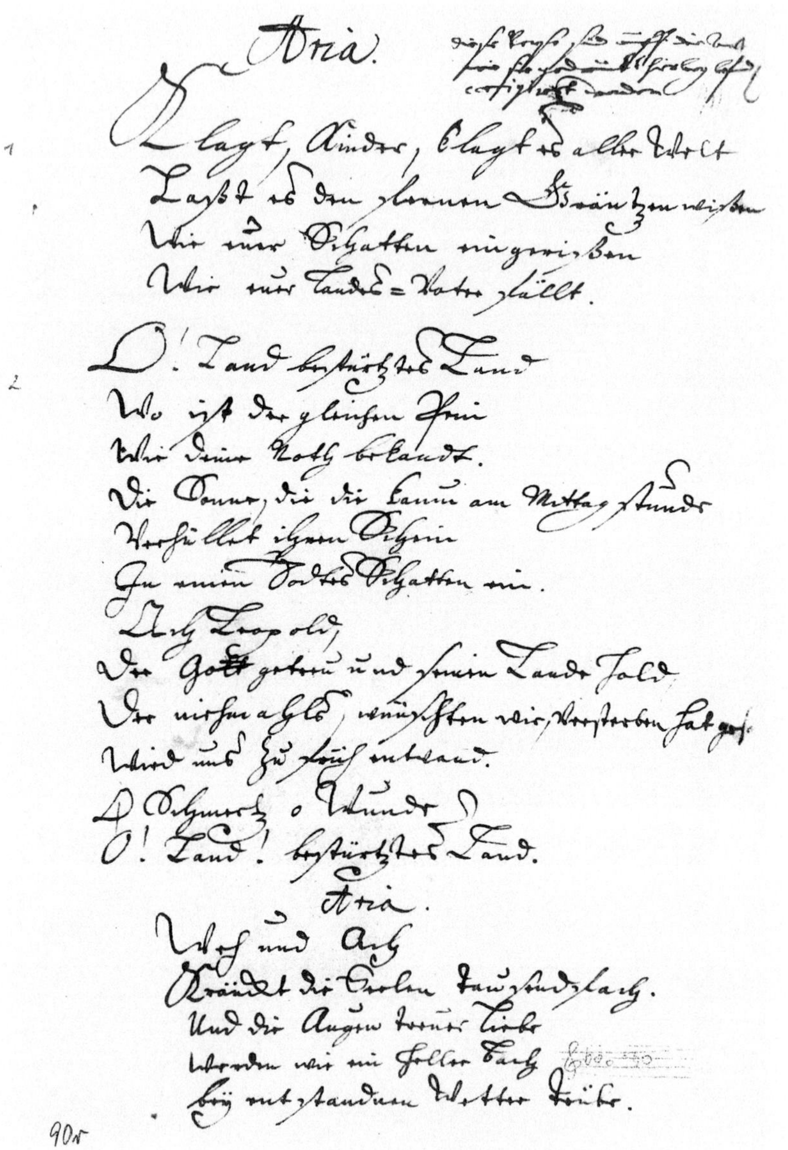

Abbildung 5.
Landesarchiv Sachsen-Anhalt Dessau, *Abteilung Köthen, A 6, Nr. 26 I (Acta betr. das Absterben und die Bestattung des Fürsten Leopold von Cöthen 1728/9)*, fol. 90r.

Höfische Festmusiken
Bachs „Jagdkantate" und „Schäferkantate" im Lichte der Weißenfelser Fürstengeburtstage von 1713 und 1725

Von Joachim Säckl (Naumburg) und Henrike Rucker (Leipzig)

Repräsentative Festmusiken für fürstliche Standespersonen nahmen in Johann Sebastian Bachs Schaffen einen hohen Stellenwert ein, doch von den höfischen Ereignissen, für die Bach seine Werke schuf, haben wir nur wenig Kenntnis. Die überlieferten Textdrucke und die viel seltener erhaltenen Partituren geben darüber keine Auskünfte. Dies gilt auch für zwei Glückwunschkantaten zu den Geburtstagsfeierlichkeiten des Herzogs Christian von Sachsen-Weißenfels (1682–1736): Als Tafelmusiken komponierte Bach 1713 die „Jagdkantate" BWV 208 und 1725 die „Schäferkantate" BWV 249a, die ihre Titel nachträglich nach ihren mythologischen Sujets erhielten. Zusammen mit der 1729 entstandenen Kantate „O angenehme Melodei" BWV 210a,[1] zählen sie zu den drei heute noch nachweisbaren Kompositionen Bachs für den Weißenfelser Hof. Auf die hohe Wertschätzung, die der Komponist am Hofe Christians genoß, weist die Mitteilung Carl Philipp Emanuel Bachs, der den Weißenfelser Herzog neben Fürst Leopold von Anhalt-Köthen (1694–1728) und Herzog Ernst August von Sachsen-Weimar (1688–1748) als einen jener drei Fürsten hervorhob, die seinen Vater „besonders geliebt u. auch nach *proportion* beschenckt" haben.[2] Dafür spricht ebenfalls, daß Bach spätestens ab 1729 den Titel „Hochfürstlich Sächsisch-Weißenfelsischer Capellmeister" führte und als solcher Herzog Christian bis zu dessen Tod eng verbunden blieb. Doch wie kam es 1713 zur Zusammenarbeit mit dem damals knapp 28jährigen Weimarer Hoforganisten Bach? Wer beauftragte ihn mit den Kompositionen und welche Intentionen hatte er zu erfüllen? In welchen Räumen und vor welchen Zuhörern fanden die Aufführungen statt? War Bach bei den Aufführungen anwesend und leitete er diese selbst? Wie fügten sich die Aufführungen in den Ablauf der mehrtägigen Hoffeste ein und welcher Leitidee waren sie verpflichtet? Lassen sich in der zeichenhaften Semantik der barocken Libretti und in Bachs Musik heute verborgene Botschaften an das damalige Publikum entdecken?

Bisherige Forschungen zu Bachs Hofmusiken beschäftigten sich nur selektiv und keinesfalls systematisch mit den Festereignissen, für die sie bestimmt waren. Am Beispiel der Weißenfelser Hoffeste von 1713 und 1725 versucht dieser

---

[1] Die Aufführung fand am 12. Januar 1729 aus Anlaß von Herzog Christians Besuch in Leipzig statt. Vgl. H. Tiggemann, *Unbekannte Textdrucke zu drei Gelegenheitskantaten J. S. Bachs*, BJ 1994, S. 7–23.

[2] Dok III, Nr. 803.

Beitrag in einer Einzelstudie das höfische Umfeld als komplexes Bedingungsgefüge für Bachs Wirken zu erhellen. Die breite Berücksichtigung von Quellen zu Planung und Durchführung der höfischen Feste, zum Zeremoniell sowie zu Herrschaftspolitik und Jagdkultur sowie die Einbeziehung von Architekturplänen und Inventarverzeichnissen ermöglicht eine detailliertere Sicht auf die Entstehungs- und Aufführungsbedingungen, die Aufführungsorte und die höfische Funktion von Bachs Festmusiken.

I. Der Adressat: Herzog Christian von Sachsen – neuer Regent in Weißenfels

Mit dem sächsischen Herzogshaus Weißenfels kam Johann Sebastian Bach im Herbst 1702 bei seiner Sangerhäuser Bewerbung erstmals in Berührung. Es war eine enttäuschende Erfahrung: Weder seine überzeugende musikalische Leistung bei der Probe, noch Bachs Eisenacher Herkunft – die Schwester seines Landesherrn, Herzog Johann Wilhelm von Sachsen-Eisenach (1698 – 1729), war die Ehefrau des regierenden Weißenfelser Herzogs Johann Georg (1697–1712) – ebneten den Weg zur angestrebten Organistenstelle in dieser bedeutenden Stadt des Weißenfelser Herzogtums. Bach scheiterte an der „hohen LandesObrigkeit", also am Einspruch Herzog Johann Georgs.[3] Der Fürst gab einem eigenen Landeskind den Vorzug, den jungen Fremden ließ er abweisen.

So begann Bachs berufliche Laufbahn in Weimar mit einem Intermezzo als Lakai und „Hofmusicus" der dortigen Herzöge. Organistenstellen im gräflichschwarzburgischen Arnstadt sowie in der freien Reichsstadt Mühlhausen folgten. 1708 kehrte er nach Weimar zurück und erhielt die Stelle des Hoforganisten. Bach besaß bereits einen hervorragenden Ruf als Orgelvirtuose und Komponist, als sich im Frühjahr 1712 in Weißenfels unvorhersehbar ein bedeutender Wandel vollzog.

Am 16. März 1712 starb in der Saalestadt Herzog Johann Georg von Sachsen-Weißenfels im 35. Lebensjahr. Der Tod kam plötzlich, ein leiblicher Erbe fehlte und die Landesherrschaft sowie alle Würden eines Weißenfelser Regenten fielen unerwartet an seinen viereinhalb Jahre jüngeren Bruder Christian. Dieser hatte Kindheit und Jugend – abgesehen von kurzen Aufenthalten an den Höfen in Berlin und Bayreuth sowie dem Militärdienst – am Hof des Vaters beziehungsweise seines Bruders in Weißenfels verbracht. Erst als 29jähriger Prinz – Mitte März 1711 – bezog Christian in Sangerhausen einen eigenen Wohnsitz. Dort lebte der Fürstensohn, gut apanagiert, ein ungebundenes Junggesellenleben. Obgleich über die Ausbildung des Prinzen wenig bekannt ist,

---

zeugen Auftritte als Kind in Balletten sowie spätere dichterische Versuche von Christians musischen Neigungen. Seine Persönlichkeit zeichnete sich zudem durch feste Verwurzelung im lutherischen Glauben sowie ein ausgeprägtes Traditions- und Standesbewußtsein aus.[4] Mit dem Aufstieg zum Weißenfelser Landesherrn war für Christian eine weitere, höchst bedeutsame Rangerhöhung verbunden: Seit 1657 bildete die kurfürstliche Linie in Dresden zusammen mit ihren herzoglichen Nebenlinien in Weißenfels, Merseburg und Zeitz ein viergliedriges sächsisches Fürstenhaus.[5] Innerhalb dieser fürstlichen Gesamtfamilie rückte Christian an die dritte Position nach Kurfürst und Kurprinz. Zwar hatten die Weißenfelser Herzöge nur eine geringe politische Macht, aber ihre Herkunft verschaffte ihnen Beachtung im Heiligen Römischen Reich deutscher Nation. Die sächsischen Kurfürsten förderten das Ansehen und die Pracht ihrer ranghöchsten Seitenlinie in besonderer Weise. Damit reagierten sie zum einen auf deren dynastische Stellung als erster Erbe der Kurwürde und aller beherrschten Lande im Falle eines Aussterbens der Dresdner Linie. Zum anderen kanalisierten sie Weißenfelser Forderungen nach Teilhabe an den Würden und Rechten des Kurhauses. Das dynastische Arrangement gewährleistete die Anerkennung der Führungsrolle der Kurfürsten und suchte den Konsens mit der Seitenlinie. Es hatte sich in der

---

[4] Auftritte 1687 und 1690 während der Geburtstagsfeierlichkeiten für den Vater, Johann Adolf I. von Sachsen-Weißenfels. Vgl. R. Jacobsen, *Die Weißenfelser Libretti und Spielszenarien in Gotha*, in: Die Oper am Weißenfelser Hof, hrsg. von E. Sent, Rudolstadt 1996, S. 267 und 276. Christians Hofprediger und Biograph Ernst Gottfried Brehme (1705–1778) hob 1736 hervor, daß der Fürst Lieder auf die Heilige Dreifaltigkeit komponiert habe und nannte einige Beispiele; siehe *Unvergeßliches Ehren Gedächtniß, welches Dem weiland Durchlauchtigsten Fürsten und Herrn, Herrn CHRISTIANO; Herzog zu Sachsen […] Seinem in Leben Gnädigsten Fürsten und Herrn […] aufgerichtet,* Handschrift, als Buch gebunden, Herzog August Bibliothek Wolfenbüttel, *Lpr. Stolb. 19516,* Bl. 41v. Tatsächlich sind solche Zeugnisse von Christians Hand erhalten: *Gebete und Lieder so der Durchlauchtigste Herzog Christian meistentheils selbst aufgesetzet,* Sächsisches Hauptstaatsarchiv Dresden (künftig: SHStAD), Bestand 10024 Geheimer Rat (Geheimes Archiv), *Loc. 9604/6.* Die Akte vereint zahlreiche Autographe des Fürsten, die höchst aufschlußreich in sein Wesen blicken lassen.

[5] Kurfürst Johann Georg I. von Sachsen (1585–1656) verfügte in seinem Testament eine Aufteilung der Lande und Hoheitsrechte unter seine vier Söhne. Die Erben einigten sich im April 1657; ab dem 1. Mai 1657 existierte die sächsische Fürstenfamilie mit vier Linien an vier Residenzstandorten in Kursachsen. Jedem Repräsentanten waren jeweils Territorien und Rechte beigestellt. Die Kurfürsten setzten ihre Führungsposition in der Dynastie sowie die Einheit des Territoriums durch. Diese konfliktträchtige und oft angespannte Situation entschärfte das Aussterben der Nebenlinien Zeitz (1718) und Merseburg (1738). Sie endete 1746 mit dem Versiegen der Linie Weißenfels.

Regierungszeit Herzog Johann Georgs bestens bewährt. In einem Antritts-
schreiben erbat sich auch Christian umgehend das Wohlwollen des Kurfürsten
und sicherte diesem seine Dienstwilligkeit zu.

Der angehende Regent präsentierte sich ab April 1712 in der Öffentlichkeit
vorrangig auf zwei Handlungsfeldern: Zum einen betonte Christian die lutherische Tradition seiner Dynastie und positionierte sich durchaus selbstbewußt
gegenüber dem Kurfürsten. Friedrich August I. (1670–1733) war 1696 für die
Erlangung der polnischen Königskrone zum Katholizismus konvertiert. Sein
Handeln hatte in der Öffentlichkeit für großes Aufsehen gesorgt. In der Dynastie wurde ab 1710 äußerst heftig um das Bekenntnis des Kurprinzen, also um
das konfessionelle Schicksal des Kurhauses, gerungen.[6] Alle Repräsentanten
der fürstlichen Familie, einschließlich der drei herzoglichen Nebenlinien, standen zum Zeitpunkt des Weißenfelser Regentenwechsels unter erheblichen
Spannungen. Am 1. November 1712 stiftete der neue Weißenfelser Herzog am
Schloß Sangerhausen demonstrativ eine protestantische Hofkapelle.[7] Im Dezember 1712 gewährte Kurfürst Friedrich August I. Herzog Christian dennoch
das kurfürstliche Direktorat über alle evangelischen Reichfürsten.[8]

Zum anderen nutzte Christian die höfische Jagd, um sich als ebenso dynami-
scher wie wehrfähiger Souverän in seinem Territorium zu etablieren. Zügig
ging er an sein waidmännisches Staatswerk: Zwischen Ende April 1712 und
März 1713 sind zahlreiche größere und kleinere Jagden nachweisbar, darunter
die traditionellen Hoflager im Sommer bei Wendelstein/Ziegelroda und im
Herbst auf Schloß Neuenburg (Freyburg/Unstrut).[9]

---

[6] Während Kurfürstin Christiane Eberhardine (1671–1727) und Kurfürstenmutter
Anna Sophia (1647–1717) das lutherische Bekenntnis des heranwachsenden Thron-
folgers stets förderten, isolierte der Kurfürst den Sohn, entzog ihn dem Einfluß der
Frauen und drängte zum Konfessionswechsel. Hintergrund dafür bildeten seine Groß-
machtpläne: Erhalt des katholischen polnischen Königtums, die Einheirat ins katho-
lische Kaiserhaus sowie gute Beziehungen zur römisch-katholischen Kirche.

[7] Vgl. *Unvergeßliches Ehren Gedächtniß* (wie Fußnote 4), Bl. 11r: „… ließen Sie nach
Salomonis Exempel dieses Ihre erste und fürnehmste Verrichtung seyn, dem Nahmen
des Herrn in Dero zeitherigen Residenz-Stadt Sangerhausen ein Hauß zu bauen, worzu ein sonderbahres Gelübde Dieselben verbündlich machte. O treffliches Bezeigen
eines neuangehenden Landes-Vaters, wodurch alle Unterthanen auf das nach drück-
lichste versichert wurden, daß Derselbe wahrhafftig ein Christianus sey."

[8] Die Würde hatte seit 1700 kommissarisch der Weißenfelser Herzog inne. Vgl. J.
Vötsch, *Kursachsen, Sachsen-Weißenfels und das evangelische Direktorium auf dem
Reichstag*, in: Dynastiegewitter. August der Starke versus Herzog Christian. Begleit-
band zur Sonderausstellung Museum Weißenfels im Schloß Neu-Augustusburg
29. September 2017 bis 21. Januar 2018, Weißenfels 2017, S. 19–27.

[9] Vgl. J. Säckl, *Schloß Neuenburg als Jagdschloß der albertinischen Herzöge von
Sachsen-Weißenfels im 17. und 18. Jahrhundert*, in: Schloß Neuenburg, hrsg. von

Am 22. November 1712 nahm Christian in seinem Reichsfürstentum Sachsen-Querfurt die Huldigung entgegen.[10] Die kleine Landesherrschaft eröffnete ihm das Stimmrecht im Reichsfürstenrat als Einzelperson („Virilstimme"). Christians Eheschließung mit der Mansfeldischen Witwe Louise Christine, Gräfin von Stolberg (1675–1738) am 11. Mai 1712 betonte dynastisch den Moment seiner neuen Regentschaft. Für die Gräfin brachte die Ehe einen bedeutenden gesellschaftlichen Aufstieg. Am 30. November 1712 zog das neue Fürstenpaar feierlich im Residenzschloß Neu-Augustusburg ein.

In seiner Außenpolitik wandte sich Christian an Vertreter des Kurhauses und umliegender Herzogtümer: Die Kurfürstenwitwe Sophia, eine geborene Prinzessin von Dänemark (Kurfürstin 1680–1691, † 1717), bat er um Vermittlung zum dänischen Königshaus, um schnell Aufnahme in den Königlich Dänischen Elefantenorden zu erhalten.[11] Auch mit den regierenden Herzogsfamilien in Zeitz (Albertiner) sowie in Eisenach, Hildburghausen und Weimar (Ernestiner) trat der Weißenfelser persönlich oder über Mittelsmänner in Kontakt. Von einem regen künstlerischen Austausch mit dem Weimarer Hof zeugen Gastspiele Weimarer Musiker in Weißenfels 1712 und 1716,[12] der Wechsel des Weimarer Pagenhofmeisters Adam Immanuel Weldig (1667–1716) Anfang 1713 nach Weißenfels[13] sowie Auftritte Weißenfelser Musiker in Weimar 1716.[14] Aus unserer Sicht erscheint es gerechtfertigt, hier Zeugnisse eines

---

B. E. H. Schmuhl und K. Breitenborn (Schriftenreihe der Stiftung Schlösser in Sachsen-Anhalt. 5.), Schloß Leitzkau 2012, S. 295–360.

[10] Allerdings war dieses Reichsfürstentum ein kleines und formales, erst 1663 von Kursachsen eingerichtetes Staatsgebilde. Die Huldigung in den weitaus größeren „erbländischen" Landesteilen – sie unterlagen ganz der kursächsischen Oberhoheit – nahm Christian erst etwa ein Jahr später entgegen.

[11] Christians Aufnahme erfolgte am 24. 10. 1713 durch König Friedrich IV. von Dänemark; siehe J. H. F. Berlien, *Der Elephanten-Orden und seine Ritter,* Kopenhagen 1846, S. 85.

[12] Vgl. A. Werner, *Städtische und fürstliche Musikpflege in Weißenfels bis zum Ende des 18. Jahrhunderts,* Leipzig 1911, S. 109.

[13] Weldig war schon 1695–1697 als Falsettist in Weißenfels tätig gewesen und von dort nach Weimar gewechselt. Die neue Anstellung soll er laut Werner (wie Fußnote 12, S. 85) im Januar 1713 angetreten haben. Werner beruft sich auf SHStAD, *Loc. 11778,* nennt jedoch nur den Locat-Bestand, nicht aber die Nummer oder den Titel der Akte. Vgl. auch W. Salmen, *Adam Immanuel Weldig, Pagen-Hofmeister und Hauswirt von Johann Sebastian Bach in Weimar,* in: Weimar. Die große Stadt 3/3 (2010), S. 201–208. Das hier (S. 205 f.) ohne Quellenangabe genannte Datum Januar 1712 für Weldigs Wechsel nach Weißenfels ist vermutlich ein Tippfehler, denn Weldig bewohnte noch bis zum 22. August 1713 sein Weimarer Haus. Zu Weldig siehe auch: E.-M. Ranft, *Zum Personalbestand der Weißenfelser Hofkapelle,* in: BzBF 6 (1988), S. 31 f.

[14] Zwei Hornisten aus Weißenfels wurden vom 23. bis zum 27. 4. 1716 am Hof in Weimar honoriert. Anlaß könnte die Wiederaufführung der Jagdkantate zum Geburtstag

künstlerischen Austausches zu erkennen, dessen treibende Kraft der mit Bach eng befreundete Weldig bildete. Er war bereits Ende November 1712 unter den Gastmusikern, die das frisch vermählte Herzogspaar bei der Huldigung in Querfurt und dem anschließenden Einzug in Weißenfels begleiteten.[15] Auf Weldigs vermittelndes Wirken dürfte auch der Auftrag an Bach zur Komposition der Jagdkantate zurückzuführen sein. Den Anlaß bildete der bevorstehende Geburtstag von Herzog Christian am 23. Februar 1713, bei der sich der neue Regent erstmals der Öffentlichkeit in seiner Weißenfelser Residenz präsentieren wollte.

II. Die Jagdkantate in den Geburtstagsfeierlichkeiten 1713

Die Kantate „Was mir behagt, ist nur die muntre Jagd" BWV 208 auf den Text des Weimarer Hofpoeten Salomon Franck (1659–1725) ist Bachs früheste bekannte weltliche Komposition im damals modernen Stil einer italienischen Kantate. Obwohl das Jahr ihrer Erstaufführung in den Quellen nicht genannt wird, gilt ihre Entstehung 1713 heute als nahezu sicher.[16] Der Textdichter nutzte das Bild des wachsamen Hirten (Pan), um Herzog Christian, das erschienene „hohe Licht", als guten Regenten über das ihm anvertraute Land zu würdigen. Dem 1716 veröffentlichten Textdruck[17] ist zu entnehmen, daß die Kantate „am Hoch-Fürstl. Gebuhrts-Festin Herrn Herzog Christian zu Sachsen-Weissenfels nach gehaltenen Kampff-Jagen im Fürstl. Jäger-Hofe bey einer Tafel-Music" aufgeführt wurde.

Über die Geburtstagsfeierlichkeiten anläßlich Christians 31. Geburtstag legte der Hof eine umfängliche Akte an. Sie enthält das Hauptplanungsdokument

---

des Weimarer Herzogs Ernst August gewesen sein. Vgl. C. Wolff, *Johann Sebastian Bach*, 2. Aufl. Frankfurt/Main 2000, S. 195.

[15] Bei der Reise des Herzogspaares von Querfurt nach Weißenfels am 30. November 1712 wurden dem „Wagen mit Sekretär Weldig u. Eberlein von Weimar" sechs Pferde vorgespannt; siehe Landesarchiv Sachsen-Anhalt Magdeburg (künftig: LASA), *D 37, Aa X Nr. 5*. Weldig wird außerdem in den Dokumenten zum Einzug des Herzogspaars in Weißenfels (am selben Tag) erwähnt: Die vier „Monsieurs Weltig, Ebling, Fiedler und Grase" sowie „ein Bassist aus Leipzig" werden in Weißenfels untergebracht; siehe Stadtarchiv Weißenfels, *A I, Nr. 705*, Bl. 76r/v und Bl. 77r.

[16] Zur Datierung und Quellenüberlieferung der Kantate sei auf folgende Publikationen verwiesen: H.-J. Schulze, *Wann entstand Johann Sebastian Bachs „Jagdkantate"?*, BJ 2000, S. 301–305; Y. Kobayashi, *Quellenkundliche Überlegungen zur Chronologie der Weimarer Vokalwerke Bachs*, in: Bach-Kolloquium Rostock, S. 290–308, insbesondere S. 295f.; NBA I/35 Krit. Bericht (A. Dürr, 1964), S. 11–56.

[17] S. Franck, *Geist- und weltlicher Poesien Zweyter Theil*, Jena 1716, S. 436ff.

des Weißenfelser Hofmarschallamts für das Fest, die sogenannte „Ordnung".[18] Danach erstreckten sich die Festlichkeiten vom 23. Februar bis zum 4. März 1713 über insgesamt 10 Tage.[19] Bereits am Vortag des Geburtstags wurden die Kanonen auf dem Schloß, auf der Reitbahn, vor dem Schloßgarten, auf dem Markt sowie in dem auf einer Anhöhe gelegenen „Hölzchen" in Stellung gebracht. Am Morgen des Geburtstags (23. Februar) waren Untertanen ab 3 Uhr auf den Beinen. Kanonenschüsse und Choräle leiteten den Festgottesdienst in der Schloßkirche ein, zu dem drei Kompositionen des Kapellmeisters Johann Philipp Krieger (1649–1725) erklangen.[20] Anschließend bliesen die Trompeter und Pauker zur „großen langen Ceremonientafel" im Tafelgemach. Am nächsten Morgen (24. Februar) fuhr das Herzogspaar mit Gefolge[21] und unter dem Spalier der Bürgerschaft zur lateinischen Oration des Gymnasiums im ehemaligen Klarissenkloster. Während der Mittagstafel im Schloß wurde an die „Hospitäler und Haußarmen etwas an Gelde, Bier und Brodt, wie auch Heringen und Landwein ausgetheilet". Nachdem sich Christian als frommer Bekenner des Luthertums, Förderer der Wissenschaften und mildtätiger Fürst dargestellt hatte, frönte er in den folgenden Tagen ritterlichen Vergnügungen: Am 27. Februar eröffnete ein Lustjagen mit abendlicher Tafel im Jägerhaus diese Reihe. Ein am 1. März geplantes Nachtrennen wurde am 25. Februar geprobt. Zur Fastnacht (28. Februar) warteten bei der Mittagstafel neben der „halben Cabelle"[22] und der „Lacqaien-Mussick"[23] auch die Pfeifer der Schweizer Garde sowie Bergmusikanten und Altenberger Bauern auf. Ein Ring- und Quintanrennen im riesigen Reithaus, das Nachtrennen, ein Tierschießen und ein Schnepperschießen[24] im Jägerhaus sowie ein Fuchsprellen[25] auf dem Schloßhof vervollständigten den Festreigen.

---

18 SHStAD, 10119 Bestand Sekundogeniturfürstentum Sachsen-Weißenfels, *Loc. 12005, Nr. 10163a (Geburtstagsfeierlichkeiten fürstlicher und hochfürstlicher weißenfelsischer Personen (1697–1720), Acta An Sr: Herrn Herzog Christian Zu Sachsen Weißenfels Hochfürstl: Durchl Hohen Geburtstag ao 1713 den 23. Febr:)*, Bl. 287 ff.

19 Vgl. die Übersicht im Anhang

20 Die Hofakten erwähnen nur die Werktitel; die Zuweisung an Krieger ist mittels eines Abgleichs mit dem Weißenfelser Aufführungsverzeichnis möglich. Vgl. *Das Weißenfelser Aufführungsverzeichnis Johann Philipp Kriegers und seines Sohnes Johann Gotthilf Krieger (1684–1732), Kommentierte Neuausgabe*, hrsg. von K.-J. Gundlach, Sinzig 2001.

21 Genannt wird unter anderem auch der Pagenhofmeister. Dieses Amt hatte seit Anfang 1713 Weldig inne.

22 Gemeint ist die Hofkapelle in halber Besetzung.

23 Hoflakaien wurden an den Fürstenhöfen häufig als Instrumentalisten eingesetzt.

24 Ein Schnepper (auch Schnapper) bezeichnete eine kleinere Armbrust.

25 Bei diesem Jagdvergnügen zogen die Teilnehmer ruckartig an einem langen Prelltuch oder Netz, über dem Füchse, Hasen und andere Wildtiere in die Höhe geworfen wurden.

Akribisch wurde die Sitzordnung der Tafeln auf den sogenannten Setzzetteln vermerkt und ihre Formen teilweise in Zeichnungen festgehalten. Nur zum Geburtstag nahm neben den geladenen Gästen auch das gesamte Hofpersonal am Essen teil. Die Plazierung richtete sich nach der höfischen Rangordnung und dem Geschlecht jedes Teilnehmers und jeder Teilnehmerin. Zur Aufwartung waren zahlreiche Tafeldiener und die „gantze Capelle" bestellt. An den darauffolgenden Tagen wurden die Gäste hingegen häufig „in bunter Reihe"[26] plaziert, die Listen der Tafeldienste sind weniger umfangreich. Obwohl die Aufwartung der Hofkapelle in der Ordnung und auf den Setzzetteln häufig erwähnt wird, fehlt ein entsprechender Eintrag zur Abendtafel im Jägerhaus am 27. Februar. Allerdings bleibt auch am 2. März, für den die Aufführung einer weiteren Tafelmusik durch einen Textdruck belegt ist,[27] die Hofkapelle unerwähnt. In dieser Dichtung loben Juno, Luna, Jason und Mars sowie der „Chor der Götter / Chor der Helden" Christians Tugendhaftigkeit und Tapferkeit, die ihm Ruhm und Ehre sowie einen Platz im Götterhimmel sichern. Der Druck erwähnt weder Dichter noch Komponist. Parallelen zur Jagdkantate sind erkennbar: Auch in dieser treten vier mythologische Figuren – Diana, Endymion, Pan und Pales – beim Lobpreis des Fürsten Christian in einen „frohlockenden Götterstreit". In beiden Werken wird das Erscheinen des neuen Regenten gewürdigt.

Die beiden Weißenfelser Logierlisten

In der Akte des Weißenfelser Hofmarschallamts findet sich eingangs eine undatierte Personenliste ohne Überschrift mit insgesamt 39 Namen. An der Spitze stehen fünf adlige Vertreter umliegender Höfe, darunter drei Oberjägermeister. Es folgen 29 Angehörige des Weißenfelser Hof-, Dienst- und Landadels. Abgesetzt durch das Wort „ferner" schließt sich eine weitere Gruppe von fünf Personen an: Vier herzoglichen Amtsträgern bürgerlichen Standes folgt als Letzter auf der Liste Johann Sebastian Bach, der, wie alle vor ihm, mit dem Titel „Herr" ausgezeichnet ist („H[err] Johann Sebastian Bach").[28] Form und Bearbeitungsspuren der Liste wie Häkchen und Unterstreichungen erweisen das Blatt als Arbeitspapier. Wer die Namensliste wann zusammenstellte, ist nicht bekannt. Es ist anzunehmen, daß sie durch das Hofmarschallamt –

---

[26] Bei einer „bunten Reihe" (französisch: Bonderie) wurden Männer und Frauen paarweise nebeneinander plaziert, wobei Eheleute meist getrennt saßen. Die Plätze wurden oft ausgelost. Im Gegensatz dazu stand die getrennte Plazierung an den beiden gegenüberliegenden Tischseiten oder an separaten Tafeln.

[27] *Die Durch wahre Tugend unsterbliche-erworbene Ehre/ Dem Durchlauchtigsten Fürsten und Herrn/ HERRN Christian/ Hertzogen zu Sachsen/ […] Nach gehaltenen Kopff-Rennen Und Caroussel, Am 2. Mart. 1713. In einer Tafel-MUSIC Unterthänigst aufgeführet*, D-B, 4" *Mus. Te 76/50.*

[28] Wie Fußnote 18, Bl. 290v (alt Bl. 3v).

Amtsträger war seit 1705 Hans Moritz von Brühl (1665–1727) – in Abstimmung mit dem Herzog spätestens Ende Januar oder Anfang Februar 1713 erstellt wurde.

Auf dem übernächsten Blatt in der Akte findet sich eine zweite Namensliste mit der Überschrift: „Folgende sind auf Serenissimi Hohen Geburthstag zur Aufwarttung anhero Verschriebene, bey H. Fürstl. Residens-Stadt auf den 21 und 22 Febr. einzulogiren".[29] Hinsichtlich der genannten Personen unterscheidet sich die zweite Liste lediglich durch je zwei Zu- und Abgänge von der ersten. Auch diese jüngere Liste trägt Spuren einer Weiterbearbeitung, die Person Bachs bleibt davon jedoch unberührt. Auffällig ist die Veränderung des Ordnungsprinzips, nach dem die Namen notiert wurden: An der Spitze der Liste stehen nun die drei (auswärtigen) Oberjägermeister. Ihnen folgen als großer Block die Vertreter des herzoglichen Dienst- und Landadels. Es schließt sich „ferner" eine letzte Gruppe von zehn Personen adligen und bürgerlichen Standes an. Daß diese keine Untertanen des Herzogs und damit „Auswärtige" waren, ist ihnen offenbar gemeinsam. In dieser Gruppe wird nochmals differenziert: Durch Freilassung einer Zeile erscheint abgesetzt als letztgenannte Person, aber wie alle vor ihm mit dem Titel „Herr" versehen, Johann Sebastian Bach. Separierung und wiederum letzte Position in der Liste zeigen deutlich den Rang an, den er als Bürgerlicher in der ständisch organisierten Gesellschaft einnahm. Diesmal sind Amtstitel und Profession hinzugesetzt, woraus sich die Positionierung in der Liste erklärt: „H[err] Johann Sebastian Bach, HoffOrganist zu Weymar."[30]

Daß Bach auf der Liste der anzuschreibenden Personen auftaucht – zudem mit dem Zusatz über ein „Kostgeld" von 16 Groschen täglich – ist bemerkenswert. Die Wiedergabe des Eintrags in den Bach-Dokumenten unter dem Titel „Verpflegungskosten während eines Gastspiels am Hofe, Weißenfels 21. und 22. 2. 1713"[31] verleitet zu der Annahme, daß Bach nur an diesen beiden Tagen in Weißenfels weilte. Die Logierliste besagt aber, daß der Weimarer Hoforganist wie alle anderen Genannten, Anfang Februar 1713 zur Aufwartung nach Weißenfels bestellt wurde und ab dem 21./22. Februar einzuquartieren war. Das Einladungsschreiben ist als Entwurf in den Akten enthalten und auf den 3. Februar 1713 datiert.[32] Somit ist es wahrscheinlich, daß Bach sich für Proben und die Aufführung der Jagdkantate etwa eine Woche am Hof aufhielt.[33] Wir erfah-

---

[29] Ebenda, Bl. 292 r/v (alt Bl. 5); Dok II, Nr. 55.

[30] Ebenda, Bl. 292v.

[31] Dok II, Nr. 55. Zitiert wird nur der Bach betreffende Ausschnitt aus der zweiten Logierliste.

[32] Wie Fußnote 18, Bl. 291r.

[33] Nicht bekannt ist, ob die dramatischen Umstände von Geburt und Nottaufe seiner Zwillinge am 23. Februar 1713 Bachs Teilnahme verhinderten oder ihn vorzeitig abreisen ließen.

ren nicht, bei wem Bach einlogiert wurde, doch enthält die Akte eine den beiden Logierlisten vorangestellte Liste mit den Namen von 63 Hausbesitzern,
geordnet nach den vier Weißenfelser Stadtvierteln.[34] Unter ihnen werden „Im
Zeitzischen Viertel … H[err] Camerd[iener] Händel" (Georg Friedrich Hän-
dels älterer Halbbruder)[35] und „Im Nicol[ai]-Viertel … H[err] Capellm[eister]
Krieger" sowie „H[err] Trompeter Uhrlaub"[36] genannt. Daß neben zwei Häusern die Namen von Gästen stehen, weist die Liste als Quartierverzeichnis
aus.[37] Die Geladenen durften laut Einladungsschreiben vom 3. Februar jeweils
mit zwei Dienern und zwei Pferden anreisen.

III. Zum Aufführungsort der Jagdkantate

Das Weißenfelser Jägerhaus (heute Ringhotel Jägerhof) geht auf einen mittelalterlichen Speicherbau des Wirtschaftshofs des angrenzenden Klarissenklos-
ters zurück. Nach 1570 gelangten Grundstück und Gebäude in bürgerlichen
Besitz und dienten Wohnzwecken. Im 17. Jahrhundert lebte dort der herzogliche Sekretär und Kantatendichter David Elias Heidenreich (1638–1688).
Dessen Erben verkauften das große Grundstück etwa 1702 an den Landes-
herren Herzog Johann Georg. Dieser richtete hier einen Jägerhof ein und baute
das Wohnhaus zum Hauptgebäude aus. Als „neues Jägerhaus" wurde es am
26. Februar 1705 festlich eingeweiht.[38]
Jägerhöfe gehörten zur repräsentativen Ausstattung fürstlicher Residenzen. Sie
dienten der Unterbringung von Hofjägern, Tieren, Jagdgerätschaften, Tro-
phäen und Gemälden sowie als Austragungsorte für Jagdveranstaltungen. Der
Weißenfelser Jägerhof lag nur wenige Minuten vom Schloß entfernt unmittelbar neben der Stadt. Er vereinte Gärten, einen Fischteich, eine Reitbahn, verschiedene Zwinger für Jagdhunde und Wildtiere, den „Fang" zur Jagd, das
„Parforce-Jäger Wohn-Haus" (Bezeichnung 1763)[39] und das „Jägerhaus" mit
Hof, Wagenhaus und Pferdeställen. Ein herzoglicher Jagdbeamter bezog im

---

[34] Wie Fußnote 18, Bl. 288r–289r.

[35] Carl Händel (1649–1713), Kammerdiener und Leibarzt des Herzogs.

[36] Johann Elias Uhrlaub († 1736), siehe Werner (wie Fußnote 12), S. 94.

[37] „Hr. Hofmann aus Leipzig" wurde bei „H. Hof Fact[or] Erfurth" einquartiert und
„Hr. von Helldorf zu Wilschüz" bei „H. Steuer Cass[ierer] Mangoldt" (beide Zeitzi-
sches Viertel).

[38] LASA, A 30c II, Nr. 1141. Johann Georg hatte ein großes Repräsentationsbedürfnis
und baute seine Weißenfelser Residenz sowie das nahe Jagdschloß Neuenburg bei
Freyburg/Unstrut samt Jagdrevier höfisch aus.

[39] Inventar des Jägerhofs Weißenfels 1763 (LASA, A 30 c II, Nr. 276), Bl. 5r. 1799
heißt es „Parforce-Hauß (LASA, A 30 C II, Nr. 295).

Erdgeschoß des Jägerhauses Wohnung.[40] Die Obergeschosse waren für die Aufenthalte des regierenden Herzogspaars hergerichtet.[41] Die „Ordnung" der Geburtstagsfeierlichkeiten 1713 sah im Jägerhof am 27. Februar eine Jagd mit Abendtafel[42] und am 3. März Schießwettbewerbe mit kaltem Büffet[43] vor. Beide Veranstaltungen fanden, wenn auch mit Veränderungen, statt. Man darf annehmen, daß sich die Festgesellschaft am 27. Februar im Schloß oder im Jägerhof versammelte und die Veranstaltung am frühen Nachmittag begann. Zunächst hetzte man in einem abgesperrten Quartier des Jägerhofes Wild, wie der dazu gefertigte Abschußzettel[44] berichtet:

Weißenfels Montags den 27. Februarij Anno 1713 hat der Durchlauchtigste Fürst und Herr, Herr Christian, Hertzog zu Sachsen […] Mein Gnädigster Herr, in Gegenwarth Der Hochgeliebtesten Frau Gemahlin, Frauen Louisen Christinen, Hertzogin zu Sachsen, HochFürstl[iche] Durchl[aucht], Meiner auch Gnädigsten Herrschafft bey annoch während Solennitäten Höchstgedacht Sr. Hoch Fürstl. Duchlaucht Geburthstages im Jägerhause Ein Lust Jagen gehalten, darinnen gefangen geschoßen und gehatzt 1 hauend Schwein 2 Kayler 2 Bachen / 5 Stück Summa. Das Hauend Schwein hat gewogen 3 Centr. 75 Pfd.[45]

---

[40] G. E. Otto, *Geschichte und Topographie der Stadt Weißenfels*, Weißenfels 1796, S. 120 nennt ihn „Oberjägermeister".

[41] Von den Gebäuden des Jägerhofs blieb nur das Jägerhaus erhalten. Raumbeschreibungen des 18. Jahrhunderts (vgl. Fußnote 49) lassen diese fürstlichen Quartiere erkennen. Wir danken Maurizio Paul, DUB Büro für Denkmalpflege und Bauforschung Halle, für wertvolle Hinweise.

[42] „das Lust-Jagen im Jäger-Hauße. Abends lange Taffel im Jäger-Hauße auff dem Saal.", wie Fußnote 18, Bl. 321v.

[43] „Thierschießen im Jägerhauße, Abends daselbst im Saale Schnepperschießen und Collation.", ebenda, Bl. 322v.

[44] 1929 wurde in einem Turmknopf von Schloß Neuenburg (Freyburg/Unstrut) ein Konvolut von Jagdzetteln aus den Jahren 1712 bis 1716 entdeckt. Das seit 1932 im Besitz des Museums Weißenfels befindliche „Herzogliches Schußbuch" ist heute nicht mehr auffindbar. Eine Abschrift ist daher der einzige Überlieferungsträger. Vgl. F. Hoppe, *Herzogliche Jagden in den heimatlichen Wäldern um Freyburg*, in: Die Heimat. Beilage des Naumburger Tageblatts für Ortsgeschichte und Heimatpflege 1929, Nr. 26. W. Schindler, *Die Förster und Jäger des Herzogs Christian von Sachsen-Weißenfels im Jahre 1716*, in: Archiv für Sippenforschung 9 (1932), S. 23–24.

[45] Der Weißenfelser Stadtplan von 1736/46 läßt bei den Nebengebäuden des Jägerhofes drei kleine ummauerte Höfe erkennen – einer von diesen dürfte als „Fang" für die Hatz verwendet worden sein. Die Tiere stammten wahrscheinlich aus einer am 10. Februar 1713 durch Christian nördlich Schloß Neuenburg (bei Schleberoda) veranstalteten Wildschweinjagd. Die Abschußzettel (vgl. Fußnote 44) weisen auffällige Übereinstimmungen auf.

Diese Jagd bezeichnen auch Ordnung und Setzzettel, also alle unmittelbaren Schriftquellen, als „Lust-Jagd" bzw. „Lust-Jagen". Dagegen spricht Francks drei Jahre später erschienener Textdruck konkretisierend von einem „Kampff-Jagen".[46] Ob Franck diese möglicherweise überhöhende Formulierung einem 1713 zur Präsentation gefertigten, heute verlorenen Einzeldruck entnahm, läßt sich nicht mehr klären.

Die sich der Jagd anschließende Tafel fand laut dazugehörigem Setzzettel „auf dem lang[en] Saale" des „Jägerhauses" statt.[47] Läßt sich dieser Raum, der vermutete Aufführungsort der Jagdkantate, heute noch näher beschreiben? Grundrisse des historischen Jägerhauses fehlen. Den Bestand vor dem umfassenden Ausbau des Gebäudes zum Hotel (2001) stellen Pläne von 1989 vor.[48] Bauhistorische Untersuchungen erfolgten nicht.

Jüngst bekannt gewordene Raum-Inventare von 1736 und 1763 helfen, einen genaueren Einblick in die historischen Geschoß- und Raumstrukturen zu gewinnen.[49] Sie beschreiben recht detailreich die Raumabfolge und Ausstattung des Jägerhauses wie Eingang, Fenster, Türen, Treppen, Feuerstellen, Wandbespannung und Fußbodenbelag, nennen aber auch Jagdtrophäen und Gemälde. Allerdings stellt jedes dieser Verzeichnisse nur einen Teil des Gebäudes vor und beide besitzen eine größere zeitliche Distanz zu den Geburtstagsfeierlichkeiten von 1713. Der Bezeichnung „langer Saal" begegnet man nicht. Das Inventar von 1736 verzeichnet die im Jägerhof befindlichen Ausstattungsstücke aus dem Besitz des in diesem Jahr verstorbenen Herzogs Christian. Dabei wurden drei (!) Räume als „Saal" bezeichnet. Sie lagen im ersten und im zweiten Obergeschoß des Jägerhauses sowie offensichtlich in einem Nebenbau. Für den Saal der ersten Etage wurden zwei Geweihtrophäen und 15 Jagd- und Wildgemälde verzeichnet; für den in der zweiten Etage fünf Vogelbilder.[50] Der dritte, der „alte Parforce-Saal", diente als Depot für Jagdgerät. Welcher dieser drei Säle für 1713 als Aufführungsort der Jagdkantate in Betracht kommt, wird nicht ersichtlich.

Das ausführliche Gebäude-Inventar von 1763 führt weitaus vollständiger durch Jägerhof und Jägerhaus. Der Vergleich mit den Bestandsplänen von 1989 läßt eine Annäherung an die historische Raumaufteilung zu: Im Erdge-

---

[46] Dafür wurden lebend gefangene Wildtiere in Ställen gehalten und in einer Arena oder in einem geschlossenen Hof erst gegeneinander gehetzt und dann der Jagdgesellschaft zum Abschuß zugetrieben.

[47] Wie Fußnote 18, Bl. 334v.

[48] Landesamt für Archäologie und Denkmalpflege Sachsen-Anhalt, *Akte IV/664* (1989, Maßstab 1:100).

[49] Inventar 1736: SHStAD, 10036 Finanzarchiv, *Loc. 12051/08*, fol. 305–310. Inventar 1763: LASA, *A 30c II, Nr. 276.*

[50] Diese Ausstattung geht zweifelsfrei auf Herzog Christian zurück. Was davon bereits 1713 vorhanden war, ist nicht nachprüfbar.

schoß lagen zu beiden Seiten einer großen Diele Stuben, eine große Küche und zwei Gewölbe. Diese Räume ordnen wir der Wohnung des herzoglichen Jagdbeamten zu. Zum Obergeschoß führten eine steinerne Haupttreppe und eine hölzerne Nebentreppe. Im Geschoß lagen der Flur („Vorsaal"), vier teils repräsentativ ausgestattete Stuben, ebenso viele Kammern (eine mit Alkoven) und ein Saal. Dieser nahm nur zwei Fensterachsen ein und überstieg nicht die Größe einer Stube (ca. 34 m²). Ihm waren zwei Nebenräume zugeordnet. Diese Etage sehen wir als ehemaliges Quartier des Herzogs an.[51] Das zweite Obergeschoß wiederholte weitgehend die Raumgliederung. Es darf als Trakt der Herzogin interpretiert werden. Auch hier glich der Saal in der Größe eher einer Stube (ca. 42 m²). Auffallend geräumig war der längliche Flur („Vorsaal", ca. 47 m²). Von ihm führte eine Stiege zum ersten Boden, dem noch zwei weitere folgten. Keiner der Böden war ausgebaut.

Da in den Quellen des frühen 18. Jahrhunderts die Bezeichnung „Jägerhaus" synonym für „Jägerhof" verwendet wurde,[52] ist auch das bauliche Umfeld des Hauptgebäudes einzubeziehen. Der im Inventar von 1736 als „alter Parforce-Saal" bezeichnete Raum befand sich offensichtlich in einem Nebengebäude, möglicherweise im 1763 beschriebenen „Parforce-Jäger Wohn-Haus". Es lag nahe dem Fang und den Wildtierzwingern bei den Ställen der herzoglichen Jagdhunde (siehe Abbildung 1). Der eingeschossige ziegelgedeckte Steinbau maß etwa 14 mal 8 Meter.[53] Er barg einen Zugangsflur, davon links abgehend eine kleine Kammer sowie rechts ein ursprünglich mit Kamin ausgestattetes gedieltes Zimmer mit zwei Fenstern und einer Fläche von 50 bis 70 m². Wir nehmen an, daß das Gebäude um 1705 beim höfischen Ausbau zum Jägerhof – möglicherweise für Festanlässe – entstand.[54] Sein großer Hauptraum dürfte den Namen aufgrund einer Ausgestaltung mit Motiven der Parforce-Jagd erhalten haben.[55]

---

[51] Drei der vier Stuben dort besaßen 1736 Ausstattungsgut von Herzog Christian. 1763 lagen in der Etage die Räume mit der repräsentativsten Ausstattung (Doppeltüren, Kamin, Spiegel, Ledertapete). Vgl. zur Lage von fürstlicher Wohnung und Saal im oberen Stockwerk von Jagdhäusern Zedler, Bd. 14 (1739), Sp. 130.

[52] Dies legen die Formulierungen bei der Einweihung des „Jägerhauses" (1705) und im Schußzettel vom 27. 2. 1713 („Jagd im Jägerhaus") nahe. Damit wurde sehr wahrscheinlich die gesamte Anlage (Jägerhof) angesprochen.

[53] Das Inventarium über das herrschaftliche Jägerhaus zu Weißenfels von 1799 gibt an, daß das „Parforce=Hauß" 25 Ellen mal 14 Ellen maß und drei „Behältnisse" besaß (LASA, A 30 C II, Nr. 295).

[54] Die 1763 mit der Gebäudebezeichnung anklingende Nutzung als Wohnung des Parforce-Jägers dürfte sekundär sein.

[55] Die Parforce-Jagd kam am Dresdner Hof kurz vor 1700 in Gebrauch und wurde auch in Weißenfels praktiziert.

Abbildung 1:
Stadtplan Weißenfels um 1740 (Ausschnitt); markiert: Jägerhaus (links unten),
„Parforce-Jäger Wohn-Haus" (links oben) und Schloß Neu-Augustusburg (rechts),
SHStAD, *12884 Karten und Risse, Schrank L, Fach 2, Nr. 18*

Die Suche nach den drei 1736 erwähnten Sälen führte zu zwei kleinen „Saal"-
Zimmern im Jägerhaus sowie dem etwas größeren „Parforce-Saal" im Neben-
trakt. Man darf davon ausgehen, daß Gebäudestruktur und Raumverhältnisse
bereits 1713 bestanden. Zur Bestimmung des Veranstaltungsorts ist der benötigte Platz für die Festtafel, die Beitafeln, die Bedienung der Gäste und nicht
zuletzt für die ausführenden Musiker zu bedenken. Die Festgesellschaft am
27. Februar bestand aus 24 Personen. Die „Ordnung" spricht von einer (ge-
planten) „langen Taffel". Der Setzzettel verzeichnet auf der Tischseite des Herzogs zwölf Personen. Hierfür wäre tatsächlich eine längliche Tafel, etwa 7 bis
10 Meter lang und 1,5 bis 2 Meter breit, notwendig. Die konkrete Bezeichnung
„langer Saal" im Setzzettel legt die Nutzung eines rechteckigen Raums nahe.
Doch waren die Säle im Jägerhaus annähernd quadratisch. Lediglich die Flure
(Vorsäle) hatten eine längliche Form: Der Flur im ersten Obergeschoß (Quartier des Herzogs) war durch die Treppenanlage ungeeignet. Im zweiten Obergeschoß (Quartier der Herzogin) kam er den Bedingungen näher, doch auch
hier erscheint der vorhandene Platz zu beengt. Für den „Parforce-Saal" sind
Form und Ausdehnung vage bekannt, als Ort für die Tafel ist er als größter zur
Verfügung stehender Raum zu bevorzugen. Jedoch bot seine Größe von maxi-
mal 70 m² keinesfalls ausreichend Platz für die klangvolle Aufführung der mit
vier Vokalsolisten (gegebenenfalls verstärkt durch vier Ripienisten in den

beiden Chorsätzen), 2 Hörnern, 2 Flöten, 3 Oboen, Streichern (2 Violinen, Viola, Violoncello) und Continuo (einschließlich Fagott, Violone und Violone grosso) festlich besetzten Jagdkantate. An der Tafel vom 27. Februar 1713 im „langen Saal" des Jägerhofs kann die Kantate nicht erklungen sein. Angesichts dieses Befundes galt es, das gesamte Quellenmaterial noch einmal mit Blick auf den Aufführungsort zu sichten. Dabei zog eine Planänderung unser Interesse auf sich: Am 3. März, dem vorletzten Tag des Festes, waren in den Räumlichkeiten des Jägerhofs erst Schießwettbewerbe mit scharfen Waffen auf Scheiben („Thier-Schießen") sowie mit „Schneppern" (leichten Armbrüsten) und anschließend ein leichtes Abendbrot („Collation") vorgesehen. Doch anstelle des kalten Büffets im Jägerhaus bezeugt der Setzzettel des Tages ein Abendessen in einem der Haupträume des Residenzschlosses: Man speiste am „3. Martii an 2. Halbe Mondtafeln im Tafelgemach nach dem Thierschießen im Jägerhause".[56] Die repräsentative Form der Mondtafel betonte die Festlichkeit der Veranstaltung (siehe Abbildung 2).

Die Planänderung ergab sich aus der Verschiebung des Nachtrennens und der dazugehörigen Tafel vom 1. März[57] auf den 2. März: Hier fand tagsüber das Ring- und Quintanrennen statt. Anschließend folgte ab 19 Uhr das Nachtrennen und die „Große Circkel-Runde Tafel" im Audienzgemach, wie der Setzzettel der Tafel belegt.[58] Als „Tafel-MUSIC" erklang „Die Durch wahre Tugend unsterbliche-erworbene Ehre".[59] Die für den 2. März geplante Halbmond-Tafel im Tafelgemach wurde stattdessen auf den 3. März verlegt. Bei dieser festlichen Tafel in einem der größten Räume des Schlosses[60] könnte die Jagdkantate besonders glanzvoll zur Aufführung gekommen sein. Dort hätte Bachs Tafelmusik die mehrtägigen Festlichkeiten zu einem musikalischen Höhepunkt geführt, bevor am Folgetag eine dritte und letzte Jagd sich anschloß. Am 4. März 1713 hetzten Christian und seine Gäste im Innenhof der Neuen Augustusburg Weißenfels, dem „Schloß-Platz", 58 Tiere, meist Füchse und Hasen, mit einem „Fuchsprellen" zu Tode.[61] An der sich anschließenden Mittagsstafel

---

56 Wie Fußnote 18, Bl. 337r.
57 Für den 1. März fehlt ein Setzzettel.
58 Wie Fußnote 18, Bl. 335r.
59 Siehe Fußnote 27.
60 Das heute in vier Räume geteilte Tafelgemach maß 182 m².
61 Abschußzettel (wie Fußnote 44): „Weißenfelß Sonnabends den 4. Marty 1713 hat der Durchlauchtigste Fürst und Herr, Herr Christian, Hertzog zu Sachsen, Jülich, Cleve, Berg, Engern und Westphalen, mein Gnädigster Herr, auf Dero Fürstl[ichen] Residenz zu Neu Augustusburg auf dem Schloß Platze Ein Lust Jagen gehalten, darinnen gefangen, gehätzt und geprallt 2 Bachen, 4 Frischlinge, 21 Haasen, 31 Füchße / 58 Stück Summa." Setzzettel (wie Fußnote 18, Bl. 337v): „den 4. Martij nach gehaltener FuchsPrelle im Tafelgemach an der neuen Sontagstafel" (mit Christian 12 Teilnehmer).

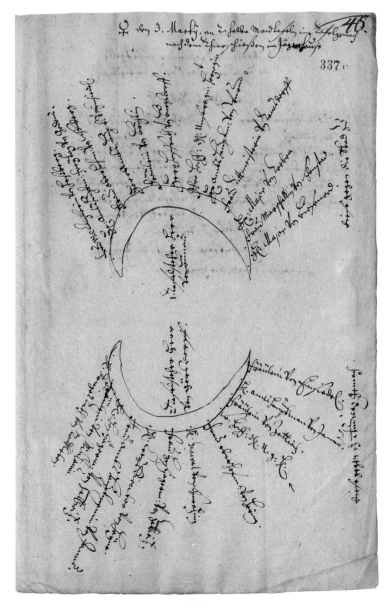

Abbildung 2:
Tafelordnung am 3. März 1713. Zwei Halbmondtafeln im Tafelgemach des Schlosses
Neu-Augustusburg. Bildquelle: SHStAD, 10119 Bestand Sekundogeniturfürstentum
Sachsen-Weißenfels, *Loc.12005, Nr. 10163a*, Bl. 337r (markiert: Herzogin Louise
Christine [oben], Herzog Christian [unten])

speiste der Herzog noch einmal mit elf Hofadligen ohne Damen im Tafelgemach. Damit wurden die Geburtstagsfeierlichkeiten beschlossen.

Francks Mitteilung, die Kantate sei „Am Hoch-Fürstl[ichen] Geburths Festin […] nach gehaltenen Kampff-Jagen im Fürstl[ichen] Jäger-Hofe bey einer Tafel-Music" zur Aufführung gekommen, zielte möglicherweise nicht auf den Tag der zweifelfrei dort erfolgten Jagd (und Tafel), sondern bezog das gesamte mehrtägige Festgeschehen ein.

IV. Zur Festgesellschaft: Der Zuhörerkreis der Jagdkantate

Die in der „Geburtstagsakte" des Weißenfelser Marschallamtes überlieferten Setzzettel bezeugen den tatsächlichen Verlauf der Feierlichkeiten und halten den jeweils zur herzoglichen Tafel eingeladenen Personenkreis fest. Da nicht eindeutig nachzuweisen war, an welchem Tag die Jagdkantate zur Aufführung kam, richtet sich unser Blick auf den gesamten bei der Feier versammelten Adel. Es liegt auf der Hand, daß der neue Herzog die Festivität nutzte, um sich innerhalb seiner Dynastie und bei benachbarten Reichsfürsten bestmöglich einzuführen. Bereits im Vorfeld knüpfte Christian Verbindungen zum kurfürstlichen Hof in Dresden, zum Herzogtum Sachsen-Zeitz sowie den Herzogshöfen Gotha, Eisenach und Weimar in Thüringen. Bachs Anwesenheit bei den Geburtstagsfeierlichkeiten und sein musikalischer Beitrag zur Programmgestaltung gaben Anlaß zu der Vermutung, daß die Jagdkantate möglicherweise im Auftrag seines Weimarer Dienstherren Herzog Wilhelm Ernst (1662–1728) entstanden sein könnte.[62] Gehörte der Weimarer Regent zu den von Christian angesprochenen Fürsten und sind Repräsentanten dieses Herzogtums an den Tafeln nachzuweisen?

Für die meisten der zum Fest geladenen Personen gelang die Identifizierung. Dabei stellte sich heraus, daß der Großteil der Festteilnehmer Christians eigenem Hof- und Dienstadel zuzurechnen ist. Der Vergleich der Namen auf den Logierlisten und den Setzzetteln zeigte Übereinstimmungen und Differenzen. Einige der zur Aufwartung Geladenen scheinen nicht angereist zu sein oder ließen sich offensichtlich vertreten, andere wurden zusätzlich eingeladen.

An den festlichen Tafeln – und damit auch bei allen musikalischen Aufführungen – nahmen Herzog Christian und Herzogin Louise Christine stets gemeinsam teil. Sie waren die einzigen Personen fürstlichen Standes der Festgesellschaft. Der an ihrer Tafel versammelte Kreis wechselte täglich und so genossen

---

[62] E. Reimer 1991 (siehe Fußnote 65), S. 154 und 160, geht (mit Spitta) davon aus, daß Herzog Wilhelm Ernst Franck und Bach für die Kantate zum Weißenfelser Fest den Kompositionsauftrag erteilt habe. Einschränkend ergänzt er, daß auch die Erledigung einer Beauftragung aus Weißenfels durch ihn genehmigt werden mußte.

während der zehn Festtage an neun Tafeln insgesamt 53 Personen den Vorzug einer einmaligen oder mehrmaligen Teilnahme. Von den geladenen kurfürstlich-sächsischen Kammerherren und Geheimräten Johann Georg, Freiherr von Rechenberg d. J. (1660–1729) und Hannibal Germanus Freiherr von Schmertzing (1660–1715) erschien nur Schmertzing. Er war einer der wichtigsten Gäste und nahm an acht herzoglichen Tafeln teil.

Der Oberforstmeister Julius Ferdinand von Boxberg (um 1675–vor 1736) kann als Repräsentant des Herzogtums Sachsen-Zeitz identifiziert werden. Sicher vertrat er seinen Dienstherren Herzog Moritz Wilhelm von Sachsen-Zeitz (1681–1718), mit dem sich Christian bereits im Juni und Juli 1712 getroffen hatte.[63] Da Boxberg nur bis zum 27. Februar auf den Setzzetteln vermerkt ist, dürfte er danach abgereist sein. Gesandte der kursächsischen Seitenlinien in Barby und Merseburg ließen sich nicht ausmachen.

Als Vertreter der ernestinischen Höfe lud das Weißenfelser Marschallamt den Oberjägermeister Hermann Friedrich von Göchhausen (1663–1733) aus Sachsen-Weimar, den Oberjägermeister Christian Heinrich von Stutternheim (1690–n. 1744) aus Sachsen-Eisenach und den Hausmarschall Carl Friedrich Bose († 1717) aus Sachsen-Gotha ein. Eine weitere Einladung ging an den Oberjägermeister am Hof Brandenburg-Bayreuth, Friedrich Wilhelm von Witzleben (1655–1725). Offenbar beabsichtigte Herzog Christian, seine Beziehungen zu den Höfen über ein postuliertes gemeinsames Thema – die höfische Jagd – zu befördern und dieses ins Zentrum seines Festes zu rücken. Keiner der Eingeladenen nahm allerdings persönlich an den Festlichkeiten teil.

Die Kontakte zum Weimarer Hof sind in unserem Zusammenhang von besonderem Interesse. Als Marschall Brühl am 2. Februar 1713 den Weimarer Oberjägermeister Göchhausen einlud, knüpfte er an dessen kürzlich erfolgte Abreise aus der Saalestadt an. Göchhausen, der in dieser Zeit kommissarisch auch die Geschäfte des Hofmarschalls in Weimar führte, weilte also um den Jahreswechsel 1712/13, spätestens im Januar 1713 am Weißenfelser Hof. Ob dabei auch der Auftrag einer Tafelmusik an den Weimarer Hoforganisten Bach zur Sprache kam, entzieht sich unserer Kenntnis. An den herzoglichen Tafeln zur Geburtstagsfeier fehlte Göchhausen. Möglicherweise kann jedoch der am 23. Februar und am 2. März an der herzoglichen Tafel sitzende Oberhofmeister Staff dem Weimarer Hof zugeordnet werden.[64] Für den Sachsen-Eisenacher

---

[63] Möglicherweise hielt Moritz Wilhelm der sich ankündigende Tod seines Schwagers König Friedrich I. von Preußen († 25. Februar in Berlin) von einer persönlichen Teilnahme ab.

[64] Angehörige der Familie Staff begleiteten im 18. und frühen 19. Jahrhundert am Weimarer Hof hohe Forst- und Jagdämter. 1754 bat der Oberhofmeister Staff aus Weimar die Fürstin von Schwarzburg-Rudolstadt um Übernahme einer Taufzeugenschaft (Staatsarchiv Rudolstadt, *Nr. 1371, Bestand 5-12-1020*). Hierbei dürfte es sich um Johann Wilhelm Ernst von Staff (1703–1776), den herzoglichen Oberjägermeister in

Oberjägermeister Stotternheim kam wahrscheinlich der mit seiner Gattin mehrfach zur Herzogstafel gezogene (Ober-)Forstmeister von Raschau (vermutlich Julius Marquard von Raschau, † 1734). Den geladenen Hausmarschall Bose dürfte der Oberjägermeister Griesheim (vermutlich Bertram Christian von Griesheim, † um 1750) vertreten haben.

Die mit Abstand größte Gruppe der am Tisch des Herzogs versammelten Personen gehörte dem Weißenfelser Hofadel und dem zur Aufwartung aufgeforderten thüringischen Dienst- und Landadel an. Ein Teil war mit Gattinnen und Kindern erschienen. Dem Hofstaat des Herzogs zuzurechnen sind unter anderem der Hof- und Landjägermeister Anton Ferdinand von Zedtwitz (1681–1741, offenbar ein „Favorit" Christians), der Hofmarschall Hans Moritz von Brühl (1665–1727) sowie der Stallmeister Valentin Rudolph von Seidelitz († nach 1735). Zum hohen Dienstadel gehörten Vertreter der Weißenfelser Landesregierung: Vizekanzler Otto Wilhelm von Heßberg (1679–1759), Landkammerrat Christian Otto von Helmolt (1658–1727), der Querfurter Kreisdirektor Wolf Gottfried von Hayn (ca. 1671–nach 1730), die Räte Christoph von Burgsdorf (Lebensdaten unbekannt) und Johann Georg Menius (1668–1734) sowie der Kriegsrat Curt Heinrich von Tottleben (1661–1724). Hinzu traten die Kommandanten der Festungen Heldrungen und Querfurt und verschiedene regionale Verwaltungsträger (Amtshauptmänner). Die Oberhofmeisterin Isabella Freiin von Schönberg (um 1648–1727) sowie die beiden Kammerfräulein Eleonore Sophia von Einsiedel (geb. 1681) und Victoria Sophia von Zedtwitz (Lebensdaten unbekannt) standen im Dienst der Herzogin. Das Alter der Gäste reichte von etwa 16 Jahren (Fräulein Brühl) bis etwa 65 Jahren (Oberhofmeisterin Schönberg).

Die Tafelformen variierten von rechteckigen über runde, ovale, Halbmond- bis hin zu C-Tafeln. Den Sitzordnungen lag die bei Festtafelplanungen wichtige Zahl Zwölf zugrunde. Herzog und Herzogin nahmen an der Tafel einen bevorzugten Platz ein. Die meisten Tafelteilnehmer waren zur Haupttafel am Geburtstag (23. Februar) geladen, bei der der Setzzettel neben der herzoglichen Tafel (24 Personen) weitere sechs Tafeln für das Weißenfelser Hofpersonal und drei Tische für die Hofkapelle vorsah. Zur Tafel am Fastnachtsnachmittag (28. Februar) saßen 44 Personen an fünf runden Tischen. An den anderen Tafeln nahmen zwischen 12 und 24 Personen teil, davon jeweils mehr Herren als Damen. Nur an den beiden Tafeln am 27. Februar (Jägerhof) und am 3. März (mit Aufführung der Jagdkantate?) waren die Plätze auf beide Geschlechter

---

Weimar, gehandelt haben. Den Titel eines Oberhofmeisters könnte bereits sein Vater, Thomas Ernst von Staff († 1729), geführt haben; der Weißenfelser Beleg wäre ein frühes Zeugnis dafür. L. W. Schweitzer, *Zur Geschichte des Forstwesens in dem Großherzogthume S. Weimar-Eisenach*, Weimar 1836, S. 129 ff. Zur Genealogie vgl. https://gw.geneanet.org.

paritätisch verteilt: Zwölf Damen und zwölf Herren saßen paarweise in „bunter Reihe", dabei wurden Ehepaare (auch das Herzogspaar) getrennt plaziert. Die Sitzordnung in „Bonderie" erlaubt Rückschlüsse auf den Charakter der Veranstaltungen – sie waren höfische, aber nicht dem strengen Zeremoniell unterworfene Divertissements. Zusammenfassend ist festzustellen, daß die angesetzten Tafelmusiken – auch die Jagdkantate – vor Herzog und Herzogin sowie dem an ihrer Tafel und anderen Tischen versammelten, meist thüringischen Adel erklang. Die Jagdkantate diente der Vermittlung eines die Festlichkeiten charakterisierenden, zentralen Sujets. Mit der höfischen Jagd präsentierte sich der neue Herzog gegenüber den Vertretern eingeladener Höfe und seinen Untertanen, zu denen auch der anwesende Dienst- und Hofadel zählte.

V. Zur höfischen Funktion: Der Regentenwechsel in Bachs Jagdkantate

Erich Reimer widmete der höfischen Funktion von Bachs Jagdkantate 1980 eine aufschlußreiche sozialhistorische Studie.[65] Die Jagdkantate gehöre zu den höfischen Divertissements, die mit der Unterhaltungsfunktion auf sublime Weise „politische Absichten" verbanden. Text und Musik legitimiere das absolutistische Herrschaftsverhältnis durch mythische Umschreibung der fürstlichen Funktion. Ausgangspunkt seiner Werkinterpretation, an die es hier anzuknüpfen gilt, bilden die „institutionellen Rahmenbedingungen" wie Anlaß, Zweckbestimmung und Aufführungsbedingungen der Jagdkantate. Mit den von uns gewonnen Erkenntnissen können wir diese präziser beschreiben. Im folgenden soll der Versuch unternommen werden, Francks Dichtung und Bachs Musik im Lichte des Festereignisses neu zu interpretieren. Dabei sei auch auf Hinweise zu Auftrag, Entstehung und Aufführung der Kantate eingegangen.

Der Kantatentext

Die älteste Quelle des Librettos bildet eine undatierte und ohne Verfasserangabe versehene Reinschrift von unbekannter Hand, die noch vor Francks Sam-

---

[65] E. Reimer, *Bachs Jagdkantate als profanes Ritual. Zur politischen Funktion absolutistischer Hofmusik,* in: Musik und Bildung 12 (1980), S. 674–683; ders., *Bachs Jagdkantate als höfisches Divertissement,* in: Die Hofmusik in Deutschland 1500–1800. Wandlungen einer Institution, Wilhelmshaven 1991 (Taschenbücher zur Musikwissenschaft, hrsg. von R. Schaal), S. 151–168.

melband entstand.[66] Ihre Niederschrift erfolgte wahrscheinlich in Weimar (das Wasserzeichen deutet auf die Papiermühle Oberweimar).[67] Bachs Einträge zur Stimmenverteilung und zum Satztyp weisen das Blatt als Textvorlage für seine Komposition aus. Doch wurde der Text, wahrscheinlich noch bevor Bach ihn erhielt, von einem weiteren Schreiber bearbeitet. Dieser hatte – neben kleinen Korrekturen – dem Schlußchor eine zusätzliche Strophe angefügt, wofür er mangels Platz den rechten Rand der Blattrückseite verwendete.[68] In seine Partitur übernahm Bach die korrigierte und erweiterte Fassung des unbekannten Schreibers. Wie bei Glückwunschmusiken üblich, läßt der Schlußchor den fürstlichen Potentaten hochleben. Dem Textbearbeiter war dies aber nicht genug. Die zusätzliche Strophe würdigt auch die Ehe des Herzogs und bezieht seine Gattin Louise Christine namentlich ein:

1. Ihr lieblichste Blicke,
    Ihr freudige Stunden,
    Euch bleibe das Glücke
    Auf ewig verbunden!
    Euch kröne der Himmel mit süßester Lust!
    Fürst Christian lebe! Ihm bleibe bewußt,
    Was Herzen vergnüget,
    Was Trauern besieget!

2. Die Anmut umfange,
    Das Glücke bediene
    Den Herzog und seine
    Luise Christine!
    Sie weiden in Freuden auf Blumen und Klee,
    Es prange die Zierde der fürstlichen Eh,
    Die andre Dione,
    Fürst Christians Krone!

Dieses ungewöhnliche Verfahren gab Anlaß zu der Vermutung, daß Louise Christine bei der Uraufführung der Kantate nicht zugegen war und die Strophe nachträglich für eine mögliche Wiederholung der Aufführung unter Beisein

---

[66] Zur Quellenüberlieferung der Jagdkantate siehe NBA I/35 Krit. Bericht (A. Dürr, 1964), S. 11–56. Eine Überprüfung anhand autographer Briefe im Landesarchiv Thüringen, Hauptstaatsarchiv Weimar (*Bestand 6-12-4003, Sign. 1805* und *Bestand 6-12-4024, Sign. 1087*) bestätigte, daß die Reinschrift des Librettos nicht von Francks Hand stammt.

[67] Ebenda, S. 30.

[68] Im Textdruck von 1716 fehlt die 2. Strophe, was deutlich ihren Charakter als Zusatz von anderer Hand zeigt. Franck dürfte als Autor nicht in Frage kommen.

der Herzogin entstanden sein könnte.[69] Da der Name der Herzogin jedoch auf den Setzzetteln aller Tafeln verzeichnet ist, darf man von ihrer Anwesenheit bei der Aufführung der Jagdkantate ausgehen, so daß hier sicher beide Strophen gemeinsam erklangen.

Blicken wir nun auf die gesamte Dichtung der Kantate, die in der handschriftlichen Textvorlage mit dem Titel „Frolockender Götter Streit | bey | des etc. | Hochfürstlich Geburths Tage | unterthänigst aufgeführet | von etc. | Diana, Endymion, Pan, Pales" überschrieben ist. Salomon Franck läßt vor dem geehrten Christian, dem neuen Herrscher, alle am Geschehen beteiligten Götter auftreten: Im ersten Abschnitt erscheinen Diana und Endymion und beginnen einen Dialog. Der fulminante Einstieg Dianas zu Beginn des Stückes ist zu betonen: Frei, selbstbewußt, ja rauschend tritt sie, die Jägerin, ein und wendet sich sogleich an das Publikum. Ihr Geliebter Endymion dagegen wirkt verstört. Er richtet seine gesamte Aufmerksamkeit allein auf Diana und fragt beunruhigt, ob sie denn ihr „vormals halbes Leben" vergessen habe. Fühle sie sich von ihrer Liebe zu ihm befreit und sei sie nur noch für Vergnügungen der Jagd bereit? Diana reagiert souverän. Sie bekennt Endymion noch zu lieben, doch sei „heut ein hohes Licht erschienen". Den „teuren Christian, der Wälder Pan" muß sie empfangen, ihn muß sie von nun an mit „ihrem Liebeskuß bedienen". Endymion gibt angesichts dieses Umschwungs nach und bittet nur, gemeinsam mit Diana für Christian ein „Freuden-Opfer" anzünden zu dürfen. Diana willigt gerne ein.

Im zweiten Abschnitt der Dichtung tritt mit Pan und Pales ein weiteres Paar in Beziehung zu Christian. Beide legen willig ihre Herrschaft nieder – zuerst Pan, dann Pales. Sie tun dies angesichts des anwesenden neuen Herrschers Christian, der allgemein Freude im Land erwecke und Aussicht auf gute Regierung verspreche. Pan legt seinen Schäferstab vor Christian nieder und räumt ihm seinen Platz als Herr über Wald und Felder ein. Pales übernimmt das Lob der Herrschaft des künftigen Regenten. Unter Führung der Diana stimmen alle gemeinsam in einen Lobgesang ein: „Lebe, Sonne dieser Erden, weil Diana bei der Nacht an der Burg des Himmels wacht".

Im dritten und letzten Abschnitt preisen Diana und Endymion als Duo, dann Pan und schließlich Pales Fürst Christian, den „Sachsenheld". Gemeinsam gratulieren sie dem vom Himmel Gekrönten. Christian sei ewiges Glück beschieden mit stetem Bewußtsein, „was Herzen vergnüget und Trauer besieget".

Personen und Handlung der Dichtung scheinen die Lebenssituation des neuen Weißenfelser Herzogspaares im Februar 1713 aufzugreifen: Louise Christine war durch den Tod ihres ersten Gatten, Graf Johann Georg III. von Mansfeld (1640–1710) früh verwitwet. Durch die im Mai 1712 geschlossene Ehe mit Christian trat sie in einen neuen Lebensabschnitt ein.

---

[69] NBA I/35 Krit. Bericht, S. 42.

Die Akteure des zweiten Teils, Pan und Pales, können als Vorgänger im Regentenamt, als der verstorbene Herzog Johann Georg und dessen Frau Friederike Elisabeth (1668–1730), interpretiert werden. Ihr Auftritt verweist auf den Regierungswechsel vom März 1712 und die notwendig gewordene Übergabe der Regentschaft. Der Textautor bezog gekonnt die Scheidenden in den Neuanfang ein. Sein allgemeines Bild über die Anwesenheit eines regierenden Fürsten im Land – ohne diesen wäre es eine Totenhöhle und seines besten Teils beraubt – weckte bei den Zuhörern gewiß Erinnerung an die noch nahe Wechselsituation. Im Schlußteil stimmen alle göttlichen Akteure unter der Führung der Diana in den Lobgesang zu Ehren des fürstlichen Jubilars ein. Sie entwerfen das Bild einer künftigen friedvollen und gelungenen Regentschaft.

Die auftretenden Gottheiten scheinen wesentliche Bezugspersonen Christians und der Louise Christine in das Reich der Mythologie zu übersetzen: Diana ist die verschlüsselte Louise Christine selbst und Endymion ihr verstorbener Gatte Graf Mansfeld. Pan und Pales stehen für das frühere Weißenfelser Herzogspaar Johann Georg und Friederike Elisabeth. Sein Tod hinterließ ein Land ohne Regenten und eine Witwe. Alle aber huldigen dem neuen Herrscher Christian. Diana dominiert das Geschehen. Sie besitzt zudem den Vorzug liebender Zuneigung und künftiger Gemeinschaft mit Christian.

Qualität und Subtilität von Francks Dichtung sind zu betonen. Beides bedurfte einer gut informierten Weißenfelser Quelle und ebenso klarer „Regieanweisungen" des Auftraggebers. Die Kantate zeigt sich in ihrer ursprünglichen Textfassung als ein kunstvoll arrangiertes Abbild der Ereignisse, die 1712 das Leben Christians und Louise Christines gewendet und zusammengeführt hatten. Das Gewand der Diana scheint der neuen Weißenfelser Herzogin, einer Liebhaberin der Jagd, wie auf den Leib geschnitten zu sein.

Bei diesem Ergebnis verwundert das Vorhandensein der Zusatzstrophe umso mehr. Francks fein um die Hauptperson Diana (Louise Christine) kreisende Dramaturgie bedurfte eines solchen fast groben Zusatzes eigentlich nicht. Dem Verfasser der Strophe war der feine Hintersinn der Franckschen Dichtung verschlossen – oder zu hintergründig. Ihm war daran gelegen, erkennbar das Herzogspaar zu würdigen und zugleich Louise Christines ausgezeichnete Stellung zu betonen. Mit seiner Vordergründigkeit durchbrach er Francks mythisches Spiel und beendete das Werk mit einem „realistischen" Schluß.

Wenn Louise Christine als Hauptfigur des Stücks erscheint, ist nach den möglichen Beweggründen zu fragen. Das Geburtstagsfest des Gatten bot ihr die Chance, sich als neue Herzogin der Hofgesellschaft vorzustellen und diesen Platz möglichst effektvoll einzunehmen. Das Werk führte die geborene Stolberger Gräfin an die Seite des sächsischen Herzogs und hinein in die höfische Welt von Weißenfels sowie des Kurhauses Sachsen. Was liegt näher, als in Louise Christine die Auftraggeberin zu vermuten? Dann könnte das Werk als ein persönlicher Geburtstagsgruß der Herzogin an ihren Mann gedeutet werden. Aber auch wenn der Herzog selbst der Auftraggeber gewesen sein sollte, ließ er die neue Herzogin, die „andre Dione, Fürst Christians Krone" in besonderer Weise würdigen.

Musik und Aufführung der Jagdkantate

Bachs Vertonung greift die Bilder des Textes musikalisch äußerst wirkungsvoll auf: Die Jagdgöttin Diana (Sopran 1) läßt gleich im ersten Rezitativ ihren Pfeil in einer Koloratur fliegen. In der anschließenden Arie lobt sie, von zwei Waldhörnern begleitet, das Jagen als „die Lust der Götter". Der unglückliche Endymion (Tenor) zeigt sich gefangen in den Netzen Amors, die von dem begleitenden Cembalo in permanenter Ostinatomotivik gesponnen werden. Doch die Trauer weicht im gemeinsamen Duett mit Diana, wenn beide in imitativen Koloraturen ihre „Flammen mit Wunsch und Freuden" zusammentragen. Pan (Baß), der Gott des Waldes und der Herden, ruft Christian zu: „Ein Fürst ist seines Landes Pan" und wird dabei von drei Oboen in punktierten, mit Triolen durchsetzen Rhythmen in der Art einer italienischen Giga begleitet. Die „Totenhöhle" malt Bach in tiefen Haltetönen, chromatisch absteigender Motivik (passus duriusculus) und dissonanter Harmonik. Pales (Sopran 2) lobt in der von zwei Blockflöten begleiteten Arie „Schafe können sicher weiden" den guten Hirten (Regenten). Die friedliche Stimmung dieser Arie dürfte Christians Intention getroffen haben: Wenige Tage zuvor, an seinem Geburtstag, hatte er ein Gebet niedergeschrieben, in dem er um „fride und ruhe" für seine Regentschaft und seine Untertanen bat.[70] Der vierstimmige Chorus „Lebe, Sonnen dieser Erde" bildet eine dramaturgische Zäsur, nach der die Musik während eines Essensganges pausiert haben könnte. Der abschließende Teil der Kantate ist deutlich kürzer. Diana und Endymion treten wieder im Duett auf, und Pales entwirft das idyllisch-fröhliche Bild von den „wollenreichen Herden". Schließlich ruft Pan, in punktiertem 3/8-Takt noch einmal über Felder und Auen springend, dem Geehrten ein „Vivat" zu, bevor sich alle zum Schlußchor vereinen.

Ebenso wie Franck müssen auch Johann Sebastian Bach die Verhältnisse am Weißenfelser Hof, insbesondere die Ausstattung der dortigen Hofkapelle gut bekannt gewesen sein. Zu ihren Besonderheiten zählte die Beschäftigung von

---

[70] „Gebet an meinen Geburtstag welches der i. in meiner angedreten Regirung war meines Altters durch Gottes Gnade 31 Jahr. Den 23. Februarius ao 1713. in Weißenfels […]: […] Verleih mir dem nach das ich dißes itzt abgedredne 31. Jahr meines Lebens allezeit in fride und ruhe zu bringen mögen dar mit alle meine an Vertrautten und von Dier aus Gnaden geschenckten underthanen ein geruhliches und stilles Leben führen mögen in aller Gottseligkeit und erbarkeit […]", in: SHStAD, Bestand 10024 Geheimer Rat (Geheimes Archiv), Loc. 9604/6 (vgl. Fußnote 4).

Abbildung 3:
Jagdpage. Koloriertes Blatt aus dem Album des Herzogs Johann Georg von Sachsen-Weißenfels mit der Kleiderordnung seines Hofstaates; Peter Schenk, um 1710. Museum Weißenfels, Schloß Neu-Augustusburg, *Inv.-Nr. V 1661 K 2*

gleich vier Waldhörnern[71] unter der Regierung Christians. Im Festablauf der „Ordnung" werden sie mehrfach erwähnt, etwa beim Blasen von geistlichen Liedern auf dem Schloßhof, gemeinsam mit den „Hautboisten". So standen „2 Corni di Caccia" von Anfang an fest für Bachs Besetzung der Jagdkantate, denn er notiert sie im Kopftitel der Partitur als einzige Bläser.[72] Im Unterschied zum Weimarer Hof gab es in Weißenfels außerdem eine florierende Hofoper. Das bereits erwähnte Nachlaßverzeichnis Herzog Christians aus dem Jahr 1736 enthält eine Aufstellung der im Komödienhaus vorhanden gewesenen Kulissen, Requisiten und Kostüme.[73] Unter den „Comoedien und Opern Kleidern" werden „12. JägerVesten von grüner glatzleinwand mit silbernen Spitzen, 8. Paar dgl. Hosen" sowie „1. Grün taffend mit Silbernen Spitzen besetztes Amazonen oder Jagdkleid vor ein Frauenzimmer" aufgezählt, daneben diverse Schäfer- und Götterkleider, während unter „Geräthe und Gewehr" acht Schäferstäbe genannt werden. Der serenadenhafte Charakter der Jagdkantate macht eine szenische Aufführung in der Art eines „Dramma per Musica" wahrscheinlich (Reimer, wie Fußnote 65, S. 151 f., beobachtete treffend, daß Bachs bildliche Ausschmückung des Wortes „Pfeil" im ersten Rezitativ der Diana auf eine gestische Darstellung mit Pfeil und Bogen deutet). Vermutlich traten Sänger und Musiker kostümiert auf. Bei Jagden und anschließenden Tafeln war neben der Hofgesellschaft üblicherweise auch die Dienerschaft im Jägerhabit gekleidet (siehe Abbildung 3).[74] Jagdmotive bestimmten die Raumausstattung und Tischdekoration. Die Speisen wurden „von der löblichen Jägerey, als den Hof- und Besuch-Jägern in ihrem Jagt-Gezeuge" aufgetragen.[75] In solch illustrer Szenerie dürfen wir uns die Aufführung der Jagdkantate vorstellen. Welchen Eindruck Bachs Komposition bei den Anwesenden hinterließ, wissen wir nicht. Ihre außergewöhnliche Qualität hob sie weit über ihren ursprünglichen Entstehungsanlaß hinaus. Mit verändertem Text verwendete Bach sie zu späteren Anlässen für zwei andere Herrscher wieder, einzelne Sätze gingen als Parodien in drei seiner geistlichen Kantaten ein.

VI. Das Geburtstagsfest von 1725 und Bachs Schäferkantate

Zwölf Jahre später stand das Fest zu Christians 43. Geburtstag aufgrund der immer erdrückender werdenden Finanzprobleme seines Staatshaushalts unter

---

[71] Werner (wie Fußnote 12), S. 99.
[72] Hingegen fehlen Oboen, Blockflöten und Fagott, deren Verwendung sich möglicherweise erst beim Komponieren ergab.
[73] Wie Fußnote 49, fol. 275r–292v.
[74] J. B. von Rohr, *Einleitung zur Ceremonial-Wissenschaft der grossen Herren,* Berlin 1729, S. 860 f. und S. 748 f.
[75] Ebenda, S. 862.

äußerst schwierigen Vorzeichen. Das Ansehen des Regenten und seines Fürstenhauses war in eine gefährliche Schieflage geraten. Seit dem Regierungsantritt 1712 hatte Christian versucht, die überstrapazierten Finanzen seines Herzogtums zu gesunden. Doch Steuererhöhungen, Leihen, Verkäufe reichten nicht aus. Neuschulden heizten die Situation weiter an. Die Verhältnisse waren spätestens ab 1721 dramatisch und nicht mehr zu verheimlichen: Gläubiger bedrängten den Fürsten und zogen vors Reichsgericht. Christian informierte Kurfürst Friedrich August I. und dieser berichtete dem Kaiser am 6. September 1721. Karl VI. beauftragte im März 1722 den sächsischen Kurfürsten mit der Untersuchung der Weißenfelser Schulden.

Angesichts des Desasters beschloß das Fürstenhaus im Mai 1722 einen Rettungsplan: Aufnahme eines Darlehens (400.000 Gulden), Vermeidung von Ausgaben, Sparzwang sowie Einrichtung einer Kredit- und Schuldenkasse in Leipzig unter der Direktion von Bruder und Vetter des Regenten. Christian versprach, die Kosten seines Hofs strikt auf jährlich 62.128 Gulden einzufrieren. Auch eine kursächsische Kommission wurde berufen, die ihre Arbeit, vielleicht wegen Christians Widerstand, erst Ende 1723/Anfang 1724 aufgenommen hatte. Der Herzog suchte durch Vergleich und Rechtsgutachten die Schuldenlast zu mindern und Gläubiger zufriedenzustellen. Im Februar 1725 muß Christian auf eine lange, für einen Regenten ebenso schmachvolle wie erniedrigende Leidensphase zurückgeblickt haben. Die finanziellen Sorgen verließen ihn bis zu seinem Lebensende nicht mehr.

„Je schwerer die Regiments-Last die grossen Herren bey Beherrschung ihrer Länder auf dem Halse lieget, ie mehr Erqvickung und Ergötzlichkeit haben sie auch vonnöthen" schrieb 1729 der Merseburger Domherr Julius Bernhard Rohr (1688–1742).[76] Höfische Divertissements sollten die Sorgen der Herrschenden vorübergehend vergessen machen. Der Textbeginn von Bachs Schäferkantate „Entfliehet, verschwindet, entweichet, ihr Sorgen" BWV 249a scheint diese Aufgabe wörtlich zu nehmen und klingt wie eine Anspielung auf die Weißenfelser Situation vom Februar 1725. Die Kantate war mit drei Trompeten, zwei Oboen, Traversflöte, zwei Blockflöten und Streichern außerordentlich festlich besetzt. Ihre Musik hat sich – mit Ausnahme der Rezitative – nur als Parodie im Oster-Oratorium BWV 249 erhalten. Den Text verfaßte Bachs Leipziger Kantatendichter Christian Friedrich Henrici (Picander) und veröffentlichte ihn im ersten Teil seiner Anthologie *Ernst-Schertzhaffte und Satyrische Gedichte* (Leipzig 1727). Der Titel der Kantate teilt Anlaß, Aufführungsdatum und die handelnden Personen mit: „Tafel-Music bey Ihro Hochfürstl. Durchl. zu Weissenfels Geburts-Tage, den 23. *Febr.* 1725. *DAMO-*

---

[76] Rohr (wie Fußnote 74), S. 732. Den Fürsten gebührte das Recht, standesgemäß unterhalten zu werden. Die dabei entstehenden Unkosten seien „einem grossen Herrn nicht zu verdencken".

ETAS, MENALCAS, DORIS und *SYLVIA"*. Wiederum sind es vier mythologische Figuren, zwei Schäfer und zwei Schäferinnen, die sich gemeinsam zur „hohen Feier" des „teuren Christians" auf den Weg machen. Um einen Blumenkranz für Christian zu winden, ruft Doris Flora um Hilfe: „... hauche mit dem Westen-Winde / Unsre Felder lieblich an, / Daß ein treuer Unterthan / Seinem Milden Christian / Pflicht und Schuld bezahlen kan." Doch die vier Gratulanten beschließen, dem „großen Fürsten" statt Blumen ihren „Lob-Gesang / Mit untermischten Paucken-Klang" darzubieten. Im abschließenden Chor wünschen sie Christian „Glück und Heyl".[77]

Für die Geburtstagsfeierlichkeiten 1725 hat sich ebenfalls eine Akte des Hofmarschallamts erhalten.[78] Der Festablauf umspannte wiederum den zehntägigen Zeitraum vom 23. Februar bis 4. März und gestaltete sich ganz ähnlich wie 1713.[79] Dem solennen Gottesdienst am Geburtstag folgten die Oration des Gymnasiums am 24. Februar sowie diverse Jagdvergnügungen an den anderen Tagen. Zusätzlich gab es einen Ball, eine Opernvorstellung und zwei Komödien.

Daß Bachs Musik diesmal zur Haupttafel am Geburtstag des Herzogs erklang, ist bemerkenswert. Die Ausstattung der wichtigsten Tafel des gesamten Festzyklus kann als besondere Wertschätzung Bachs am Weißenfelser Hof gewertet werden. Sie fand im Anschluß an den Festgottesdienst im Tafelgemach des Schlosses statt, einem 182 m² großen, quadratischen Raum in der Nordwestecke des ersten Obergeschosses. Hier richtete man „eine lange Duppeltafel" für 26 Personen zuzüglich zweier Tafelsteher her. An ihrem oberen Ende nahmen der Herzog und die Herzogin Platz. Christians unverheiratet gebliebene Schwester Prinzessin Johanna Wilhelmine (1680–1730) saß an der Seite von Louise Christine. Auf dem Platz neben dem Herzog nennt der Setzzettel einen „H. Cammerherr Von Ponickau", der besondere Aufmerksamkeit weckt: Bei ihm handelt es sich um Johann Christoph von Ponickau (1681–1727), dem Leiter der vom Kurfürsten eingesetzten Schuldentilgungskommission. Zu seiner Rechten kann der ebenfalls in der Kommission wirkende Hofrat Dr. Gottfried Benedikt Kreß (1665–1727) identifiziert werden,[80] gefolgt von dem Lüb-

---

77 Alexander Grychtolik wies darauf hin, daß der Text „Glück und Heyl / Bleibe Dein beständig Theil!" als eine Anspielung auf den Wahlspruch des Herzogs „Cum Deo Salus" (Mit Gott mein Heil) zu interpretieren sei. Vgl. Grychtolik, *Die Schäferkantate – weltliche Urfassung des Osteroratoriums,* in: Bach-Magazin 32, hrsg. vom Bach-Archiv Leipzig, 2018, S. 49.

78 SHStAD, 10119 Bestand Sekundogeniturfürstentum Sachsen-Weißenfels, *Loc.12005, Nr. 10163b (Geburtstagsfeierlichkeiten fürstlicher und hochfürstlicher weißenfelsischer Personen (1721–1745), Acta Serenissimi Christiani Geburtstag Ao. 1725).*

79 Vgl. die Übersicht im Anhang.

80 Am 30. November 1723 wurde Christian aus Dresden die baldige Ankunft dreier mit der Regulierung des Weißenfelser Schuldenwesens beauftragter Personen angekün-

bener Schloßhauptmann August von Trützschler (1687–1759). Die Besetzung der Tafel stand somit ganz im Zeichen der aktuellen Finanzsituation und demonstrierte die Oberherrschaft des sächsischen Kurhauses über seine Seitenlinien. Der kurfürstliche Kammerherr und „General Accis Rath" Johann Christoph von Ponickau entstammte einem angesehenen Adelsgeschlecht, zu dessen Gütern das Rittergut Pomßen zählte. Als am 31. Oktober 1726 Ponickaus Vater Johann Christoph von Ponickau d. Ä. (1652–1726) starb, wandte sich die Familie an Johann Sebastian Bach und beauftragte ihn mit der Komposition einer Trauermusik. Beim Gedenkgottesdienst am 6. Februar 1727 in der Kirche zu Pomßen erklangen zwei Kantaten Bachs, darunter „Ich lasse dich nicht, du segnest mich denn" BWV 157.[81] Möglicherweise gab Bachs Begegnung mit Ponickau d. J. 1725 in Weißenfels den Anstoß zu diesem Auftrag.

Bei der Aufführung der Schäferkantate war die Tafelgesellschaft deutlich größer als zwölf Jahre zuvor bei der Jagdkantate. Die ranghöchsten Hofräte und Kammerherren sowie ihre Damen nahmen an der herzoglichen Tafel im Tafelgemach Platz. Weitere Gäste wurden in der südlich angrenzenden „Großen Antichambre" untergebracht: Hier saßen neben dem Hofmarschall von Brühl diverse Hofdamen und Töchter sowie Weißenfelser Hofräte und Geistliche an der „Marschall und Frauenzimmer Tafel". Insgesamt werden 57 Personen genannt. Den Setzzetteln geht eine umfangreiche Liste der Tafeldiener voraus, auf der vermerkt ist, daß „die gantze Capelle" aufzuwarten hatte. Diese bestand laut einer Besoldungsliste des Jahres 1726 aus 32 Mitgliedern, darunter die damals hochberühmte Sopranistin Pauline Kellner (1664–1745), der ebenso bekannte Kammertrompeter Johann Caspar Altenburg (1687–1761) sowie Bachs Schwiegervater, der Hoftrompeter Johann Caspar Wilcke (um 1660–1731) und Bachs Schwager, der Kammertrompeter Christian August Nicolai († 1760). Trotz knapper Staatsfinanzen wurde der Hofkapelle nicht gespart, ihr Etat nahm sogar den größten Posten unter den Personalkosten des Hofes ein.[82] Die aufgeführte Tafelmusik wird – wie üblich – nicht erwähnt.

---

digt: des kurfürstlich-sächsischen Kammerherrn und Stiftshauptmanns zu Wurzen, Johann Christoph von Ponickau sowie der Hof- und Justizräte Dr. Gottfried Benedikt Krause und Dr. Gottlieb Benjamin Fuhrmann. Siehe Thüringische Landes- und Universitätsbibliothek Jena, *Ms. Bud. F. 162 (3)*, Teil 2, Stück 18 (Abschrift). Vgl. ebenda, Stück 20: „Acta Ihro Konigl: Maj: in Pohlen […] Rescripta an die Abgeordneten Commissare […] 1725".

[81] Schulze K, S. 612–614.
[82] 1726 betrug der Besoldungsetat der Hofkapelle 4132 Taler (A. Schmiedecke, *Zur Geschichte der Weißenfelser Hofkapelle*, Mf 14, 1961, S. 417). Er wurde in den folgenden Jahren auf 4830 Taler (1731/32) erhöht. In dieser Zeit erhielt das Marschallamt mit 3240 Talern den zweithöchsten Posten. Siehe die in Fußnote 80 genannte Akte, Teil 2, Stück 18, sowie Stück 29: „ACTA Die Von Sr. HochFürstl. Durchl. veranlasste Neue Besoldungs Regulierung, und dahero bey Subdelegirt[en] Keyserl.

Hingegen sah die „Ordnung" vor, daß beim Auftragen der Speisen „eine Intrade aus der Gallerie[83] dazu geschlagen u. geblasen" werden sollte. Trompeter und Pauker begleiteten den Eintritt von Herzog und Herzogin, während auf der Reitbahn (am Schloßgarten) und auf „dem Damme" (in der Stadt, an der Saale) aus 24 Kanonen gefeuert wurde. Blasen und Feuern wurden beim Abgang des Herrscherpaares wiederholt.[84] Bachs Anwesenheit zu den Geburtstagsfeierlichkeiten ist nicht belegt, sein Name fehlt in der die Akte einleitenden Beherbergungsliste. Doch wäre es naheliegend, daß der Thomaskantor bei den in Weißenfels lebenden Verwandten seiner Ehefrau Anna Magdalena unterkam. Bemerkenswert ist, daß unter den 35 zu beherbergenden Personen an vorletzter Stelle ein „H. Hofrath Lange zu Leipzig" erscheint. Bei ihm muß es sich um den Regierenden Bürgermeister Gottfried Lange (1672–1748) gehandelt haben, Bachs Leipziger Dienstherrn, der enge Beziehungen zum kursächsischen Hof in Dresden unterhielt und den Titel eines Hofrats führte. An den Feierlichkeiten in Weißenfels nahm er jedoch nicht teil. In der Akte findet sich sein Antwortschreiben vom 24. Februar 1725 (unterzeichnet mit „gehorsamster diner GLange"),[85] in dem bestätigt wird, die Einladung vom 21. Februar erhalten zu haben. Er sei begierig, wieder einmal in Weißenfels aufzuwarten. Leider hätte ihn aber der König zum Kommissar der Landeslotterie gemacht, die in der kommenden Woche gezogen würde. Er entschuldige daher sein Ausbleiben. Gottfried Lange, der wichtigste Fürsprecher Bachs bei dessen Wahl zum Thomaskantor 1723, hatte augenscheinlich seit Längerem gute Beziehungen zum Weißenfelser Hof. Herzog Christian, der sich häufig in der Messestadt aufhielt, mietete ab Ostern 1723 ein Haus des Bürgermeisters in der Leipziger „Chaterstraße" (Katharinenstraße).[86] Den Mietzahlungen des für sechs Jahre abgeschlossenen Vertrags kam er bereits im Oktober 1724 nicht mehr nach. Als Bach am 12. Januar 1729 anläßlich von Christians Besuch der Neujahrsmesse in Leipzig seine Kantate „O angenehme Melodei" BWV 210a aufführte, logierte der Herzog bei „Herrn Dr. Dondorfen in der Hainstraße".[87] Wenige Wochen später feierte Christian seinen 47. Geburtstag, zu dem er Bach wiederum nach Weißenfels einlud. Ob

---

Commission abzustattenden Bericht betrf. Anno 1732" (innen: „Besoldungs Reglement wie solches von Sr. Hochfstl. Dhl. Christian Hertzog zu Sachsen auf das Jahr ao. 1732").

[83] Raum im Nordflügel des Schlosses, dem Hof zugewandt.

[84] Wie Fußnote 78, Bl. 134v–135.

[85] Ebenda, Bl. 121 r–v und 126r.

[86] SHStAD, 10119 Sekundogeniturherzogtum Sachsen-Weißenfels, *Loc.11785, Nr.00981* (*Zwischen Serenissimus und dem königlich polnischen und kurfürstlich sächsischen Hofrat und Bürgermeister zu Leipzig, Gottfried Lange, über sein auf der dortigen Chaterstraße liegendes Haus errichteter Mietkontrakt*).

[87] Tiggemann (wie Fußnote 1), S. 8.

dabei die Kantate noch einmal zur Aufführung kam und Bach hier zum Kapellmeister von Haus aus ernannt wurde, läßt sich derzeit nicht ermitteln.

VII. Fazit

Für die Erforschung von Bachs höfischen Festmusiken ist das Wissen um die allgemeinen Entstehungsbedingungen von grundlegender Bedeutung. Der vorliegende Beitrag versuchte – am Beispiel von Bachs Weißenfelser Tafelmusiken – den Zusammenhang zwischen fürstlichem Initiator und Kunstwerken als Teil eines vielfältigen Bedingungsgefüges zu betrachten. Hierzu wurde der Kreis der einbezogenen Quellen um Dokumente erweitert, die das höfische Umfeld beleuchten, in dem der Komponist und seine Textdichter tätig wurden. Die erzählfreudigen und aussagekräftigen Quellen erlauben tiefe Einblicke in die Festkultur am Weißenfelser Hof und lassen die Funktion von Bachs Kompositionen in der Gesamtchoreographie der Festereignisse erkennen. Die glanzvollen Festzyklen geben einen lebendigen Eindruck vom Repräsentationsstreben am Weißenfelser Herzogshof, seinem Selbstverständnis als ranghöchster Seitenlinie des kursächsischen Fürstenhauses sowie seinen Beziehungen zu benachbarten Fürstenhöfen, dem sächsischen Hof- und Landadel und zur Messestadt Leipzig. Sie boten dem aufstrebenden Weimarer Hoforganisten wie auch dem gestandenen Leipziger Thomaskantor Bach ein attraktives Betätigungsfeld. Bei der Suche nach den Aufführungsorten und Fragen zu Auftrag, Entstehung, Zuhörerschaft, Aufführungsumständen und Textüberlieferung sowie zu Bachs Aufenthaltsdauer in Weißenfels (1713) konnten Annäherungen gefunden und Überlieferungslücken geschlossen werden. Offen gebliebene Fragen können künftig auf der Basis vieler hinzugewonnener Kenntnisse erforscht und vielleicht beantwortet werden.

*

Anhang: Ablauf der Geburtstagsfeierlichkeiten Herzog Christians von Sachsen-Weißenfels 1713 und 1725

1713				1725
3 Uhr Aufmarsch der Grenadiergarde, Landmiliz und Bürgerschaft	Do	23. 02.	Fr	3 Uhr Aufmarsch der Grenardiergarde, Bürger, Schützen und Vorstädter-Compagni

1713				1725
4:45 Uhr erstes Schlagen der Betglocke, Kanonenschüsse. Trompeter und Pauker auf dem Schloß-Altan: Morgenlied, geistliche Lieder, Intraden. Stadtpfeifer (Zinken und Posaunen auf dem Rathaus-Turm) sowie Waldhornisten und Hautboisten (an beiden Schloßportalen) blasen geistliche Lieder	Do	23. 02.	Fr	4:45 Uhr dreimaliges Schlagen der Betglocke, Kanonenschüsse. Trompeter und Pauker an beiden Schloßportalen: Morgenlied, Intraden. 1 Stunde Glockenläuten in Schloß, Stadt, Kloster und Hospital. Geistliche Lieder auf den Orgeln, Stadtpfeifer (Rathausturm) und Hautboisten spielen ebenfalls geistliche Lieder
8 Uhr: mehrmaliges Läuten zum Gottesdienst. Parade der Schweizer Garde. Einzug in die Schloßkirche, Solenner Gottesdienst mit der Hofkapelle				8 Uhr: mehrmaliges Läuten zum Gottesdienst. Parade der Schweizer Garde. Einzug in die Schloßkirche, Solenner Gottesdienst mit der Hofkapelle
Mittagstafel: „an einer Duppeltafel" im Tafelgemach mit „gantzer Capelle"; außerdem „1 Frauenzimmer Tafel, 1 Marschalltafel, 1 Cavalier Tafel, 1 Beytafel, 1 Geistl. Tafel, 3 Räthe und anderer Tafeln, 3 Tische bey der Capelle"				Mittagstafel: „Lange Duppeltafel im Tafelgemach", „Marschall und Frauenzimmer Tafel in der großen Antichambre". „Die gantze Capelle warttet bey der Tafel auf". SCHÄFERKANTATE BWV 249 a
7 Uhr: Hautboisten und Waldhornisten spielen geistliche Lieder	Fr	24. 02.	Sa	Morgens: Hautboisten spielen geistliche Lieder
8 Uhr Morgenmusik des Gymnasiums				
Ordentlicher Gottesdienst in der Schloßkirche				

1713				1725
Läuten im Kloster, Prozession zum Kloster: Oration des Gymnasiums (Rektor in lat. Sprache), Hofkapelle musiziert vor und nach der Oration einen lateinischen Psalm und ein weiteres Stück	Fr	24. 02.	Sa	10 Uhr und 11 Uhr Läuten im Kloster, Prozession zur Oration des Gymnasiums. Musiziert werden ein lateinischer Psalm und ein weiteres Stück
Armenspende				Armenspende
Mittagstafel: „Ovaltafel im Tafelgemach"				Mittagstafel: „Große Churfürstl: Tafel" im Tafelgemach mit „gantzer Capelle"
Vormittags Probe des Nachtrennens. Mittags Speisen in Gemächern. Abendtafel im Schloß, Hautboisten, Trompeter und Pauker	Sa	25. 02.	So	Ordentlicher Gottesdienst in der Schloßkirche. Mittagstafel im Tafelgemach. Komödie. Ball im Tafelgemach, „2 Collation-Tafeln"
Ordentlicher Gottesdienst in der Schloßkirche. Mittagstafel im Tafelgemach	So	26. 02.	Mo	„Mittags Speisen in oberen Gemach". Oper. Abendtafel „an der dreyfachen C-Tafel" mit Hautboisten, Trompetern und Paukern
„LustJagen im Jäger-Hauße. Abends lange Taffel im Jäger-Hauße auff dem Saal." JAGDKANTATE BWV 208?	Mo	27. 02.	Di	„Mittags Speisen in oberen Gemach". Abends Schnepperschießen in der Kirchgalerie. Abendtafel: „halbe Mond-Tafel in bundter Reihe" im „Churfürstl. Vorgemach" vor dem Theater

1713				1725
Fastnacht Mittagstafel: „Fünffache Circelrunde" (5 runde Tafeln) in bunter Reihe im Tafel- gemach, halbe Hofkapelle, Lakaienmusik, Schweizer, Bergleute, Altenburger Bauern, Trompeter und Pauker	Di	28. 02.	Mi	Ordentlicher Gottesdienst in der Schloßkirche. Mittagstafel in der Holländi- schen Küche (eine Schau- küche im holländischen Stil). Abendtafel: „halbe Mond- tafel im Churfürstl. Vorge- mach Vor dem Theatro in bundter Reihe"
Ordentlicher Gottesdienst in der Schloßkirche. „Mittags Speisen in Ge- mächern"	Mi	01. 03.	Do	Tierschießen im Hölzchen und Tafel im Lusthaus, Saustechen. Komödie im Schloß, danach Speisen in Ge- mächern
Ring- und Quintanrennen am Tage. 7 Uhr abends Nachtrennen. Abendtafel: „Große Circkel-Runde Taffel" im Audienzgemach, Tafelmusik: „Die Durch wahre Tugend unsterbliche-erworbene Ehre"	Do	02. 03.	Fr	Scheibenschießen und Tafel in der Holländischen Küche. Abendtafel: „halbe Mond- tafel im Churf. Vorgemach Vor dem theatro, dabey eine Comoedie."
Tierschießen und Schnepper- schießen im Jägerhaus. Abendtafel mit 2 Halbmond- tafeln im Tafelgemach des Schlosses JAGDKANTATE BWV 208?	Fr	03. 03.	Sa	Nach dem Frühstück Fuchsprellen im Schloßhof. Mittagstafel im Kurfürst- lichen Vorgemach vor dem Theater, dabei Komödie Abendtafel im Kurfürstlichen Gemach
Fuchsprellen auf dem Schloßhof. Mittagstafel im Tafelgemach an der „neuen Sonntagstafel" (vermutlich eine neue, für die Sonntage gebräuchliche Tafelform)	Sa	04. 03.	So	Mittagstafel im „neuen Fürstenhaus"

Auf den Spuren von Johann Sebastian Bachs Flötenkonzerten

Von Pieter Dirksen (Culemborg, NL)

Johann Sebastian Bach hat der Traversflöte große Aufmerksamkeit gewidmet, und seine Kompositionen für dieses Instrument nehmen nicht nur einen wichtigen Platz in seinem Oeuvre ein, sondern zählen überhaupt zu den Meisterwerken der Flötenliteratur. Zu denken ist vor allem an die Vielzahl von wichtigen Soli in seinen Kantaten, Passionen und Messen sowie an die Kammermusik (BWV 1013, 1030–1035, 1038, 1039, 1079). In der überlieferten Orchestermusik Bachs scheint das Instrument aber eher unterrepräsentiert. Kennzeichnend hierfür ist die Tatsache, daß die Ouvertüre h-Moll BWV 1067 mit konzertanter Flöte, wie sich jüngst herausgestellt hat,[1] ursprünglich wohl als reines Streicherstück ohne Flöte konzipiert war und damit doch ein wenig vom Glanz eines Bravourstücks der konzertanten Flötenliteratur eingebüßt hat. Im Bereich von Bachs Konzertschaffen liefert dieses Instrument lediglich einen eher bescheidenen solistischen Beitrag zu zwei strukturell nahe verwandten Tripelkonzerten (das Fünfte Brandenburgische Konzert BWV 1050 und das Konzert in a-Moll BWV 1044), in denen ein solistisches Cembalo dominiert, dem eine Flöte und eine Violine lediglich solistisch „sekundieren". Ein solch bescheidener Anteil an dem überlieferten Konzertschaffen muß angesichts der herausragenden Rolle der Flöte in den übrigen Bereichen der vokal-instrumentalen Ensemblemusik Bachs verwundern; jedoch ist die Frage, ob sich unter den Konzerten und konzertanten Sätzen Bachs, deren Originalgestalt nicht erhalten geblieben ist, ein Flötenkonzert verbergen könnte, bisher kaum ernsthaft verfolgt worden. Es gibt aber unverkennbare Spuren zu nicht nur einem, sondern gar zweien solcher Werke.

Die deutlichste Spur zu solch einem Flötenkonzert stellt die Sinfonia zu der Kantate „Non sa che sia dolore" BWV 209 dar. Es kann ausgeschlossen werden, daß der Satz eigens für diese Kantate komponiert wurde, denn Bach hat solche geschlossenen instrumentalen Einleitungssätze innerhalb seines Leipziger Kantatenschaffens immer bereits existierenden Instrumentalkompositionen entliehen,[2] und es gibt keinen Grund anzunehmen, daß es bei BWV 209

---

[1] W. Breig, *Zur Vorgeschichte von Bachs Ouvertüre h-Moll BWV 1067*, BJ 2004, S. 41–63; J. Rifkin, *The „B-Minor Flute Suite" Deconstructed. New Light on Bach's Ouverture BWV 1067*, in: Bach Perspectives 6, hrsg. von G. Butler, Illinois 2006, S. 1–98.

[2] Eine Ausnahme bildet die Sinfonia, die den zweiten Teil von Bachs erster Leipziger Kantate (BWV 75) eröffnet, aber diese nimmt als instrumentale Choralbearbeitung

anders verfahren ist. Vielmehr trägt dieser ausgedehnte Da capo-Satz unverkennbar den Charakter eines Eröffnungssatzes eines dreiteiligen Solokonzerts.

Der Entstehungshintergrund und die Datierung dieser Solokantate, die lediglich in einer nach Bachs Tod entstandenen Abschrift überliefert ist, scheint inzwischen geklärt. Die im Text vorhandenen Anknüpfungspunkte (vor allem der Hinweis auf Ansbach) haben zu verschiedenen Theorien zu einer Entstehung in der mittleren Leipziger Zeit geführt,[3] bis sich herausstellte, daß zwei Textfragmente aus Metastasio-Opern entlehnt sind, die im Mai 1746 in Leipzig beziehungsweise im November desselben Jahres in Dresden (und anschließend offenbar auch in Leipzig) aufgeführt wurden.[4] Hans-Joachim Schulze hat dann auf überzeugende Weise die daraus folgende sehr spät anzusetzende Entstehungszeit von BWV 209 (frühestens Ende 1746) mit dem aus Ansbach stammenden und von 1743 bis 1747 als Student in Leipzig weilenden Lorenz Albrecht Beck (1723–1768) in Verbindung gebracht.[5] Becks Magisterpromotion und darauffolgender Abschied nach Ansbach erfolgten am 16. Februar 1747, und höchstwahrscheinlich hat Bach die Kantate für diese Gelegenheit verfaßt. Damit erklärt sich der Stil namentlich des Schlußsatzes dieser Kantate: Die Arie „Ricetti gramezza e pavento" zeichnet sich durch eine ausgesprochen „galante" Schreibweise aus. Sie hat in der auf 1747/48 zu datierenden Baß-Arie „Rühmet Gottes Güt und Treu" aus der Kantate BWV 195 (Nr. 3) ein nah verwandtes Gegenstück.[6] Für die Entstehung der Sinfonia bedeutet dies, dass die Zeitspanne, in der sie entstanden sein könnte, sehr viel weiter ist als angenommen, da diese irgendwann vor 1747 entstanden sein muß. Jedoch leuchtet ein, daß aus stilistischen Gründen die älteren Hypothesen, die eine Entstehung im Jahr 1734 oder gar 1729 für möglich halten, zeitlich zu

---

eher einen Sonderstellung ein. Schon eine Woche später griff Bach – wohl aus Zeitnot – auf einen älteren Instrumentalsatz zurück (BWV 76/8, nach einer Weimarer Triosonate; vgl. dazu P. Dirksen, *Ein verschollenes Weimarer Kammermusikwerk Johann Sebastian Bachs? Zur Vorgeschichte der Sonate e-Moll für Orgel (BWV 528)*, BJ 2003, S. 7–36). Dieses Verfahren bildete seitdem die Norm (vgl. BWV 29, 35, 42, 49, 52, 76, 146, 156, 169, 174 und 188); spätere, leicht erklärbare weitere Ausnahmen bilden lediglich BWV 248/10 und 212/1.

[3] Zu Johann Matthias Gesner (1729) siehe L. Ansbacher, *Sulla cantata profana N. 209 „Non sa che sia dolore" di G. S. Bach*, in: Rivista musicale italiana 51 (1949), S. 97–116; zu Lorenz Mizler (1734) siehe K. Hofmann, *Alte und neue Überlegungen zu der Kantate „Non sa che sia dolore" BWV 209*, BJ 1990, S. 7–25.

[4] K. Küster in *Bach-Handbuch*, Kassel und Stuttgart 1999, S. 421–423.

[5] H.-J. Schulze, *Rätselhafte Auftragswerke J. S. Bachs*, BJ 2010, S. 69–93, speziell S. 79–88.

[6] Vgl. in dieser Hinsicht vor allem die Verwendung des lombardischen Rhythmus auf der erhöhten vierten Stufe in beiden G-Dur-Arien. Zur Datierung der für die späteste Fassung hinzukomponierten Baß-Arie siehe Kobayashi Chr, S. 61.

früh ansetzen, dies nicht allein wegen der eindeutig „galanten" Schlußarie, sondern auch wegen der Sinfonia. Das Eröffnungsmotiv dieses Instrumentalsatzes ist zwar identisch mit dem des ersten Satzes des Konzertes für zwei Violinen BWV 1043, das um 1730 datiert wird, im weiteren musikalischen Verlauf jedoch könnten die beiden Ritornelle kaum unterschiedlicher sein (Beispiel 1).

Beispiel 1
a) BWV 1043/1, T. 1–4 (Violino II)

b) BWV 209/1, T. 1–8 (Violino I)

c) BWV 552/1, T. 45 f.

d) BWV 936, T. 1–6

Während im Doppelkonzert das Sechstonmotiv den Auftakt bildet für ein intrikates, um die fallende chromatische Quarte gebautes Fugenthema, beantwortet die Sinfonia diesen Einsatz mit modisch fallenden Seufzern *(x)*, melodisch empfundenen „neapolitanischen" Tiefalterationen *(y)* und einem insgesamt aufgelockerten Begleitsatz. In der Sinfonia, die im Gegensatz zu BWV 1043/1 im neumodischen 2/4-Takt steht, wird dann auch – sieht man von dem spielerischen Begleitkanon in den Violinen (T. 128 ff. und 135 ff.) ab – auf eine imitative Schreibweise völlig verzichtet. Die „neapolitanischen" Alterationen erscheinen in ganz ähnlicher Weise im Präludium Es-Dur BWV 552/1 von 1739 (Beispiel 1c). Die fallenden Seufzer finden sich wörtlich in dem gleichfalls im „galanten" 2/4-Takt komponierten Präludium BWV 936 wieder (Beispiel 1d). Dieses zur Sammlung der „Sechs Präludien für Anfänger auf dem Clavier" gehörende Stück weist eine Besonderheit auf, die auf seine Entstehungszeit hindeutet: Am Ende wird das hohe *e'''* erreicht, das sonst nur in den um 1740 bis 1747 entstandenen Clavierwerken auftritt (BWV 997/5, 1044 und 1080/13).[7]

---

[7] Vgl. dazu P. Dirksen, *Studien zur Kunst der Fuge,* Wilhelmshaven 1994, S. 139 f. – Nicht überzeugend erscheint die Ansicht, das hohe *e'''* von BWV 936 sei das Ergeb-

Einer einleuchtenden Hypothese zufolge, wurde diese kleine, aber anspruchs-
volle pädagogische Sammlung von „modernen" zweiteiligen Präludien für
Bachs Sohn Johann Christoph Friedrich (geb. 1732) angelegt,[8] was eine Entstehungszeit etwa zu Beginn der 1740er Jahre implizieren würde. Damit ist
wohl auch ein Anhaltspunkt für die Datierung von BWV 209/1 gegeben. Mit
dem Tripelkonzert a-Moll BWV 1044, das sich gleichfalls in die 1740er Jahre
datieren läßt,[9] teilt die Sinfonia den sonst in schnellen Sätzen bei Bach nie be-
gegnenden Einsatz des Pizzicato. Alles in allem ist von einem Flötenkonzert in
h-Moll auszugehen, das Anfang der 1740er Jahre entstand und damit Bachs
später, vielleicht insgesamt der Berliner Musikszene zugewandten, Beschäftigung mit der Flöte zu verdanken ist. Neben BWV 1044 und dem hypothetischen h-Moll-Konzert gehören auch die E-Dur-Sonate BWV 1035 sowie das
Musikalische Opfer BWV 1079 zu dieser Phase. Allerdings fehlt vom zweiten
und dritten Satz des Flötenkonzerts jede Spur.

***

Schon seit langem wird vermutet, daß die beiden d-Moll-Sinfonien der Kantate „Geist und Seele wird verwirret" BWV 35, nicht eigens für diese erstmals
am 8. September 1726 aufgeführte Kantate zum 12. Sonntag nach Trinitatis
komponiert wurden,[10] sondern die Rahmensätze zu einem verschollenen Solokonzert bildeten,[11] das hier mit Vorbehalt und vor allem aus praktischen Gründen als BWV 1059a bezeichnet werden soll. Die üppige „Kantaten"-Beset-
zung der beiden Sinfonien mit zwei Oboen, Taille (Tenoroboe), Streichern und
obligater Orgel als Soloinstrument wird dabei aber sicherlich nicht dem Original entsprochen haben. Der Oboenchor erweist sich wegen seines nichtobliga-
ten Charakters[12] eindeutig als Erweiterung des Kantatenensembles, während

---

nis eines postumen Eingriffs. Siehe zu dieser Ansicht H. Keller, *Die Klavierwerke
Bachs*, Leipzig 1950, S. 98, sowie vor allem K. Hofmann, *Notentextprobleme in
Bachs Sechs Präludien für Anfänger auf dem Clavier (BWV 933–938)*, in: Acht
kleine Präludien und Studien über B A C H, Wiesbaden 1992, S. 60–66, speziell
S. 61 f. Eine Tieferlegung der rechten Hand in den letzten Zeilen nimmt dem Satz
seine innere Dynamik und seinen natürlichen Kulminationspunkt.
[8] B. Billeter, *Bachs Orgel- und Klaviermusik*, Winterthur 2010, S. 644.
[9] Vgl. P. Wollny, *Überlegungen zum Tripelkonzert a-Moll BWV 1044*, in: Bachs
Orchesterwerke, hrsg. von M. Geck, S. 283–291.
[10] Zur Datierung vgl. Dürr Chr 2, S. 90.
[11] Spitta II, S. 278–79. Ausgabe der Kantate in NBA I/20 (K. Hofmann, 1986).
[12] Die obligaten Oboenpartien in BWV 35/1, T. 9–10, 13–14, 25–26, 56–59 und
122–123 stellen zweifellos das Ergebnis einer Neuaufteilung des ursprünglichen reinen Streichersatzes dar.

die Solostimme für Orgel ohne Zweifel – wie in den meisten anderen Fällen in Bachs Kantenwerk – einen Ersatz für ein originales Melodieinstrument in Diskantlage bildet. Der Tonumfang der Solostimme für die rechte Hand *(c'–d''')* scheint dabei unmittelbar auf die Oboe hinzuweisen.[13] Joshua Rifkin hat zudem auf durchaus überzeugende Weise die in langsamer Bewegung geführte Sinfonia zu der Kantate „Ich steh mit einem Fuß im Grabe" BWV 156 sowie den damit weitgehend identischen Mittelsatz des Cembalokonzerts in f-Moll BWV 1056 zu den in BWV 35 überlieferten schnellen Sätzen in Beziehung gesetzt.[14] Die Tonart (F-Dur) und die Instrumentierung (Oboe, Streicher und Continuo) der Sinfonia BWV 156/1 fügen sich ohne weiteres in diese Hypothese – womit der früher (ohne Erfolg) erprobte Versuch, aus der Arie BWV 35/2 einen Mittelsatz zu gewinnen, definitiv hinfällig wurde. Ein vollständiges Oboenkonzert in d-Moll scheint damit rekonstruierbar.[15] Als zusätzliches Argument könnte jenes Fragment BWV 1059 in der autographen Konzeptpartitur der Cembalokonzerte *(P 234)* ins Spiel gebracht werden, das den Anfang einer Bearbeitung des ersten Satzes darstellt (vgl. dazu weiter unten), wobei Bach zusätzlich zur Normalbesetzung von Cembalo und Streichern im Werktitel auch noch eine Oboe verzeichnet.[16]

Jedoch gibt es einen schwerwiegenden Einwand gegen diese Theorie: Die Rahmensätze stellen extreme Anforderungen an die Ausdauer des Oboisten, besonders der letzte Satz, der kaum Gelegenheit zum Atmen bereithält. Der Oboist Bruce Haynes beobachtet: „manche Soli in Satz 1 wirken auf der Oboe ungeschickt, und der letzte Satz hält nirgends inne, was für Bachs Behandlung von Blasinstrumenten untypisch erscheint".[17] John Robison weist insbesondere auf einige Stellen im ersten Satz hin, die einen spieltechnisch ausgesprochen ungünstigen Fingersatz für die Oboe hätten und schließt den Finalsatz kategorisch für die Oboe aus.[18] Tatsächlich klafft eine derartige Lücke in dieser Hinsicht zwischen BWV 1059a einerseits und den vielen authentischen Oboensoli Bachs andererseits – nicht zuletzt auch die auf durchaus überzeugende Weise für Oboe beziehungsweise Oboe d'amore rekonstruierten Fassungen der Kon-

---

[13] U. Siegele, *Kompositionsweise und Bearbeitungstechnik in der Instrumentalmusik Johann Sebastian Bachs,* Neuhausen-Stuttgart 1975, S. 144; NBA VII/7 Krit. Bericht (W. Fischer, 1971), S. 138; Dürr K, S. 420. Vgl. auch die in Fußnote 14 und 16 angeführten Aufsätze.

[14] J. Rifkin, *Ein langsamer Konzertsatz Johann Sebastian Bachs,* BJ 1978, S. 140–147.

[15] Vgl. die Rekonstruktion von A. Mehl (basierend auf den Darstellungen Rifkins), Lottstetten und Adliswil 1983.

[16] Vgl. dazu W. Breig, *Bachs Cembalokonzert-Fragment in d-moll (BWV 1059),* BJ 1979, S. 29–36.

[17] B. Haynes, *Johann Sebastian Bachs Oboenkonzerte,* BJ 1992, S. 38.

[18] J. O. Robison, *The Lost Oboe Works of J. S. Bach, Part V,* in: BACH: Journal of the Riemenschneider Bach Institute 14/2 (1983), S. 18 f.

zerte BWV 1053 und 1055 –, so daß sich eine ursprüngliche Bestimmung des d-Moll-Konzerts für Oboe wohl ausschließen läßt, und dies trotz der genannten Indizien, die auf ein Oboenkonzert hinzuweisen scheinen. Es gilt hier also, nach einem anderen, idiomatischeren Diskant-Soloinstrument Ausschau zu halten. Die Violine kommt nicht im Frage: es fehlen typische Streicherfigurationen, wie sie in allen Violinkonzerten Bachs nachgewiesen werden können. Darüber hinaus ist der Ambitus von zwei Oktaven und einem Ton, der den Tonumfang der Rahmensätze einheitlich auf $c'-d'''$ eingrenzt (der Mittelsatz beschränkt sich auf $d'-d'''$) und deshalb als feste Größe betrachtet werden muß, für ein Streichinstrument ungewöhnlich eng.[19] Übrig bleibt deshalb meines Erachtens – wenigstens für die beiden schnellen Sätzen – nur ein einziges Instrument – die Traversflöte. Wie die vielen Partien für dieses Instrument in Bachs Werk eindeutig belegen, ist es eher Norm als Ausnahme, daß sich ihre Gestaltung durch ausgedehnte Passagen auszeichnet, die einen langen Atem erfordern. Bachs Behandlung der Flöte unterscheidet sich in diesem Punkt ausgesprochen von der in seinen Oboenpartien. So weist die Solostimme der schnellen Sätze von BWV 1059a denn auch unverkennbar flötenidiomatische Züge auf (vgl. dazu ausführlicher weiter unten).

Weil ein Flötenkonzert in d-Moll klanglich bei Bach undenkbar ist – seine Konzerte und konzertierenden Sätze mit solistischer Flöte (BWV 8/1, 94/1, 99/1, 209/1, 1044, 1050 und 1067) verwenden ohne Ausnahme die klanglich helleren Kreuztonarten –, und weil c' für die barocke Traversflöte zu tief liegt, ist in dieser Hypothese von einem Konzert in e-Moll auszugehen, wobei der Umfang der Solostimme den normalen Flötenumfang $d'-e'''$ (oder f'''; vgl. dazu weiter unten) erhält. Es muß hier aber eingeräumt werden, daß sich in der autographen Partitur zu BWV 35 *(P 86)* keine direkten Spuren einer möglichen Vorlagekomposition in e-Moll finden, wie sie in vergleichbaren Fällen durch Transpositionsversehen oder andere Irrtümer ersichtlich werden. Aus quellenkundlicher Sicht wird unsere Hypothese somit kaum gestützt. Sollte es tatsächlich eine Transposition in eine tiefere Tonart gegeben haben, dann wäre eine verlorene Zwischenfassung in d-Moll anzunehmen. Auf die Theorie einer Originalkomposition in e-Moll könnten allenfalls ein paar Merkwürdigkeiten in der Stimmführung hinweisen. In T. 67 des ersten Satzes sollte in der d-Moll-Fassung die erste Note in der 2. Violine der Parallelstelle T. 44 entsprechend eigentlich f statt c^1 heißen; in einer e-Moll-Transposition wird dieser Ton möglich und wird somit zu g, dem tiefsten Ton der Violine. Auch die Lage der Solostimme in T. 61–65 des ersten Satzes ist in diesem Zusammenhang von Interesse. Hier zitiert der Solist die ersten vier Takte des Ritornellthemas (Beispiel 2a). Wie die Parallelstelle in T. 99–103 (Beispiel 2b) veranschaulicht, ist die Tiefertransposition der zweiten Phrase des Solisten in T. 63–65 als Ori-

---

[19] Vgl. auch NBA VII/7 Krit. Bericht (W. Fischer, 1971), S. 139.

ginalgedanke des Komponisten eher unwahrscheinlich: Dies würde die Einheit des Ritornellzitats durchbrechen und die Solostimme in eine ungünstige Lage unterhalb der ersten Ripienstimme verlegen – das heißt, ungünstig für ein solistisches Melodieinstrument (ganz gleich, ob Oboe oder Flöte), aber nicht für die in der Kantatenfassung benutzte obligate Orgel, die sich auch hier zweifellos ohne Mühe klanglich durchsetzen kann. Wahrscheinlich liegt hier eine Tiefertransposition zur Vermeidung des auf Bachs Orgel nicht zur Verfügung stehenden hohen *es'''* vor. In der hier postulierten e-Moll-Fassung für Flöte mit Wiederherstellung der hohen Lage in diesem Takt ergibt sich hier *f'''* als höchster Ton (Beispiel 2c). Dieser auf der Traversflöte eher unbequeme und in der Literatur seltene Ton kommt bei Bach zuweilen vor – vgl. die Arien BWV 78/4, T. 36 und BWV 101/2, T. 48 (beide im Spätsommer 1724 entstanden; vgl. dazu weiter unten) – und wäre deshalb im Kontext eines anspruchsvollen Solokonzerts durchaus plausibel. (Nebenbei sei bemerkt, daß in der hypotheti-

Beispiel 2
a) BWV 35/1, T. 61–65 (Organo, rechte Hand und Violino I)

b) BWV 35/1, T. 99–103 (Organo, rechte Hand und Violino I)

c) BWV 1059a, T. 61–65 (Flauto traverso, rekonstruiert)

schen „Oboenfassung" in d-Moll an dieser Stelle ein für die Barockoboe höchst unwahrscheinliches *es'''* gefordert würde.)

Sieht man von der Tatsache ab, daß die Quellen nur wenig zum weiteren Hintergrund des Konzerts aussagen können, so gibt es dennoch genug Indizien, die die Annahme eines Flötenkonzerts in e-Moll nahelegen. Eines davon betrifft die kürzlich gelungene Entdeckung eines Flötenkonzerts in G-Dur von Georg Philipp Telemann (TWV 51:G2), das von einem Andante eröffnet wird, das Ian Payne als das Modell für den langsamen Satz unseres Konzerts identifiziert hat.[20] Die Tonart dieses Satzes ist hier von besonderem Interesse, denn es kann generell festgestellt werden, daß Bach bei Nachahmungen gewöhnlich die Tonart der Vorlage beibehielt. Das ist wenigstens der Fall in den Fugen nach Corelli (BWV 579), Albinoni (BWV 946, 950 und 951) und Reincken (BWV 954, 965 und 966), im ersten Satz des Violinkonzerts E-Dur BWV 1042/1 (offenbar nach einem Violinkonzert Telemanns modelliert)[21] und in der Sonate für Flöte und Cembalo Es-Dur BWV 1031 (nach einer Triosonate mit Flöte von Johann Joachim Quantz).[22] Es liegt deshalb auf der Hand anzunehmen, daß die Urgestalt von Bachs Telemann-Aemulatio die gleiche Tonart wie die Vorlage aufwies und damit wohl auch deren Besetzung mit Soloflöte. Indirekt impliziert das für die Ecksätze die Paralleltonart e-Moll. Die in Rostock als Stimmensatz aufbewahrte viersätzige Komposition Telemanns (D-ROu, *Mus. Saec. XVII:18|45|16*) enthält in der Solostimme zwar die Angabe „Hautbois vel Traversiere", jedoch ist das Werk auf dem Umschlag als Konzert für Traversflöte ausgewiesen, und auch der musikalische Charakter und die Tonart[23] des Werkes weisen darauf hin, daß es sich hier wohl primär um ein Flötenkonzert handelt.[24]

---

[20] I. Payne, *New Light on Telemann and Bach: Double Measures*, in: The Musical Times 139 (1998), S. 44 f.; ders., *Telemann's Musical Style, c.1709–c.1730 and J. S. Bach: The Evidence of Borrowing*, in: BACH: Journal of the Riemenschneider Bach Institute 30 (1999), S. 42–64, hier S. 57–59; I. Payne und S. Zohn, *Bach, Telemann, and the Process of Transformative Imitation in BWV 1056/2 (156/1)*, in: Journal of Musicology 17 (1999), S. 546–584; S. Zohn, *Music for a Mixed Taste – Style, Genre, and Meaning in Telemann's Instrumental Works*, Oxford 2008, S. 191–214.

[21] Vgl. Payne, *Telemann's Musical Style*, S. 51–57.

[22] Vgl. J. Swack, *Quantz and the Sonata in E-flat major for flute and obbligato cembalo, BWV 1031*, in: Early Music 23 (1995), S. 31–53.

[23] Sämtliche erhalten gebliebenen Telemannschen Flötenkonzerte (zwölf Werke) stehen in Kreuztonarten (D-Dur, E-Dur, e-Moll, G-Dur, A-Dur, h-Moll) während unter seinen acht Oboenkonzerten eindeutig die Molltonarten überwiegen (sechs Werke), gegenüber zweien in D-Dur bzw. e-Moll).

[24] G. P. Telemann, *Konzert G Dur* [TWV 51:G2], hrsg. und rekonstruiert von I. Payne, Severinus Urtext Telemann Ausgabe 95 (1998). Payne und Zohn plädieren dagegen für die Oboe als dem primären Instrument; vgl. Zohn, *Music for a Mixed Taste* (wie Fußnote 20), S. 202.

Telemanns Konzert in G-Dur ist auch für die Frage der Datierung des Konzerts BWV 1059a von einiger Relevanz. Payne datiert das Werk Telemanns auf „ca. 1716 bis frühe 1720er Jahre".[25] Somit ist Bachs Konzert frühestens in seiner Köthener Zeit entstanden, wobei die Anfangsjahre sich wohl ausschließen lassen. Weil die Entstehung von BWV 35 auf Anfang September 1726 festgelegt ist und somit einen klaren *terminus ante quem* benennt, ergibt sich eine recht gedrängte mögliche Entstehungszeit von etwa 1720 bis 1725. Typologisch gesehen gehört das Stück zu einer Subspezies von Bachs Konzerten mit betont beschränkten Ausmaßen. Das in dieser Hinsicht am nächsten verwandte Stück ist das Violinkonzert g-Moll BWV 1056a, das sich auf die späte Köthener Zeit datieren läßt.[26] Diese Verwandtschaft hat Bach dann später offenbar dadurch betont, daß er das Violinkonzert für Cembalo bearbeitete und dabei dessen ursprünglichen Mittelsatz gegen den des Konzerts BWV 1059a austauschte, was wohl nur unter der Voraussetzung von ähnlich proportionierten wie auch ähnlich konzipierten Konzerten möglich war. Aber die Verwandtschaft geht noch weiter. Beide Konzerte werden von einem Presto im 3/8-Takt abgeschlossen, die nach Tanzmuster in zwei gleich lange Teile unterteilt sind, nach dem einfachen Schema Tonika → Dominante | Dominante → Tonika. In BWV 1056/3 ist diese Form ohne, in BWV 1059/3 mit Wiederholungszeichen ausgeführt. Die Länge der beiden Sätze ist überdies durchaus vergleichbar: BWV 1056/3 besteht aus 2 × 112 = 224 Takten; BWV 1059/3 aus 56 + 60 = 116 Takten, und unter Berücksichtigung der Wiederholungen von beiden Teilen ergeben sich insgesamt 232 Takte. Beim letzteren, besonders leicht hingeworfenen Satz kommt – im Anschluß an den Befund des Mittelsatzes – der Verdacht auf, daß Bach hier wiederum einen fremden, zeitgenössischen Satz als Ausgangspunkt genommen hat (in diesem Fall wohl ein Menuett), obwohl eine direkte Vorlage noch nicht aufgefunden werden konnte (Beispiel 3a). Daß die Solostimme dieses sonatenhaften Satzes, in dem die Streicher durchgehend rein begleitende Funktion haben, wirklich flötenidiomatisch angelegt ist, beweist seine enge Verwandtschaft mit einer weltlichen Arie mit obligater Flöte, die ganz ähnliche lange Sextolenketten aufweist (Beispiel 3b; vgl. auch BWV 26/2).

Beispiel 3
a) BWV 1059a/3, T. 1–8 (Solostimme) / Georg Friedrich Händel, Menuett aus der Wassermusik HWV 348/5, T. 1–6 (Oberstimme)

BWV 1059a/3

---

[25] Payne, *Telemann's Musical Style* (wie Fußnote 20), S. 59.
[26] Vgl. P. Dirksen, *J. S. Bach's Violin Concerto in G Minor,* in: Bach Perspectives 7, hrsg. von G. Butler, Urbana und Chicago 2008, S. 21–54.

HWV 348/5

b) BWV 1059a/3, T. 33–45 (Solostimme) / Aria BWV 204/6, T. 28–32 (Flauto traverso)
BWV 1059a/3

BWV 204/6

Aber sogar der Eröffnungssatz, obwohl der weitaus gewichtigste Satz dieses Konzertes, weist innerhalb von Bachs Konzertschaffen singuläre, aufgelockerte Züge auf. Seine Form sei hier deshalb einer näheren Betrachtung unterzogen. Eine Schlüsselstellung spielt dabei die Gestaltung des Ritornells von BWV 35/1, vor allem im Verhältnis zu seiner späteren Bearbeitung BWV 1059 (Beispiel 4a). Das Ritornell ist zusammengestellt aus vier Motiven, hier a bis d genannt, und einer Kadenzformel. Die Motivik entwickelt sich organisch: b kann als freie Umkehrung von a betrachtet werden, c als Fortsetzung und andere Realisierung der aufsteigenden Dreiklänge von b (wobei die Kontinuität betont wird durch das Weiterpulsieren des Eröffnungsmotivs im Baß, wie in Beispiel 4a

Beispiel 4
a) Ritornell BWV 35/1 (Violino I, T. 1–9 / T. 4–6 mit Continuo)

b) BWV 1059 (Violino I)

angegeben), während *d* als Variation von *c* aufzufassen ist.[27] Das ganze Gebilde scheint aber eher quasi-improvisatorisch hingeworfen als durchdacht zusammengestellt. Die „Antwort" *b* auf die „Frage" *a* hätte eigentlich gleichfalls zwei Takte dauern müssen, wird aber durch den Einsatz von *c* mitten im vierten Takt verkürzt – was umso mehr auffällt, als *c* und *d* wiederum je zwei Takte umfassen. Auch fällt der ungewöhnlich starke Anteil von Sequenzbildungen auf. Nach dem Vordersatz (Definition der Tonalität durch emphatische Exponierung der Stufen I–V–I) *a* in T. 1–2 werden nicht weniger als drei Sequenzglieder *(b–d)* aneinandergereiht. Beide Elemente hat Bach in dem Fragment BWV 1059, wie Werner Breig dargestellt hat,[28] zu beseitigen versucht (Beispiel 4b), wobei er die Tonrepetitionen von *c* eliminiert und insgesamt die starke Sequenzbildung durch Variierung etwas „gedämpft" hat. Dabei ist er aber offenbar in eine kompositorische Sackgasse gelangt: Die neuen Synkopen und Zweiunddreißigstel haben dem Ritornell ein wohl zu kompliziertes, verzwicktes Gepräge gegeben um als Ausgangspunkt eines Konzertsatzes dienen zu können, und die Zweiunddreißigstel nehmen überdies die zu erwartenden solistischen Figurationen des neu vorgesehenen Soloinstruments (Cembalo) zu stark vorweg. Wohl aus diesen Gründen hat Bach BWV 1059 vorzeitig abgebrochen.

Ein neben der Sequenzfreudigkeit weiteres „improvisatorisches" Element des ursprünglichen Ritornells ist die Art des Auftretens von Dreiklangsbildungen mit Tonrepetitionen (Glied *c*). Dieses radikale und italianisierende Stilmittel benutzt Bach sonst immer nur als markantes Eingangsmotiv (vgl. BWV 41/1, 43/3, 51/1, 57/5, 176/1 und 1050/1), was angesichts seines ausgeprägten Affektgehalts einleuchtet.[29] Die Anwendung dieses „stile concitato" als sekundäres Ritornellglied in BWV 35/1 ist, soweit ich sehen kann, bei Bach singulär

---

[27] Vgl. dazu ausführlich Breig, *Bachs Cembalokonzert-Fragment in d-moll* (wie Fußnote 16), S. 31–34.

[28] Ebenda, S. 33 f.

[29] Zum Hintergrund dieser Bildung, vgl. P. Dirksen, *The Background to Bach's Fifth Brandenburg Concerto,* in: The Harpsichord and its Repertoire, hrsg. von P. Dirksen, Utrecht 1992, S. 163 f.

und gibt diesem Ritornell ingesamt etwas Kapriziöses, wenn nicht Willkür-
liches. Es klingt fast wie ein Selbstzitat, wobei man unwillkürlich an BWV
1050/1 denkt. Die vollständige Beseitigung dieses Elements im Fragment
BWV 1059 weist jedenfalls darauf hin, daß Bach sich damit zu einem späteren
Zeitpunkt nicht mehr identifizieren konnte.
Der Charakter einer ohne große kompositorische Stringenz hingeworfenen
Komposition prägt nicht nur das Ritornell, sondern auch die Form von BWV
35/1 insgesamt (Tabelle 1).

Tabelle 1 – Form von BWV 35/1

Abschnitt [Taktzahl]	Takt	Glied*	Stufe
I [9]	1–9	Ritornell: ripieno $a - b - c - d$ + *Kadenz*	i
II [29]	10–21	solo A – ripieno a – solo A' / ripieno a	i
		solo-Fortspinnung B	i → III
	22–33	ripieno a – ripieno b / solo a	III
		solo $b'–b''$ – solo-Fortspinnung C	III → v
	33–38	ripieno $a–b$ mit freier solo-Kp	v
		solo-*Perfidium* I + *Kadenz*	II [D^7 von v]
III [9]	39–47	ripieno: cont a / v1 Kp w / freier solo-Kp	v
	[Ritornell]	solo b / ripieno Kp x	v
		ripieno c / solo Kp y	v
		ripieno d / solo Kp z + *Kadenz*	v
IV [33]	48–80	solo A – solo-Fortspinnung B	v → iv
		ripieno: v1 a / v2 Kp w'	iv
		solo a / ripieno Kp w' – solo b / ripieno Kp x'	iv
		ripieno c / solo Kp y	iv
		ripieno: cont a / v1 Kp w' – solo-Fortspin- nung von w' + solo-*Perfidium* II	VI
		ripieno (cont) a + *Kadenz*	VI
V [18]	80–97	ripieno $a–b$ (erweitert) + freies solo-Kp	VI → iv
		solo-Fortspinnung	iv → i
		ripieno $b–c$ (fragm.) in Dialog m. solo (w'')	i
		solo-*Perfidium* III / Kopfmotiv a ostinat im Baß	II (napolita- nisch) > i
VI [25]	98–122	ripieno: v1 a / v2 w'	i
		solo a / v1 Kp w' – solo b / v1 Kp x'	i
		ripieno c / solo Kp y	i
		solo-Fortspinnung (w')	i

		solo b / v1 Kp x	i
		solo c / v1 Kp w'' [NB!]	i
		solo d / v1 Kp z	i
		+ solo *Kadenz*	(Trugschluß auf VI)
		solo-*Perfidium* IV	VI → i
VII = I [9]	123–131	Ritornell: ripieno $a-b-c-d$ + *Kadenz*	i

* Abkürzungen v1, v2 = Violino I, II; cont = Continuo; Kp = Kontrapunkt

Es liegt eine Rahmenform vor, in der das neuntaktige Eröffnungsritornell am Ende notengetreu wiederholt wird. Damit ist aber zugleich der weitaus wichtigste formale Zusammenhalt benannt, denn der ausgedehnte Mittelteil (er ist mehr als zwölfmal so lang wie das Ritornell!) weist keine stringente Konzeption auf, sondern muß vielmehr unter der Perspektive einer „Konzertfantasie" betrachtet werden, bei der auf sehr vielfältige Weise die Bausteine des Ritornells variiert und kombiniert werden, die Solothematik und -figuration dagegen kaum eigenständige Bedeutung erlangen. Das erste Solo *(A)*, das devisenartig vorgestellt wird, entpuppt sich bei seiner variierten Wiederholung als ein Kontrapunkt zu a. Mit der Kombination von a mit A' wird ein zentrales Ziel dieses Satzes, nämlich das der kontrapunktischen Kombination von Themen (in Tabelle 1 durch den Schrägstich gekennzeichnet), sofort eingeführt. Neben freien Sololinien sind bei dieser Kombinationstechnik vor allem einige feste Kontrapunkte von Bedeutung (Beispiel 5). Die Kontrapunkte w, x, y und z sind die Gefährten von a, b, c und d und sind alle im doppelten Kontrapunkt geschrieben. Kp w zu a ist eigentlich schon von

Beispiel 5 – Kontrapunkte zum Ritornell: w, w', x, x', y, z (alle in d-Moll notiert)

Anfang an latent vorhanden (vgl. T. 1–2, Violino II) und tritt ab T. 60 in einer Variante (*w'*) mit paarweise gebundenen Sechzehnteln auf; diese Figuration erhält in der zweiten Hälfte des Satzes große Bedeutung. Diese Variantenbildung greift selbst auf das Ritornell über; in T. 26–29 spielt das Soloinstrument Glied *b* zweimal in variierter Fassung. Vorbereitet wird dies durch eine freie Kombination von *a* und *b*. Einen wichtigen strukturellen Platz nimmt die vollständige, geschlossene Ritornelldurchführung auf der Dominante in T. 39–47 (Abschnitt III) ein, jedoch in einer merkwürdigen Aufteilung auf Continuo *(a)*, Solo *(b)* und Violino I *(c–d)*. Zugleich wird dabei die Reihe der Kontrasubjekte *w–z* geschlossen vorgestellt. Diese „Kontra-Exposition" auf der fünften Stufe und an der gleichen strukturell exponierten Stelle hat in Bachs Werk ein bemerkenswertes Gegenbeispiel, und zwar in dem gleichfalls in e-Moll stehenden Präludium für Orgel BWV 548/1. Merkwürdig ist zudem, daß dieses vollständige Ritornell in BWV 1059a/1 einem unvollständigen Ritornell *(a–b)*, gleichfalls auf der Dominante, unmittelbar vorangeht (das von der Solostimme „überspielt" wird) – wiederum ein deutliches Kennzeichen für den spontanen, „improvisatorischen" Zugriff dieses Satzes.

Eine gewisse formale Artikulation erreicht Bach trotzdem durch Anwendung von klaren, meist auf das Ritornell-Ende Bezug nehmenden Kadenzformeln (die in Tabelle 1 vorgenommene formale Gliederung basiert im wesentlichen darauf). Sieht man von den drei geschlossenen Ritornelldurchführungen ab, so fällt sofort auf, daß jeder der restlichen vier Abschnitte (II, IV–VI) in einen unthematischen Solo-Abschnitt ausläuft, in dem die Solostimme eine einfache Spielfigur und Figurationen über den Orgelpunktharmonien ausführt (T. 36–38, 73–77, 92–97 und 116–122). Diese Kompositionstechnik kann der zeitgenössischen Terminologie gemäß als „Perfidium" bezeichnet werden.[30] „Perfidium" kann sowohl als „Treulosigkeit" (an thematischer Konsequenz), als auch als „Hartnäckigkeit" (die ständige Wiederholung eines kurzen Motivs) übersetzt werden. Gerade in einem anderen Flötenwerk Bachs spielt diese Technik eine bedeutende Rolle, in dem Presto aus dem Eröffnungssatz der Sonate C-Dur BWV 1033, T. 11–25.[31] Die Perfidia im Konzertsatz bilden ein klares und notwendiges Kontrastmoment in dem sonst sehr aktiven Stimmengewebe, besonders auch im Continuo. Einen prominenten Platz nimmt dabei der Rhythmus ♫♪ ♪ aus Motiv a und b ein, der in fast dreiviertel aller Takte des Satzes vorkommt und auf ostinato-artige Weise dem Satz ein einheitliches Gepräge verleiht.

---

[30] Vgl. K. Hofmann, *„Perfidia"-Techniken und -Figuren bei Bach,* in: Die Quellen Johann Sebastian Bachs. Bachs Musik im Gottesdienst, Bericht über das Symposium 4.–8. Oktober 1995 in der Internationalen Bachakademie Stuttgart, hrsg. von R. Steiger, Heidelberg 1998, S. 281–302.

[31] Ebenda, S. 289.

Die in diesem Satz zentrale Technik der Kontrapunktierung von Ritornellzitaten durch Kontrapunkte oder/und durch freie Solostimmen sowie die Vertauschung dieser Funktionen findet sich in vergleichbarer Weise im dritten Satz des Violinkonzerts g-Moll BWV 1056a wieder[32] und spielt auch in den Rahmensätzen des Konzerts BWV 1053 eine bedeutende Rolle. BWV 1056a/3 weist zudem, wie der erste Satz von BWV 1059a, die Stufenfolge Tonika – Tonikaparallele – Dominante – Subdominante –Tonika auf. Diese Anordnung findet sich gleichfalls in den auf Ende der 1720er Jahre datierbaren Violinkonzerte BWV 1041 (1. Satz) und 1043 (3. Satz) wieder. Wie Gregory Butler dargestellt hat,[33] gehört das Konzert BWV 1053 wahrscheinlich einer späteren Phase von Bachs Konzertschaffen an und kann möglicherweise dem Jahre 1726 zugeordnet werden. Wenn man weiterhin bedenkt, daß das Violinkonzert in g-Moll BWV 1056a höchstwahrscheinlich vom Anfang des Jahres 1723 stammt[34] und das formal verwandte Präludium BWV 548/1 in der zweiten Hälfte der 1720er Jahre entstanden ist, stellt sich die Frage ob unser hypothetisches Flötenkonzert in e-Moll nicht auch jener Periode der mittleren 1720er-Jahre angehört. Es muß aber vor der im September 1726 uraufgeführten Kantate BWV 35 entstanden sein.

Als Summe der vorhergehenden Überlegungen rückt eindeutig das Jahr 1724 ins Blickfeld, womit sich ein weiterer Horizont für unsere Überlegungen auftut. Robert L. Marshall wies als erster auf eine auffallende Konzentration von besonders anspruchsvollen Flötensoli in den Kantaten aus der Periode zwischen August und November 1724 hin[35]; es handelt sich dabei insbesondere um die Kantatenreihe BWV 94, 101, 113, 78, 99, 8, 130, 114, 96, 180, 115 und 26. Eine nähere Beschäftigung mit diesem eindrucksvollen Korpus von Flötenpartien bestätigt eine aufgrund der soeben ausgeführten satztechnischen Beobachtungen vermutete Entstehung in der Leipziger Frühzeit. Gerade in jener Zeit war Bach darauf bedacht, die technischen Möglichkeiten der Traversflöte voll auszuschöpfen, besonders der Einsatz von langen ununterbrochenen Figurationsketten. Dies gehört, wie wir schon gesehen haben, zu den

---

[32] Dirksen, *Bach's Violin Concerto in G Minor* (wie Fußnote 26), S. 29–34.

[33] G. Butler, *Bach the Cobbler – The Origins of J. S. Bach's E-Major Concerto (BWV 1053),* in: Bach Perspectives 7 (wie Fußnote 26), S. 1–20.

[34] Dirksen, *Bach's Violin Concerto in G Minor* (wie Fußnote 26), S. 53 f.

[35] R. L. Marshall, *The Compositions for Solo Flute: A Reconsideration of Their Authenticity and Chronology,* in: ders., The Music of Johann Sebastian Bach, New York 1989, S. 201–225 (hier S. 213–215); vgl. auch W. H. Scheide, *Die Choralkantaten von 1724 und Bachs Köthener Besuch,* BJ 2003, S. 47–65; R. Emans, *Zu den Arien mit einem obligaten Flöteninstrument,* in: Vom Klang der Zeit. Besetzung, Bearbeitung und Aufführungspraxis bei Johann Sebastian Bach. Klaus Hofmann zum 65. Geburtstag, hrsg. von U. Bartels und U. Wolf, Wiesbaden 2004, S. 73–85.

herausragenden Merkmalen der Ecksätze von BWV 1059a. Ein statistischer Vergleich erweist sich hier als überaus lohnend (Tabelle 2).

Tabelle 2 – Lange Flötenpassagen bei Bach

	Längste Passage mit ununterbrochenen Sechzehntel-(bzw. 32tel-) Figurationen	
BWV	Takt	Notenzahl
8/4	41–47	**156**
78/4	47–57	125
94/1	38–44	87
99/1	17–24, 52–59	85
99/3	97–108	101
101/2	8–16	99
113/5	7–12	**145**
114/2	55–59	101
204/6	28–32	85
209	17–36	120
1013/1	ganzer Satz	293 + 408
1013/2	28–42	**185**
	46–62	**198**
1030/1	59–64	120
1034/2	39–47	98
1034/4	27–33	78
	73–79	78
1059a/1	16–21	88
	68–77	**146**
	116–122	101
1059/3	17–50	**204**
	61–83	134

Klammert man den Sonderfall der Allemande BWV 1013 für Soloflöte aus – innerhalb der in gemäßigtem Tempo zu spielenden durchgehenden Sechzehntelketten kann (und ohne Zweifel soll) zwischen den musikalischen Phrasen geatmet werden –, so wird aus dieser Aufstellung deutlich, daß die langen Sechzehntelketten in den Ecksätzen von BWV 1059a in einer Vielzahl authentischer Flötenpartien Bachs eine Entsprechung haben. Die ursprüngliche Bestimmung dieses Konzerts für die Traversflöte kann aus dieser Perspektive wohl kaum in Frage gestellt werden. Für die Entstehung des Konzerts in der zweiten Jahreshälfte 1724, als einer Art Parergon zu der ausgiebigen Verwendung der Flöte in den Kantaten jener Zeit, sprechen auch gewisse technische Besonderheiten des ersten Satzes. Das Ritornell gehört zu dem Sondertypus mit Dehnung von Fortspinnung und Epilog. Diesen Typus hat Bach offenbar die gesamten 1720er Jahre hindurch angewendet,[36] er begegnet uns aber sehr auffallend in den Eröffnungschören von zwei aufeinanderfolgenden „Flötenkantaten", und zwar in „Liebster Gott, wann werd ich sterben" BWV 8 (zum 24. 9. 1724) und eine Woche später in „Ach, lieben Christen, seid getrost" BWV 114 (zum 1. 10. 1724). BWV 8 enthält zudem eine Arie mit konzertierender Flöte deren Themenkopf die gleiche Diastematik wie der in BWV 1059a/1 aufweist (Beispiel 6a–b). Eine Woche vorher erklang die Kantate „Was Gott tut das ist wohlgetan" BWV 99 (zum 17. 9. 1724), in der die Aria mit Flöte eine nah verwandte Eröffnung aufweist (Beispiel 6c). Etwa zehn Jahre später konzipierte Bach auf der Basis des Eröffnungschores von BWV 99 die neue gleichnamige Choralkantate BWV 100. Die darin enthaltene Flöten-Arie variiert sehr auffallend erneut das (vollständige) Modell von BWV 1059a/1 (Beispiel 6d).

Beispiel 6 – Themenköpfe
a) BWV 1059a/1, T. 1–2

b) BWV 8/4, T. 1–2

c) BWV 99/3, T. 1–4

d) BWV 100/3, T. 1–3

Nimmt man eine Entstehung des hypothetischen Flötenkonzerts in e-Moll im Herbst 1724 an, so kommt möglicherweise ein konkreter Aufführungsanlaß ins Blickfeld. Wie vor kurzem dargestellt wurde, kam Bach nicht erst 1729 mit dem Telemannschen Collegium musicum in Berührung (in diesem Jahr über-

---

[36] Vgl. Hio-Ihm Lee, *Die Form der Ritornelle bei Johann Sebastian Bach,* Pfaffenweiler 1993, S. 102 und 164.

nahm er tatsächlich dessen Leitung), sondern offenbar schon lange davor, in kollegialer Zusammenarbeit mit dem damaligen Leiter Georg Balthasar Schott.[37] Aufschlußreich ist in dieser Beziehung eine Mitteilung von Bachs Schüler Heinrich Nikolaus Gerber (1702–1775), der gerade im Jahr 1724 „… manche vortrefliche Kirchenmusik und manches Concert unter Bachs Direktion mit angehört" haben will.[38] Aus dieser Zeit stammt auch der von verschiedenen von Bachs Kantatenkopisten angefertigte Stimmensatz zu der Ouvertüre in C-Dur BWV 1066.[39] Diese von zwei Seiten dokumentierten öffentlichen Konzertaktivitäten aus jener Periode unterstützt unsere These einer Entstehung von BWV 1059a im gleichen Jahr. Und was wäre für Bach naheliegender gewesen, als den in diesem Zeitraum zur Verfügung stehenden brillanten Flötisten[40] seines Kantatenorchesters in das Collegium musicum mitzunehmen und eigens für ihn ein kleines Solokonzert[41] zu schreiben?

---

[37] A. Glöckner, *Zur Vorgeschichte des „Bachischen" Collegium musicum,* in: Bachs Orchesterwerke, hrsg. von M. Geck, Witten 1997, S. 293–303 (hier S. 299).

[38] Dok III, Nr. 950 (S. 476).

[39] *St 152;* vgl. NBA VII/1 Krit. Bericht (H. Besseler und H. Grüß, 1967), S. 12.

[40] Nach Emans (*Zu den Arien mit einem obligaten Flöteninstrument,* wie Fußnote 35, S. 85) könnte dies sehr wohl der Dresdner Flötenvirtuose Pierre-Gabriel Buffardin (um 1690–1768) gewesen sein, der sich möglicherweise im Gefolge von Reichsgraf Joachim Friedrich Flemming befand, als dieser am 31. Juli 1724 von Dresden aus in Leipzig ankam und als Gouverneur der Stadt eingesetzt wurde. Die erste Kantate mit einer anspruchsvollen Flötenpartie („Was frag ich nach der Welt" BWV 94) kam schon eine Woche später zur Aufführung; diese weist nicht nur eine bedeutende Arie mit Flöte auf, sondern auch im konzertanten Eröffnungschor ist die Flöte auf virtuose Weise führend; diese spielt sogar die ersten zwei Takte unbegleitet, als wollte Bach sein neues hochkarätiges Ensemblemitglied sofort und unmißverständlich vorstellen.

[41] Die Sonate für Querflöte und Continuo in e-Moll BWV 1034 gehört vielleicht in denselben Zusammenhang; vgl. Marshall, *The Compositions for Solo Flute* (wie Fußnote 35), S. 213–216.

„... alle wege steiff und vehst darüber halten".
Zum theologischen Hintergrund des letzten Satzes von BWV 68*

Von Ernst Koch (Leipzig)

1. Zum Charakter von Kantate 68

Bei der Beschäftigung mit der erläuternden Forschungsliteratur zur Kantate „Also hat Gott die Welt geliebt" (BWV 68) trifft man immer wieder auf eine Mischung von staunender Verlegenheit und Faszination. Bereits Philipp Spitta hatte den Eindruck, die Kantate sei „eben so gehaltreich wie durchaus eigenthümlich".[1] Als „bemerkenswert" notiert Walter F. Hindermann die Umstellung des Bibelwortes im Gesamtaufbau.[2] Artur Hirsch bezeichnet die im Vergleich mit den übrigen Kantaten des Thomaskantors andersartige Stellung eines Bibelzitats am Ende von BWV 68 als „außergewöhnlich".[3] Hans-Joachim Schulze empfindet die Komposition des 5. Satzes der Kantate als „nahezu archaisch",[4] bringt aber in den folgenden Partien seiner Untersuchung noch weitere Gesichtspunkte zur Sprache, auf die noch zurückzukommen ist. Martin Petzoldt bietet eine hilfreiche Beschreibung der Gestalt des Schlußsatzes, beschreibt diesen als „streng motettisch" und beobachtet seine „strenge Architektonik" und „einen ernsten und hartnäckig fordernden Nachklang", der „einer gewissen untergründig bedrohlichen Charakteristik" nicht entbehre.[5] Mehrfach klingen in den erwähnten Erläuterungen jedoch auch theologische Deutungen an. Hirsch findet die Themen „Liebe" und „Gesetz" im Anfangs- und Schlußsatz der Kantate.[6] Hindermann vergleicht die polyphone Struktur einzelner Kantatensätze miteinander. Ihre strenge Gesetzmäßigkeit dürfte „die Unverrückbarkeit der Aussagen solcherart vertonter Bibeltexte darstellen".

---

[*] Die Beschäftigung mit dem Thema verdanke ich einer Anregung von Thomaskantor a.D. Georg Christoph Biller. Ihm widme ich auch den folgenden Text.

[1] Spitta II, S. 550.

[2] W. F. Hindermann, *Die nachösterlichen Kantaten des Bachschen Choraljahrgangs,* Hofheim im Taunus 1975, S. 18. Vgl. auch ebenda, S. 105.

[3] A. Hirsch, *Einführung zu den Kantaten BWV 68, 6, 143, 41, 108, 198,* in: 53. Bachfest der Neuen Bachgesellschaft in der Universitätsstadt Marburg, Marburg 1978, S. 164.

[4] Schulze K, S. 269.

[5] M. Petzoldt, *Bach-Kommentar. Theologisch-musikwissenschaftliche Kommentierung der geistlichen Vokalwerke Johann Sebastian Bachs,* Bd. 3, Kassel 2018, S. 1025.

[6] Hirsch (wie Fußnote 3).

Darüber hinaus verstehe es sich von selbst, daß die Permutationsfugen von BWV 105/1, 108/4 und 68/5 „eine besonders starre Dogmatik ausdrücken".[7] Die erwähnten Annäherungen an eine theologische Deutung des Schlußsatzes von BWV 68 sollen im folgenden aufgenommen und weitergeführt werden. Dazu ist es hilfreich, sich der Kommentierung des der Kantate zugrundeliegenden biblischen Textes (Joh. 3,16–21) als Evangelium des 2. Pfingstfesttages durch ausgewählte, für Johann Sebastian Bach zeitgenössische Theologen zuzuwenden.

2. Zum Verständnis des Evangelientextes

2.1. Der unwiderrufliche Beschluß der göttlichen Trinität (Joh. 3, 16–17)

Zunächst ist zu bemerken, daß der von Bach komponierte Text, wohl durch die Dichtung von Christiane Mariane von Ziegler paraphrasiert,[8] nicht den ganzen, liturgisch für den 2. Pfingstfesttag vorgeschriebenen Evangelientext bietet, sondern lediglich die ersten drei Verse unter Verzicht auf die bei Ziegler folgende fünfstrophige Arie. Somit steht der einzige im Wortlaut komponierte Text des Fest-Evangeliums am Schluß der Komposition.
Der Text aus dem Johannes-Evangelium bietet grammatisch eine inhaltlich verbundene Reihe von Aussagesätzen, die teilweise begründet werden. Die Knappheit und Prägnanz der Sprachgestalt ist es wohl, die den Eindruck einer „strengen Architektonik" (Petzoldt) auch von Bachs Komposition hinterläßt. Zu bemerken gilt es auch, daß die lutherische Theologie wie auch die der schweizerischen Reformation des 16. und 17. Jahrhunderts entstammende Bibelauslegung dem Anfang des Evangeliums des 2. Pfingstfesttages – Joh. 3,16 – eine zentrale Rolle zumaßen. Der Text gehört zum Kern des christlichen Glaubens. Dies läßt sich ebenfalls von der zeitgenössischen römisch-katholischen Theologie sagen.

2.2. Die Auslegung des Evangeliums des 2. Pfingstfesttages im Streit der Konfessionen

Strittig war in den drei Jahrhunderten nach der Reformation die Auslegung von Joh. 3,16 im Gesamtgefüge der jeweils konfessionell geprägten Theologie. Für die *Biblische Erklärung* von Johann Olearius, von Martin Petzoldt immer wieder für die von Johann Sebastian Bach komponierten Kantatentexte

---

[7] Hindermann (wie Fußnote 2), S. 130.
[8] Petzoldt (wie Fußnote 5), S. 1018 f. bietet eine hilfreiche Gegenüberstellung beider Texte.

als „grundlegende Bibelauslegung" herangezogen,[9] ist Joh. 3,16 „der Haupt-
Spruch/ der Grund unsrer Seeligkeit/ darauf sie fest gegründet [...] der Auszug
alles Evangelischen Trosts [...] dergleichen in der gantzen Heil. Schrifft sonst
nicht zu finden [...] wo Anfang/ Mittel und Ende des gantzen Christenthums
so deutlich beysamen stehn".[10] Eine für das 17. und das frühe 18. Jahrhundert
wichtige Auslegung aller vier neutestamentlichen Evangelien in Form einer
„Evangelienharmonie" ergänzt diesen Sachverhalt durch die Bemerkung, es
handele sich bei Joh. 3,16 um eine „aus unermeßlicher Barmherzigkeit ent-
sprungene Grundentscheidung (decretum)", die in einer geheimen Beratung
zwischen den drei Personen der göttlichen Trinität vor aller Weltzeit zur
Erlösung der Welt, das heißt: der verlorenen Menschheit, getroffen worden
ist.[11] Diese Deutung bezog sich auf die Aussagen im Brief an die Epheser
(1,4–5).
Der Nachdruck der von Johann Olearius und weiteren zeitgenössischen Autoren vertretenen Auslegung von Joh. 3,16 hatte einen aktuellen Hintergrund. Sie
stand mit der Berufung auf den stellvertretenden Sühnetod des Gottessohnes
für alle Menschen in strengem Gegensatz zur calvinistischen Auslegung des
Johannes-Textes. Diese besagte, Gott habe mit der in diesem Text genannten
Grundentscheidung nicht eine, sondern zwei Bestimmungen kundgetan: die
Bestimmung der einen Menschen zur Rettung, der anderen zur Verdammnis,
was bedeutete, daß diesen der Weg zum Leben der kommenden Welt versperrt
wurde. Im Blick darauf betonte Olearius ausdrücklich, Johannes Calvin als
Kronzeuge der schweizerischen Reformation habe die Meinung vertreten,
„daß Gott das Menschliche Geschlecht geliebet/ und dasselbe nicht habe ver-
derben lassen wollen. Er rede von der gantzen Welt/ daß Er der gantzen Welt
gnädig sey. Er erstrecke diese Gnade auf das gantze menschliche Geschlecht".[12]
Damit wies Olearius auf theologische Unstimmigkeiten innerhalb der schweizerischen Reformation selbst hin. In der Tat erhielt bereits 1559 die Lehre von
einer doppelten Vorherbestimmung bei den französischen Calvinisten Be-

---

[9] J. Olearius, *Biblische Erklärung* [...], Bd. 5, Leipzig 1681 (Petzoldt, wie Fußnote 5,
Bd. 1, 2. Aufl. Kassel 2005, S. 14–16).

[10] Olearius (wie Fußnote 9), S. 620. Olearius verweist anläßlich dieses Textes ausdrücklich darauf, daß er der Evangeliumstext des 2. Pfingstfesttages ist.

[11] „[...] ex immensa misericordia decretum hoc redemtionis in arcano consilio Trinitatis [...] ante omnia secula". M. Chemnitz, P. Leyser und J. Gerhard, *Harmonia Quatuor Evangelistarum* [...] *orthodoxorum consensu approbatum* [...], Hamburg 1703,
S. 243. Das Werk war seit 1626 in ergänzten Auflagen, in einer deutschen Ausgabe
(1666) sowie in Teilausgaben in Rotterdam und Genf erschienen und wurde noch im
18. Jahrhundert mehrfach aufgelegt.

[12] Olearius (wie Fußnote 9), S. 620.

kenntnischarakter.[13] So bestimmten die Canones der international besetzten Synode von Dordrecht von 1618/19 die Lehre von der göttlichen Vorherbestimmung (Praedestination) als Absolutum decretum von Menschen entweder zur ihrer Erlösung oder zur ewigen Verwerfung. Ihr Text begann mit dem Zitat von Joh. 3,16[14] und fand darin die erwähnte doppelte Prädestination bezeugt.[15] Diese Auslegung der göttlichen Vorherbestimmung gehörte bis in das 18. Jahrhundert hinein (neben der Abendmahlslehre) zu einem der wichtigsten Unterscheidungsmerkmale zwischen der reformierten und der lutherischen Konfession. Bach konnte die calvinistische Deutung von Joh. 3,16 in einem Buch erwähnt finden, das zu seiner Bibliothek gehörte. Der Hamburger Geistliche Johannes Müller hatte 1652 das Problem dargestellt und sich mit ihm auseinandergesetzt.[16] Dabei kam auch die Auslegung von Joh. 3,16 zur Sprache.[17] Zudem besaß der Thomaskantor in seiner Bibliothek eine ausführliche Auseinandersetzung eines zeitgenössischen Theologen mit dem Calvinismus als Konfession,[18] die ebenfalls auf Joh. 3,16 – im Verbund mit Epheser 1,4–5 – verweist. Es handelte sich um August Pfeiffer, der zwischen 1681 und 1689 Archidiakonus an der Leipziger Thomaskirche gewesen war und eine außerordentliche Professur an der Universität Leipzig innegehabt hatte. Für ihn ruhte die umstrittene Position zur göttlichen Vorbestimmung und Erwählung der Menschen auf drei Säulen: Gottes Gnade betrifft alle Menschen (1); das stellvertretende Verdienst Jesu Christi kommt allen Menschen zugute (2); die glaubensstiftende Gnade des Heiligen Geistes steht allen Menschen offen (3).[19] Für die Auslegung von Joh. 3,16 bedeutet das, daß der Terminus Welt „die ganze Welt/ welche in gläubige und ungläubige abgetheilt wird", also nicht nur denjenigen Teil der Menschheit umfasst, der zur Rettung bestimmt sei.[20] Olearius

---

[13] Vgl. dazu *Die Bekenntnisschriften der Evangelisch-Lutherischen Kirche. Vollständige Neuedition*, hrsg. von I. Dingel, Göttingen 2014, S. 1292, Fußnote 303 und 304 (im folgenden: BSELK).

[14] H. Selderhuis, *Die Dordrechter Canones, 1619*, in: Reformierte Bekenntnisschriften, hrsg. von A. Mühling und P. Opitz, Bd. III/2: 1605–1675, Neukirchen-Vluyn 2015, S. 96, 32–34.

[15] Ebenda, Kap. VI (S. 97, 18–26) und Kap. XV (S. 99, 25–35).

[16] J. Müller, *Absolutum Decretum. Das ist: Blosser Rathschlus GOttes [...] nach der Lehre des Dordrechtischen Synodi [...] Nebst einer Vorrede Vom Kirchen-Friede der Lutheraner und Calvinisten/ woran sich derselbige stosse/ und ob Ihm ferner zu helffen*, Hamburg 1652.

[17] Ebenda, S. 59–70, 321–332.

[18] A. Pfeiffer, *Anti-Calvinismvs, Das ist/ Kurtzer/ deutlicher/ auffrichtiger und bescheidentlicher Bericht von der Reformirten Religion*, Lübeck 1699.

[19] Ebenda, S. 162.

[20] Ebenda, S. 177.

setzte sich mit der calvinistischen Deutung auseinander, in der er die Meinung wahrnahm, Gott habe einen heimlichen Haß wider die meisten Menschen, er habe seinen Sohn nur Wenigen gegeben, er wolle nur den Allerwenigsten den Glauben und die Seligkeit geben.[21] Johann Sebastian Bach war zwei Jahre vor der Komposition von BWV 68 mit dem Thema der Prädestination in unmittelbare Berührung gekommen. Er hatte sich anläßlich seiner Anstellung als Thomaskantor am 7. oder 8. Mai 1723 einer pflichtmäßigen Prüfung seiner theologischen Kompetenz zu unterziehen.[22] Zwar ist unbekannt, ob bei dieser Prüfung die Frage nach der Prädestination konkret zur Sprache kam.[23] Jedoch war vorausgesetzt, daß bei einer solchen Prüfung in jedem Falle der Inhalt der zeitlich spätesten unter den Bekenntnisschriften der lutherischen Kirche, der Konkordienformel von 1580, Gegenstand der Prüfung war. Das läßt darauf schließen, daß der zu Prüfende gut beraten war, wenn er sich mit dem Text dieses Bekenntnisses ausführlich befaßt hatte. Auch wenn lediglich die knappe Zusammenfassung (Epitome) der Konkordienformel zur Sprache gekommen war, mußte der Prüfling zu ihrem Verständnis den gesamten Text einschließlich des Haupttextes (Solida declaratio) zur Kenntnis nehmen. Was das Thema „Von der ewigen Vorsehung und Wahl Gottes" betraf, war das 11. Kapitel der Bekenntnisschrift diesem Thema gewidmet. Bedurfte es hinsichtlich der Überzeugung, daß Gott „alles vorher sihet und weis, ehe es geschicht", keiner Diskussion,[24] so gab es doch, auch in Einflüssen der calvinistischen Theologie begründet, Divergenzen und Irritationen in der Frage nach der Prädestination beziehungsweise der „ewigen Wahl Gottes" gemäß des neutestamentlichen Textes Epheser 1,4 und seines Kontextes.[25] Ein wichtiger Grundsatz für die Konkordienformel bei der Klärung der Divergenzen war es, nicht über den Sinn des der Vernunft verborgenen Ratschlusses Gottes zu spekulieren und „den heimlichen, verborgenen abgrundt Göttlicher vorsehung" erforschen zu wollen,[26] sondern sich vertrauend

[21] Olearius (wie Fußnote 9), S. 621.
[22] Vgl. M. Petzoldt, *Bachs Prüfung vor dem kurfürstlichen Konsistorium*, BJ 1998, S. 19–30.
[23] Es sei darauf hingewiesen, daß der Leipziger Superintendent Salomon Deyling, dem die Zensur von Publikationen mit theologischem Belang zustand und der als Beisitzer des Prüfungsvorgangs für Johann Sebastian Bach fungierte, 1746 in seiner Rolle als Dekan der Theologischen Fakultät der Universität Leipzig eine Disputationsvorlage zur Promotion zur Christian Friedrich Krause aus Delitzsch zum Druck brachte (S. Deyling, *Divinae Predestinationis Et Gratiae Cvm Dei Et Natura Et Verbo Harmonia*, Leipzig 1746).
[24] BSELK, S. 1560, 26–1562, 4 (Solida Declaratio); 1286,12–22 (Epitome).
[25] Ebenda, S. 1562, 5–1564, 19; S. 1288, 3–1290, 27.
[26] Ebenda, S. 1568, 25–26.

an das biblische Wort und die Sakramente als die Mittel zu halten, die in Christus als dem Buch des Lebens zusammengefaßt sind.[27]

[27] Zu beachten ist, daß es der Konkordienformel nicht einfach um theologische ‚Richtigkeit' ging, sondern um den Umgang mit einem in der Seelsorge der Frühen Neuzeit ständig auftauchendem Phänomen, das der Text auch benennt: „verzweiffelung [...] und schedliche gedancken in den hertzen der menschen [...] auch solcher gedancken", derer sie „sich nicht recht erwehren können, so lange sie irer vernunfft folgen".[28] Damit waren Selbstzweifel gemeint, die zu Depression führten und bei ständig gegenwärtigen Erfahrungen von Elend und Tod das Vertrauen dazu untergruben, daß die Betroffenen bei Gott in Gnade standen.[29] Die Lehre von einem absoluten Dekret Gottes, das die Menschen ein für allemal der Verdammung ausliefert und ihnen damit auch den Trost des Wortes Gottes und der Sakramente nimmt, durfte gemäß dem Bekenntnis der Kirche nicht unwidersprochen bleiben.[30] Vielmehr solle jeder „in alle wege steiff und vehst darüber halten [darauf achten], das wie die Predig der Busse also auch die Verheissung des Evangelii universalis, das ist, uber alle menschen gehe".[31]

Bach war dem strittigen Thema vermutlich schon früher begegnet, und es sollte ihn während seiner Zeit als Thomaskantor weiterhin begleiten. Auf dem Lehrplan des Gymnasiums in Lüneburg stand die Beschäftigung mit einem im 17. und 18. Jahrhundert hochbedeutenden Lehrbuch als einem theologischen Grundkurs in Anlehnung an die Konkordienformel, verfaßt 1609 von dem Wittenberger Theologen Leonhard Hütter.[32] An der Thomasschule wurde die deutsche Übersetzung des Lehrbuchs bereits nach 1714 für die Quarta ver-

---

[27] Ebenda, S. 1288, 3–12. 1290, 14–16; S. 1566, 8–18. 1574, 6–17.

[28] Ebenda, S. 1288, 15–18. Olearius hatte diesen Aspekt als „Hauptmahnung" in seine Auslegung des Evangelientextes aufgenommen, „daß wir uns hüten vor vernunfftmäßigen Grübeln in den göttlichen Geheimnissen / wodurch der verdamliche Unglaube gemehret [...] und der Fleischliche Mensch ärger wird als die unvernunftigen Thiere [...] wider den Zweyfel an der Erhörung des Gebetes"; Olearius (wie Fußnote 9), S. 629.

[29] Vgl. BSELK, S. 1290, 30–35. 1564, 20–25. Vgl. dazu E. Koch, *Die höchste Gabe der Christenheit. Der Umgang mit Schwermut in der geistlich-seelsorgerlichen Literatur des Luthertums im 16. und 17. Jahrhundert*, in: Krisenbewußtsein und Krisenbewältigung in der Frühen Neuzeit. Festschrift für Hans-Christoph Rublack, hrsg. von M. Hagenmeier und S. Holtz, Frankfurt am Main 1992, S. 231–243.

[30] BSELK, S. 1292, 11–14.

[31] Ebenda, S. 1579, 7–9 (Solida Declaratio). 1286, 25–26: „darauff unser seligkeit so steiff gegründet" (Epitome).

[32] L. Hütter, *Compendium Locorum theologicorum Ex Scripturis Et Libro Concordiae*, kritisch hrsg., kommentiert und mit einem Nachwort versehen von J. A. Steiger, Teilbd. 1, Stuttgart-Bad Cannstatt 2006. Zu Lüneburg ebenda, S. 748.

pflichtend vorgeschrieben,[33] ab 1733 wurde neben einem Kapitel aus der Bibel ein Stück aus dem Lehrbuch für die Morgenandacht gelesen.[34] Es enthielt auch einen Abschnitt mit dem Titel „De prædestinatione".[35]

3.1. Folgen für die Gestaltung von BWV 68

In ihrem Aufbau entspricht die Kantate BWV 68 dem skizzierten theologischen Ansatz. Sie beginnt mit Joh. 3,16, in diesem Falle zitiert im Text einer Liedstrophe,[36] die vom Glauben als Ergebung an Gottes Sohn spricht, der für den Glaubenden, das heißt zugunsten des Glaubenden geboren worden ist. Auf den Eingangschor folgt eine „erlöst" klingende Sopranarie in der Dur-Paralleltonart des Eingangschors. Wiederholt ist beobachtet worden, daß Bach den Wortlaut der Arie an einer Stelle geändert und damit in seinem Sinne verändert hat: Das „getröstete" Herz ist nicht das sich selbst tröstende, sondern das „gläubige" Herz, das nicht nur „frohlockt" und „scherzt", sondern dazu auch noch „singt".[37] Dies geschieht im folgenden Rezitativ, in dem der Baß mit der Epistellesung des 2. Pfingstfesttages (als Stimme des Glaubens) versichert: Petrus ist entgegen seiner eigenen Bedenken dessen gewiß geworden, daß Christus selbst in seiner Geburt für alle Welt, nicht nur für Israel, Mittler zwischen Gott und den Menschen geworden ist (vgl. Apostelgeschichte 10,34). Die Arie des Basses betont in einer Anrede an Christus nochmals, daß er, der Sohn Gottes, nach Aussage von Joh. 3,17 nicht gegen die Sünder, sondern für die Sünder geboren worden ist. Als Begleiter des angefochtenen Glaubens taucht die teuflische Anfechtung auf, die dem um sich besorgten Menschen einflüstert, er als Sünder müsse sich allein vor Gott verantworten. Dem widerspricht der Glaube im Vertrauen auf Christus als Mittler zwischen Gott und Mensch.

3.2. Der Glaube und das Jüngste Gericht (Joh. 3,18)

Die innere Stringenz des von Bach komponierten biblischen Textes führt von der Begründung des Glaubens des einzelnen Menschen in einem unumstöß-

---

[33] Ebenda, S. 753.

[34] Ebenda, S. 754.

[35] Ebenda, S. 276–311.

[36] Für F. Krummacher gleicht der Eingangschor „einer chorischen ‚Aria', […] die an die Generalbaßlieder des ‚Schemellischen Gesangbuchs' denken läßt"; siehe Krummacher, *Johann Sebastian Bach. Die Kantaten und Passionen*, Bd. 2, Kassel 2018, S. 248.

[37] Krummacher (wie Fußnote 36) meint, daß die Textänderungen „weniger auf Eingriffe Bachs als auf spätere Änderungen der Autorin [sc. Mariane von Ziegler] zurückgehen" (S. 249).

lichen Beschluß der Trinität hin zum Ziel des Glaubens. Die für Bach zeitgenössische Theologie kommt immer wieder auf eine ‚Ordnung' zu sprechen, die es einzuhalten gilt, wenn es um das Verständnis des Weges geht, der zum Glauben und seinem Ziel führt. [38] Hierbei entscheidet sich, wie biblische Texte (wie Epheser 1,3–14) anders verstanden werden können, als es der calvinistische Zugang zu den Texten zuließ.

So sprachen die der Wittenberger Theologie verpflichteten Theologen von einer Ordnung, die die Quelle des Glaubens in der Berufung auf den Weg des Glaubens sah, nicht ein vor allen Zeiten ergangenes Dekret: Indem Gott in seiner Liebe seinen Sohn hingibt, öffnet er allen Menschen den Weg zu ihm. Das ist der Generalskopus der Heiligen Schrift, nach dem sie „Harmonicè und einträchtig" auszulegen ist. [39] In einer ebenfalls in Bachs Bibliothek vorhandenen Predigtpostille von August Pfeiffer taucht das Bild einer Kette auf, einer Kette, „daran zwey Extrema oder Enden seyn/ nemlich 1. Die Versehung [Vorsehung] GOttes von Ewigkeit/ vnd 2. Die Vollziehung der Seligkeit am Ende des Lebens/ welche beyde Enden Gott in seinen allmächtigen Händen halte: Das Mittel aber von dieser Kette/ nemlich das Verdienst JESU CHRISTI (als in welchem die Gnaden-Wahl geschehen) habe GOTT zu dem Menschen auf Erden nieder gelassen/ daß ers mit wahrem Glauben fasse und sich daran halte. So ergreiffe man denn mit festen Glaubens-Henden das zu ihm herabgelassene Mittel/ nemlich JEsu Christi Verdienst" und lasse die Vorsehung und die Vollendung der Seligkeit in den Händen des lieben Gottes. [40] Das bedeutete, wenn vom Glauben die Rede war, die Einhaltung einer Reihenfolge. „Wer ein eintziges Glied aufflöset/ der zerreisset die Kette/ und wird verlustiget seines Christenthums". [41] Nicht zufällig verweist Olearius auf den Katechismus Martin Luthers als „die gantze Glaubens-Kette", nach der die Heilige Schrift auszulegen ist. [42] Aus ihr erwächst die christliche Ethik: die Liebe zu Gott und zum Nächsten. [43]

August Pfeiffer erinnerte daran, daß eine Auslegung von Joh. 3,18 „der offene Weg zur Verzweiflung" werde, wenn sie den Menschen dazu verführe, den

---

[38] Vgl. Pfeiffer (wie Fußnote 18), S. 137: „Verschreibung gewisser Ordnung". Im Hintergrund steht die Figur einer Heilsordnung (ordo salutis), die für die Auslegung der Heiligen Schrift nicht vergessen werden dürfe. Dazu M. Marquardt, *Ordo salutis*, in: Die Religion in Geschichte und Gegenwart, 4. völlig neu bearb. Auflage, Bd. 6, Tübingen 2003, Sp. 637–639.

[39] Olearius (wie Fußnote 9), S. 620.

[40] A. Pfeiffer, *Evangelische Christen-Schule/ darinnen das gantze SYSTEMA THEOLOGIÆ […] deutlich gewiesen*, Leipzig 1710, S. 278 (Predigt über Joh. 3,16–21).

[41] A. Strauch, *Starcke und Milch-Speise*, Leipzig 1702, S. 700 (Predigt über Joh. 3,16–21).

[42] Olearius (wie Fußnote 9), S. 622.

[43] BSELK, S. 1288, 27–31. Vgl. ebenda, S. 1574, 10–17.

Blick auf sich selbst zu richten und dabei festzustellen, daß er den Glauben nicht in sich selbst vermerke.[44] Der Glaube ist keine zu erbringende Leistung, sondern lediglich das „verordnete Organ" für den Weg zum Heil des Menschen, lediglich die „arme Bettelhand, die nicht auf Grund eigenen Vermögens und Qualität" zum Ziel führt, sondern weil der Glaubende „Christus mit dem Verdienst seines Gehorsams und Leidens ergreift".[45] So kommt dem Glauben als Vertrauen zu Christus auch entscheidende Bedeutung im Blick auf das Jüngste Gericht zu. Die bereits erwähnte Evangelienharmonie findet, dem Gesamtzusammenhang der Bibel entsprechend, in Joh. 3,18 ein zweifaches Gerichtsurteil bezeugt: Das Gesetz Gottes, in den Zehn Geboten zusammengefaßt, hat seinen Urteilsspruch bereits im Voraus angekündigt: „Verflucht ist jeder, der nicht bleibt bei alledem, was geschrieben steht im Buch des Gesetzes, daß ers tue" (vgl. Galater 3,10–11). Das andere Gerichtsurteil fügt Christus im Text von Joh. 3,18 hinzu. „Denn es gibt keine andere Möglichkeit, dem Verdammungsurteil zu entkommen, als diese einzige, nämlich daß wir den im Glauben ergriffenen Christus dem Gericht Gottes entgegenstellen."[46] Verurteilt im Blick auf den Glauben an Christus wird nur der, der die angebotene Gnade verschmäht und zurückweist. „Im Jüngsten Gericht wird es nämlich keiner langen Untersuchung bedürfen, sondern das Urteil lautet: Weil du nicht geglaubt hast, wirst du verurteilt".[47] Olearius betonte: „das ist die einige Ursach deß Verdammnisses der Unglaube".[48]

4. Die Schlußfuge

Der Charakter der Schlußfuge ist es wohl, der maßgeblich dazu beigetragen hat, Bachs Komposition als befremdlich erscheinen und nach Erläuterungen fragen zu lassen.[49] Hans-Joachim Schulze hat erkannt, „daß es dem Komponis-

---

[44] Pfeiffer, *Anti-Calvinismvs* (wie Fußnote 18), S. 362.
[45] „ordinarium organum […] egena & mendica manu non ratione & qualitatis suae, sed quia Christum, cum merito obedientiae & passionis suae [...] accepit". Olearius (wie Fußnote 9), S. 245.
[46] „Lex enim sententiam suam iam pronunciavit: Maledictus qui non permansit […] Alteram rationem Christus addit, (Qui non credidit in nomen unigeniti filii Dei:). cum scilicet nulla ratio effugiendi sententiam condemnationis, nisi unica haec, ut Christum, fide apprehensum, judicio Dei opponamus"(ebenda, S. 246).
[47] „propter spretam & rejectam gratiam […] In extremo enim judicio non opus erit longa inquisitione, sed sententia erit: Quia Tu non credidisti, ergo jam iudicatus es" (ebenda).
[48] Olearius (wie Fußnote 9), S. 623. Vgl. Petzoldt (wie Fußnote 5), S. 1025.
[49] Eugen Thiele nannte 1936 den Schlußchor eine „seltsame Fuge" (Thiele, *Die Chorfugen Johann Sebastian Bachs,* Bern und Leipzig 1936, S. 173).

ten augenscheinlich nicht um eine begrenzte Beziehung zwischen Wort und Ton ging". Vielmehr habe sich die Komposition des Schlußsatzes „an die Gesamtheit des komponierten Bibelwortes" gehalten und bedeute „nicht nur das eigentlich Neue der Kantate, sondern zugleich den musikalischen und geistigen Höhepunkt des ganzen Werkes".[50] Das zeigt sich in der Tat an Auffälligkeiten des Schlußsatzes. Es ist nicht nur die Rückkehr zur Tonart des Eingangssatzes, die im Zusammenhang mit weiteren Besonderheiten Aufmerksamkeit erregt. Es ist auch die Instrumentalbesetzung der Doppelfuge, die buchstäblich aufhorchen läßt. Zum Orchesterapparat treten erst- und einmalig Zink und drei Trombonen hinzu, die den Chorgesang unterstützen. Das Stück beginnt ohne Vorspiel mit dem ersten der beiden Fugenthemen – es gleicht damit unter anderem dem vierten Satz der wenige Wochen zuvor erstaufgeführten Kantate „Es ist euch gut, daß ich hingehe" BWV 108. Die beiden Themen der Fuge nehmen den Wortlaut der beiden parallel gestalteten Aussagen von Joh. 3,18 auf, von denen die erste den Freispruch des Glaubenden im Jüngsten Gericht feststellt, die zweite auf die Verurteilung des Nichtglaubenden weist. Die von Martin Petzoldt bemerkte Strenge des Satzes setzt die dringende Ermahnung der Konkordienformel voraus, „alle wege steiff vnd vehst" auf die Universalität des aus Liebe zur Welt erfolgten Gnadenangebotes Gottes zu achten.[51] So bemerkte bereits 1962 Ulrich Siegele, der letzte Satz von Bachs Motette „Fürchte dich nicht" BWV 228, ebenfalls eine Doppelfuge, erinnere an „die Unveränderlichkeit der göttlichen Verheißung".[52] Die keineswegs beliebig unverbindliche Stiftung der Liebe Gottes ist die Voraussetzung für die kompromißlose Alternative Glaube/Unglaube im Blick auf das Jüngste Gericht. Auch die Erinnerung daran dürfte von Bach kompositorisch in der Doppelfuge am Schluß von BWV 68 aufgenommen worden sein. Die Doppelfuge von BWV 108/4 bildet wohl eine Parallele dazu. In deren Text geht es darum, daß der Glaubende „sorgenvoll" (vgl. das vorausgehende Tenor-Rezitativ) sich fragt, ob er auf die Hilfe des Geistes warten kann, der „in alle Wahrheit" leitet und damit ebenfalls die einzige Alternative zum Geist der Lüge ist. Sofern es künftig nicht möglich ist, weitere Inhalte der Komposition zu erschließen, dürften dafür lediglich Vermutungen möglich sein. Die beiden Themen der Fuge weisen Ähnlichkeiten auf, zum Beispiel den Quintsprung abwärts im Verbum „richten". Olearius hatte von einer Entsprechung im Text von Joh. 3,18 gesprochen: „Auf das tröstliche Ja/ folget das unbetrügliche Nicht/ und Abwendung alles Zweyfels [...] Gleichwie aber der Glaube (1.) Christum ergreifft Phil. 3. (2.) hernach aber durch die Liebe thätig ist Gal. 5.

---

[50] Schulze K, S. 269.

[51] Vgl. oben, Fußnote 26.

[52] U. Siegele, *Bemerkungen zu Bachs Motetten*, BJ 1962, S. 33.

Also ist der Unglaube ebenmäßig zu betrachten [...] sofern er Christum nicht ergreift".[53] Bedeutet das, daß die Themen der Fuge je eine Stimme vertreten, die des Glaubens und die des Unglaubens? Sollte zur Unterscheidung dieser – im Leben manchmal verwandten – Stimmen angeleitet werden? Die Fuge scheint sie als miteinander im Kampf stehend darstellen zu wollen. Möchte die Komposition darauf aufmerksam machen, daß der Glaubende oft beide Stimmen gleichzeitig zu vernehmen pflegt und zur Aufmerksamkeit ermahnt wird? Oder sollte für das Verständnis der Fuge der alte Grundbegriff von Fuge als „fuga"[54] herangezogen werden können?

Auch über den im Vollzug nahezu verstörend wirkenden Schluß der Fuge, die im Gegensatz zu ‚normalen' Fugen nicht mit einer Steigerung endet, sondern mit der Zurücknahme der Dynamik, sind wohl lediglich Vermutungen angebracht.[55] Bieten doch die Takte 52 bis 56 den Text der zweiten Hälfte von Joh. 3,18, vorgetragen mit dem ersten Thema der Doppelfuge, das dem Text der ersten Hälfte von Joh. 3,18 entspricht. Die genannten Takte hat Bach selbst mit der Anweisung „piano" versehen. Wohl scheint der Umgang mit den Dynamik-Bezeichnungen im 18. Jahrhundert ein weites Spektrum aufgewiesen zu haben. Beispielsweise schlagen Autoren dieser Zeit für einen solchen Wechsel von forte zu piano auch eine optische Beschreibung vor, nämlich den Wechsel von Licht zum Schatten.[56] Sollte dies auch für die Deutung des Schlusses des letzten Satzes von BWV 68 weiterführen können?

Was das theologische Grundthema von Bachs Kantate betrifft, hat Elke Axmacher festgestellt, daß ein hinreichendes Verständnis von Prädestination „ein Stück schwierigster Theologie" sei.[57] Vielleicht gilt das mutatis mutandis auch vom Verstehen der Doppelfuge in BWV 68.

---

[53] Olearius (wie Fußnote 9), S. 623.

[54] „Hat den Namen a fugando, weil eine Stimme die andere gleichsam jaget" (Walther L, S. 56).

[55] Alfred Dürr sieht im Schluß der Fuge einen „Echoeffekt, der uns [...] nicht ganz in unser selbstgefertigtes Bachbild passen will, jedoch, versucht man sich hineinzuhören, gleichwohl nicht ohne Reiz ist" (Dürr KT, S. 410 f.).

[56] C. P. E. Bach, *Versuch über die wahre Art das Klavier zu spielen. Neudruck der verbesserten 2. Auflage (Berlin 1759–1762), hrsg.* von W. Niemann, Leipzig 1906, S. 92. J. J. Quantz, *Versuch einer Anweisung die Flöte traverse zu spielen,* Berlin 1752 (Reprint, hrsg. von H.-P. Schmitz, Kassel 1953), S. 145.

[57] E. Axmacher, *Die Prädestination als Thema in der Lutherischen Erbauungsliteratur,* in: Prädestination und Willensfreiheit. Luther, Erasmus, Calvin und ihre Wirkungsgeschichte. Festschrift für Theodor Mahlmann zum 75. Geburtstag, hrsg. von W. Härle und B. Mahlmann-Bauer, Leipzig 2009, S. 145.

Die Mündlichkeit der Predigt und die Rede von der ‚streitenden Kirche' in Johann Sebastian Bachs Kantate „Ein feste Burg ist unser Gott" (BWV 80)
Eine theologische Kritik der Dichtung

Von Reiner Marquard (Freiburg/Br.)

Der Choral „Ein feste Burg ist unser Gott" und Bachs gleichnamige Kantate setzen unterschiedliche theologische Schwerpunkte. Das ist für die Gattung der Choralkantate ungewöhnlich. Es stellen sich Fragen. Ist Salomon Franck Autor der Dichtung zu BWV 80,[1] die ihren Vorläufer in einer zweifelsfrei von ihm stammenden Dichtung hatte? 1715 lieferte er in Weimar das Libretto zur Kantate „Alles, was von Gott geboren" für den Passionssonntag Oculi.[2] Motivgeber für diese Kantate war die Rede von der Teufelsaustreibung aus dem Evangeliumstext Lk 11,14–28. Was in Weimar üblich an Kantatenkultur war, fiel in Leipzig der „strengen Fastenzeit"[3] zum Opfer. In Leipzig konnte zum Sonntag Oculi keine Kantate aufgeführt werden.

Die Auseinandersetzung mit dem „Widersacher, der sich erhebt über alles, was Gott oder Gottesdienst heißt" (2. Thess 2,4) verband sich aber nicht nur mit dem Evangelium des Sonntags Oculi, sondern auch mit der Epistel des Reformationstages.[4] In der Feier eines Reformationstags in Leipzig zur Zeit Bachs zeigen sich die Konfliktlinien klar und deutlich. Martin Luther wendet sich 1520 gegen den Irrtum, „daß der Papst Macht habe, die Heilige Schrift nach seinem eigenen Willen zu deuten und führen, und niemandem erlaube, dieselbe anders, als er will, zu deuten; damit er sich über Gottes Wort setzt und dasselbe zerreißet und vertilget."[5] Die Heilige Schrift ist eben dadurch heilig, als sie sich nicht kombinieren läßt mit Tradition, Glaubensgewohnheiten *(sensus fidei)*, kirchlichem Lehramt oder wissenschaftlicher Theologie. „Mit unser

---

[1] Zu Salomon Franck vgl. F. Zander, *Die Dichter der Kantatentexte Johann Sebastian Bachs. Untersuchungen zu ihrer Bestimmung*, Köln 1967, S. 22–26.

[2] BT, S. 67 und 278.

[3] G. Stiller, *Johann Sebastian Bach und das Leipziger gottesdienstliche Leben seiner Zeit*, Berlin 1970, S. 51.

[4] Oswald Bayer stellt einen Zusammenhang her zwischen 2. Thess 2,4 und Martin Luthers Streitschrift „Warumb des Bapsts vnd seiner Jungern bucher von Doc. Martino Luther vorbrant seyn" von 1520 (O. Bayer, *Martin Luthers Theologie*, Tübingen ⁴2016, S. 78).

[5] *Warum des Papst und seine Jünger Bücher von Doktor Martino Luther verbrannt. Laß auch anzeigen, wer will, warum sie Doktor Luthers Bücher verbrannt haben*, in: Martin Luther. Ausgewählte Werke, Bd. 2, hrsg. von H. H. Borcherdt und G. Merz, München ³1962, S. 289–300, speziell S. 297.

Macht ist nichts getan" – Tradition, Glaubensgewohnheiten, Lehramt und Theologie mögen sich wechselseitig bedingen, aber sie bedingen nicht die Heilige Schrift. So war es 1715 in Weimar am Sonntag Okuli aufgeführt worden. Bach erinnerte sich der brachliegenden Kantate von 1715. Aber was geschah dann? In welchen Schritten vollzog sich die Umgestaltung von BWV 80a auf BWV 80? Daß der Choral – anders als in BWV 80a – vollständig gesungen werden mußte, war unverhandelbar. Aber wer ordnete den Text von BWV 80a nun entsprechend den Choralstrophen zu?[6] Grundsätzlich mußte der theologische Focus auf die Reformation verlagert werden. Hat Bach selbst die Texte neu disponiert? Oder hat er die Kantate BWV 80a und sein ganzes Ansinnen für den Reformationstag an Franck übermittelt und ihn autorisiert, seinen Text von 1715 erneut mit den Choralstrophen zu verweben? Franck starb 1725. Die Kantate BWV 80 wird aber von der Bach-Forschung auf einen viel späteren Zeitpunkt angesetzt (zwischen 1735[7] und 1740[8]). Hans-Joachim Schulze vermutet zwischen der ersten Fassung von 1715 und der vorliegenden Fassung eine Umgestaltung zur Reformationskantate „spätestens um 1730, vielleicht auch schon 1724".[9] Sofern es sich bei der Umgestaltung bereits um eine Ausrichtung auf eine Reformationskantate gehandelt hat, hätte Satz 5 von 1715 (Arie „Wie selig ist der Leib, der, Jesu, dich getragen?") bereits umgedichtet werden müssen. Wir plädieren für eine solche Lösung und setzen die Umgestaltung deshalb früh (1724) an, weil der umgedichtete Text der Arie (BWV 80: Satz 7) geradezu idealtypisch aus der Feder von Salomon Franck stammen könnte.

Auch der Blick auf die theologischen Prägekräfte Salomon Francks legen den Schluß nahe, daß er selbst noch einmal – auf Bitten von Bach – Hand an seine Oculi-Kantate gelegt hat. So scheinbar harmlos die Umdichtung von Satz 5 (1715) zu Satz 7 (1724) scheinen mag, so gravierend ist sie im Hinblick auf den Kontext: Der Librettist konnte und wollte in einem entscheidenden Gedankengang der reformatorischen Theologie nicht folgen. „Wie selig sind doch die, die Gott im Munde tragen, / Doch sel'ger ist das Herz, das ihn im Glauben trägt!" Das, was aus dem frommen Munde entweicht, ist weniger kostbar als das, was der Fromme im Herzen in sich trägt. Das, was weniger wertvoll ist, wird im Plural gedichtet, was wert ist, im Singular. Das Herz – und nicht der

---

[6] Die Arie Nr. 1 geht auf in Arie mit Choral Nr. 2; Rezitativ Nr. 2 wird zu Rezitativ Nr. 3; Arie Nr. 3 wird zu Arie Nr. 4 (ohne Wiederholung der beiden Eingangszeilen); Rezitativ Nr. 4 wird zu Rezitativ Nr. 6; Arie Nr. 5 wird zu Arie Nr. 7 (in der ersten Zeile verändert vom Leib, der Jesus getragen hat, zu denen, die Gott im Munde tragen); Choral Nr. 6 wird zu einem Integral Arie und Choral Nr. 2.

[7] Schulze K, S. 554.

[8] C. Wolff, *Johann Sebastian Bach*, Frankfurt am Main ⁵2014, 303.

[9] Schulze K, S. 553; BT, S. 168: „EZ 1724 (?)"; Dürr KT, S. 782: „um 1728/1731" (so auch Wolff, S. 303).

Mund – macht den Glauben fest, nicht die, die reden, sondern der, der Gott im Herzen trägt. Was im Glauben geredet wird, hat seine Vorschaltung im Herz. Es gibt den Taktschlag an. „Was nützen hie der Redner Zungen? / Was hilfft ein hoch-begabter Mund? / Der Wörter Fluth wird bald verschlungen […] / Wie schwindet Kunst und Witz."[10] Der „Witz" ist „die von gott dem menschen verliehene gabe des vernünftigen denkens und handelns"[11]; er ist „Verstand, Einsicht, Klugheit, Scharfsinn, Weisheit, Lehre, Belehrung."[12] Franck pflegt die Skepsis vor dem gesprochenen Wort und jenen, die es im Munde führten: „Ein Lehrer, welcher uns zu klugen Tohren machet"[13] unterliegt der irrigen Annahme, „Menschwitz"[14] könne das göttliche Geheimnis ermessen. Franck ist weder orthodox (das Thema Rechtfertigung, Kirche und Gemeinde bleibt außen vor[15]), er ist aber auch kein Pietist (eine im Glauben verankerte Diakonie ist nicht erkennbar). Seine Bildsprache ist mystisch geprägt und bestimmt. „Öffne mir die Liebes-Augen/ Laß mich Freuden-Honig saugen/ Sarons-Rose/ meine Freude/ Meine Wollust/ meine Weyde!"[16] Der Mund ist zum Küssen da: „Ich bin erfreut/ Weil mich mein JEsus küsset. […] Die Seele wird mit Lust getränckt."[17] Geradezu distanzlos kann Franck Jesus

---

[10] S. Franck, *Geistliche Poesie,* Weimar 1685, S. 67. Der Gedanke ist nicht ungewöhnlich. In BWV 26 („Ach wie flüchtig, ach wie nichtig"; Lied von Michael Franck) heißt es: „Ach! wie nichtig / ach! wie flüchtig / ist der Menschen Wissen! / Der das Wort konnt prächtig führen / Und vernünftig discuriren / muß bald allen Witz verlieren" (BT, S. 151 f.). – „discuriren" = „heisset von einer Sache umständlich reden, so daß man einem gerne zuhöret"; vgl. C. Marbach, *Evangelische Singe-Schule,* Breslau und Leipzig 1726 (Reprint Hildesheim 1991), S. 185.

[11] J. Grimm und W. Grimm, Deutsches Wörterbuch, Leipzig 1854–1971, Bd. 30 (1960), S. 862.

[12] H.-U. Delius und M. Beyer, *Frühneuhochdeutsches Glossar zur Luthersprache,* in: Martin Luther Studienausgabe, Bd. 6, Leipzig 1999, S. 183.

[13] Franck, *Geistliche Poesie* (wie Fußnote 10), S. 87.

[14] *Salomo Francks geistliche Lieder in einer zeitgemäßen Auswahl treu nach dem Urtexte wiedergegeben und mit Anmerkungen, wie mit einer Lebensbeschreibung und Charakteristik des Dichters begleitet von Dr. J. A. Schauer,* Halle 1855, S. 62.

[15] Vgl. hingegen Christian Friedrich Henrici, *Text zur Cantaten auf das Jubel-Fest der übergebenen Augspurgischen Confeßion 1730,* in: Picanders Ernst-Schertzhaffte und Satyrische Gedichte, Dritter Theil, Leipzig 1732, S. 73–79, speziell S. 75.

[16] Franck, *Geistliche Poesie* (wie Fußnote 10), S. 44.

[17] Ebenda, S. 44 f.; „O Zuckerblick! / Jetzt kann ich JEsum sehen" (ebenda); „Sein Liebes-Kuß ist ewig süsse" (S. 50). Zu Weihnachten dichtet Franck: „Sey geküsset meine Freude / Jesulein ich wickle dich. […] Ich küsse deinen Mund mit tausend Liebes-Küssen / Du zarte Liebe du! Du sollst mein Liebster seyn" (S. 12 f.; vgl. auch S. 35). Von solchen Küssen hielt Bachs Lieblingslibrettist Henrici gar nichts: „Ein angeflammter Kuß hat ein beliebtes Wesen, / Als mit vertiefften Sinn in schweren

als „Lust-Genieß"[18] bezeichnen und „indeß will ich/ Mein Jesu dich/ In meine Seele sencken."[19] Das Libretto von BWV 80 kennt keine Kirche. Was der Choral im Plural (Gemeinde) singt, wendet Franck in den Singular (einzelnes Subjekt des Glaubens) um. Damit ist dem Choral bereits im vorhinein das Rückgrat gebrochen. Reformation findet fernab jener Kirche statt, die es mit der Welt zu tun hat, von der Franck fortwährend Abschied nimmt und die ihm nichts denn eine „schnöde" Welt[20] ist: „Ich verlache deine Pracht."[21] Das sind zwar gute Voraussetzungen, um mit der Leitung des Herzoglichen Münzkabinetts betraut zu werden, doch ob man damit das theologische Niveau reformatorischer Theologie abzubilden in der Lage ist, bleibt zu fragen. Alfred Dürr hält Salomon Franck für das „vielleicht [...] begabteste und originellste Dichtertalent, mit dem Bach zusammengearbeitet hat."[22] Aber es ist schwer vorstellbar, daß Bach aus Neigung mit Franck in Weimar zusammengearbeitet haben soll.[23] Womöglich hat der Hof den Impuls gegeben, dem Bach sich nicht widersetzen konnte und mit Abstrichen auch nicht wollte, sofern – was das Liefern von Texten anbelangte – Franck ein verläßlicher Librettist für ihn war:

Büchern lesen" (C. F. Henrici, *Picanders Ernst-Schertzhaffte und Satyrische Gedichte,* Leipzig 1727, S. 100).

[18] Franck, *Geistliche Poesie* (wie Fußnote 10), S. 48.

[19] Ebenda, S. 30.

[20] *Salomo Francks geistliche Lieder* (wie Fußnote 14), Nr. 23.

[21] Ebenda.

[22] Dürr KT, S. 31.

[23] Fred Hamels Meinung, daß Bach in Franck einen „gleichgesinnten Mitarbeiter" gefunden hatte, können wir uns nicht anschließen (*Johann Sebastian Bach – Geistige Welt*, Göttingen 1951, S. 78). Zur Art der Frömmigkeit bei Bach vgl. R. Marquard und M. Walter, *Johann Sebastian Bach. Matthäus-Passion*, Stuttgart 2020, S. 58–64.

Bibel	Choral[24]	Kantate BWV 80[25]
	1.	1. Chor
Ps 18; Ps 46;	Ein feste Burg ist unser Gott,	**Ein feste Burg ist unser Gott,**
Eph 6,11 f.;	eine gute Wehr und Waffen.	**Eine gute Wehr und Waffen;**
Offenb 2,13;	Er hilft uns frei aus aller Not,	**Er hilft uns frei aus aller Not,**
	die uns jetzt hat betroffen.	**die uns iztz hat betroffen.**
	Der alt böse Feind	**Der alte böse Feind,**
	mit Ernst er's jetzt meint;	**Mit Ernst er's jetzt meint,**
	Groß Macht und viel List	**Groß Macht und viel List**
	sein grausam Rüstung ist,	**Sein grausam Rüstung ist,**
	auf Erd ist nicht seins-gleichen.	**Auf Erd ist nicht seinsgleichen.**
	2.	2. Arie[26] und Choral[27]
Joh 15,5;	Mit unsrer Macht ist nichts getan,	Alles, was von Gott geboren,
Mt 8,27;	wir sind gar bald verloren;	Ist zum Siegen auserkoren.
Joh 16,16;	es streit' für uns der rechte Mann,	**Mit unsrer Macht ist nichts getan,**
2. Mos 20,3	den Gott hat selbst erkoren.	**Wir sind gar bald verloren;**
	Fragst du, wer der ist?	**Es streit' vor uns der rechte Mann,**
Arie:	Er heißt Jesus Christ,	**Den Gott hat selbst erkoren.**
1. Joh 5,4;	der Herr Zebaoth,	Wer bei Christi Blutpanier
	und ist kein andrer Gott,	In der Taufe Treu geschworen,
	das Feld muß er behalten.	Siegt im Geiste für und für.
		Fragst du, wer der ist?
		Er heißt Jesus Christ,
		Der Herr Zebaoth,
		Und ist kein andrer Gott,
		Das Feld muß er behalten.
		Alles, was von Gott geboren,
		Ist zum Siegen auserkoren.

[24] Zitiert nach *Evangelisches Gesangbuch* (EG), Nr. 362 – 1995 (rubriziert unter: Glaube – Liebe – Hoffnung / Angst und Vertrauen); vgl. auch Evangelisches Kirchengesangbuch, Nr. 201 – 1950 (rubriziert unter: Die Kirche); EvG, Nr. 89 – 1901 (rubriziert unter: Die Kirchen und ihre Gnadenmittel). Die Rubrizierung im EG folgt leider nicht mehr den beiden vorangegangenen Gesangbuchausgaben und ermäßigt den Choral zu einem individuellen Glaubenslied. Damit wird der Choral als Lied zur Sache der Kirche und Gemeinde sozusagen von sich selbst abgerückt und gerät in eine bedenkliche Nähe zum Duktus der Kantate, deren Dichtung nichts von einer Kirche oder Gemeinde weiß und insofern auch keine belastbare theologische Auffassung von dem hat, was bei Martin Luther „Wort Gottes" genannt zu werden verdiente.

[25] BT, S. 167 f.
[26] BWV 80a, Satz 1.
[27] BWV 80a, Satz 6.

3. Rezitativ[28]

Erwäge doch, Kind Gottes, die so
große Liebe,
Da Jesus sich
Mit seinem Blute dir verschriebe,
Womit er dich
Zum Kriege wider Satans Heer und
wider Welt, und Sünde
Geworben hat!
Gib nicht in deiner Seele
Dem Satan und den Lastern statt!
Laß nicht dein Herz,
Den Himmel Gottes auf der Erden,
Zur Wüste werden!
Bereue deine Schuld mit Schmerz,
Daß Christi Geist mit dir sich fest
verbinde!

4. Arie[29]

Komm in mein Herzenshaus,
Herr, Jesu, mein Verlangen!
Treib Welt und Satan aus
Und laß dein Bild in mir erneuert
prangen!
Weg, schnöder[30] Sündengraus!

	3.	5. Chor
Ps 124,3;	Und wenn die Welt voll Teufel	**Und wenn die Welt voll Teufel**
Röm 8,38;	wär	**wär**
Joh 14,30;	und wollt uns gar verschlingen,	**Und wollt uns gar verschlingen,**
Joh 16,11;	so fürchten wir uns nicht so sehr,	**So fürchten wir uns nicht so sehr,**
Joh 18,6.	es soll uns doch gelingen.	**Es soll uns doch gelingen.**
	Der Fürst dieser Welt,	**Der Fürst dieser Welt,**
	wie sau'r er sich stellt,	**Wie saur[31] er sich stellt,**
	tut er uns doch nicht;	**Tut er uns doch nicht,**
	das macht er ist gericht':	**Das macht, er ist gericht',**
	ein Wörtlein kann ihn fällen.	**Ein Wörtlein kann ihn fällen.**

---

[28] BWV 80a, Satz 2.

[29] BWV 80a, Satz 3 (BT, S. 278).

[30] „schnöde" = „erbärmlich, dürftig, gering, schlecht, unnütz" (*Frühneuhochdeutsches Glossar*, siehe Fußnote 12, S. 134).

[31] „sauer" = unter anderem: „widrig, böse, finster" (*Frühneuhochdeutsches Glossar*, siehe Fußnote 12, S. 134).

6. Rezitativ[32]
So stehe dann bei Christi blutge-
färbten Fahne,
O Seele, fest
Und glaube, daß sein Haupt dich
nicht verläßt,
Ja, daß sein Sieg
Auch dir den Weg zu deiner Krone
bahne!
Tritt freudig an den Krieg!
Wirst du nur Gottes Wort
So hören als bewahren,
So wird der Feind gezwungen
auszufahren,
Dein Heiland bleibt dein Hort!

7. Arie[33]

Lk 11,28   Wie selig sind doch die, die Gott im
Munde tragen,
Doch sel'ger ist das Herz, das ihn
im Glauben trägt!
Es bleibet unbesiegt und kann die
Feinde schlagen
Und wird zuletzt gekrönt, wenn es
den Tod erlegt.

	4.	8. Chor
Jes 40,8;	Das Wort sie sollen lassen stahn	**Das Wort sie sollen lassen stahn**
Mt 10,28;	Und kein' Dank dazu haben;	**Und kein' Dank dazu haben;**
Lk 18,29;	Er ist bei uns wohl auf dem Plan	**Er ist bei uns wohl auf dem Plan**[34]
Lk 22,29.	Mit seinem Geist und Gaben.	**Mit seinem Geist und Gaben.**
	Nehmen sie den Leib,	**Nehmen sie den Leib,**
	Gut, Ehr, Kind und Weib:	**Gut, Ehr, Kind und Weib:**
	laß fahren dahin, sie haben's	**laß fahren dahin, sie haben's**
	kein' Gewinn,	**kein' Gewinn,**
	das Reich muß uns doch bleiben.	**das Reich muß uns doch bleiben.**[35]

---

[32] BWV 80a, Satz 4 (BT, S. 278)

[33] Vgl. BWV 80a, Satz 5.

[34] Plan = Kampfplatz.

[35] Bach und Picander haben den Reformationschoral in der Markus-Passion aussage-
kräftig unmittelbar vor die Kreuzigungsszene gesetzt (*TEXTE zur Paßions-Music
nach dem Evangelisten Marco am Char-Freytage 1731*, in: Picanders Ernst-Schertzhaffte und Satyrische Gedichte, Dritter Theil, Leipzig 1732, S. 49–67, speziell S. 64).

Erwägungen zur Mündlichkeit der Predigt als theologische Pointe des Chorals

„Ich glaube, darum rede ich" (2. Kor 4,13). Die Entgegensetzung von „Mund" und „Herz" bleibt deshalb irritierend. „Wie selig sind doch die, die Gott im Munde tragen, / Doch sel'ger ist das Herz, das ihn im Glauben trägt!" Es handelt sich – nicht nur – im Sinne der lutherischen Orthodoxie um eine regelrechte Entgleisung und es fragt sich, ob der Text dieser Kantate die Genehmigung durch die Leipziger Superintendentur unterlaufen hat oder ob nicht sorgfältig gegengelesen worden war. In Leipzig jedenfalls wurde an der Thomasschule unbeirrbar gelehrt: „Ein Prediger ist eine solche Person/ welche auß Gottes Befehl durch die Kirche ordentlicher Weise beruffen ist/ Gottes Wort rein und lauter zu predigen/ und die Sacrament nach der Einsetzung Christi außzutheilen."[36] Es geht um die Mündlichkeit der Predigt! Luther kämpft um die Freiheit des Wortes Gottes: „Das Wort sie sollen lassen stahn". Es ist bedroht durch eine das Zeugnis der Schrift reglementierende Übergriffigkeit. Gott wird nicht mehr geglaubt, sondern erklärt. „Evangelium aber heißet nichts anders, denn eine Predigt und Geschrei von der Gnade und Barmherzigkeit Gottes, durch den Herrn Christum mit seinem Tode verdienet und erworben. Und ist eigentlich nicht das, das in Büchern stehet, und in Buchstaben verfasset wird; sondern mehr eine mündliche Predigt und lebendig Wort, und eine Stimme, die da in die ganze Welt erschallet und öffentlich wird ausgeschrieen, daß mans überall höret."[37] Indem Luther das Wort Gottes freigestellt sehen möchte von Instrumentalisierungen, befindet er sich im Kampf mit denen, die eben dieses Wort unter Kuratel stellen.

---

[36] L. Hütter, *Compendium Locorum Theologicorum ex Scripturis Sacris et Libro Concordiae,* kritisch hrsg., kommentiert und mit einem Nachwort versehen von J. A. Steiger, Stuttgart-Bad Cannstatt 2006 (Doctrina et Pietatis. II:3.), S. 366 f. Zu Tradition homiletischer Kultur an der Thomaskirche vgl. Marquard und Walter, *Johann Sebastian Bach. Matthäus-Passion* (wie Fußnote 23), S. 89–97.

[37] M. Luther, *Auslegung der ersten Epistel St. Petri* (1523), in: Schriften Doctor Martin Luthers, 21. Heft, Eisleben 1852, S. 5–156, speziell S. 5. Zur „viva vox" bei Luther vgl. Bayer, *Martin Luthers Theologie* (wie Fußnote 4), S. 70–73. Die Kirche ist „ein Mundhaus, nicht ein Federhaus, denn seit Christi Kommen wird das Evangelium mündlich geprediget, das zuvor schriftlich in Büchern verborgen lag. Auch so ist des neuen Testaments und Evangelii Art, daß es mündlich mit lebendiger Stimme soll geprediget und getrieben werden. Auch Christus selbst [hat] nichts geschrieben, auch nicht befohlen […] zu schreiben, sondern mündlich zu predigen"; siehe M. Luther, *Adventspostille 1522,* in: D. Martin Luthers Werke, hrsg. von J. K. F. Knaake et al., 120 Bde., Weimar 1883–2009 (Weimarer Ausgabe), Abteilung 1, Bd. 10, Teil I/2, S. 48, Zeile 5–10.

Denn der Glaubende wird in falsche Abhängigkeit gestellt und Gott selbst angegriffen. Der Angriff ist so fundamental, daß Luther niemand geringeren als den Teufel selbst dafür verantwortlich macht. Ihm ist der Choral ins Stammbuch geschrieben. 1545 schreibt Luther ein lateinisches Vorwort zur ersten Auflage seiner gesammelten Werke. Darin heißt es: „Leser, und bete für das Wachstum des Wortes gegen den Satan. Denn er ist mächtig und böse, jetzt aber auch rasend und toll vor Wut, weil er weiß, daß er nur noch wenig Zeit hat und das Reich des Papstes auf dem Spiel steht."[38] Das Wort Gottes ruft den Teufel im wahrsten Sinne des Wortes auf den Plan. Der Plan ist „nicht bloß ein jeglicher ebener und gleicher Ort, sondern vornemlich der Kampff=Platz, wo zwey Feinde mit einander im Treffen stehen [...]. Die streitende Kirche Christi, getröstet sich seines getreuen Beystandes auf ihrem Kampff-Platze, wann sie singt: *Er ist bey uns wohl auf dem Plan mit seinem Geist und Gaben.*"[39] Wenn Wort Gottes und Teufel im Kampf miteinander liegen, dann geht es um das rechte Verständnis dessen, was das Wort Gottes wirklich ist und was es gewiß nicht ist. Wer der Teufel ist, erschließt sich erst aus dem Verständnis dessen, was Wort Gottes genannt zu werden verdient, denn der Teufel hat keine Macht an sich, er existiert sozusagen nur im Widerspruch. Sein Unwesen ist abhängig von dem, was wesenhaft das Evangelium ist. Die Metapher Teufel/Satan führt bei Luther kein Eigendasein, sondern sie bleibt immer angekoppelt an die Frage, was das Wort Gottes sei. Damit entmythologisiert er den Dämon und weist ihm gewissermaßen einen theologischen Ort zu. Wer weiß, was das Wort Gottes ist, hat mit dem Teufel nichts zu tun, und wer es nicht weiß, dem gerät alles durcheinander, weshalb der Teufel im Griechischen auch *diablos* benannt ist – der, der alles durcheinanderbringt. Alles – und damit das Gewissen. Wer sein Gewissen verliert, hat sich selbst verloren.

Das Gewissen wird allein gefestigt durch das Wort Gottes in seinen beiden Gestalten: als Gesetz und Evangelium.[40] In der rechten Unterscheidung und Zuordnung beider Größen liegt nach Luther die ganze Weisheit der Theologie verborgen. Das Gesetz fordert und das Evangelium schenkt. Beide Weisen durchdringen Altes und Neues Testament, das heißt, in jedem Fall ergeht das Wort Gottes als Gesetz und Evangelium an den Menschen. Das Gesetz fordert Selbsterkenntnis. Das Evangelium verankert die Selbsterkenntnis im Gottesbezug. Nur unter dem Gesetz könnte der Mensch sich nicht aushalten, sein

---

[38] M. Luther, *Vorrede zum ersten Band der Wittenberger Ausgabe der lateinischen Schriften* (1545), in: Martin Luther. Lateinisch-Deutsche Studienausgabe, Bd. 2: *Christusglaube und Rechtfertigung*, hrsg. von J. Schilling, Leipzig 2006, S. 491–509, speziell S. 509.

[39] C. Marbach, *Evangelische Singe-Schule* (wie Fußnote 10), S. 205.

[40] Vgl. zum Folgenden: R. Marquard, *Gesetz und Evangelium bei Johann Sebastian Bach am Beispiel der Choralkantate „O Ewigkeit, du Donnerwort" (BWV 20)*, BJ 2019, S. 269–295, speziell S. 269–271.

Gewissen würde ihn fortwährend anklagen. Zweifellos ist das Evangelium dem Gesetz übergeordnet. Es begrenzt das Gesetz, denn es überfordert ohne Einhegung den Menschen. Christus tritt zwischen das Gesetz und den überforderten Menschen: „Christus aber hat uns losgekauft von dem Fluch des Gesetzes, da er zum Fluch wurde für uns – denn es steht geschrieben (5. Mose 21,23): ‚Verflucht ist jeder, der am Holz hängt' (Gal. 3,13)". Das ist das Evangelium! Beide – Gesetz und Evangelium – sind das Wort Gottes. „Hat man aber Gottes Wort nicht, so ist's balde um uns geschehen, denn da kann er (der Teufel) nach seinem Willen reiten und treiben."[41] Diesen Weckruf hätte Franck leichthin beherzigen können, denn dem Sonntag Okuli, auf den BWV 80a konzipiert worden war und dann als Vorlage für BWV 80 diente, war Lk 11,14–28 (Jesu Macht über böse Geister) der ursprüngliche Motivgeber, der mit einem Jesus-Wort abschließt: „Selig sind, die das Gottes Wort hören und bewahren" (V. 28). Das gehörte Wort muß zuvor gepredigt worden sein. „Denn der allergröste, heiligste, nötigste, höchste Gottesdienst, wilchen Gott im ersten und andern gebot als das gröste hat gefoddert, ist Gottes wort predigen."[42] Das Predigtamt bestimmt die gottesdienstliche Zusammenkunft und macht sie erst zu dem, was sie sie unter der Predigt wird, so daß geradezu gelten muß, „daß die christliche Gemeinde niemals zusammenkommen soll, wenn nicht daselbst Gottes Wort gepredigt und gebetet wird."[43]

„So kommt der Glaube aus der Predigt, das Predigen aber durch das Wort Christi" (Röm 10,17) – Glaube ist nur möglich, wenn zuvor Menschen das Wort gehört haben und bewahren (Satz 6). Verkündigen (*keryssein* = ausrufen) ist das Hinweisen auf dieses unvergleichliche Ereignis: Das Reich Gottes ist da (Lk 9,2 und Mt 10,7). Wer in dieser Weise vom Kommen des Reiches predigt, redet nicht distanziert über das Reich, sondern er macht dieses Reich bekannt. Predigt ist kein Akt konstatierender Rede („Ich spreche heute über die Ankunft des Reiches Gottes ..."), sondern ein Akt performativer Rede („Das Reich

---

[41] *Martin Luther. Tischreden,* hrsg. von W. Rehm, München 1934, S. 393 (Nr. 659).

[42] *Apologia Confessionis Augustanae,* Artikel XV, in: Die Bekenntnisschriften der Evangelisch-Lutherischen Kirche. Vollständige Neuedition, hrsg. von I. Dingel, Göttingen 2014 (BSELK), S. 536 f. – „Da Einer fragte, welches der größte Gottesdienst wäre, der Gott wohlgefiele? Sprach D. Martinus: Christum hören und ihm gehorsam sein, das heißt und ist der größte Gottesdienst; sonst taugt Alles Nichts" (*Geist aus Luthers Schriften oder Concordanz der Ansichten und Urtheile des großen Reformators über wichtige Gegenstände des Glaubens, der Wissenschaft und des Lebens,* hrsg. von F. W. Lomler, G. F. Lucius, D. J. Rust, L. Sackreuter und D. E. Zimmermann, Bd. 2, Darmstadt 1829, S. 500).

[43] M. Luther, *Von Ordnung Gottesdiensts in der Gemeinde* (1523), in: Martin Luther. Ausgewählte Schriften, hrsg. von K. Bornkamm und G. Ebeling, Bd. 5, Frankfurt am Main 1982, S. 27–32, speziell S. 28.

Gottes ist da …"). Von den Dächern sollen die Jünger predigen, was ihnen anvertraut ist (Mt 10,27). Öffentlich lehren (publice docere) nannten die Reformatoren das Predigen. Die Sendung der Jünger entspricht der Sendung Jesu (Joh 20,21). Das in Jes 52,7 in der Vulgata (die lateinische Übersetzung der Bibel von Hieronymus) gebrauchte Tätigkeitswort lautet praedicare, woraus das deutsche Wort „predigen" entstanden ist. Luther kennzeichnet das Wort Gottes als viva vox evangelii.[44] Der Vorgang der Verkündigung ist dem Schriftwort vorgeordnet. „The evangelical understanding of the word of the sermon preserves Luther's great hermeneutical discovery, which, strictly speaking, is his Reformation discovery. Namely, that the linguistic sign itself is the thing; it does not represent a thing that is absent but it presents a thing that is present."[45] Das sprachliche Zeichen (zum Beispiel der Segen) ist die Sache selbst. Es ist das Wort, das „mit seinem Geist und Gaben […] auf dem Plan ist" (Choral Strophe 4, Chor Satz 8). Eine solche Sprachhandlung nennt Luther verbum efficax, wirkendes und in seinem Wirken wirksames Wort.[46] „Dies nämlich tut der gepredigte Gott, daß er Sünde und Tod wegnehme und wir heil seien." [47]

„Wie selig sind doch die, die Gott im Munde tragen, / Doch sel'ger ist das Herz, das ihn im Glauben trägt"? Damit verschiebt die Kantate die Pointe des lutherischen Schriftverständnisses. Nicht nur, daß die Rede von Gott nachrangiger ist, der Glaube selbst ist eine persönliche Herzensangelegenheit. Damit gerät das, was Luther unter Gemeinde versteht, ganz und gar aus dem Fokus. Luther räumt demgegenüber dem gepredigten Wort als gottesdienstlichem Akt den Vorrang ein vor der privaten Bibellektüre und der frommen Herzenspflege. Der Gottesdienst ist die Versammlung derer, deren Leben sich durch das für sie dahingegebene Leben Jesu auslegt. Das Leben und Sterben Jesu ist ganz und gar eingebettet in das Verhältnis zu seinem himmlischen Vater. Nach der Taufe Jesu durch Johannes den Täufer „tat sich der Himmel auf, und er sah den Geist Gottes wie eine Taube herabfahren und über sich kommen" (Mt 3, 16). Christologische Aussagen bleiben eingebettet in ihrem trinitätstheologischen Begründungszusammenhang. Bach hatte bei Hütter gelernt, daß die menschliche Natur Jesu „solche Majestät empfangen habe/ nach Art der persönlichen Vereinigung/ nemlich/ weil die gantze Fülle der Gottheit in Christo wohnet/ nicht wie in andern heiligen Menschen oder Engeln/ sondern leibhafftig/ als in ihrem eigenem Leibe/ daß sie mit aller ihrer Majestät/ Krafft/ Herrligkeit und Wirckung/ in der angenommenen menschlichen Natur freywillig/ wenn/ wie er

[44] Siehe Fußnote 37.
[45] O. Bayer, Preaching the word, in: Lutheran Quaterly 23 (2009), S. 249–268, speziell S. 254 f.
[46] Vgl. Bayer, Martin Luthers Theologie (wie Fußnote 4), S. 48.
[47] M. Luther, De servo arbitrio (1525), in: Martin Luther. Lateinisch-Deutsche Studienausgabe, Bd. 1, hrsg. von W. Härle, Leipzig 2006, S. 219–661, speziell S. 404 f.

will/ leuchtet/ in/ mit/ durch dieselbe seiner göttlichen Kraft/ Herrligkeit und Wirckung beweiset/ erzeiget und verrichtet."[48] Wer Jesus ist und was er tut, ist Ausdruck seiner göttlichen „Selbstkommunikation"[49] und Gott kann nur so verstanden werden, „wie er sich in Christus und durch seinen Geist verständlich macht: Alle wahrheitsgemäße Kommunikation über Gott gründet in der Kommunikation mit Gott, die sich ihrerseits der Selbstkommunikation Gottes mit uns verdankt."[50] Die Kommunikation mit Gott ereignet sich nicht exklusiv mit der frommen Seele und nicht in einem freien Raum, sondern vollzieht sich „in, mit und unter der Kommunikation des Evangeliums."[51] Der göttlichen Selbstkommunikation entspricht die Mündlichkeit der Predigt des aus der Mitte der Gemeinde berufenen Predigers. Bei Franck befindet sich die fromme Seele in einer Selbstkommunikation mit sich selbst. Dazu braucht es kein Anstoß von außen. „Komm in mein Herzenshaus / Herr Jesu / mein Verlangen!" (Satz 4). Es paßt alles zusammen. Das Herzenshaus ist bereitet und Jesus ist der passende Schlüssel dazu. Es ist eine Harmonie, ein Zusammenschwingen, dessen Rhythmus die fromme Seele vorgibt. Nicht der Mensch schwingt mit, Gott muß mitschwingen. Er substituiert sich dem frommen Individuum. Der trinitarische Gott jedoch vergegenwärtigt sich im Gottesdienst der Gemeinde, denn „im Gottesdienst wird Gott uns um seiner selbst willen interessant: als der ewig schöpferische Vater, als der für uns den Tod erleidende und überwindende Sohn, als der den Vater und den Sohn mit dem Band der Liebe aufeinander beziehende und uns in die göttliche Gemeinschaft gegenseitigen Andersseins einbeziehende Heilige Geist."[52]

Deshalb wird die Gegenwart Gottes konkret in der Auslegung des Evangeliums als gottesdienstlichem Akt, so daß der Mensch in seiner Lebensgeschichte immer schon einbezogen ist in die Gegenwart Gottes. Die Gegenwart Gottes und die Gegenwart des Menschen bilden eine gottesdienstliche Schnittmenge, wobei die Kommunikation des Evangeliums als „genitivus objectivus" der göttlichen Selbstkommunikation als „genitivus auctoris" folgt. Das, was gottesdienstlich von den Glaubenden verantwortet wird, trägt immer schon den

---

[48]　Hütter, *Compendium Locorum Theologicorum* (wie Fußnote 36), S. 95. Zur Christologie der reformatorischen Theologie vgl. R. Marquard, *Das Lamm in Tigerklauen. Christian Friedrich Henrici alias Picander und das Libretto der Matthäus-Passion von Johann Sebastian Bach*, Freiburg 2017, S. 95–104.

[49]　Vgl. dazu insgesamt I. U. Dalferth, *Wirkendes Wort. Bibel, Schrift und Evangelium im Leben der Kirche und im Denken der Theologie*, Leipzig 2018, S. 43–46.

[50]　I. U. Dalferth, *Der auferweckte Gekreuzigte. Zur Grammatik der Christologie*, Tübingen 1994, S. 153.

[51]　Dalferth, *Wirkendes Wort* (wie Fußnote 49), S. XI.

[52]　E. Jüngel, *Das Evangelium von der Rechtfertigung des Gottlosen als Zentrum des christlichen Glaubens. Eine theologische Studie in ökumenischer Absicht*, Tübingen 1998, S. 226.

Charakter einer Ansprache[53] auf einen erfolgten Zuspruch des Evangeliums hin. Die Predigt ist eingebunden in die Selbstkommunikation Gottes und ist demzufolge kein privater, sondern ein öffentlicher Akt der Gemeinde. Was die Ansprache der Predigt betrifft, geht es bei Luther prototypisch „durch die Predigt",[54] doch mitgemeint sind jeweils die Kinderlehre, das Absolutionswort oder der Gesang in den Kirchen und Schulen.[55] Die mündliche Rede entspricht dem Zuspruch Gottes, so daß Luther sagen kann: „Dies nämlich tut der gepredigte Gott, daß er Sünde und Tod wegnehme und wir heil seien."[56] Ein Gott, der nicht gepredigt würde, wäre ein uns verborgener Gott. „Darum hat uns Gott an sein mündlich Wort gebunden, da er spricht Lucae am zehnten Kapitel (V. 16): ‚Wer euch höret, der höret mich.' Da redet er von dem mündlichen Wort, das aus dem Munde eines Menschen geht und in anderer Leute Ohren klinget, und redet nicht vom geistlichen Wort, so vom Himmel, sondern das durch des Menschen Mund klinget. Das hat der Teufel von Anfang an der Welt angefochten, und hat dawider gelegt und wollt es gerne ausrotten, darum lasset uns bei diesem *Medio* und Mittel bleiben und das Wort in Ehren halten."[57] Der Teufel steckt im Detail. Warum hat der Teufel etwas gegen die Predigt des Evangeliums? Weil aus der mündlichen Rede mündige Glaubende erwachsen, die sich weder atomisieren noch verhaften lassen. Sie hören, was ihnen verheißen ist und zu ihrem Heil dient. Sie lassen sich keine Vorschriften machen, sondern hören aus der Schrift durch die Predigt wes Geistes Kinder sie sind. Sie lassen sich nicht in eine babylonische Gefangenschaft nehmen. Sie fesselt im besten Sinne die Rede über die unmittelbare Gegenwart Gottes. Damit aber werden sie immun gegen Bindungen, die sie in ihrer Unmittelbarkeit einschränken wollen. Der Teufel war im Bunde mit dem „Anti-Christus Magnus". Für Luther und die Orthodoxie saß der Antichrist deshalb in Rom. Johann Friedrich König (wie auch David Hollatz, 1707[58]) stellt 1664 fest: „Der gemeinsame Feind der ganzen Kirche und aller hierarchischen Stände ist der Große Antichrist."[59] Und damit keine Mißverständnisse aufkommen, fügt er

---

[53] Luther spricht von der „guten Botschaft, guten Mär, guten Neuezeitung, gut Geschrei, davon man singet, sagt und fröhlich ist" (*Deutsche Bibel*, Vorrede auf das Neue Testament 1522 bzw. 1546).

[54] M. Luther, *Predigt vom 28. 3. 1529*, in: D. Martin Luthers Evangelien-Auslegung, hrsg. von E. Mülhaupt, Fünfter Teil, Göttingen ³1961, S. 356–362, speziell S. 358.

[55] Vgl. B. Rothen, *Die Klarheit der Schrift,* Teil 1: *Martin Luther. Die wiederentdeckten Grundlagen,* Göttingen 1990, S. 38 f.

[56] Siehe Fußnote 47.

[57] M. Luther, *Tischreden* (wie Fußnote 41), S. 331 (Nr. 563).

[58] D. Hollatz, *Examen theologicum acroamaticum,* Stargard 1707 (Neudruck Darmstadt 1971), Bd. 2 (Part. IV, Caput I), S. 73 f.

[59] J. F. König, *Theologia positiva acroamatica (Rostock 1664),* hrsg. und übersetzt von A. Stegmann, Tübingen 2006, Pars Tertia, § 1044.

an: „Der besondere Sitz [des Anti-Christus Magnus] ist die Stadt Rom"
(§ 1049). Unter seine Eigenschaften wird auch und gerade „die Anmaßung
göttlicher Gewalt" (§ 1050) gezählt, „der Kampf gegen die ganze rechtgläu-
bige Religion" (§ 1050) Rom diente als Synonym für einen institutionellen
Zugriff auf das Wort, der die *viva vox evangelii* zu ersticken drohte, indem das
Priestertum aller Glaubenden nichts gelten sollte als eine Irrlehre. Die Priorität
des gesprochenen Wortes entzieht das Wort Gottes der Verfügungsgewalt
einem bloßen Bibelglauben, der Tradition und der Institution. Wird das Evangelium als Sprachereignis zum Schriftdokument ermäßigt, geht das Verständnis des Wortes Gottes an die Ausleger und ihre Agenturen. Die Priorität des
gesprochenen Wortes macht ernst damit, daß es keine Stellvertretermodelle für
ein christliches Leben gibt. Für Luther ist der Teufel dort am Werk, wo elegant
oder aggressiv Stellvertretermodelle angeboten werden, die den Menschen
entmächtigen wollen. Die Transformation des Glaubens im Leben der Christen
ist streng und ausschließlich eine Angelegenheit des Heiligen Geistes, dem
Geist der Freiheit. Es geht um Gottes Gegenwart in seiner Verkündigung. Was
sich in der mündlichen Rede des Gottesdienstes ereignet, ist nichts weniger als
die Teilhabe am Wirken Gottes. Diesen Vorrang besingt das Reformationslied
in all seinen Strophen.

Erwägungen zum Gedanken der *ecclesia militans*[60]

BWV 80 verlagert auch hier in seinem nicht choralgebundenen Textteil den
Bedeutungsschwerpunkt von der Kirche und der im Glauben versammelten
Gemeinde auf das gläubige Subjekt. Eigentlich enthält der Choral hinreichend
Kampfpotenzial; Strophe 1: die Gottesburg mit „gute Wehr und Waffen", Strophe 2: „es streit' für uns der rechte Mann", Strophe 3: der widrige „Fürst dieser
Welt", Strophe 4: die Rede vom „Plan" (= Kampfplatz). Es ist in allen Strophen ein Kampf um das Wort und insofern um die Gemeinde, in der das Wort
laut oder eben „verleisbart" wird. Der Choral inszeniert eine Stellvertre-
ter-Christologie: „es streit' für uns der rechte Mann […] Er heißt Jesus Christ."
Der Teufel hingegen war für Bach ganz im Sinne Luthers „der Fürst, unter
dem wir gefangen sind, Gesetz und Tod sind auch dabei".[61] Der „Fürst dieser

---

[60] Wir reden heute eher von der *ecclesia viatorum* oder der *ecclesia patiens*. Karl Barth
spricht von der „wandernden, streitenden und wartenden Kirche"; siehe K. Barth,
Vorträge und kleiner Arbeiten 1934–1935, hrsg. von M. Beintker, M. Hüttenhoff und
P. Zocher, Zürich 2017 (Karl Barth-Gesamtausgabe. 52.), S. 754–777, speziell S. 776.

[61] M. Luther, *Zu Himmelfahrt,* in: D. Martin Luthers Evangelien-Auslegung, Bd. 5 (wie
Fußnote 54), S. 478–483, speziell S. 483.

Welt"[62] wird deshalb so genannt, weil er in fundamentaler Opposition zur „Gnungtuung und Verdienst Christi"[63] steht. Der Teufel ist prototypisch das, was Gott verneint, und er ist prototypisch das nicht, was Gott bejaht. Die Rede vom Teufel propagiert das Leben ohne Christus „aus schändlichem Mißbrauch des freyen Willens" und der Hybris, „daß er jemand sollte unterthänig und gehorsam seyn".[64] So ist der Teufel der Feind der Rechtfertigung des Gottlosen allein aus Gnaden. Auf diesem Niveau hat die Rede vom Teufel bei Bach ihren Stellenwert und ihre Bedeutsamkeit.

Der Kampf hat im vorliegenden Libretto seinen Gegner nicht in den Feinden der öffentlichen Verkündigung des Wortes Gottes, sondern im Versagen eigener Seelenstärke. Damit befördert die Kantate – bewußt oder unbewußt – den damals virulenten Gedanken der *ecclesia militans* und wendet ihn aber ausschließlich auf das (einzelne) Subjekt des Glaubens und nimmt damit dem Reformationschoral eine weitere theologische Spitze. Vielleicht hat die Kantate gerade deshalb in Leipzig aufgeführt werden können, weil die Leipziger Theologen zwar die Verkürzung der reformatorischen Botschaft bemängelt haben mögen, zugleich aber die verharmlosende Variante einer auf das persönliche Seelenheil abhebenden Kantate für unschädlich hielten. Franck dichtete: „So stehe dann bei Christi blutgefärbten Fahne / O Seele fest / Und glaube, daß dein Haupt dich nicht verläßt, / Ja, daß sein Sieg / Auch dir den Weg zur Krone bahne! / Tritt freudig an den Krieg! / Wirst du nur Gottes Wort / So hören und bewahren, / So wird der Feind gezwungen auszufahren, / Der Heiland bleibt dein Hort!" (Satz 6).

Franck dichtet vom Blutpanier, von Feind und Krieg. Woran knüpfen Choral wie Libretto (mit unterschiedlichem Ausgang) an? Zur Gemeinschaft der Kirche *(ecclesia universalis)* gehören die Gläubigen unabhängig von den Orten, an denen sie leben, oder zu den Zeiten, in den sie leben und gelebt haben. Zur Gemeinschaft der Kirche gehören alle Gläubigen, weil ihnen durch den Heiligen Geist das „Wort Gottes eingepflanzt ist" (Jak 1,21a). Dieses Wort hat – wie es im Jakobus-Brief heißt – die Kraft, „eure Seelen selig zu machen" (Jak 1, 21b). Das den Glaubenden eingepflanzte Wort wirkt eine durch die Taufe begründete Gleichförmigkeit mit Christus, so daß Paulus folgert: „So sind wir ja mit ihm begraben durch die Taufe in den Tod, damit wie Christus auferweckt ist von den Toten durch die Herrlichkeit des Vaters, auch wir in einem neuen Leben wandeln" (Röm 6,4). Die durch Christi Werk konstituierte Gemeinschaft gilt demzufolge nicht nur jetzt, sondern auch in Ewigkeit, so daß

---

[62] M. Luther, *Rationis Latominae Confutatio (1521), in: Martin Luther. Lateinisch-Deutsche Studienausgabe,* Bd. 2 (wie Fußnote 38), S. 298, Zeile 15 f. (princeps mundi); *Evangelisches Gesangbuch,* Nr. 362, Strophe 3 und BWV 80/5.

[63] Hütter, *Compendium Locorum Theologicorum* (wie Fußnote 36), S. 133.

[64] Ebenda, S. 127.

nicht nur die Lebenden Glieder der *ecclesia universialis* sind, sondern auch die Toten, die von ihren Werken ruhen (Heb 4,10). Da jedoch die einen von ihren Werken ruhen dürfen und die anderen nicht ruhen können, sondern in der Liebe tätig sein müssen, unterscheidet die orthodoxe Dogmatik in der einen universellen Kirche zwei Arten: die *ecclesia militans*[65] und die *ecclesia triumphans*. Den einen ist der Sieg und damit die vollkommene Seligkeit gegeben (triambeuein = zum Triumph führen: 2. Kor 2,14), weswegen von ihnen nichts mehr erwartet werden muß. Sie sind deshalb Teil der *ecclesia triumphans*. Aber: „Kein Eingang in die *ecclesia triumphans* als durch die *ecclesia militans*".[66] Im Brief des Ignatius an Polykarp heißt es: „Vereinigt eure Anstrengungen, kämpfet, laufet, leidet, schlafet, wachet miteinander als Gottes Haushalter, Untergebene und Diener. Suchet eurem Kriegsherrn zu gefallen, von dem ihr ja auch den Sold empfangt. Keiner von euch soll sich als Fahnenflüchtiger erweisen. Die Taufe bleibt eurer Kriegsgerät, der Glaube der Helm, die Liebe der Speer, die Geduld die Waffenrüstung. Eure Einlagen seien eure Werke, auf daß ihr euer Guthaben entsprechend empfangen möget. Seid nun langmütig miteinander in Sanftmut, wie Gott mit euch."[67] Die Glieder der streitenden Kirche haben also noch zu tun: Sie „leben im Glauben und nicht im Schauen" (2. Kor 5,7). Ihnen ist gesagt: „Kämpfe den guten Kampf des Glaubens" (1. Tim 6,12).[68]

Die Einheit der Kirche bleibt unter dieser Doppelsicht unangetastet, denn Christus ist ihr Haupt. Das Haupt ist für den zeitgenössischen orthodoxen Theologen Hollatz der *theanthropos,* der Gott-Mensch Christus. Die Einheit der *ecclesia triumphans* und *ecclesia militans* ist in der Zwei-Naturen-Lehre verankert. Die Kirche hat Anteil an seiner Hoheit wie an seiner realen sittlichen und physischen Einwirkung auf die Glieder der Kirche.[69] In der Einheit

---

[65] Zur Herleitung des Begriffs vgl. A. von Harnack, *Militia Christi. Die christliche Religion und der Soldatenstand in den ersten drei Jahrhunderten,* Tübingen 1905 (Reprint Darmstadt 1963).

[66] K. Barth, „*Unterricht in der christlichen Religion".* Dritter Band: *Die Lehre von der Versöhnung / Die Lehre von der Erlösung 1925/1926,* hrsg. von H. Stoevesandt, Zürich 2003 (Karl Barth-Gesamtausgabe. 38.), S. 169.

[67] W. Bauer, *Die Briefe des Ignatius von Antiochia und der Polykarpbrief,* Tübingen 1920 (Handbuch zum Neuen Testament, Ergänzungsband 2: *Die Apostolischen Väter*), S. 274–281, speziell S. 279 (Ignatius von Antiochia an Polykarp von Smyrna, 7,1 f.).

[68] „Das Tun der guten Werke insgesamt kann ‚christlicher Kriegsdienst' genannt werden" (König, *Theologia positiva acroamatica,* wie Fußnote 59, S. 393); vgl. ebenso auch Hütter *Compendium Locorum Theologicorum* (wie Fußnote 36), S. 375; D. Hollatz, *Examen theologicum acroamaticum* (wie Fußnote 58), Bd. 2 (Part. IV, Cap. I), S. 6.

[69] Ebenda, S. 23.

beider Formen leben wir diesseitig und jenseitig als eine Gemeinde. Karl Barth hat einmal davon geschrieben, daß in der Gemeinschaft der Heiligen nicht nur die Lebenden recht haben, sondern auch die Toten, so daß in ihr nicht nur die Lebenden, sondern auch die Toten reden und wirken als die uns Vorangegangenen, deren Worte und Geschichte mit ihrem Tod nicht abgeschlossenen ist, sondern nun eben Teil der *ecclesia triumphans* sind.[70] Wir können nur als *ecclesia militans* unterwegs sein im Wissen um jenes Ziel, das uns vor Augen ist und das jene bereits erreicht haben. In diesem Sinne sind wir „die *eine* Kirche in zwiefacher Hinsicht".[71] Wer wollte sich aber anmaßen, hier Eintrittskarten in die *ecclesia universalis* zu vergeben oder Ausschlüsse vornehmen zu wollen? Wer wäre hier auf der sicheren Seite? Einerseits ist der Christ unwiderruflich erwählt, Teil der Gemeinschaft in Christus zu sein, aber indem er dieser Berufung folgt, lauern die Irrgänge und Irrtümer. Unterwegs ist man eben nicht am Ziel. Alle sind vereinigt im Gottesdienst, hören die Predigt und nehmen doch unterschiedliche Ausgänge in den Alltag. Wer weiß schon, wer oder „was unter des ewigen Fahnenträgers Fahne gehört"[72] und was nicht? Der dogmatischen Tradition der reformatorischen Theologie war diese Frage durchaus nicht fremd. Sie unterschied deshalb zwischen der unsichtbaren und sichtbaren Kirche.[73] Die durch den Heiligen Geist vermittelte Christus-Gemeinschaft der Kirche und ihrer wiedergeborenen Glieder ist nicht sichtbar in ihrer Sozialgestalt, denn auch „ein Schalk kann wohl recht taufen, das Evangelium lesen und zum Sakrament gehen, die zehn Gebote sprechen."[74] Die Heiligkeit der Kirche manifestiert sich „im Wort Gottes und rechtem Glauben."[75] Wer aber glaubt, ist in seinem Glauben dem Urteil der anderen entzogen. „Der Glaube […] nennt keinen heilig, außer er ist durch göttliches Urteil dazu erklärt. Denn es ist Sache des Glaubens, nicht getäuscht zu werden. Daher müssen wir uns alle gegenseitig für heilig halten nach dem Recht der Liebe, und dennoch darf keiner als heilig beurteilt werden nach dem Recht des Glaubens, als ob es ein Glaubensartikel

---

[70] Vgl. K. Barth, *Kirchliche Dogmatik*, Bd. IV/1, Zürich 1960, S. 747.

[71] Barth, „*Unterricht in der christlichen Religion*" III (wie Fußnote 66), S. 353.

[72] J. von Saaz, *Der Ackermann und der Tod. Ein Streit- und Trostgespräch vom Tode aus dem Jahre 1400*, Leipzig 1916 (Insel-Bücherei, Nr. 198), S. 71.

[73] Vgl. M. Luther, *Von dem Papstum zu Rom wider den hochberühmten Romanisten zu Leipzig (1520)*, in: Martin Luther. Ausgewählte Schriften, hrsg. von K. Bornkamm und G. Ebeling, Bd. 3, Frankfurt am Main 1982, S. 7–69, speziell S. 19–31.

[74] M. Luther, *Predigt über Joh 7,38–42*, in: D. Martin Luthers Werke (Weimarer Ausgabe, wie Fußnote 37), Bd. 33, S. 456, Zeilen 40 ff.; vgl. auch Hütter, *Compendium Locorum Theologicorum* (wie Fußnote 36), S. 371–373.

[75] M. Luther, *Die Schmalkaldischen Artikel von 1538*, in: BSELK (wie Fußnote 42), S. 711–785, speziell S. 776.

wäre, daß jener oder jener heilig sei."[76] Indem der Einzelne dem Urteil anderer entzogen ist, ist ihm auch das Urteil über den Anderen entzogen. Der Glaube in der Kirche ist in diesem Sinne unsichtbar, also nicht empirisch aufweisbar. Aufweisbar ist das, was in Liebe geschieht, aber gerade die Liebe kann sich täuschen, wenn sie in jedem Mitglied der Kirche ohne Argwohn den Glauben sehen will. Indem die Kirche öffentlich in Erscheinung tritt durch ihre Gottesdienste und ihre Verkündigung verlagert sich der Bedeutungsschwerpunkt der christlichen Existenz. Was im Glauben verborgen ist, muß zur Schau gestellt werden, es wird sichtbar und damit verletztlich. Die *ecclesia invisibilis* hingegen „ist die Gemeinschaft der durch das Wort und durch den heiligen Geist wirksam berufenen Erwählten; diese [die *ecclesia visibilis*] ist die Gemeinschaft der durch das Wort Berufenen."[77] Die Unterscheidung von sichtbarer und unsichtbarer Kirche bewahrt vor der Überforderung, den gewissen Glauben zu einer besitz- und aufweisbaren Sicherheit zu ermäßigen und ermöglicht eine realistische Sicht auf das Sein und die Aufgaben der Kirche: „Jedesmal, wenn wir an die Kirche denken, sollen wir schauen auf die Versammlung der Berufenen *(coetum vocatorum),* welche ist die sichtbare Kirche, und sollen nicht davon träumen, daß irgendwelche Erwählten anderswo seien außer eben in dieser sichtbaren Versammlung. Denn Gott will anders nicht angerufen oder erkannt werden, denn wie er sich offenbart hat, und er hat sich nicht anderswo offenbart außer in der sichtbaren Kirche, in der allein die Stimme des Evangeliums erschallt".[78]

Die Erwählung zum Glauben lebt die Kirche unter bestimmten nachweisbaren Kennzeichen. Es bleibt nämlich so ausgeschlossen, daß der Glaube eine Art platonischer Liebe wäre.[79] Luther benennt Kennzeichen einer sichtbaren Kirche: Sie ist da, wo Gottes Wort verkündigt, die Taufe vollzogen, das Abendmahl ausgeteilt und die Beichte gehört wird, wo Menschen in den Dienst der Gemeinde berufen werden, wo gebetet wird und das Lob Gottes erschallt und das Leben unter dem Kreuz Christi geführt wird.[80] Vom letzten Kennzeichen

---

[76] M. Luther, *De servo arbitrio,* in: Martin Luther. Lateinisch-Deutsche Studienausgabe, Bd. 1, hrsg. von W. Härle, Leipzig 2006, S. 323.

[77] *Die Dogmatik der evangelisch-reformierten Kirche, dargestellt und aus den Quellen belegt von Heinrich Heppe, neu durchgesehen und herausgegeben von Ernst Bizer,* Neukirchen-Vluyn 1935, S. 527.

[78] P. Melanchthon, *Loci theologici, tertia aetas,* zitiert nach E. Hirsch, *Hilfsbuch zum Studium der Dogmatik,* Berlin 1958, S. 208.

[79] „Und wir reden nicht von einer ertichten kirchen (Platonicam civitatem), die nirgend zu finden sey" (*Apologia Confessionis Augustanae,* Artikel VII, in: BSELK, wie Fußnote 42, S. 406, Zeile 17); vgl. auch Hütter, *Compendium Locorum Theologicorum* (wie Fußnote 36), S. 367.

[80] M. Luther, *Von den Konziliis und Kirchen (1539),* in: Martin Luther Studienausgabe, hrsg. von H.-U. Delius, Bd. 5, Berlin 1992, S. 448–617, speziell S. 590, Zeile 17 bis S. 597, Zeile 4; sowie S. 603, Zeile 14 bis S. 606, Zeile 3.

erst erschließen sich für die lutherische Orthodoxie alle anderen Kennzeichen:
„Das Zeichen, unter dem wir den Kriegsdienst tun, ist das Feldzeichen des
Kreuzes."[81] Johann Friedrich König verweist in diesem Zusammenhang auf
Eph 6,10–17 – so wie Barth 1940 im Kirchenkampf[82]: „So steht nun fest, um-
gürtet an euren Lenden mit Wahrheit und angetan mit dem Panzer der Gerechtigkeit und an den Beinen gestiefelt, bereit einzutreten für das Evangelium des
Friedens" (V. 14 f.). Die geistlichen Waffenrüstungen sind der „Schild des
Glaubens" (V. 16) und der „Helm des Heils sowie das Schwert des Geistes,
welches ist das Wort Gottes" (V. 17). Was hier scheinbar anschaulich ist (Rüstung und Waffen), erfährt durch ihre Zuordnung zu den geistlichen Gehalten
des Kampfes keine Aufwertung an sich. Der Kampf meint keine bloße Kraft-
meierei. Es geht um den Glauben angesichts des Kreuzzeichens. Es geht um
das Bekenntnis des Glaubens: *credo in unam sanctam catholicam ecclesiam.*
Weil unter diesen Kennzeichen eben auch Irrtümer zu geschehen pflegen (die
Kirche kann auch eine Stätte des Unglaubens sein[83]), ist sie eben darum eine
Stätte des Kampfes, ein Ort der Entscheidung.[84] Man kann geradezu behaupten, daß nirgendwo sonst als in der Kirche ein Bewußtsein davon wach gehalten wird, was die Sünde recht eigentlich ist, nämlich die Entfernung von Gott
und dem Mitmenschen, die Entscheidung zur Selbstbehauptung. Die einmal
gegebenen Gnadenmittel werden davon nicht berührt. Das Ja Gottes gilt un-
umstößlich. Aber unter diesem Ja tobt ein heftiger Kampf um die rechte Antwort des Menschen auf das Wort hin. Die Rede von der *ecclesia militans* hat

---

[81] König, *Theologia positiva acroamatica* (wie Fußnote 59), S. 393 (vgl. auch Hütter,
Compendium Locorum Theologicorum, wie Fußnote 36, S. 607, der vom „Feldge-
schrey" spricht). Bereits unter Ignatius hatte sich die biblische Rede in militärischen
Bildern verstetigt: Sold, Deserteur, Taufe als Rüstung, Glaube als Helm. „Das Kreuz
als ‚vexillium Christi', als Fahne und Feldzeichen ist in der Folgezeit sehr beliebt
geworden" (Harnack, *Militia Christi,* wie Fußnote 65, S. 20). Tertullian gebraucht
den Begriff *sacramentum* im Sinne des militärischen Fahneneides: „Wir sind zum
Soldatenstand des lebendigen Gottes schon damals berufen worden, als wir die Worte des Fahneneids (sacramentum) nachsprachen [nämlich bei der Taufe]" (ebenda,
S. 34), so daß gelten darf, daß sich die lateinischen Christen „wirklich und förmlich
als Soldaten Christi" (ebenda, S. 35) verstanden haben. „Der ‚Heilige Krieg' im
wirklichen Sinn des Wortes ist dennoch niemals im vorkonstantinischen Zeitalter
gepredigt worden" (ebenda, S. 43 f.).

[82] K. Barth, *Des Christen Wehr und Waffen* (1940), in: Barth, Eine Schweizer Stimme
1938–1945, Zürich ³1985, S. 123–146.

[83] „Glaube, der nicht im Kampf steht mit dem Unglauben, Glaube, der nicht Paradox
ist, *ist* kein Glaube (K. Barth, *„Unterricht in der christlichen Religion" III,* wie
Fußnote 66, S. 190).

[84] Wir sollten nicht vergessen, daß es in Nazi-Deutschland einen heftigen Kirchenkampf um die Autorität des Wortes Gottes und die Freiheit der Verkündigung gegeben hat, der auch so benannt und geführt wurde.

sich im Laufe der Jahrhunderte von ihrer paramilitärischen Diktion zu befreien gesucht. Die Gefahr war jeweils groß und bleibt es, mit Gott lediglich eigene Kämpfe zu kämpfen. Ein Gott aber, der zum Amalgam eigener Machtgelüste ermäßigt wird, ist nicht der Gott, der bei seiner Kirche ist.

Versöhnlicher Schlußakkord

Alfred Dürr befand, daß der Eingangschor „wohl der Höhepunkt des Bachschen vokalen Choralschaffens" sei.[85] Er hört aus diesem Satz etwas von „der weltumfassenden Geltung dessen, was gesagt wird: Gottes Machtbereich umfaßt den gesamten Kosmos." Bach weiß, was Reformation bedeutet. Und er macht es durch seine Musik öffentlich. Der Eingangssatz ist sozusagen der § 1 einer Hausordnung, in der auch der Satz 7 seinen Platz findet. Der von uns beanstandete Satz bildet für Dürr in „dessen Tiefe der Empfindung einen neuen Höhepunkt des Werkes". Bach hält verbunden, was theologisch von Franck nur halbwegs zusammengehalten worden war: Es gibt keinen Glauben ohne Kirchenbindung, es gibt keine Kirche ohne Glaubende. Der zweite Teil dieser reformatorischen Selbstfestlegung wird zum dünnen Faden, an dem die Kantate durch den Choral zusammengehalten wird.

---

[85] Dürr KT, S. 783 f.

Carl Philipp Emanuel Bachs Choralsätze aus der Sammlung der Sing-Akademie zu Berlin und ihre Auswirkungen auf die Bewertung der Choraldrucke von Birnstiel und Breitkopf

Von Thomas Daniel (Köln)

Im Jahre 1999 wurde das Archiv der Berliner Sing-Akademie in Kiew wiederentdeckt und am 1. Dezember 2001 nach Deutschland zurückgeführt.[1] Darin enthalten sind zwei Abschriften mit Choralsätzen: *SA 817* (vier Choralsätze und ein Choralvorspiel von Carl Philipp Emanuel Bach) und *SA 818 (Vierstimmige Choraele, aus den Kirchen Stücken des Herrn J. S. Bachs zusammen getragen)* mit insgesamt 135 Sätzen,[2] darunter auch die fünf Sätze der Quelle *SA 817* mit dem eindeutigen Hinweis „von H. C. P. E. Bach". Hinzu kommt ein weiterer Satz mit diesem Hinweis, der nicht in *SA 817* enthalten ist. Das gleiche gilt für einen Satz mit der Angabe „von J. S. und C. P. E. Bach". Die Sätze der Quelle *SA 818* sind von Carl Friedrich Fasch geschrieben, nach den eingestreuten Datierungen im Februar (11. und 12.) und März (13.–19.) 1762. Die beiden letzten der insgesamt 135 Sätze kamen erst auf Veranlassung von Carl Friedrich Zelter (ab 1800) hinzu.

Für die fünf Sätze in *SA 817* existiert als nahezu identisches Pendant die Handschrift *5 Choräle mit ausgesetzten Mittelstimmen von C. P. E. Bach* (B-Bc, *16083*).[3] Diese ist von C. P. E. Bachs Hamburger Hauptkopisten Johann Heinrich Michel geschrieben, zwar ohne Jahresangabe, aber sicher nicht vor Frühjahr 1768, Bachs Dienstbeginn in Hamburg. Während das Brüsseler Manuskript zusammenhängend von einem Schreiber stammt, besteht *SA 817* aus einem Einzelblatt mit drei Choralsätzen (entsprechend Brüssel 1, 3 und 2) und von anderer Hand in anderem Format geschrieben drei weitere Blätter, „wohl

---

[1] Siehe dazu C. Wolff, *Zurück in Berlin: Das Notenarchiv der Sing-Akademie. Bericht über eine erste Bestandsaufnahme*, BJ 2002, S. 165–180.

[2] Siehe dazu H.-J. Schulze, „*Vierstimmige Choräle, aus den Kirchen-Stücken des Herrn J. S. Bachs zusammen getragen".* Eine Handschrift Carl Friedrich Faschs in der Bibliothek der Sing-Akademie zu Berlin, in: Jahrbuch SIM 2003, S. 9–30; dort Näheres zu der Quelle und deren Zusammenhang mit der „Levy-Mendelssohn-Quelle" sowie einer verschollenen „Quelle X".

[3] U. Leisinger und P. Wollny, „*Altes Zeug von mir. Carl Philipp Emanuel Bachs kompositorisches Schaffen vor 1740*, BJ 1993, S. 127–204, hier S. 140 f. Vermutet wird eine frühe Entstehung der Sätze bis 1740. Indes deutet die Angabe „mit ausgesetzten Mittelstimmen" wohl weniger auf die Unterrichtspraxis bei Vater Bach hin, worauf Leisinger und Wollny abheben, sondern vielmehr auf die vom mittlerweile etablierten bezifferten Baß abweichende Notierung mit vier Stimmen.

aus einem Choralbuch",[4] mit den Sätzen 4 und 5. Vermutlich dienten die Blätter von *SA 817* als Vorlage der Brüsseler Abschrift (siehe unten). Im einzelnen handelt es sich um folgende fünf beziehungsweise sieben Sätze mit dem betreffenden Hinweis:

	SA 818, Seite	*SA 817*; lfd. Nr. Brüssel
O Gott, du frommer Gott	73 („C. P. E. Bach")	1*
Helft mit Gottes Güte preisen	103 („J. S. und C. P. E. Bach")	– BWV 419
Befiehl du deine Wege	132 („C. P. E. Bach")	– BWV 272
Jesus, meine Zuversicht	144 („C. P. E. Bach")	3 BWV 145a
Ich bin ja, Herr, in deiner Macht	146 f. („C. P. E. Bach")	2**
Wer nur den lieben Gott läßt walten	162 f. („C. P. E. Bach")	4 Choralvorspiel
Komm, Heiliger Geist	164 f. („C. P. E. Bach")	5

* stärker kolorierter Satz; ** zusätzlich mit Alternativlösung für die fünfte Choralzeile

Der sechste Satz entzieht sich als Choralvorspiel der Technik des „schlichten" Choralsatzes und bleibt in der näheren Betrachtung deshalb unberücksichtigt.

An der Zuweisung der betreffenden Sätze an Carl Philipp Emanuel Bach bestehen keinerlei Zweifel. Dies gilt nicht nur für die vier eindeutig dem Sohn zugeordneten Sätze, sondern auch für die drei mit BWV-Nummern geführten, das heißt, in das Oeuvre des Vaters eingereihten. Der zweite oben genannte Satz „Helft mir Gottes Güte preisen" BWV 419[5] ist als Gemeinschaftsarbeit von Vater und Sohn gekennzeichnet: Er besitzt (ohne Stollenwiederholung) sechs Zeilen, knapp drei vom Vater, entnommen aus BWV 16/6, die erste Zeile partiell (siehe unten Beispiel 10), die dritte und vierte vollständig, während den in der Melodie abweichenden Rest, also etwas mehr als die Hälfte, der Sohn schuf.[6] Die beiden anderen Sätze „Befiehl du deine Wege" BWV 272, und „Jesus, meine Zuversicht" BWV 145a, stammen definitiv vom Sohn.

---

4 Schulze (wie Fußnote 2), S. 11.

5 Dieser bei Birnstiel (II/118) noch unter „Helft mir Gottes Güte preisen" aufgeführte Satz erhielt bei Breitkopf (II/114) die Überschrift „Von Gott will ich nicht lassen". Beide Texte besitzen den gleichen Versaufbau; daher lassen sich ihre Melodien, bei W. Figulus 1575 zusammengebracht, leicht vertauschen oder wie hier mischen.

6 Siehe dazu Schulze (wie Fußnote 2), S. 12. Schulze zitiert allerdings nicht den Originalsatz von BWV 16/6, sondern die Druckfassungen bei Birnstiel II/103 und Breit-

Deren Eingliederung in das Werk von Vater Bach kommt weiter unten zur Sprache. Zunächst kurz zu den Quellen und deren Abhängigkeit. Für die Hauptquelle *SA 818* gibt es eine belastbare Datierung, nämlich Februar/März 1762: Diverse Sätze, insbesondere im letzten Drittel, sind mit einer nachgestellten Datumsangabe (wie „14. Merz 1762") präzise datiert. Diese Angaben dürften der Niederschrift gelten. Ihr Spielraum liegt zwischen dem 11. Februar und dem 19. März 1762, wobei dem Februar nur zwei Sätze zugeordnet sind, die übrigen dem Zeitraum 12. bis 19. März, darunter diejenigen mit dem Hinweis „von H. C. P. E. Bach". Da diese Datierungen nicht in der Reihenfolge der Sätze auftreten, sondern zerstreut, scheint es eine Vorplanung für die Satzpositionen gegeben zu haben, ohne daß jedoch ein Ordnungsprinzip ersichtlich würde. Die Carl Philipp Emanuel Bach zugewiesenen Sätze tragen also sämtlich März-Termine:

	Seite	Datum	
O Gott, du frommer Gott	73	12. 3.	
Helft mit Gottes Güte preisen	103 (J. S. und C. P. E. Bach)	13. 3.	BWV 419
Befiehl du deine Wege	132	19. 3.	BWV 272
Jesus, meine Zuversicht	144	15. 3.	BWV 145a
Ich bin ja, Herr, in deiner Macht	146 f.	14. 3.	
Wer nur den lieben Gott läßt walten	162 f. (Choralvorspiel)	18. 3.	
Komm, Heiliger Geist	164 f.	18. 3.	

Demnach wurden sie innerhalb von acht Tagen in die Sammlung eingetragen und stehen in direkter zeitlicher Verbindung zueinander, jedoch wiederum ohne erkennbaren Grund für ihre Position und Datierung.
Für die fünf Sätze in den beiden anderen Quellen läßt sich keine entsprechende Datierung nachweisen. Sie dürften freilich später niedergeschrieben sein, denn zum einen wechselt ihre Notation von der vierstimmigen Partitur der Quelle *SA 818* auf den Klaviersatz mit zwei Systemen über, ein Trend, der bereits den Birnstiel-Druck von 1765/1769 betrifft, 1784–1787 im Breitkopf-Druck fort-

---

kopf II/99 (kenntlich an den Oktavierungen bei den Taktübergängen 8/9 und 14/15). Außerdem sind von BWV 419 die Viererbalken in T. 11 und 14 übergangen.

gesetzt, und sicher als modernere und für den Klavierunterricht besser geeignete Notationsart zu gelten hat. Zum andern treten die beiden Sätze „O Gott, du frommer Gott" sowie „Ich bin ja, Herr, in deiner Macht" in *SA 817* und Brüssel variiert in Erscheinung, beide mit deutlicher Zunahme von Achtelbewegung, also stärker koloriert, so daß man sie als Überarbeitungen der (früheren) Sätze aus *SA 818* zu betrachten hat. Für den zweiten dieser Sätze existiert darüber hinaus eine Alternativzeile („Zur Veränderung"), die in *SA 818* fehlt und mithin als späterer Zusatz gelten muß.

Für das Brüsseler Manuskript läßt sich, wie gesehen, als Terminus post quem das Frühjahr 1768 angeben, doch wie verhält sich dazu die Quelle *SA 817*? Man darf vermuten, daß diese vor der Brüsseler Handschrift entstand: Sie besteht aus zwei verschiedenen Teilen, die im Brüsseler Manuskript zusammengefaßt sind – daß eine spätere Aufteilung erfolgte, bleibt unwahrscheinlich. Eine Kleinigkeit verrät obendrein, daß die Brüsseler Handschrift eine Kopie von *SA 817* darstellt:

Beispiel 1

SA 818

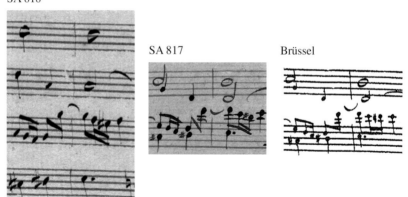

SA 817   Brüssel

Der Ausschnitt stammt aus dem letzten – in *SA 818* von Michel geschriebenen – Satz der drei Quellen, „Komm, Heiliger Geist, Herre Gott", T. 24/25. Krümmt sich der Haltebogen im Tenor in *SA 818* noch ‚normal' nach oben, so ist er in den beiden späteren Quellen als Tribut an die engeren Platzverhältnisse (Klaviersatz mit Stimmkreuzung) als Unterbogen notiert. In *SA 817* liegt er zwischen den beiden Tenortönen, im Brüsseler Manuskript jedoch so weit oberhalb, daß man ihn in Unkenntnis der beiden anderen Quellen dem Alt zuordnen würde. Wäre *SA 817* die Kopie, hätte sich diese Ungenauigkeit sicher auch dort fortgesetzt, denn sonst wirkt gerade in diesem Satz die Kopistenarbeit erstaunlich genau bis hin zum Akkoladenumbruch. Damit dürfte feststehen, daß die Brüsseler Handschrift von *SA 817* kopiert ist. Deren Entstehung könnte also durchaus noch in die (späte) Berliner Zeit C. P. E. Bachs fallen. Für die Abhängigkeit der drei Quellen können wir somit angeben: 1. *SA 818* (März 1762) → 2. *SA 817* (überarbeitete Kopie aus *SA 818*) → 3. B-Bc, *16083* (Kopie von *SA 817*, nicht vor Frühjahr 1768). Ob einige Sätze, wie Leisinger und Wollny vermuten, bereits deutlich vor 1762 existierten und in *SA 818* bereits als Abschriften vorlagen, entzieht sich unserer Kenntnis. Auch ein Zeitpunkt für B-Bc, *16083* ist nicht zu fixieren – eine Niederschrift nach C. P. E. Bachs Tod 1788 dürfte nicht in Betracht kommen, denn der Kopist dürfte kaum aus eigenem Antrieb, ohne Anweisung seines Auftraggebers, tätig geworden sein. Ein zeitlicher Zusammenhang mit dem Choraldruck bei Breitkopf 1784–1787 kann wiederum vermutet, aber nicht belegt werden.

Allerdings geraten die Sätze insofern in eine Verbindung zu Breitkopfs Choraldruck, als zwei von ihnen ganz, ein – bereits bei Birnstiel anzutreffender – dritter, zu gut der Hälfte von C. P. E. Bach stammend, in diese Druckausgabe aufgenommen wurden. Sie verschmelzen also über den gemeinsamen Kontext von *SA 818* hinaus mit den Choralsätzen J. S. Bachs zu einem Korpus. Daher kann es nicht ausbleiben, sie einer vergleichenden Betrachtung zu unterziehen, was die Frage aufwirft, inwieweit sich die Sätze der Stilistik des Vaters unterordnen lassen oder eigene Wege gehen. Um ihre Besonderheiten herauszuarbeiten, seien zunächst die je zwei Versionen der beiden Choräle „O Gott, du frommer Gott"[7] sowie „Ich bin ja, Herr, in deiner Macht" näher betrachtet. Beim ersten stoßen wir in der früheren Version *(SA 818)* durchaus auf eine ältere, von den schlichteren Choralsätzen aus der Feder J. S. Bachs kaum zu trennende Schicht, was vermutlich den Ausschlag für die spätere Überarbeitung gab (der schnelleren Übersicht halber sind von der zweiten Version nur die Abweichungen beigefügt):

Beispiel 2

O Gott, du frommer Gott

---

[7] Die in *SA 818* als „Brandenburg[isch]" bezeichnete Melodie von 1646 (Gesangbuch Hannover) begegnet uns etwas koloriert im Schemelli-Gesangbuch (Nr. 194, 13. Satz) zum Text „Ich freue mich in dir" mit einem potentiell von J. S. Bach stammenden bewegten Baß.

Sofort erkennbar ist C. P. E. Bachs Bemühen, etwas mehr Spannung in den Satzverlauf zu bringen, in den Stollen vor allem mit der chromatischen Achtelrückung *eis – e*, wobei das *h'* im Alt ohne die bis dato übliche Vorbereitung bleibt[8] und dem verminderten Septakkord über dis, zu Beginn des Abgesangs in T. 9 mit dem ‚exotischen‘ halbverminderten Septakkord über *Gis (Gis – H – d – fis)* und dem querständig eintretenden Sekundakkord über *c*. Demgegenüber läßt er die beiden letzten Zeilenübergänge in T. 12 und 14 unverändert, obwohl beide, der zweite ziemlich hölzern, aus der Stilwelt des „Bach-Chorals" herausfallen würden. Als nachdrücklichste Ergänzungen treten uns die

---

[8] Das *h'* im Alt nimmt eine schwere Taktposition ein, wäre also von Vater Bach, obwohl Dominantseptime, als Syncopatio, das heißt, liegend und nicht schrittweise eingeführt worden (vgl. Beispiel 2, T. 15, untere Version).

fünf in Achtel führenden Synkopierungen entgegen, in T. 9 kombiniert zur ge-meinsamen Synkopierung von None und Quarte, ohne in Achtelbewegungen eingebettet zu sein.[9] Diese kurzen beziehungsweise kurz ausgeführten Synko-pendissonanzen spielen in der Choralstilistik des Bach-Sohnes eine erheblich größere Rolle als in derjenigen seines Vaters, wobei es satztechnisch keinen Unterschied macht, ob der synkopierte Ton gehalten oder in zwei Achtel auf-gespalten wird.[10] Im zweiten der später modifizierten Sätze bestätigt sich seine Neigung zur kurzen Synkope eindrucksvoll (zugunsten einer durchlaufenden Synkopenzählung ist hier der modifizierte Satz vollständig mitgeteilt, dessen Vorläufer darüber nur mit den Abweichungen):

Beispiel 3

Ich bin ja, Herr, in deiner Macht

---

[9] Zum Vergleich sei der Choralsatz „Was frag ich nach der Welt" BWV 94/8 angeführt, der in T. 11 die gleiche Doppelsynkope als Steigerung nach längerer Achtelbewe-gung präsentiert.

[10] Die Aufspaltung einer Synkope geschieht in der Regel zwecks Silbenwechsel und stellt bei J. S. Bach den Standard dar. Als Beispiel hierfür sei „Wie soll ich dich empfangen" BWV 248/5 angeführt. Siehe auch Beispiel 3, T. 12, wo zwei Synkopen in der oberen Version (SA 818) gespalten, in der unteren (Nr. 17 und 18) gehalten sind. Dort erfolgt auch Nr. 1 ohne Haltebogen.

(Zur bezeichneten Variante in T. 9–11 und zum * in T. 15 siehe weiter unten.) Die frühere Fassung enthält von den gezählten kurzen Synkopierungen bereits zehn, in der Nummernfolge 1–5, 11, 12, 17, 18 und 20. Gemessen an der von seinem Vater gelegentlich eingesetzten Zahl liegt diese Größenordnung bereits an der Obergrenze dessen, was dem „Bach-Choral" als noch zuträglich erscheint. In der zweiten Fassung kommen dann weitere zwölf hinzu, so daß sich die ursprüngliche Zahl mehr als verdoppelt. Damit können wir bereits einen Stilwechsel beim Bach-Sohn präzise benennen: die beträchtliche Zunahme an kurzen Synkopierungen.

Was vor allem zu irritieren vermag, ist die erstaunliche Zahl an Synkopierungen dieses Typus im Baß, in der früheren Version bereits zwei (Nr. 4 und 20), zu denen C. P. E. Bach in der zweiten Fassung fünf weitere hinzufügt (Nr. 6, 9, 10, 15 und 16), so daß der Baß dort insgesamt sieben von ihnen erhielt. Davon läßt sich die geringste Zahl mit dem „Bach-Stil" vereinbaren, nämlich nur die beiden Nummern 6 und 20, im Generalbaß zu beziffern mit 2 – (4) – 5, aus einer Konsonanz hervorgehend. Die übrigen liegen außerhalb dieser Stilgrenzen:

Beispiel 4

Die erste (Nr. 4, bereits in *SA 818* enthalten) resultiert aus einem Sekunddurchgang des Basses, den der Bach-Sohn synkopisch dehnt, so daß ein 2-5-7-Klang, harmonisch F-Dur mit Quartvorhalt im Baß bei gleichzeitiger Terz im Sopran, entsteht. (Im Satz zuvor gehört gleich die erste Baß-Syncopatio zu demselben Typus). Zwar gibt es diesen Klang auch bei Vater Bach, allerdings nur im Zuge eines *transitus irregularis,* das heißt, eines (halb-)schweren Durchgangs mit schreitender Baßbewegung.[11] An den beiden nachfolgenden Stellen geht der 2-5-Klang jeweils aus einem Sekundakkord hervor, gefolgt wiederum von einem 2-5-7-Klang, hier mit Tritonus, auch dies eine spezifische Bildung des Bach-Sohnes, die in der Choralstilistik seines Vaters gleichfalls nur mit *transitus irregularis* denkbar wäre.[12] Alle fünf Baß-Synkopationen bedeuten eine Dehnung dissonanter Durchgangstöne und grenzen sich deutlich vom „Bach-Choral" ab.

Für die gleichartigen Synkopationen in den Mittelstimmen gilt dies in weit geringerem Maße, da dort der Spielraum insgesamt erheblich größer ausfällt. Zwar kann die vom Bach-Sohn aufgebotene Menge irritieren, doch als stilistische Abweichungen sind eigentlich nur drei in der speziell gekennzeichneten Choralzeile (T. 9–11) und deren „Veränderung" zu verzeichnen:

Beispiel 5

Zur Veränderung

---

[11] Siehe Beispiel 10, 3. Zählzeit mit Moll-Terz, und Beispiel 11 c), letzte Zählzeit mit Dur-Terz.

[12] Siehe Beispiel 11 a), b) und d), jeweils letzte Zählzeit. Zum *transitus irregularis* bei J. S. Bach siehe T. Daniel, *Der Choralsatz bei Bach und seinen Zeitgenossen. Eine historische Satzlehre,* Köln 2000, ⁴2019, S. 118–127.

Als konform mit dem „Bach-Stil" können im Oberstimmenbereich nur Synkopationen der Quarte, Septime (siehe Beispiel 5, bei a) und None gelten sowie der Quinte im Quintsextakkord (*quinta syncopata,* wie bei b). Diejenige bei Nr. 14 jedoch steuert vom Baß aus gesehen eine synkopierte Sexte bei, die sich in eine verminderte Quinte ‚auflöst' – harmonisch gesprochen (über dem Grundton *G*) ein ‚Oktavvorhalt' vor der Septime, wie ihn Vater Bach kaum jemals einsetzt, schon gar nicht im Choralsatz. Auch für den synkopierten Quartsextakkord bei Nr. 13 ohne direkte Weiterführung der Sexte gibt es keine Beispiele. Vollends aus der Stilistik seines Vaters verabschiedet sich sein Sohn mit dem Schluß der veränderten Zeile. Zum einen nimmt sich die synkopierte verminderte Quarte bei c) nachgerade exotisch aus, da sie einen verminderten Septakkord betrifft und harmonisch als romantisierender Sextvorhalt (vom hinzugedachten Grundton *H* aus) zu verstehen wäre, was man wohl dem „empfindsamen Stil" zuschreiben wird.[13] Zum andern verabschiedet sich dieses Zeilenende aus dem Tonartgefüge von F-Dur, indem es nach e-Moll ausweicht – nach traditionellem Tonartverständnis ist der Leitton als tonales Zentrum einer Choralbearbeitung tabu, zumal die Dominante (hier H-Dur in F-Dur) die größtmögliche Entfernung zum Ausgangspunkt bildet.[14] Mit dem Kadenzansatz über *d* wäre anstelle des verselbständigten e-Moll ein Trugschluß nach Es-Dur (im angestrebten g-Moll) für Vater Bach erste Wahl gewesen. Daß die Maßnahmen des Sohnes dem Text der Zeile „weißt, wann ich diesem Jammertal" gelten könnten, dürfte angesichts seiner sonst geringen Textnähe – und der weitgehend instrumentalen Satzführung – eher auszuschließen sein. Ob er den Text überhaupt berücksichtigt hat, läßt sich nicht belegen, denn mitgeteilt hat er stets nur die Überschriften.

Als weitere individuelle Note seiner Choral-Stilistik können wir in Abgrenzung von derjenigen seines Vaters C. P. E. Bachs Handhabung der Chromatik werten. Bleibt die steigende Form in der veränderten Zeile, abgesehen vom Ende über *dis – e* im Baß, wenngleich eher selten eingesetzt, noch in den Grenzen des „Bach-Chorals", so können wir dies von der fallenden Achtel-Chromatik in T. 12 nicht mehr behaupten (angefügt seien die entsprechende Stelle aus dem ersten dieser Choräle, „O Gott, du frommer Gott", T. 4 bzw. 8, sowie zum Vergleich das Satzende von J. S. Bachs Choralsatz „Ich armer Mensch, ich armer Sünder" BWV 179/6):

---

[13] Eine analoge Stelle findet sich im letzten (fünften) Satz von C. P. E. Bachs „Komm, Heiliger Geist", T. 9. In der vorliegenden „Veränderung" kann man den fraglichen Akkord auch mit *es* statt *dis* im Baß wahrnehmen, so daß er als Umkehrung eines Quintsextakkords über *c* erschiene, was hernach allerdings die enharmonische Umdeutung von *es* nach *dis* erforderte.

[14] Noch Kirnberger hält am Ausschluß der VII. Dur-Stufe von den Modulationszielen fest; siehe J. P. Kirnberger, *Die Kunst des reinen Satzes in der Musik,* Königsberg 1776–1779, Bd. II/1, S. 73–76.

Beispiel 6

Trotz zu Beginn völlig verschiedener Harmonik – die späteren Quellen weichen im zweiten dieser Takte wiederum nach e-Moll aus – hat sich die chromatische Tenorlinie kaum verändert, wäre in dieser Form jedoch für Vater Bachs
Choralsätze stilfremd. Das gleiche gilt für den fallenden chromatischen Halbton *eis – e* im dritten Ausschnitt. Die einzige Stelle, an der J. S. Bach einen
fallenden chromatischen Halbton aus einem Achtel heraus im Choralsatz überhaupt verwendet, findet sich im Schluß seiner Kantate 179, wo der verminderte
Septakkord über *dis* in den mit einer elliptisch eingeführten None *f'* bereicherten Dominantakkord einmündet, eine der extremsten und obendrein singulären
Stellen selbst des ersten Leipziger Kantatenjahrgangs.[15] Eine Führung der
Chromatik wie in den drei vorderen Ausschnitten sucht man in seinen Choralsätzen dagegen vergeblich.

Für den Choralsatz „Jesus, meine Zuversicht", bislang J. S. Bach zugeschrieben, wird diese Art der fallenden Achtelchromatik im ersten der folgenden
Ausschnitte zum Ausschlußkriterium:

Beispiel 7

Das durch B „moll-getrübte" G-Dur wäre dem „Bach-Choral" fremd, und
schon damit verbietet es sich, diesen Satz für J. S. Bach zu reklamieren (auch
wenn Dürr ihn trotzdem für „zweifelsfrei von Bach komponiert" hält[16]). Auch
im zweiten dieser Ausschnitte, dem Satz „Befiehl du deine Wege" entstam-

---

[15] Bachs erster Leipziger Kantatenjahrgang enthält auffallend viele Extremstellen, besonders hervorstechend in dem berühmten Satz „Es ist genug" BWV 60/5. Siehe
dazu W. Breig, *Grundzüge einer Geschichte von Bachs vierstimmigen Choralsatz,*
AfMw 1988, S. 165–185 und 300–319, insbesondere S. 300 ff.

[16] Dürr K, S. 247; daß er nicht C. P. E. Bach meint, versteht sich von selbst.

mend, gibt es einen solchen Stein des Anstoßes, nämlich den übermäßigen
Quintsextakkord über B mit der übermäßigen Sexte *B–gis,* wofür es in den
Choralsätzen J. S. Bachs gleichfalls keinen Beleg gibt.[17]
Beide Ausschnitte berühren einen weiteren Aspekt, in dem sich Vater und Sohn
in ihren Choralsätzen deutlich unterscheiden: die (potentielle) Textbehand-
lung. Während der Bach-Sohn stets nur die Überschriften mitteilt, auch in der
endgültigen Breitkopf-Ausgabe, sind fast alle Originalsätze seines Vaters mit
Textunterlegung versehen. Und wenn dort keine lückenlose Textierung vor-
liegt, so kann man doch stets die Silben relativ eindeutig plazieren. In den
Sätzen (und Notationen) des Sohnes hingegen vereiteln vor allem eingefügte
Haltebögen, Synkopen und dergleichen oftmals eine angemessene Textunterlegung. Wie muß man sich die Silbenverteilung des ersten Ausschnitts in den
Mittelstimmen vorstellen? Da auch die Balken Silbenwechsel gemeinhin un-
terdrücken, wären dort zu viele Silben unterzubringen (die Melodie gibt die
Silbenzahl vor). Im zweiten Beispiel müßte man zur halben Note im Sopran
die Unterstimmen mit Viererbalken versehen, um Silbenwechsel zu vereiteln.
Der Alt aber wäre überhaupt nicht angemessen zu textieren, hier auch aufgrund
der Tonwiederholung, die einen Silbenwechsel erforderte, ein Sachverhalt, der
ebenso für die mit * bezeichnete Stelle in Beispiel 3, T. 15, gilt. Gerade diese
Stellen offenbaren C. P. E. Bachs Hang, keine vokale Satzführung anzustreben,
sondern weit eher für das „Clavier" zu schreiben.
Dies betrifft bereits das früheste der drei Manuskripte *(SA 818),* obwohl es in
Partitur notiert ist und somit eigentlich für eine vokale Ausführung determi-
niert wäre. Dennoch enthält dort beispielsweise der Satz „Komm, Heiliger
Geist" sogar drei Haltebögen mehr als die beiden Abschriften auf zwei Syste-
men. Auch in diesem Satz spielen vokalfremde Tonwiederholungen, Bögen
und Balken eine beträchtliche Rolle, so gleich in T. 4 im Baß und T. 7 im
Tenor:

Beispiel 8

Wer so notiert, hat nicht vor, einen Text zu unterlegen. Eine Steigerung wird
beim abschließenden „Alleluja" dieses Satzes erreicht (ab T. 21/4 bis Ende,
Textierung nicht original):

---

[17] Den einzigen „alterierten Akkord", freilich mit verminderter Terz, enthält der motettisch gefaßte Einlagechoral „Was ist die Ursach aller solcher Plagen" im Tenor-Rezitativ „O Schmerz, hier zittert das gequälte Herz" aus Bachs Matthäus-Passion
(BWV 244/19), kurz vor Schluß bei „erduldet".

Beispiel 9

Alle sechs Tonwiederholungen, bei (1) in Baß und Alt, bei (4) in Tenor und Alt, widersprechen vokaler Stimmführung. Allenfalls die eigentlich überflüssige Viertelwiederholung bei (2) ließe sich durch Verlängerung der Silbe zuvor aufrechterhalten. Die wiederholten Töne dienen der Erhaltung des rhythmischen Flusses, bei (3) und (4) in Sonderheit der Austerzung, und würden auf einem „Clavier", zumal einer Orgel effektvoll wirken, sich einer Textunterlegung indes widersetzen – im (vokalen) „Bach-Choral" wären solche Verhältnisse schlichtweg stilfremd. Die Problematik der erschwerten beziehungsweise verhinderten Textierung zieht sich wie ein roter Faden auch durch die Druckausgaben bei Birnstiel und Breitkopf. Leider ist dieser Aspekt dadurch in den Hintergrund getreten, daß Bernhard Friedrich Richter in seiner an sich verdienstvollen Edition der *389 Choralgesänge*[18] alle Sätze so eingerichtet hat, daß sie einer vokalen Ausführung entsprechen; er mußte aber, um die notwendigen Silbenwechsel vornehmen zu können, vor allem zahllose Haltebögen entfernen, Synkopen auflösen usw. und damit den originalen Notentext verfälschen. An Stellen wie den zuletzt aufgeführten hätte er allerdings kaum Möglichkeiten für eine sinnvolle Silbenunterlegung gehabt, auf eine melismatische, wie sie eine an der Melodie orientierte Textierung vorgibt, ohnehin nicht.

Als weitere Besonderheit der Choralsätze des Bach-Sohnes darf die Verzögerung der Zeilen-Ultima durch eine Vorhaltbildung gelten, wie oben in Beispiel 9 am Ende des ersten „Alleluja" die synkopierte None mit Auflösung über

[18] *Johann Sebastian Bach. 389 Choralgesänge für vierstimmigen gemischten Chor*, hrsg. von B. F. Richter, Wiesbaden o. J. (1898 oder 1899); die fraglichen Sätze aus dem Breitkopf-Druck sind allein kenntlich an der Zuordnung zu „B. A. 39", dem 39. Bd. der BG (F. Wüllner, 1892).

ein eingeschaltetes Sechzehntelpaar (*figura corta*[19]) in den zweiten Taktschlag.
In dieser rhythmischen Fassung gibt es bei Vater Bach kein (vokales) Parallel-
beispiel, wohl aber zum einen im zuletzt angesprochenen „Komm, Heiliger
Geist" gleich doppelt am Ende der vierten Zeile, zum anderen in den vom Sohn
geschaffenen Passagen des Satzes „Helft mir Gottes Güte preisen" BWV 419
mit einer synkopierten Quarte am Ende der Stollen, wiederum durch einen
Septimdurchgang vorbereitet:

Beispiel 10

Nach dem originalen Anfang bewegt sich auch die Fortsetzung zunächst in den
Bahnen der vom Vater übernommenen Stilistik, bis der Stollenschluß daraus
ausbricht. Nicht nur die Ultima-Verzögerung mit *figura corta* entfernt sich
vom Vorbild, sondern hinzu kommt hier noch der Umstand, daß der Baß dem
Quintfall $h' - e'$ der Melodie den Quartsprung $e - a$ entgegensetzt und dadurch
einer Duodezime (oktavierten Quinte) eine Quinte folgen läßt. Die Satzlehre
bezeichnet eine derartige Progression als „Antiquinte" – eine Quinte geht nicht
„offen" (in gleicher Richtung) in eine andere über, sondern in Gegenbewe-
gung. Sie in dieser auffälligen Weise zwischen Außenstimmen, zumal in der
Kadenz einzusetzen, stellt in Schreibarten wie dem Choralsatz (*stylus gravis*)
einen Verstoß (Satzfehler) dar. Zwischen weniger prominenten Stimmpaaren
wie Baß und Alt oder Sopran und Tenor kommen Antiquinten auch im
„Bach-Choral" gelegentlich vor, zwischen den Außenstimmen hingegen nur
mit Phrasentrennung, also beim Zeilenübergang.[20] Gemessen an den stilisti-

---

[19] Als *figura corta* („kurze Figur") bezeichnet man eine Achtel plus zwei Sechzehntel
      in dieser oder der umgekehrten Reihenfolge; siehe Daniel (wie Fußnote 12), S. 110.
[20] Solche Antiquinten zwischen den Außenstimmen treten im „Bach-Choral" fast nur
      in den Sätzen zur Melodie „Was mein Gott will, das gscheh allzeit" beim Übergang
      in die ‚Reprise' (7.–8. Zeile) auf; siehe BWV 72/6, 92/9, 103/6, 111/6 und 244/25.
      Ab der Klassik wird vor allem die Antioktave beliebt, etwa beim Quartauftakt.

schen Vorgaben des Vaters kann man diesen Stollenschluß aus der Feder seines Sohnes nur als verunglückt bezeichnen. Stilgemäß wäre hier allein die diskantisierende Kadenzform mit dem Leitton *Gis* im Baß, um den Quintfall der Melodie bei der für solche Wendungen üblichen Kadenzierung nach a-Moll zu flankieren. Auch die Fortsetzung ab T. 13 nach den zuvor vom Vater übernommenen Takten weicht von dessen Stilistik ab, indem ein Doppelvorhalt mit Sechzehntelpaaren aufgelöst wird. Zählt schon die doppelte Syncopatio in J. S. Bachs Choralsätzen zu den eher seltenen Wendungen, so gibt es für die Kolorierung mit doppelter *figura corta* dort kein Beispiel mehr. Die nachfolgenden Takte bleiben ohne weitere Auffälligkeiten; nur die Moll-Ultima am Satzende könnte man so deuten. Allerdings scheint sich der Sohn mehr auf die Seite seines Patenonkels Georg Philipp Telemann zu schlagen, der die kleine Terz am Ende von Moll-Sätzen sogar vorzugsweise einsetzt,[21] denn die drei ersten mit „C. P. E. Bach" versehenen Sätze, alle drei in Moll, schließen ohne die bei J. S. Bach übliche Dur-Aufhellung („Picardische Terz").

Faßt man die bisherigen Beobachtungen zu den Abweichungen der erörterten Choralsätze des Bach-Sohnes von den Sätzen seines Vaters zusammen, entsteht bereits eine aussagekräftige Faktenlage:

1. Eine vergleichsweise hohe Zahl an kurzen, d. h. in Achtel führende Synkopierungen, an denen der Baß überproportional beteiligt ist
2. Verwendung auch solcher Synkopierungen, die in J. S. Bachs Choralsätzen überhaupt nicht vorkommen, zumal im Baß
3. Achtelchromatik, die J. S. Bach in seinen Choralsätzen steigend vereinzelt, fallend nur an einer Ausnahmestelle einsetzt, sein Sohn jedoch schon in diesen wenigen Sätzen mehrmals auf abweichende Weise
4. Einsatz der übermäßigen Sexte
5. Vorhaltbildungen an Zeilenenden nebst Auflösung mit Sechzehntelpaar *(figura corta)*, auch als Doppelvorhalt
6. Moll-Terzen am Satzende
7. In der Satzführung gelegentlich Unzulänglichkeiten und Stilverstöße
8. Überschreitung der traditionellen tonartlichen Grenzen
9. Mißachtung einer potentiellen Textunterlegung, weitgehende Orientierung an einer Notation/Satzführung für „Clavier"

---

[21] Siehe dazu G. P. Telemann, *Fast allgemeines Evangelisch-Musicalisches Lieder-Buch,* Hamburg 1730. Im angehängten „Unterricht", S. 187, propagiert er für die Ultima-Terz eines Moll-Satzes als Regelfall die kleine Terz, nur in (inhaltlich) begründeten Ausnahmefällen die große, während bei Bach nur insgesamt zwei Choralsätze mit kleiner Terz schließen: „Noch eins, Herr, will ich bitten dich" BWV 111/6 und „Seid froh dieweil" BWV 248/35, beide mit positiv gestimmtem Textende.

Welchen Stellenwert besitzen diese Fakten für die Choraldrucke bei Birnstiel und Breitkopf? Für einen Großteil der einwandfrei originalen Sätze J. S. Bachs bleiben sie insoweit bedeutungslos, als sich die Herausgeber der Choraldrucke, allen voran der Bach-Sohn, mit nennenswerten Abweichungen weitgehend zurückgehalten haben und die Sätze, abgesehen von der fehlenden Textierung und Partituranordnung, meist im originalen Notentext präsentieren. Bei einigen Sätzen stoßen wir auf nicht originale Haltebögen, bei anderen auf kleinere Modifikationen, etwa wenn instrumentale Zusatzstimmen („Oberstimmen") fortgelassen wurden. Mitunter allerdings nehmen die Eingriffe in den originalen Notentext zu, vor allem bei Veränderungen in der Melodieführung.

Ein kurzes, aber prägnantes Beispiel mag genügen, um die Problematik der Lesarten zu veranschaulichen und C. P. E. Bachs Rolle zu beleuchten, nämlich zwei Takte aus den Sätzen zu „Wie schön leuchtet der Morgenstern", die in verschiedenen Fassungen Eingang in die Druckausgaben gefunden haben. Insbesondere geht es um die Sätze BWV 36/4 und BWV 436 – der Satz BWV 1/6 fehlt in den Choraldrucken, und BWV 172/6 ist ohne die instrumentale Oberstimme und daher bei Breitkopf IV/322 etwas modifiziert wiedergegeben. BWV 36/4 in D-Dur findet sich in den Drucken drei- beziehungsweise viermal: Birnstiel I/91, entsprechend Breitkopf I/85, ferner Breitkopf III/195 (zur Eröffnung des dritten Teils) und IV/304. Der Satz BWV 436 in E-Dur (Breitkopf III/278) ist vermutlich aus der Abschrift von Johann Ludwig Dietel (Nr. 59) übernommen.[22] Die Veränderungen betreffen vor allem die zweite Zeile des Abgesangs, in den folgenden Ausschnitten jeweils T. 15–16:

Beispiel 11

a) BWV 36/4[II] (in der 1. Fassung anderer Text)
b) Breitkopf III/195 (in NBA als BWV 36/4** bezeichnet), ebenso Breitkopf IV/304

---

[22] Dietels Sammelhandschrift (D-LEb, *Peters Ms. R 18*) mit Choralsätzen Bachs, geschrieben um 1735, bietet für nicht aus Originalquellen geschöpfte Sätze (ab BWV 253) die früheste greifbare Quelle; siehe dazu F. Smend, *Zu den ältesten Sammlungen der vierstimmigen Choräle J. S. Bachs*, BJ 1966, S. 5–40; Smend nimmt noch eine Datierung vor Neujahr 1764 an (die Entstehung von *Ms. R 18* um 1735 wurde erst 1981 durch A. Glöckner erkannt); siehe auch H.-J. Schulze, „*150 Stück von den Bachschen Erben". Zur Überlieferung der vierstimmigen Choräle Johann Sebastian Bachs*, BJ 1983, S. 81–100.

c) BWV 436, Breitkopf III/278, gleichlautend bei Dietel, Nr. 59, in E-Dur
d) Birnstiel I/91 und Breitkopf I/85 (in NBA als BWV 36/4* bezeichnet)

Während J. S. Bachs Originalsatz in Ausschnitt a) mit der einfachsten Melodievariante und deren Tonwiederholungen anhebt und sie erst am Ende des Ausschnitts verläßt, gefolgt von der 4. Melodiestufe (in D-Dur *g'*), tritt diese bei b) bereits einen Takt früher ein, bei c) und d) gleich zu Beginn. Die dadurch bedingten Satzänderungen betreffen zuallererst den Baß, der in Bachs Originalsatz a) in diesen beiden Takten lapidar-einfach, passend zum Text, in Achteln durchläuft, während in den drei Varianten die Bewegung ins Stocken gerät. Im Originalsatz ist der Tenor auf das *a* fixiert, und die beiden Oberstimmen gehen parallel in Terzen, auch darin „kunstvoll inszenierte Einfachheit".[23] Erst am Ende des zweiten Taktes kommt mit dem *transitus irregularis* (*g* im Baß) eine nachdrückliche Dissonanzbildung ins Spiel.

In Ausschnitt b) bemüht sich der Bearbeiter noch, den Baß wenigstens den ersten Takt hindurch in Achteln fließen zu lassen, geht dann aber in einen partiell komplementären Rhythmus über. Die Achtel des ersten Taktes sind hier unter Viererbalken zusammengefaßt, und der Alt steuert sogleich einen Haltebogen bei, beides ein deutlicher Hinweis auf die erwähnte instrumentale Ausrichtung der Druckausgaben. Ausschnitt c) in E-Dur verzichtet auf durchlaufende Achtel und erreicht bereits im ersten Takt einen Sekundakkord über *a*, dessen Auflösung irregulär, aber Bach-typisch mit vorgezogenem gis und anschließendem *transitus irregularis fis* erfolgt.[24] Erst das Ende des zweiten Taktes geht dieser in der Baßführung auf Bachs Version über, verzichtet indessen auf den Zwischenleitton *eis'* im Alt (analog zum *dis'* bei a). Diese Variante bewegt sich zwar nachgerade perfekt im Rahmen von Bachs Choralstil, läßt aber keinen Bezug zu einer der drei von Bach präferierten Strophen erkennen, am wenigsten zur vorliegenden sechsten.

Mit Ausschnitt d) – bei gleicher Melodieführung wie in c) – kommen Verhältnisse zum Tragen, wie wir sie in C. P. E. Bachs Sätzen beobachten konnten,

---

[23] Breig (wie Fußnote 15), S. 311, bezogen auf den Satz „Er nahm alles wohl in Acht" BWV 245/28.

[24] Die Bedeutung dieser Wendung für den *stylus gravis* bei Bach wird deutlich zum Beispiel im Choralsatz „Jesum laß ich nicht von mir" BWV 124/6, wo sie zu Beginn von T. 4 sowie in T. 8, also gleich zweimal vorkommt, erstere mit angesprungenem dissonantem Ausgangston.

namentlich die kurzen Synkopen: Schon die Eröffnung dieser Choralzeile geschieht mit einer 7-6-Synkopation im Alt (vorbereitet durch *d'* zuvor), gefolgt
von weiteren Synkopationen in Baß und Alt. Diejenige im Baß ist bereits als
für den „Bach-Choral" untypisch identifiziert mit dem Baßdurchgang *g*, der
synkopisch verlängert die Dreiklangsterz *fis* verzögert. Spätestens hier steht
fest, daß die Variante d) nicht auf J. S. Bach zurückgehen kann. Vermutlich
stammt die Bearbeitung vom Bach-Sohn, der sich mit dieser für ihn charakteristischen Abweichung gewissermaßen zu erkennen gibt. Daß er als Herausgeber des 1. Teils der Birnstiel-Ausgabe sowie der Breitkopf-Ausgabe in Erscheinung tritt, gibt diesem Verdacht weitere Nahrung. Auch die Variante von
b) könnte auf ihn zurückgehen, ohne eine über den Haltebogen hinausgehende
Signatur zu offenbaren, während die Variante von c) durchaus von J. S. Bach
stammen könnte, aufgezeichnet von Dietel um 1735, vom Bach-Sohn lediglich
übernommen. Allerdings kommen die Melodievarianten unter b)–d) im Werk
seines Vaters nicht vor.

Schon diese beiden Takte weisen darauf hin, daß in den Choraldrucken mit Änderungen zu rechnen ist, die über geringfügige Differenzen in den Lesarten
hinausgehen. Man kann hier zwar die geänderte Melodieführung als Anlaß erkennen, doch ein Grund für die Änderung erschließt sich nicht. Da bei b) und
d) Bachs Choralsatz ansonsten weitgehend wörtlich übernommen ist, wurden
keine neue BWV-Nummern vergeben – im Gegensatz zu c) aus einem anderen
Satz, den man trotz der fehlenden typischen Achtelbewegung des Basses, wie
sie allen drei einwandfrei originalen Bach-Sätzen in den vorliegenden zwei
Takten eignet, stilistisch dennoch insgesamt als authentisch betrachten kann.[25]
Für die Takte unter b) und d) wird man dies kaum annehmen, was zur Abwer-
tung der betreffenden Fassungen führt. Gäbe es keine anderen Quellen für den
betreffenden Choralsatz als die vorliegenden, müßte man diesen zumindest in
den beiden mitgeteilten Takten Fremdeingriffe unterstellen.

Selbst wer anzunehmen bereit ist, daß wir es in einigen Fällen mit solchen
Fremdeingriffen zu tun haben, durch die die betreffenden Sätze verfälscht erscheinen, stößt unweigerlich auf solche Sätze, die ohne entsprechende authentische Quelle insgesamt als „verdächtig" (Erk) oder gar unecht zu betrachten
sind, da in ihnen Wendungen auftreten, von denen Bachs Originalsätze frei
bleiben. Angesichts der oben herausgearbeiteten Kriterien fragt sich insbesondere, ob darunter auch Sätze zum Vorschein kommen, die sich gegebenenfalls
dem Bach-Sohn zuordnen lassen. Zumindest bei dem Choral „Ich hab mein
Sach Gott heimgestellt" BWV 351 kann man diesen Eindruck durchaus ge-

---

[25] In den Choralausgaben von Erk und Smend fehlt dieser Satz, wird von ihnen folglich als unecht („verdächtig") betrachtet; siehe dazu *Johann Sebastian Bach's mehrstimmige Choralgesänge und geistliche Arien*, 2 Teile, hrsg. von L. Erk, Leipzig
1850–1865, revidierte Neuausgabe von F. Smend, Leipzig 1932.

winnen. In *SA 818* befindet sich der Satz auf S. 71, bei Birnstiel unter Nr. I/22, bei Breitkopf unter Nr. I/19. In der Fassung von *SA 818* besitzt er folgende Gestalt:

Beispiel 12

Bei Birnstiel und Breitkopf treten Viererbalken nur in T. 5,1–2 und 8 im Baß auf; bei beiden fehlen die Haltebögen in T. 1 im Alt, T. 2/3 im Baß (stattdessen ein Bogen im Tenor) und T. 4 im Tenor.

Daß dieser Satz nicht von J. S. Bach stammen kann, offenbart sich eigentlich schon beim ersten Eindruck. Für die Gewißheit genügt es, den dritten Schlag abzuwarten, denn dort löst sich die große Septime *es – d'* nach *cis'*, also in eine übermäßige Sexte auf, womit der Boden des „Bach-Chorals" definitiv verlassen ist. Das gleiche gilt für den dritten und fünften Zeilenschluß: Weder würde Bach mit chromatischer Achtelbewegung in die Ultima drängen, noch mit einer synkopierten Quarte, von einem unbetonten Achtel aufgelöst, den Satz beenden. Hinzu kommen die Synkopen im Baß: Schon die erste beim Übergang T. 2/3 mit der synkopierten dissonanten Wechselnote (harmonisch eine None) widerspricht Bachs Choralsatztechnik, ebenso die bereits bekannten übergebundenen Durchgangstöne *c* in T. 3 und *es* in T. 5 – harmonisch Septimdurchgänge, die sich erst nach der Synkopierung zur Dreiklangsterz auflösen. Sowohl die übermäßige Sexte zu Beginn als auch die Baß-Wendungen decken sich mit den oben aufgeführten Kriterien für die Choral-Stilistik des Bach-Sohnes. Da außerdem die Achtelchromatik und die durchweg instrumentale Notation für ihn sprechen, steigt die Wahrscheinlichkeit für seine Urheberschaft erheblich.

Insgesamt hat C. P. E. Bach kraft der drei Quellen, allen voran *SA 818*, eine andere Bedeutung für die Choralausgaben gewonnen als bisher, denn nunmehr steht fest, daß seine Beteiligung über die bloße Rolle als Herausgeber hinausgeht. Wie weit er als Autor der Sätze mit BWV-Nummern ab 253, von BWV

299 abgesehen, in Betracht kommt, läßt sich kaum mehr ermitteln. Fest steht nur, daß er die Sätze BWV 145a, 272 und gut zur Hälfte 419 selbst beigetragen hat, und für BWV 351 besteht eine gewisse Wahrscheinlichkeit. Während BWV 419 bereits in die Birnstiel-Ausgabe (II/118 von 1769) einging, stoßen wir auf BWV 145a und 272 erst im IV. Teil des Breitkopf-Drucks von 1787, bestens integriert als Nr. 337 und 339, dazwischen (ausgerechnet!) J. S. Bachs bereits angesprochener Originalsatz „Ich armer Mensch, ich armer Sünder" BWV 179/6, der hinsichtlich seiner extremen Satztechnik an der stilistischen Peripherie des „Bach-Chorals" anzusiedeln ist – man kommt kaum umhin, in dieser Reihung eine Absicht zu erblicken.

Wie können wir mit der Tatsache umgehen, daß Carl Philipp Emanuel still-schweigend eigene Sätze in die Choraldrucke einmischte? Immerhin behauptet er in den Vorreden des Birnstiel-Drucks (Teil I von 1765) und des Breit-kopf-Drucks (Teil I von 1784) gleichlautend, die Choralsätze („Lieder") „so wohl in diesem, als den nachfolgenden Teilen sind alle von meinem seligen Vater verfertigt." Zweifel an dieser Behauptung bestehen schon lange und ha-ben sich durchaus erhärtet,[26] doch nach Auswertung der drei Quellen steht fest, daß diese Aussage definitiv falsch ist. Immerhin garantiert er hier zu Unrecht die Echtheit aller Sätze als solche seines Vaters. Da er im Vorwort zum Breit-kopf-Druck 1784 gleich zu Beginn des weiteren behauptet: „Diese Sammlung der Choräle ist nach dem vorigen Drucke von mir nochmals mit vieler Sorgfalt durchgesehen, und von den eingeschlichenen Fehlern gereiniget worden", kann auch kein Versehen vorliegen, das zur Einfügung der selbst komponierten Sätze geführt hat. Zwar offenbaren allein schon die Dubletten, daß es mit der „vielen Sorgfalt" nicht weit her ist, doch eigene Sätze nicht wiederzuerkennen, diese versehentlich für Werke des Vaters zu halten, bleibt unglaubhaft, zumal die Brüsseler Handschrift auf eine Beschäftigung des Bach-Sohnes mit den eigenen Choralsätzen noch in seiner Hamburger Zeit hindeutet. Vielmehr sagt er offenbar bewußt die Unwahrheit und diskreditiert mit dieser Täuschung das gesamte Projekt. Sicher hat man seinerzeit andere Maßstäbe an die Urheber-

---

[26] Die ersten nachdrücklichen Zweifel äußerte bereits L. Erk in seiner Choralausgabe 1850 ff. (siehe oben); sie wurden von Friedrich Smend 1932 weitgehend geteilt. Al-lerdings gibt manche Entscheidung Erks und Smends, positive wie negative, Anlaß zum Überdenken. Siehe auch E. Platen, *Zur Echtheit einiger Choralsätze Johann Sebastian Bachs*, BJ 1975, S. 50–62, sowie G. Wachowski, *Die vierstimmigen Cho-räle Johann Sebastian Bachs. Untersuchungen zu den Druckausgaben von 1765 bis 1932 und zur Frage der Authentizität*, BJ 1983, S. 51–79. Nach Wachowski verfuhr Erk „übertrieben skeptisch" (S. 61). Ausführungen dazu auch bei W. Wiemer, *Ein Bach-Doppelfund: Verschollene Gerber-Abschrift (BWV 914 und 996) und unbe-kannte Choralsammlung Christian Friedrich Penzels*, BJ 1987, S. 29–73, insbeson-dere S. 44–55 und 60–66. Weitere Ausführungen bei Daniel (wie Fußnote 12), S. 333–360.

schaft gelegt als heute, doch die Tatsachen lassen sich nun einmal nicht beiseite schieben.

Daraus aber ist zu folgern, daß alle Sätze, deren Echtheit nicht gesichert oder anderweitig verbürgt ist, ihre Glaubwürdigkeit einbüßen und deshalb mehr denn je auf den Prüfstand gehören. Da Dietels Abschrift ebensowenig frei von Unstimmigkeiten blieb[27] und somit von Bach weder überwacht, noch autorisiert sein kann, betrifft die Unsicherheit auch dort enthaltene Sätze, und damit muß allen Skeptikern, die die Choraldrucke bezüglich ihrer Zuverlässigkeit hinterfragen, recht gegeben werden. Darüber, welche der betreffenden Sätze als echt betrachtet werden können und welche nicht, läßt sich bestenfalls ein Konsens der Art „möglicherweise von J. S. Bach" – oder eben nicht – herstellen.[28] Garantieren kann dies niemand, und so bleibt eine endgültige, jeden zufriedenstellende Klärung illusorisch.

Eine Konsequenz aber ist unbedingt zu ziehen: Die editorische Trennung der Choralsätze in einwandfrei echte, durch authentische Quellen belegte und solche, für welche dies nicht gilt. Bislang vermischen die Choralausgaben beide Kategorien, und so hat sich selbst in der Musikforschung der Eindruck verfestigt, wohl auch aufgrund der Zusicherung des Bach-Sohnes, man habe es durchweg mit Werken seines Vaters zu tun – Spekulationen über die potentielle Zugehörigkeit ungesicherter Choralsätze etwa zur verschollenen Markus-Passion[29] oder zu verlorengegangenen Kantatenjahrgän-

---

[27] Zumindest die Sätze Nr. 51 (zu Unrecht als BWV 1124 geführt) und Nr. 107 (BWV 43/11 von Christoph Peter 1655; siehe Platen, wie Fußnote 26, S. 51–54) sind definitiv unecht, Nr. 47 („Wer nur den lieben Gott läßt walten" BWV 434) höchstwahrscheinlich. Dazu kommen zwei Dubletten mit Nr. 1/100 (BWV 117/4*) und Nr. 119/135 (BWV 248/11); Fehler finden sich etwa in Nr. 135 (BWV 417*), ein stilistisch abwegiger Beginn in Nr. 90 (BWV 421*). Möglicherweise kursierte mancher der betreffenden Sätze im Schülerkreis und wurde von Dietel übernommen (Dietel war knapp drei Monate älter als C. P. E. Bach, Ende 1735 erst 22 Jahre alt).

[28] Platen (wie Fußnote 26) führt dazu aus (S. 51): „Bei Echtheitsfragen haben stilkritische Argumente, mögen sie auch noch so einleuchten, allenfalls den Charakter des hinreichenden Verdachts", das heißt, kein noch so vortrefflich erscheinender Satz aus unsicherer Quelle ist dagegen gefeit, eine Fälschung zu sein. Es führt nach wie vor kein Weg daran vorbei, das Instrumentarium der Stilkritik zu verfeinern, doch in den meisten Fällen wird weiterhin der persönliche Eindruck den Ausschlag geben und der Irrtumsvorbehalt weiter bestehen bleiben.

[29] F. Smend, *Bachs Markus-Passion,* BJ 1940–1948, S. 1–35. Smend verwickelt sich obendrein in den Widerspruch, daß fünf nach seiner Auffassung für die Markus-Passion geeignete Sätze (BWV 330, 331, 393, 404 und 428) in seiner Choralausgabe fehlen. Damit erweist sich ferner seine (und Erks) Teilausgabe der Sätze als unzureichend, denn jede Auswahl bleibt letztlich subjektiv.

gen[30] zeugen von dieser weitverbreiteten Fehleinschätzung.[31] Vielmehr sollte das Bewußtsein dafür gestärkt werden, daß wir zwei grundverschiedene Provenienzen vor uns haben, nämlich einmal (tatsächlich) „Vierstimmige Choraele, aus den Kirchen Stücken des Herrn J. S. Bachs", zum anderen die möglicherweise von anderen Autoren bearbeiteten oder erstellten Sätze, darunter nachweislich einige aus der Feder des Bach-Sohns.

---

[30] K. Häfner, *Der Picander-Jahrgang*, BJ 1975, S. 70–113, insbesondere S. 103–111. Die Problematik der Echtheit der Choralsätze klammert Häfner aus, sogar für BWV 434 (S. 107).

[31] Selbst Schulze (wie Fußnote 2), der sich von der offensichtlichen Täuschung überzeugen konnte, konstatiert in seinem Fazit (2003, S. 16): „Sollte freilich Faschs Hinweis auf die Herkunft – doch wohl aller Choräle – aus den „Kirchen Stücken" Johann Sebastian Bachs zutreffen – ein Hinweis als Abschrift nach dem Titel seiner Vorlage oder als Wiedergabe einer erhaltenen mündlichen Auskunft –, dann ist künftig stärker denn je der Verlust einer nicht kleinen Anzahl von Kirchenkompositionen Johann Sebastian Bachs zu beklagen." Die Frage nach der Glaubwürdigkeit des Bach-Sohnes und damit auch nach der Echtheit der betreffenden Sätze scheint sich für Schulze trotz der Faktenlage nicht zu stellen.

Michael Bach (1687–1772) aus Mechterstädt
Organologische und genealogische Spuren

Von Albrecht Lobenstein (Erfurt)

Die verstreuten Nachrichten, die zu Michael Bach vorliegen, ergeben nur ein unbestimmtes Bild, das sich nicht ohne Widersprüche zusammenfügen läßt, sondern sogar grundlegende Fragen aufwirft.[1] Günther Kraft ist wohl der ergiebigste Informant. Aus den von ihm zitierten Schriftstücken, die in einer das Bachfest der Neuen Bachgesellschaft 1957 in Eisenach begleitenden Ausstellung gezeigt wurden,[2] geht hervor, daß Michael Bach um 1708 „als 20jähriger Sohn des damals 64jährigen Lips (Philipp) Bach" galt, im Gothaer und im Leipziger Raum als Orgelbauer tätig gewesen und 1772 in Mechterstädt gestorben ist.[3] Kraft gab auch Auszüge wieder, versäumte es aber, die Fundstellen der Archivalien mitzuteilen, ein Umstand, der dafür spricht, daß der Verfasser den Standort der Dokumente selbst nicht kannte, sondern nur das in der Ausstellung verfügbare Material reflektierte. Seine unveröffentlichte Genealogie der Bache bestätigt, verdichtet und erweitert die biographischen Einblicke: „Michael Bach wurde geboren am 3. XI. 1687 und starb 1772 als ‚Einwohner und Glasermeister' zu M. 1720 heiratete er Anna Catharina Lux aus dem be-

---

[1] Vgl. *Lexikon norddeutscher Orgelbauer,* hrsg. von U. Pape, Bd. 1: *Thüringen und Umgebung,* Berlin 2019, S. 22.

[2] G. Kraft, *Neue Ergebnisse der thüringischen Bachforschung,* in: 34. Deutsches Bachfest der Neuen Bachgesellschaft 28. Juni bis 2. Juli 1957 in Eisenach [Programmbuch], Eisenach 1957, S. 74–90. Der auf S. 95 befindliche Hinweis auf die Ausstellung lautet: „Bachfest-Ausstellung / Während der Bachfesttage sind im Thüringer Museum neuentdeckte Manuskripte und Handschriften aus der Thüringer Bachforschung in Vitrinen ausgelegt. (Vgl. den vorstehenden Aufsatz von Professor Dr. G. Kraft)". Krafts Hinweise sind bisher fast gänzlich übersehen oder übergangen worden. Hingegen fußt H. P. Ernst, *Die Gothaer Hof- und Landorgelbauer des 15.–18. Jahrhunderts,* in: Gothaer Museumsheft 1983, S. 11–24, besonders S. 19 und 21, bezüglich Michael Bachs in seinen Darstellungen.

[3] Kraft, *Neue Ergebnisse* (wie Fußnote 2), S. 85–86, beruft sich auf Rechnungsbelege, Kirchenbücher und ein „Register der Wohngrundstücke u. ihrer Besitzer um 1708" im Pfarramt Mechterstädt. Bei dieser Gelegenheit sei erwähnt, daß der von G. Kraft, *Neue Beiträge zur Bach-Genealogie,* in: Beiträge zur Musikwissenschaft 1 (1959), Heft 2, S. 29–61, auf S. 32 vermeintlich zitierte Kirchenbucheintrag aus Mechterstädt, ferner auch die Passagen auf S. 41–42 und S. 48, in denen er auf die Bache in den von ihm „Seebachsche Dorfschaften" genannten Orten zu sprechen kommt, für mich nicht nachvollziehbar sind.

nachbarten, durch eine Orgelbauwerkstätte bezeichneten Sättelstädt."[4] Leider sucht man in dieser ausführlichen Arbeit konkrete Nachweise, die den Anspruch auf Verbindlichkeit, den wir an der wissenschaftlichen Literatur zu schätzen gelernt haben, einlösen könnten, ebenfalls vergeblich.

Meine Motivation, die Primärquellen, die sich nach aufwendiger Recherche erneut auffinden ließen, heranzuziehen, wird von der Beobachtung geleitet, daß die Schlüsse, die Kraft aus seiner, gemessen am Umfang des Materials, äußerst knapp gefaßten Kompilation zieht, auf der Basis des aktualisierten, um das Wissen des aus weiteren Überlieferungen bereicherten Kenntnisstands, zu hinterfragen und im Zuge dessen zum Teil auch kontrovers zu bewerten sind.[5]

Michael Bach als Orgelbauer

Der Gothaer Chronist Johann Georg Brückner (1701–1771) nennt Michael Bach in Verbindung mit der Schreiner- und Glaserarbeit am Kirchenbau in Mechterstädt 1716 und 1717[6] und in dem unmittelbar benachbarten Burla, wo er als Orgelbauer zum Zuge gekommen war:

Die Orgel ist von Michael Bachen aus Mechterstedt 1739. gesetzet worden. Sie bekam, wie der Accord lautet, 7 Register und kostet 66 Rthl. Weil nun zu einem Register Platz gelassen war, so ist 1757., bey geschehener Reparatur, von eben diesen Bachen das achte Register vollends zu Stande gebracht worden und hat derselbe in allen noch 12 Rthl. bekommen.[7]

Der Burlaer Pfarrer Johann Samuel Erdmann erklärt, daß Bach den Auftrag auf 50 Taler taxiert und angeboten hatte, das alte „Positiv von Vier Stimmen" für 10 Taler zu übernehmen.

---

[4] G. Kraft, *Entstehung und Ausbreitung des musikalischen Bach-Geschlechts in Thüringen – mit besonderer Berücksichtigung des Wechmarer Stammes. Inaugural-Dissertation zur Erlangung der Habilitation der Philosophischen Fakultät der Martin-Luther-Universität zu Halle/Wittenberg* [1963], masch., Hochschularchiv / Thüringisches Landesmusikarchiv Weimar (Signatur: NGK 428), S. 236.

[5] Nachdem die gesuchten Fundstellen ermittelt, die Quellen übertragen und der Text für die Veröffentlichung bereits formuliert waren, erhielt ich im Mechterstädter Pfarrarchiv, das ich besuchte, um mich noch der überlieferten Lebensdaten anhand der Kirchenbücher zu vergewissern, eine Materialsammlung zu Michael Bach, bestehend aus Notizen, Abschriften und Ablichtungen, zur Einsicht, der ich weitere Impulse verdanke.

[6] J. G. Brückner, *Sammlung verschiedener Nachrichten zu einer Beschreibung des Kirchen- und Schulenstaats im Hertzogthum Gotha*, 3 Teile, Gotha 1753–1763, hier: Teil II (1760), 11. Stück, S. 60.

[7] Brückner (wie Fußnote 6), II/12 (1760), S. 36.

Die Stimmen an dem Verfertigten Orgel Werckgen sind folgende:

1.	Vierfüßig *principal* von Zinn.
2.	Acht füßige *qvinta dena* von Zinn
3.	das getackt Acht fuß von Holtz
4.	das getackt vier fuß von Zinn
5.	*qvinte* dreyfuß von Zinn
6.	*Octave* Einfuß von Zinn
7.	Eine *Mixtur* zweyfach Ein fuß von Zinn.

Benebst einen *pedal* durchs Werck.[8]

Die kleine mitteldeutsche Orgel, zumindest ihre nominale Disposition, war um die Mitte des 18. Jahrhunderts weitgehend normiert. In der Aufstellung, die den Typ vertritt, der auf dem vierfüßigen Principal basierte, fehlt allerdings der Zweifuß. Im Nachhinein könnte Bach entweder diese Lücke geschlossen oder aber das Pedal mit einem Subbaß ausgestattet haben. Das Vertrauen, dem Erbauer nach fast zwei Dekaden auch die Ergänzung seines Werkes zu überlassen, das er in der Zwischenzeit wahrscheinlich auch gepflegt hatte, setzt untadelige, belastbare Erfahrungen mit seiner Leistung voraus. Johann Heinrich Gelbke (1746–1822), als Chronist Brückners Nachfolger, wiederholt die numerischen Kerndaten derselben Orgel, die er noch Ende des 18. Jahrhunderts vorfand, und vermehrt sie um die Nachricht: „Das Balkentreten verrichten seit 1790. die Nachbarn nach der Reihe."[9] Im Kontrakt, der 1870 mit Friedrich Knauf (1802–1883) über einen Neubau (I/7) geschlossen wurde, ist vereinbart, daß der Orgelbauer den vorhandenen Bestand in Zahlung nimmt.[10]

---

[8] An das Oberkonsistorium gerichtete Bitte des Burlaer Pfarrers Johann Samuel Erdmann um Finanzierungshilfe, datiert, den 30. Juli 1743, in: *Acta [/] Wegen Anschaffung eines neüen Orgelwercks zu Burla und von der Gemeinde daselbst hierzu gesuchten 20. Reichstaler aus denen Kirchen-Mitteln*, Landesarchiv Thüringen – Staatsarchiv Gotha (nachfolgend StAG), *Oberkonsistorium Gerichte Hopfgarten*, Nr. 114, Bl. 1 f.

[9] J. H. Gelbke, *Kirchen- und Schulen-Verfassung des Herzogthums Gotha*, 2 Teile, Gotha 1790–1799, hier: II. Teil, 1. Band (1796), S. 624.

[10] Abschrift des Kontraktes mit Friedrich Knauf, 23. März 1870, in: *Akte, betreffend den Bau einer neuen Orgel in der Kirche zu Burla, 1870,* Landeskirchenarchiv Eisenach (nachfolgend LKAE), *Kirchenamt Waltershausen, Allg. 435*, Bl. 2 f., speziell Bl. 2r. F. Reinboth, *Die Orgelbauerfamilie Knauf. Ein Beitrag zur Orgelgeschichte Thüringens*, Berlin 2006, S. 121, datiert den Neubau 1847, was zu berichtigen ist.

Zwei kleine Keilbälge, die sich auf dem Dachboden der Kirche befinden, könnten von Knauf wiederverwendet worden sein.

Als sich Michael Bach um den Neubau in Sättelstädt bemühte, beschwor der Orgelbauer Johann Heinrich Rupert († 1750) Schatten herauf, die die Werke des Kontrahenten angeblich warfen. Rupert schrieb 1745, er hätte schon Jahre zuvor der hinfälligen Sättelstädter Orgel wegen den Riß und die Disposition seiner Vorstellungen einreichen müssen, nun aber habe

sich ein Pfuscher von Mächderstedt ein Glaßer mit Nahmen Michael Bach, (welcher es garnicht gelernet, und nur edwas von dem Orgel Macher Rothen von Friedrichrotha, bey erbauung des Orgel-Wercks in Mächterstädt abgestohlen,) bey der Gemeinde in Sädelstädt angegeben Ihnen eine Neue Orgel zu bauen, und wie es Scheinet die Bauern so überredet, das Sie mit demselben *accordir*en wollen. Weilen denn zur gnüge bekannt das er schon die Kirchen, in Eberstedt, Weingarden und Baurla mit seiner Pfuscherey betrogen, welche arbeit nicht werth daß sie in denen Kirchen stehen soll, und Selbe ohne des *Examinaters* Herrn *Camer* und Hoff *Organist* Goldens Brobirung gesetzet und verfertiget worden, wordurch die Kirchen und Gemeinden nicht alleine Betrogen, sondern auch einer der seine *Profession* ehrlich und mühsam erlernet, zu rücke treten muß, überdieses auch Sr. Hochfürstlichen Durchlaut ernster gnädiger Befehl, die Pfuschereyen zu hintertreyben und die recht gelernete Künstler und *Professions* Verwande vorzuziehen.[11]

Rupert hat die Pläne Bachs zwar durchkreuzen, sich selbst aber keinen Vorteil verschaffen können. Brückner berichtet: „Die in dieser Kirche befindliche Orgel ist 1748. und das darauf folgende Jahr von dem Orgelmacher, Hrn. Hofmann, in Gotha verfertiget worden."[12] Gelbke ergänzt: „Die Orgel, ein 4füßiges Werk mit 2 Klavieren, ist 1748. gesetzt worden, und hat das Hauptwerk 8 St., das Brustwerk 7 St. und das Pedal 3 Bässe."[13] Der gegenwärtige Klangkörper der Johanniskirche umfaßt 20 Stimmen für zwei Manuale und Pedal, wird Friedrich Knauf (1802–1883) zugeschrieben und um die Mitte des 19. Jahrhunderts datiert.[14]

Ruperts Belastungen stehen zu Bachs Erfolgen, die in Burla offenbar geworden sind, im Widerspruch. Gehen wir auch den anderen Klagen nach, um sie

---

[11] An das Oberkonsistorium in Gotha gerichtetes Schreiben vom 28. April 1745, in: *Acta [/] Wegen von dem Orgelmacher, Johann Heinrich Ruperti zu Wiegleben, über Michael Bachen zu Mechterstedt, wegen Übernehmung des neüen Orgel Baues zu Sättelstedt, angebrachte Beschwerung. [...] 1745*, StAG, Oberkonsistorium Ger. Thal, Nr. 146, Bl. 1f. Die Kenntnis von der Existenz dieser Akte verdanke ich Hans Peter Ernst. Herr Albrecht Loth, Staatsarchiv Gotha, half mir bei der Suche dieser und anderer Fundstellen.

[12] Brückner (wie Fußnote 6), II/12 (1760), S. 24.

[13] Gelbke (wie Fußnote 9), II/1 (1796), S. 673.

[14] Reinboth (wie Fußnote 10), S. 182f.

auf ihre Glaubwürdigkeit hin zu prüfen. Ein Vorwurf scheint der von Brückner 1733 datierten Orgel in Eberstädt[15] zu gelten. Ein Zeuge schildert Bachs Anteil am Neubau.

Anno 1733. ist hies. Orgelwerck wie es gegen wärtig stehet verfertiget worden, erstlich durch Herr Stähmen von wiegleben gedungen und das Gehäuse und Bälge angeleget, nach dem er aber gestorben, ist Joh. Mich. Bach von Mechterstedt in solchen *Contract* getretten, und solches zur *perfection* gebracht. à 80 Florinen welches halb die Gemeinde und halb die Kirche bezahlet.[16]

Bach, der notabene nur in dieser Quelle mit einem zweiten Vornamen benannt ist, muß die Arbeit unmittelbar nach dem Tod des Wieglebener Orgelbauers Johann Friedrich Stamm (1699–1733) aufgenommen haben. Die Witwe ging schon 1734, als das Trauerjahr verstrichen war, die Ehe mit Rupert ein, der gewiß auch die Werkstatt übernahm.[17] Gelbke teilt einerseits mit, daß 1781 eine neue Kirche entstanden ist, bezieht seinen organologischen Befund aber noch auf dasselbe Instrument: „Die Orgel ist 1733. neu erbauet worden, und besteht aus 9 Registern."[18] Die Severigemeinde hatte wohl noch an ihrer alten Orgel festgehalten, bis diese 1838, nachdem ihr Zustand untragbar geworden war, von Georg Franz Ratzmann (1771–1846) oder seinem Sohn Johann Friedrich Heinrich (1800–1881) abgelöst wurde.[19]
In Weingarten könnte Bach im Rahmen von Pflegearbeiten und Reparaturen an einer älteren Orgel tätig gewesen sein. Ruperts Vorwürfe von 1745 lassen sich nicht mehr nachvollziehen. Brückner hat zwar eine 1755 datierte Glocke aufgenommen,[20] die Orgel aber nicht erwähnt. Den Erbauer des von Gelbke beschriebenen Werks kennen wir nicht: „Die Orgel besteht in 2 Clavieren und 12

---

[15] Brückner (wie Fußnote 6), III/10 (1762), S. 29.

[16] „Einige Nachrichten so bey meinem hierseyn vorkommen von 1729." überschriebene Seite, offenbar aus der Eberstädter Chronik, zitiert nach der Ablichtung, die sich in der Materialsammlung im Mechterstädter Pfarrarchiv (vgl. Fußnote 5) befindet.

[17] A. Trübenbach, *Stammtafeln der Einwohner des Ortes Wiegleben bei Gotha (Thüringen)*, Langendorf 1929, S. 105 und 114. Die im *Lexikon norddeutscher Orgelbauer* (wie Fußnote 1), S. 490, verzeichneten Werke sind nach A. Lobenstein, *Barockes Orgel-Positiv und Tasteninstrumente mit durchschlagenden Zungen. Ein Beitrag zur Erfassung des mobilen kirchenmusikalischen Instrumentariums (III)*, in: Aus der Arbeit des Thüringischen Landesamtes für Denkmalpflege und Archäologie 2010, S. 180–194, 200, speziell S. 180–183 und 194, möglicherweise noch um ein Positiv, das er zumindest nachgebessert hat, zu erweitern.

[18] Gelbke (wie Fußnote 9), II/1 (1796), S. 126.

[19] Zu diesen Vorgängen siehe den Schriftverkehr in *Akte, die Erbauung einer neuen Orgel in der Kirche zu Eberstädt betreffend, 1836*, LKAE, *Kirchenamt Wangenheim zu Friedrichswerth (alt), Loc. 10 Nr. 30*.

[20] Brückner (wie Fußnote 6), II/10 (1760), S. 64.

Registern oder klingenden Stimmen, ist 1756. gebauet worden und kostet 151 Mfl. 9 gl. 7½ pf."[21] Ernst Guido Knauf (1834–um 1912) fand 1881 verschlissene Trakturen vor und dermaßen gering bemessene Windladen, daß Pfeifen mit vermutlich nachträglich erweiterten Mensuren über Kondukten verführt worden waren.[22] Vor dem Hintergrund der Vorstellungen seiner Zeit war dieser Bestand wertlos. Knauf riet zum Neubau, empfahl aber auch, die beiden Bälge wiederzuverwenden. Wäre deren Herkunft geklärt, ließe sich vielleicht ein Anspruch unseres Klienten an Materialwahl Verarbeitung ableiten. Gegenwärtig beherbergt ein schlichtes Gehäuse sieben klingende Stimmen auf Schleifladen für ein Manual (6) und Pedal (1) unbekannter Provenienz.[23]

Von Mechterstädt erzählt Brückner:

Die in dieser Kirche stehende Orgel, welche 13 Register hat, ist von Christian Rothen, von Friedrichroda, vor 84 Rthl. und besonderer Anschaffung derer Materialien verfertiget, und 1726 im Monat September erst zu Stande kommen. Aber wie sich gleich anfangs viele Delecte daran gezeiget, so ist das Werk immer in mehreren Verfall kommen, daher es dermalen in sehr schlechten Stande ist, und wird bald mit einer neuen müssen verwechselt werden.[24]

Halten wir fest, daß sich für Michael Bach tatsächlich die Gelegenheit geboten hatte, dem Orgelbauer Christian Rothe zur Hand zu gehen und von ihm zu lernen.[25] Als ortsansässiger Schreiner war er für die Zimmermanns- und Tischlerarbeiten am Orgel- und Balgstuhl, am Gehäuse sowie für darüber hinausgehende Zuschnitte und Holzverbindungen sogar prädestiniert. Ob die von Brückner angedeuteten Mängel dem Meister anzulasten oder einer Fatalität,

---

[21] Gelbke (wie Fußnote 9), II/2 (1799), S. 376.

[22] Gutachten des Orgelbauers Guido Knauf, 27. Juli 1881, in: *Akte, betreffend die Kirchenorgel zu Weingarten*, LKAE, *Kirchenamt Waltershausen, Allg. 454*, Bl. 3–4, speziell Bl. 3v. Der Befund kann nicht auf das im *Lexikon norddeutscher Orgelbauer* (wie Fußnote 1), S. 458, unter Johann Heinrich Ludwig Ratzmann, aber von U. Scheidig (*Die Orgeln auf dem Gebiet der Superintendentur Gotha*, Erfurt 2000, S. 86) unter Johann Friedrich Heinrich Ratzmann geführte und 1850 datierte Werk zutreffen. Ich nehme deshalb an, daß den Brüdern Ratzmann, die zeitweise zusammenarbeiteten, tatsächlich die Umgestaltung der alten Orgel zuzurechnen ist. Für den Neubau nach 1881 kamen sie nicht mehr in Betracht, weil sie bereits verstorben waren.

[23] Reinboth (wie Fußnote 10), führt die Orgel in Weingarten nicht.

[24] Brückner (wie Fußnote 6), II/11 (1760), S. 62 f.

[25] Der Mechterstädter Orgelbauer Johann Hartung, den Brückner (wie Fußnote 6), I/10 (1757), S. 83, im Zusammenhang mit dem Neubau in Fröttstädt 1699 nennt, kommt als Lehrmeister nicht in Betracht. Laut *Lexikon norddeutscher Orgelbauer* (wie Fußnote 1), S. 212, hatten die Brüder Johann und Augustin Hartung ihren Heimatort 1700, als Michael Bach noch ein Schulknabe gewesen war, bereits verlassen.

vielleicht der Witterung oder einem Schädlingsbefall, zuzurechnen waren, sei dahingestellt. Über Rothe, der der Bach-Forschung als Gutachter in der Ohrdrufer Michaeliskirche 1696, 1700 und 1706 geläufig ist,[26] sind bisher keine Klagen bekannt geworden. Jedenfalls bedurfte der Zustand in Mechterstädt der Abhilfe. In seinem Gesuch, mit dem er die Landesregierung um die Erlaubnis bat, hier eine neue Orgel bauen zu dürfen, berief sich Michael Bach auf das Bedürfnis der Gemeinde und auf seine Bereitschaft, ihrer Mittellosigkeit mit Zugeständnissen entgegenzukommen. Sein Hinweis darauf, daß einer der drei im Herzogtum privilegierten Orgelbauer,[27] namentlich Rupert, verstorben war, galt dem Versuch, Befürchtungen des Hoforgelbauers Carl Christian Hoffmann (1709–1779), dieser müsse einen Verlust erleiden, zu zerstreuen.

Durchlauchtigster Hertzog,
Gnädigster Fürst und Herr!

Es erfordert die Nothdurfft, daß in hiesiger Kirche eine neue Orgel aufgebauet werde, da denn der Orgelmacher zu Gotha, Herr Hofmann, *praetend*iren will, daß solche Orgel von niemand anders, als von ihme gemacht werden dürfe. Obnun wohl derselbe ein *privilegium* hat, so mag er doch hierauf um so weniger sich so schlechthin berufen, als 1) sothanes *privilegium* ihme nicht gantz alleine, sondern noch 2 andern Orgelmachern, davon aber einer un mittelst verstorben, in hiesigen Landen ertheilet worden. Und weilen nun 2) die hiesige Gemeinde ohnedem arm ist, und nicht viel Gemeinde-Einkünffte hat, gleichwohl ihr 3) nur dieses schon mehrere Kosten verursachen würde, wenn sie Herrn Hofmanns seine *Instrumente* anhero, und nachmahls wieder fort schaffen, auch währender Arbeit, ihn mit Kost und *Quartier* versehen müste, da doch überdieß 4) sie auch das zumachende Orgel-Werck selbst von mir um einen leidlichern Preiß, als von Herr Hofmannen erhalten kan, weniger nicht 5) Herr Hofmann *promte* Zahlung, und zum Theil *par avance* Geld haben will, dargegen ich einige Zeit warten kan, und will, ich auch 6), wie aus dem in Abschrifft sub ☉ hierbey gehenden *Attestate* zuersehen, und sonsten *notoris*ch ist, ein tüchtiges Orgel-Werck zumachen allerdings im Stande bin, darneben 7) mir, als einem Mit-Gliede hiesiger Gemeinde, so selber mit zu dem vorhabenden Orgel-Bau *contribui*ren muß, solcher Orgel-Bau vor andern billig zugönnen ist, und hiesige Gemeinde 8) mir selbigen gerne überlaßen will, Als habe Ew. *HochFürstliche Durchlaucht* hierdurch unterthänigst anlangen sollen, *Sie* möchten, daß ich den vorhabenden hiesigen Orgel-Bau übernehmen, und mit hiesiger Gemeinde dießfallß in

---

[26] E. Lux, *Das Orgelwerk in St. Michaelis zu Ohrdruf zur Zeit des Aufenthalts Johann Sebastian Bachs daselbst, 1695–1700*, BJ 1926, S. 145–155, speziell S. 153. Den aktuellen Kenntnisstand zur Wirksamkeit des Orgelbauers vermittelt das Lexikon norddeutscher Orgelbauer (wie Fußnote 1), S. 478.

[27] Für 1746 ist belegt, daß Carl Christian Hoffmann (1709–1779) in Gotha, Johann Heinrich Rupert († 1750) in Wiegleben und Johann Valentin Nößler († nach 1758) in Zella im Herzogtum privilegiert waren. StAG, *Herzogliche Reskripte – Kammer Immediate, Nr. 2360*, Bl. 98 und *Nr. 2361*, Bl. 100.

einen *Contract* mich einlaßen dürfe, bewandten Umständen nach, zuverstatten gnädigst geruhen, der ich übrigens in tiefster Unterwürffigkeit unausgesetzt beharre

Mechterstädt   *Ew. Hochfürstlichen* Durchlaucht
den 17.[den] Maji   unterthänigster
1751   Michael Bach[28]

Bach stützte sein Bittschreiben auf die Abschrift eines Attestats, das seine Integrität und sein fachliches Vermögen bestätigte. Es war von dem Leipziger Universitätsmusikdirektor und Thomasorganisten Johann Gottlieb Görner (1697–1778) und dem Johannisorganisten Johann Georg Hille († 1766), der selbst auch das Orgelbauerhandwerk ausübte,[29] ausgestellt worden, nachdem sie 1748 den Neubau in Probstheida geprüft hatten.

Das Vorzeiger dießes, *Tittel* Herr Michael Bach von Mechterstedt, aus den Gothaischen gebürtig, ein Orgelwerck, von zehn klingenden Stimmen, gantz neu erbauet, und solches unter vergünstigung E. Hoch Ed. und Hochweiß. Rath der Stadt Leipzig, in der Kirche Zu *Probst Heyda,* auf gesetzt und verfertiget, solches Orgelwerck auch von Endes unterschriebenen wohl *Examiniret* und Probirt, und in allen vollkomen und gut befunden worten, Alß haben sämtliche Herrn *Examinatores,* nicht unter laßen wolln, Obigen genanten H. Bachen, daß gebührende Lob bey zu legen, deßen Er als ein wohl erfahrener Orgel macher würdig, und daß er solches ver*acortir*te Orgelwerck dem *Contract* gemäß so wohl in feiner Arbeit, als auch absonders in annehmlichem Tohn und *Force* über liffert, Zu Uhr kundt deßen, und zu mehrer bekräftigung, ist gegen wärtiges *Attestat* eigen händig unterschrieben und besiegelt worten,

geschehen *Probst Heyda* bey Leipzig
den 30 *Maj.* 1748.
S[igel] Johann Gottlieb Gönner der Hoch Edlen
*univer*sität *Music Direc*tr und Organist
bey der Haupt Kirche Zu St. *Thome*
S[igel] Joh. *Georg Hille.* Organist Zu St. Johanes.[30]

Probstheida, inzwischen ein Teil von Leipzig, war damals ein eine gute Stunde Fußmarsches südöstlich der Stadt gelegenes Dorf. Nachrichten aus der Orgelgeschichte der im Zuge des Kriegsgeschehens von 1813 mit ihrer Einrichtung verbrannten Immanuelkirche sucht man in den einschlägigen Inventaren ver-

---

[28] An den Landesherrn gerichtetes Gesuch des Michael Bach vom 17. Mai 1751, in: *Wegen von Michael Bach zu Mechterstedt gesuchten Erlaubnis zum Orgelbau daselbst. 1751.,* StAG, *Oberkonsistorium Ger. Hopfgarten, Nr. 139,* Bl. 1–3.
[29] M. Hübner, *Johann Scheibe und die Orgel in der Kirche des Leipziger Georgenhauses, BJ 2013,* S. 349–357, speziell S. 354–355.
[30] Zeugnis in der in Fußnote 28 genannten Akte StAG, *Oberkonsistorium Ger. Hopfgarten, Nr. 139,* Bl. 2r.

geblich.[31] Hubert Henkel zählte im ehemals unmittelbar angrenzenden Landgebiet sechs Neubauten, die in Johann Sebastian Bachs Leipziger Zeit fielen, darunter ein Werk von David Apitzsch in Leutzsch (1730) und die Orgeln von Zacharias Hildebrandt in Lindenau (1732) und Eutritzsch (1736), konnte aber, trotz umfangreicher Recherchen, in Kleinzschocher (vor 1740), in Lößnig (1745) und in Probstheida keine Daten zur Provenienz und bauzeitlichen Gestalt erheben.[32] Bis heute muß die Abschrift des Zeugnisses als singuläre Quelle zu diesem Ausschnitt der lokalen Musikgeschichte gelten. Skizzieren wir die Anlage durch die Schablone eines um die Mitte des 18. Jahrhunderts in Mitteldeutschland gängigen Normativs, dann entsteht folgendes Bild: Ein fünfachsiger Gehäuseprospekt, in dem der vierfüßige Prästant glänzt, mißt, bei insgesamt zehn klingenden Stimmen auf Schleifladen für ein Manual und Pedal mit einem Tonumfang von C, D bis c^1/c^3, ohne die Balganlage, je nach verfügbarem Platz bis zu 4 m Höhe, 2½ m Breite und 2 m Tiefe. Gedackt 8′ und Quintatön 8′ im Manual, die Fortsetzung der Principalpyramide bis zur mehrchörigen Klangkrone, auf den Pedalladen der Subbaß und der offene Achtfuß, vielleicht auch eine Zungenstimme lassen unseren Vorstellungen noch Spielraum für eine Sesquialtera oder separate Terz und eine vierfüßige Flöte.

Unser Einblick wirft neue Fragen auf, die noch unbeantwortet bleiben müssen: Welche Beziehungen und welche Ambitionen mögen den Mechterstädter Orgelbauer, von dem sonst nur ein enger Wirkungskreis um seinen Heimatort bekannt geworden ist, in den Leipziger Vorort geführt haben? War Johann Sebastian Bach an der Vermittlung und an den Planungen beteiligt? Kam er für die Probe der fertiggestellten Orgel nicht in Betracht, weil er wegen möglicher verwandtschaftlicher Bindungen an den Prüfling befangen galt? Oder gehörte es zu den amtlichen Aufgaben Görners, der ja auch andernorts als Orgelprüfer herangezogen wurde,[33] den Probstheidaer Orgelbau zu betreuen? Hatte sich Michael Bach erhofft, anstelle von Johann Scheibe (1680–1748), der seinen Pflichten wohl krankheitsbedingt nicht mehr nachgekommen war, in und um Leipzig dauerhaft Fuß fassen zu können? Ist er hier noch verblieben, um nach Scheibes Tod, bis zur Berufung von dessen Nachfolger Johann Christian Immanuel Schweinefleisch (1720–1771) die regelmäßig nötigen Stimm- und Wartungsarbeiten im Stadt- und Landgebiet auszuführen?

Kommen wir auf Bachs Bewerbung in Sachsen-Gotha zurück. Carl Christian Hoffmann, der dem Schultheiß die Auskunft, es „wäre Michael Bach niemalen

---

[31] U. Dähnert, *Historische Orgeln in Sachsen. Ein Orgelinventar*, Leipzig 1983, nennt Probstheida nicht. Im *Lexikon norddeutscher Orgelbauer*, Bd. 2: Sachsen und Umgebung, Berlin 2012, S. 251–252, hier S. 251, ist der Neubau von 1825 verzeichnet.

[32] H. Henkel, *Orgeln im Umfeld Bachs,* in: Bach-Konferenz 1985, S. 113–124, hier S. 114 und 122.

[33] Ebenda, S. 121 f., Fußnote 16.

aus Mechterstädt komen, wüßte also nicht wo er die Orgel Macher-Kunst sollte erlernet haben", in den Mund gelegt hat, um sie gegen seinen Rivalen ins Feld zu führen,[34] war Bachs Werk in Probstheida wohl entgangen. Von Hoffmanns Zitat des Schultheißen, „er habe wohl gesehen, daß derselbe dergleichen *positiver*gen und andere Schnurr-Pfeifereyen gemacht habe, das wäre aber nicht hinlänglich eine Orgel zumachen, die ihrer Kirche gemäß", nutzen wir hier nur, ungeachtet der kritischen Implikation, den Nachweis weiterer Arbeiten Bachs, von denen wir noch keine genauere Kenntnis haben.[35] Der Mechterstädter Pfarrer stellte indessen das Verdienst seines Schützlings an der Erhaltung und Ertüchtigung des Mechterstädter Instruments heraus.

HochWohlEhrwürdiger u. Hochwohlgelahrter,
Insonders Hochgeehrtester HErr Ad*juncte*!

Ew. HochwohlEhrwürden Begehr von mir schuldige Follge zu leisten, habe ich hiedurch melden sollen, wie daß sichs freilich zeiget, daß unsere Orgel wandelbar zu werden scheinet, so daß der hiesige Schreiner Michael Bach, welcher das *Orgel*-Machen so gut verstehet als einer der es *ex professo* gelernet hat, welches er in der That erwiesen, u. seine *attestata* davon aufweisen kan, den nechst vergangenen Winter imer dran zu flicken gehabt, in dem, wen des Sontags der Schulmeister am besten gespielet, solche zu pfeifen angefangen hat, u. wo wir besagten *Man* nicht bey der Hand gehabt hätten, das *Orgeln* offt einstellen müßen, dahero wird bey so bewanden Ümständen wohl darauf zu dencken seyn, daß eine tüchtige *reparatur* vorgenomen werde. Es fehlet aber der Gemeinde das Beste, nemlich die dazu erforderte Mittel, als davon sie vor weniger Zeit durch die Mahlerey u. *reparatur* der Kirche ziemlich entblöset worden, u. nun also nach u. nach erstlich drauf dencken muß, wie dieses Werck mit Gott vorgenomen u. auch vortheilhafftig bestritten werde. da nun aber besagter Bach nicht nur im Stande ist der Gemeinde eine große u. merckliche Erleichterung darinen zuthun, als wozu er sich auch erbietet, sondern sich auch anheischig machet ein tüchtiges Werck Zu verfertigen, so

---

[34] In seinem an den Herzog gerichteten Schreiben vom 22. Juni 1751, in der Akte StAG, *Oberkonsistorium Ger. Hopfgarten, Nr. 139* (wie Fußnote 28), Bl. 10r–13v, hier Bl. 11v, zitiert Hoffmann die angeblichen Aussagen des Mechterstädter Pfarrers und des Schultheißen, um sein Vorrecht zu verteidigen.

[35] Gewiß wird sich die Reihe der Werke und Schaffensstationen noch erweitern lassen. Beziehen wir nur die Orgeln, die in Bachs Umfeld entstanden sind, deren Erbauer aber noch nicht ermittelt worden ist, darunter neben den von Henkel (wie Fußnote 32), genannten, auch das von M. Hübner (wie Fußnote 29, S. 353–357) thematisierte Positiv des Leipziger Georgenhauses in diesbezügliche Erwägungen ein. K. Schubert, *Die Orgeln in den beiden Pfarrkirchen St. Bonifatius und St. Petri in Sömmerda (Teil I)*, in: Sömmerdaer Heimatheft 3 (1991), S. 13–25, speziell S. 20, nennt eine Reihe von Orgelbauern, die in den Rechnungen der Bonifatiuskirche in Sömmerda verzeichnet sind, darunter auch einen Träger des Namens „Bach". Die Reihenfolge der Aufstellung legt nahe, daß dieser um die Mitte des 18. Jahrhunderts hier tätig gewesen sein muß.

wie es ihme von Orgelverständigen Mänern vorgeschrieben u. verdungen wird, als den es auch wills auf die probe laßen ankomen, wie es gelungen, u. da er auch hie ein angeseßener Man ist, u. es mehr aus eigenen Mitteln kan verfertigen, als großen Vorschuß von der Gemeinde zu nehmen, so hat auch die Gemeine solcher Gestalt keine Gefahr zu befürchten, also daß nichts im Wege zu stehen scheinet als daß andere ihr *privilegiu* vorschützen, warüm er aber auch bey Ihrer Hochfürstlichen Durchlaucht als ein getreüer u. angeseßener Unterthan anhalten könte, wo er auch anders wo des fürstenthums, dergleichen zu machen willens wäre, sondern nur hiesiger Gemeinde zum Besten sich auf Hochfürstliche Consist*orial Conce*ssion deßen unterfänget. Und da auch Hochfürstliche Herschafft *privilegia* ertheilet, so geschiehet solches nicht *privat* Personen, sondern *dero* treüen Unterthanen u. gantzen Gemeinden zu Nutzen, u. nicht zu Schaden, welches aber geschehe, wen hiesige Gemeinde ~~solte~~ an *privilegirte Orgel*-Macher solte gebunden werden. Es lebet also unsere Gemeinde des zuversichtlichen Vertrauens, so wohl zu Ihrer Hochfürstlichen Durchlaucht als auch dero Hochansehnlichen *Consistoriu*, es werden solche gnädigst erlauben der gantzen Gemeinde Zu merklicher Erleichterung besagten Bachen das Werck Verdingen zu laßen, als welches Hochfürstlichem Ober *Consistorio* unterthänigst zu hinterbringen Ihre HochEhrwürden im Namen der Gemeinde ergebenst bitten sollen. Der ich unter Empfehlung Göttlicher Güte mit aller Liebe- u. Hochachtung bin

Mchst: d 2 Jun: Ew. HochwohlEhrw:
1751.   Meines Hochzuehrenden HEn Adjuncti
                    gehorsamst ergebenster
                    GMStamler
                    p.l.[36]

In den zeitnahen Rechnungen sind entsprechende Vorgänge verzeichnet.[37] Die Einträge von einem Gulden, „Nach der Mahlerey die Orgel wieder auszuputz:" und vier Groschen, „noch eins u. das andere zu weisen. Mich: Bach d 14 Aug", die unter 1746 unmittelbar aufeinander folgen, lassen sich bestimmt auf dieselbe Person beziehen. Die Ausgabe von fünf Gulden und drei Groschen 1747, „zu dem positiv in der Schule" eröffnet eine mögliche Aussicht auf das weitere Schicksal der von Bach in Burla übernommenen Altlast.

Pfarrer Georg Matthäus Stamlers Fürsprache war vergeblich. Die Marienkirche nahm, wahrscheinlich auf Geheiß der Landesregierung, Kontakt mit Georg Simon Meyer in Pferdingsleben auf, der inzwischen privilegiert war, letztlich jedoch ebenfalls nicht zum Zuge kam.[38] Gelbke würdigt die von Carl

---

36 Schreiben des Mechterstädter Pfarrers Georg Matthäus Stamler vom 2. Juni 1751, in der Akte StAG, *Oberkonsistorium Ger. Hopfgarten, Nr. 139* (wie Fußnote 28), Bl. 6.

37 In diesem Abschnitt zitiere ich aus dem Kirchenbuch 1662–1723, Pfarrarchiv Mechterstädt, *K 16/23-1*, S. 443.

38 *Acta wegen des alten und unbrauchbaren Orgelwercks zu Mechterstedt incl. wegen Reparatur des ruinösen Kirchdaches zu Mechterstedt. 1755–59*, StAG, *Oberkonsistorium Ger. Hopfgarten, Nr. 140*, enthält Schriftstücke zu diesen Vorgängen.

Christian Hoffmann 1770 gebaute Orgel,[39] die noch heute besteht.[40] Auch
wenn Michael Bach zum Termin ihrer Fertigstellung in hohem Alter stand,
wäre seine Beteiligung beziehungsweise die seiner Werkstatt oder seiner Nachkommen an den Schreinerarbeiten möglich gewesen.

Genealogische Verknüpfungen

Der Verfasser der Genealogie „Ursprung der musicalisch-Bachischen Familie"
vermutet, daß die Mechterstädter Bache aus einer Linie hervorgegangen sind,
die sich von dem nicht namentlich genannten Sohn des Veit Bach († 1619) aus-
gehend,[41] über drei seiner Nachkommen verzweigt hat. Da einer, „der blinde
Jonas", unverheiratet blieb,

so stammen vermuthlich von deßen andern 2 Brüdern die Namens- und Geschlechts-
verwandten her, so ehedem in Mechterstädt (zwischen Eisenach und Gotha liegend)
und der Orten herum gewohnet. Der *Anno* 1730 in Meinungen verstorbene Capellmeister Johann Ludewig Bach, deßen seliger Vater, Jacob Bach, *Cantor* in der Ruhl gewesen, war von diesem Stamme; ingleichen der vor etlichen Jahren verstorbene *Dom-Can-
tor* in Braunschweig, Stephan Bach, (dessen Bruder Bach Priester in Lähnstädt, ohnweit
Weimar, war). Es sollen auch von diesem Geschlechts Nahmen einige Inwohner unter
deren Herrn von Seebach Herrschafften, besonders in Oepffershausen, sich befinden;
ob aber solche von jetzterwehnter Neben-Linie abstammen, ist unbekannt.[42]

Der Autor hatte anscheinend aus Quellen geschöpft, die ihm zwar als glaubwürdig galten, die er aber auf ihren Wahrheitsgehalt hin selbst nicht prüfen
konnte oder wollte. Jedenfalls kannte er die Mechterstädter Bache zum Zeitpunkt der Niederschrift sicher nicht selbst. Das wird an seiner Retrospektive
auf diesen Ort besonders deutlich. Weil es nicht wahrscheinlich ist, daß Johann
Sebastian Bach, auf den die Genealogie zurückgehen soll,[43] keine Notiz von
Michael Bach und seiner Arbeit in Probstheida genommen hat, ist zu schließen, daß ihm die Fassung der Familiengeschichte, die den erhaltenen Abschrif-

---

[39] Gelbke (wie Fußnote 9), II/1 (1796), S. 653.

[40] B. Kutter, *Die Orgeln zu Mechterstädt und Gräfenhain. Zwei bedeutsame Zeugnisse
des Thüringer Orgelbaus im 18. Jahrhundert,* in: Thüringer Orgeljournal 1 (1993),
S. 23–37, speziell S. 31.

[41] Ob sich hinter dem Anonymus der 1620 in Wechmar verstorbene Lips, wie Spitta I,
S. 11, vermutet hatte, oder der vor 1644 verstorbene Caspar verbirgt, für den F. Wiegand, *Bachfamilien in Arnstadts Umgebung,* in: Arnstädter Bachbuch. Johann Sebastian Bach und seine Verwandten in Arnstadt, hrsg. von K. Müller und F. Wiegand,
Arnstadt ²1957, S. 17–57, speziell S. 24–28, argumentiert, sei dahingestellt.

[42] Dok I, Nr. 184 (S. 256).

[43] Vgl. Dok I, Nr. 184 K (S. 263).

ten als Vorlage diente, schon aus der Hand genommen war, bevor er sie hätte anpassen können.

Die Mechterstädter Kirchenbücher bestätigen, präzisieren und erweitern die von Kraft mitgeteilten Lebensdaten. Die ältesten Einträge von Relevanz lauten:

3. November 1687: „Lips Bachens Sohn, Michaël getaufet, suscep. Michaël duebner"[44]

2. Juni 1715: „Philipp Baach stirbt am Geschwulst, worzu ein fieber komen. aetatis 70 ½ Jahr."[45]

18. November 1721: „Michael Baach, Juv. u. Jgfr. Anna Catharina Luxin von Sättelstedt."[46]

Philipp Bach wurde demnach Ende 1645 geboren. Tiefer können wir hier nicht schürfen. Über seine Ahnen erfahren wir nichts. Er könnte von einer der in Mechterstädt eingesessenen Familien des in einem Einwohnerverzeichnis von 1642 als Sechzigjähriger verzeichneten Andreas Bach oder von dem damals 28jährigen Böttcher Matthias Bach[47] abstammen. 1668 schloß Philipp die Ehe mit Susanna Grosch, die 1687 als fünftes Kind Michael gebar. Aus dessen Verbindung mit Anna Catharina Lux gingen vier Kinder hervor. Michaels Tod ist 1772 verzeichnet.

Zu den von der Genealogie in denselben Zusammenhang gestellten Jacob, Ludwig, Stephan Bach und dessen Bruder in Lehnstedt befragen wir zunächst Gottfried Albin de Wette (1697–1768), den Chronisten des Herzogtums Sachsen-Weimar im 18. Jahrhundert, vornehmlich, um nicht in Widersprüche mit jüngeren Darstellungen zu geraten. Johann Bach wurde in Themar geboren, wirkte erst als Kantor, später als Diakon in Ilmenau, bevor er als Pastor nach Lehnstedt berufen wurde, wo er 1686 verstarb.[48] Sein in Ilmenau geborener Sohn Johann Poppo trat die Nachfolge im Amt an und führte es bis 1716.[49] Nebenbei bemerkt, Johann Poppo schrieb sich 1679 in die Matrikel der Jenaer Universität ein, ebenso 1683 sein jüngerer Bruder Johann Stephan Bach

---

44 Kirchenbuch Mechterstädt (wie Fußnote 37), S. 412.

45 Ebenda, S. 275.

46 Ebenda, S. 303.

47 Nach dem *Verzeichnüß der Artickul, darauff die Pfarrer in Dörffern grundlichen bericht einschicken sollen: Wie ichs Friederich Joachim Schlotthauber in meiner anvertrawten gemeine vnd Kirchen zu Mächterstad befundten 1642"*, in einem „Berichte" titulierten Sammelband (StAG, *Oberkonsistorium Generalia, Loc. 19 Nr. 22*, Bl. 506–514, speziell Bl. 507r).

48 G. A. de Wette, *Das Weimarische evangelische Zion*, Landesarchiv Thüringen – Hauptstaatsarchiv Weimar, *Historische Schriften und Drucke F 170–173*, 4 Bde., hier Bd. 2, Bl. 69r und Bl. 193r.

49 Ebenda, Bl. 69v. De Wette gibt als Geburtsjahr 1660 an.

(† 1717), der spätere Braunschweiger Domkantor, und 1696 ein ebenfalls aus
Ilmenau stammender Johann Georg, wahrscheinlich ein weiterer Bruder.[50]
1714 wurde in Lehnstedt eine neue Orgel fertiggestellt.[51] Wenn Johann Sebastian Bach an den Planungen und an der Probe beteiligt war, Johann Poppo
Bach sich vielleicht sogar verwandtschaftlicher Beziehungen zum Orgelbauer
Michael Bach bedient haben sollte, dann hätte der Genealoge über die Lehn-
städter und Mechterstädter Vertreter Verbindlicheres schreiben können.

Die Vita des Ruhlaer Kantors Jakob Bach († 1718), der als Sohn von Wendel
Bach in dem Dorf Wolfsbehringen geboren wurde, das zwischen Eisenach und
Gotha, nördlich der Hörselberge liegt und von Mechterstädt eine zweistündige
Wanderung entfernt ist, war von Brückner bereits vorgestellt worden,[52] als
Fritz Rollberg auf die Primärquellen stieß und diese unabhängig auswertete.[53]
Rollberg gelang es, anhand eines Schreibens an die herzogliche Regierung in
Eisenach, mit dem Jakob Bach seinen Sohn Johann Ludwig (1677–1731) an
den Hof zu vermitteln versuchte, die Linie weiterzuverfolgen. Weil Philipp
Spitta den 1619 in Wechmar geborenen Sohn des anonymen Bruders von
Johannes Bach († 1626) mit dem Wolfsbehringer Wendel Bach gleichgesetzt
hatte, der 1682 verstarb, besteht die Brücke, die Wechmar mit Meiningen verbindet.[54] Eine Verkettung mit der Lehnstedter Linie, deren ältester Vertreter in
der ersten Hälfte des 17. Jahrhunderts geboren worden war, ja sogar derselben
Generation wie Wendel angehört haben dürfte, aber aus Themar stammte,
müßte entweder tiefer oder zwischen anderen Gliedern zu suchen sein. Auf
weitere Perspektiven Krafts baue ich hier nicht, weil sie sich anhand der gegenwärtig greifbaren Archivalien nicht belegen lassen.[55] Anhand des bekannten Materials sind Verifizierungen nicht möglich. Auch läßt sich die denkbare

---

[50] Die *Matrikel der Universität Jena*, Bd. II (1652–1723), bearbeitet von R. Jauernig,
weitergeführt von M. Steiger, Weimar 1977, S. 21.

[51] Zur Orgel und zur Bonität der Quelle siehe: A. Lobenstein, *Gottfried Albin de Wette
als Gewährsmann für Orgeldispositionen der Bach-Zeit im Weimarer Landgebiet*, BJ
2015, S. 273–304.

[52] Brückner (wie Fußnote 6), I/2 (1753), S. 172. Auf S. 170 nennt Brückner auch schon
einen älteren Thaler Kantor desselben Namens: „Jacob Bach, ist daselbst Schuldiener An. 1631, und solte, nach den Visitations-Actis de anno 1642, an Funckens
Stelle, Schulmeister in der Ruhl werden."

[53] F. Rollberg, *Jakob Bach, Kantor und Knabenschulmeister in Ruhla. Das Lebens-
schicksal eines Kirchen- und Schuldieners im 17. Jahrhundert*, in: Das Thüringer
Fähnlein. Monatshefte für die mitteldeutsche Heimat, hrsg. von R. Vesper, 2. Jg.,
Heft 8, Jena 1933, S. 471–475, speziell S. 474 f.

[54] Spitta I, S. 11.

[55] Kraft, *Neue Ergebnisse* (wie Fußnote 2), S. 75, gibt Auszüge eines Wolfsbehringer
Visitationsprotokolls von 1641 wieder, in dem ein 60jähriger Böttcher Wendel Bach,
seine 48jährige Frau Elsa und deren zehnjähriger Sohn Wendel genannt sind. Daneben nennt Kraft einen Caspar Bach, der noch vor dem älteren Wendel in Wolfs-

Antithese, daß Michael Bachs Vater Philipp, der 1645 geboren wurde, vielleicht doch aus Wolfsbehringen stammte, über die nur bis 1670 zurückreichenden Kirchenbücher[56] weder bestätigen noch ausschließen.

Bemühungen, die offenen Fragen zu den Bachen des in den Abschriften der Genealogie mit den Namen „Oepffershausen" und „Opfershausen" bezeichneten Ortes[57] zu klären, mußten scheitern, weil sich die Suche nach auskunftsfähigem Material auf Oepfershausen in der Rhön bezog,[58] obwohl die erwähnte Stellung zu der alten thüringischen Adelsfamilie, die nach ihrem Stammsitz in Seebach benannt war,[59] eindeutig auf das vor dem Osthang des Hainichs gelegene, vom Gelbrieder Bach durchzogene Oppershausen verweist. Von Mühlhausen aus ist es zu Fuß in einer guten Stunde, von Mechterstädt aus vielleicht in der doppelten Zeit zu erreichen. Musikhistoriker haben hier nach dem Taufeintrag des in der zweiten Dekade des 17. Jahrhunderts geborenen Matthias Weckmann († 1674) vergeblich gesucht.[60] Dem Wink der Bach-Genealogie ist bisher hingegen nicht die gebührende Beachtung geschenkt worden. Die Kirchenbücher, die die Taufen und Trauungen führen, sind von 1603 an erhalten geblieben.[61] Hier ist der Name Bach aber nicht buchstäblich notiert worden. Allerdings wird auch deutlich, daß kein Anspruch auf orthographische oder phonetische Zeichentreue bestand.[62] Greifen wir drei Vermerke heraus, die sich auf denselben Personenkreis beziehen, der aber in unterschiedlichen Formen – ich lese „Becken", „Backen" oder „Bocken" und an einer anderen Stelle „Bechen"– erscheint, um zu prüfen, auf welchen gemeinsamen Nenner er zu bringen ist[63] und ob sich dieser mit einem unbestimmten Hinweis Krafts

---

behringen ansässig gewesen sei. Beachtenswert ist, daß Bache in Wolfsbehringen und in Mechterstädt zur selben Zeit dasselbe Handwerk ausgeübt haben.

56 Vgl. Rollberg (wie Fußnote 53), S. 472. Die dort beschriebene Situation entspricht dem derzeitigen Bestand im LKAE.

57 Den textkritischen Erläuterungen in Dok I, S. 262, ist zu entnehmen, daß die Fassung „Oepffershausen" für die Edition des Textes bevorzugt wurde.

58 K. H. Frickel, *Genealogie der Musikerfamilie Bach. 568 Namensträger über 12 Generationen in 119 Familien. Daten, Fakten, Hypothesen,* Niederwerrn 1994, S. 194 f.

59 Vgl. J. H. Zedler, *Grosses vollständiges Universal-Lexicon aller Wissenschafften und Künste,* Halle und Leipzig 1731–1754, Bd. 34 (1742), Sp. 1015–1025.

60 A. Trübenbach, *Beiträge zur Geschichte der Dörfer des Kreises Langensalza,* Langensalza 1941, S. 223, hatte schon mitgeteilt, daß Jakob Weckmann, der Vater des Matthias, von 1628 bis 1631 Pfarrer in Oppershausen gewesen und am 17. November 1631 verstorben ist, was von der jüngeren Forschung vielleicht übersehen wurde.

61 Pfarrarchiv Oppershausen, *Kirchenbuch Tom. I, 1603–1641.* Ich danke Herrn Helmut Laun, der mir die Einsicht gewährte.

62 Ich nenne als Beispiel hier nur die Kirchenbuchnotiz vom 24. Januar 1630, die lautet, „Hans Georg Becken" habe „hochzeit gehebt".

63 Die phonetische Perspektive auf die Form „Bech", die einer im Deutschen seltenen Lautverbindung entspricht, enthüllt, daß nicht unbedingt auf einen Zusammenhang

auf Hans Bach verbinden läßt, der „um 1630" zum Personal des Schlosses der Herren von Seebach-Berlepsch gehört haben soll.[64] Die Taufe der Ursula 1613 ist der älteste relevante Eintrag.

Den 5ten *Octobris* Hans Becken eine iunge tochter getaufft, *pro qua ficte iussit,* Ursula Billmannin, des Erbarn Wilhelm Billmans Eheweib, Und ist das Kindtlein nach seiner Patin Ursula genennet worden.[65]

War Hans nach Oppershausen gekommen, um hier eine Ehe zu schließen, dann müßte die Trauung vor 1603, in älteren, nicht mehr erhaltenen Kirchenbüchern verzeichnet worden sein. Wahrscheinlicher ist, daß sich die Familie erst kurz vor der Taufe ihrer Tochter Ursula, die ihr jüngstes Kind bleiben sollte, in Oppershausen niedergelassen hat. Der ältere Sohn Adam, der 1622 Hochzeit feierte, dürfte noch nicht hier geboren worden sein. Sonst müßten wir annehmen, daß seine Eltern zwischen 1603 und 1613, als kein Nachwuchs mit diesem Namen verzeichnet wurde, zehn Jahre lang kinderlos geblieben sind. Als Adam 1622 mit Margarete Brand aus Wenigenlupnitz bei Jena vor dem Altar in Oppershausen stand, scheint sein Vater Hans entweder schon verstorben oder aber – das Sterberegister ist nicht mehr vorhanden – verzogen gewesen zu sein:

den 22 Septembris [/] Adam Beche hanßen Bechens alhier hinderlassener sohn, mit Jungfer Margrethen Barthel Brandes zu Wenigen Lupnitz dochter alhier hochzeit gehalten.[66]

Ob Adam und Margarete schon über eine längere Zeit einander versprochen waren oder sich in kurzer Zeit lieben lernten, wissen wir nicht. Jedenfalls ließ ein Kind nicht auf sich warten. 1623,

denn 5 julij Adam Becken einen Jungen Sohn getauft, ist der wolEdleEhrstrenge Unnd vheste, Hanns Ludewig von Seebach, J. L. Stalmeister zu darmstadt zu gevatter gestanden, Unnd also dieses Kindlein Johannes Ludowicus genennet worden.[67]

Die Herren von Seebach waren in Kammerforst, Flarchheim, Großengottern, Großurleben, Großwelsbach, Hornsömmern, Heroldishausen, Kirchheilingen, Kleinurleben, Langula, Oppershausen und in Seebach begütert. Während das

---

von Schriftzeichen und tatsächlich gebildeten Lauten zu bauen ist. Assimilierte sprecherische Realisierungen von „Back" und „Bach" können nahezu, gegebenenfalls sogar ohne ein distinktives Merkmal, übereinstimmen. Diese Beobachtung stützt auch die Annahme einer gemeinsamen etymologischen Basis der Erscheinungen.

[64] Kraft, *Entstehung und Ausbreitung des musikalischen Bach-Geschlechts in Thüringen* (wie Fußnote 4), S. 218.

[65] *Kirchenbuch Oppershausen* I (wie Fußnote 61).

[66] Ebenda.

[67] Ebenda.

Seebachsche Anwesen den Besitzer bereits gewechselt hatte, gehörte ihnen das Gut in Oppershausen noch bis zum Ende des 19. Jahrhunderts.[68] Bildet die Tatsache, daß ein Mitglied der herrschaftlichen Familie, Hans Ludwig von Seebach, die Patenschaft für das erste Kind des jungen Paares übernommen hat, das hohe Ansehen ab, das die Eltern genossen? Oder deutet sich hier vielleicht eine Verbindung zu dem von Kraft genannten „Kammerknecht" an?[69] Eine Verwandtschaft mit den in der Genealogie genannten Bachen in Oppershausen, die auf mundartliche Lautverschiebungen und Umfärbungen zurückzuführen wäre, läßt sich nicht nachweisen. Weil auch kein Anschluß an Mechterstädt zu entdecken ist, ist sie für unsere Zwecke irrelevant.

Umfassende genealogische Forschungen, die über den in dieser Studie gesteckten Rahmen hinausgehen, scheinen freilich vielversprechend zu sein. Ich gebe das Thema zwar aus der Hand, nehme aber als Anreiz soviel schon vorweg: Der älteste Kirchenbucheintrag, in dem der Name meines Erachtens eindeutig erscheint, betrifft die Taufe des Sohnes von Simon Bach, Hans Martin, am 5. Dezember 1705.[70] Generationen von Bachen sind in Oppershausen geboren und begraben worden. Kantoren und Organisten waren sie nicht,[71] möglicherweise aber Adjuvanten. Der Bürgermeister Johann Wilhelm Bach zeichnete Schriftwechsel zum Baugeschehen an Kirche, Pfarrhaus und Schule um die Mitte des 19. Jahrhunderts als Vorstand des Dorfgerichts mit „Bach Schulze" und vertrat das Presbyterium.[72] Die Inschrift „Ers.Res. Heinrich Bach / * 20. 8. 84. gef. 11. 3. 16" auf dem Denkmal für die Gefallenen des Ersten Weltkriegs, das auf dem Friedhof rechterhand der Trauerhalle steht, erinnert an ein weiteres Mitglied dieser Sippe. Der Chronist ergänzt noch: „beerdigt bei Flyucil".[73] Übrigens verweist das entsprechende Denkmal in Langula, das die

68 Nach Trübenbach, *Beiträge* (wie Fußnote 60), speziell S. 115, 152 und 166–167.

69 Gemäß der in Fußnote 64 nachgewiesenen Erwähnung Krafts. Es bleibt zu hoffen, daß seine Quelle durch einen Zufall wieder einmal nachzuvollziehen und zu bewerten sein wird.

70 Pfarrarchiv Oppershausen, *Kirchenbuch Tom. III, 1685–1722.* Herrn Marko Sommerkorn verdanke ich die Auskunft, daß Simon Bach 1700 aus Kammerforst zugezogen war.

71 Vgl. Trübenbach, *Beiträge* (wie Fußnote 60), der unter den Lehrern in Oppershausen keine Bache führt.

72 Entsprechende Schreiben befinden sich in den *Parochie Oppershausen, Rechnungs-Etat der Kirchkasse Nro 7. Vol I Superint. Seebach Angef. 1837.* und *Parochie Oppershausen, Acta die Kirchen- Pfarr und Schul- Bauten betreffend. No 9. Vol. I Superintendent. Seebach Angef. 1837.* titulierten Ordnern, die bei der Auflösung der Superintendentur Seebach von der Superintendentur Langensalza und bei deren Auflösung vom Pfarrarchiv der Evangelischen Kirchengemeinde Bad Langensalza übernommen wurden. Geeignete Findmittel, anhand derer ihre Standorte genauer zu bezeichnen wären, fehlen.

73 Trübenbach, *Beiträge* (wie Fußnote 60), S. 16.

Namen Heinrich Bach und Karl Bach trägt, auf die Verbreitung des Namens in einem größeren Umkreis. Vielleicht ließe sich sogar eine verwandtschaftliche Beziehung darstellen. Martha Ingrid Naake ist als erstes Kind des Otto Bach und der Olga, geborene Lehmann, am 11. September 1936 geboren und am 18. Oktober, bezeugt vom einheimischen Tischler Walter Bach, in Oppershausen getauft worden.[74] Sie muß als die letzte Trägerin des Namens Bach im Ort gelten.

---

74 Pfarrarchiv Oppershausen, *Kirchenbuch für die Kirche zu Oppershausen* [...] *angefangen im Jahre 1895, S. 9 f.*

KLEINE BEITRÄGE

J. S. Bach in Altenburg: Ein bisher unbeachtetes Dokument

Seit Hans Löfflers Beitrag im BJ 1927 ist bekannt, daß J. S. Bach die Stadt Altenburg besucht und die neu erbaute Orgel der Schloßkirche noch vor ihrer offiziellen Abnahme im Oktober 1739 gespielt hat.[1] Löffler hatte in zwei Herzog Friedrich III. von Sachsen-Altenburg unterbreiteten Schriftstücken Hinweise auf die Anwesenheit des „CapellMeisters Bach zu Leipzig" in der Stadt gefunden. Dem ersten Dokument, das auf den 7. September 1739 datiert ist, entnehmen wir, daß Bach die Orgel ausprobiert und „beyläuffig" bemerkt hat, das Instrument sei „gut dauerhafft" konstruiert, außerdem habe der „Orgelmacher in Ausarbeitung ieder Stimme Eigenschafft und behöriger Lieblichkeit wohl *reussir*et."[2] Das zweite Dokument, vom 26. Oktober 1739, besagt, Bach und „*Capell*Meister Scheibe" sowie weitere Kenner hätten das Instrument „aus *Curiosité*" besichtigt und gespielt, noch bevor es geprüft und offiziell abgenommen worden war.[3] Da Johann Adolph Scheibe (1708–1766), frischgebackener Kapellmeister des Markgrafen Friedrich Ernst von Brandenburg-Kulmbach, seit 1736 in Hamburg lebte, nahm Löffler an, hier sei dessen Vater gemeint, der Leipziger Orgelbauer Johann Scheibe (1680–1748). Daß das Dokument sich aber tatsächlich auf Johann Adolph Scheibe bezieht, beweist dessen Entwurf, in dem dieser als „CapellMeister Scheibe zu Hamburg" bezeichnet wird.[4] Es gibt allerdings noch einen weiteren Beleg für diesen Besuch, der eigentlich jederzeit zugänglich war: Im 53. Stück (1. September 1739) des *Critischen Musicus* veröffentlichte Johann Adolph Scheibe einen unter dem Pseudonym „Leander" verfaßten Brief, in dem er sich über einen (nach einem Orgelregister benannten) „Herrn Nasat" mokierte, der „ein recht lächerlicher Organist" sei und behaupte, daß die Orgel der Kirche, in der er spiele, schlecht gestimmt sei.[5] Leander informiert uns zudem darüber, daß es

---

[1] H. Löffler, *J. S. Bach in Altenburg*, BJ 1927, S. 103–105.
[2] Ebenda, S. 104; siehe auch Dok II, Nr. 453.
[3] Ebenda; siehe auch Dok II, Nr. 460.
[4] Dok II, Nr. 460K. Scheibe erhielt 1739 einen Ruf als Kapellmeister des Markgrafen Friedrich Ernst von Brandenburg-Kulmbach, der auf Schloß Friedrichsruh in Drage (bei Itzehoe) residierte; 1740 wurde er als Kapellmeister nach Kopenhagen berufen. Siehe P. Hauge, *Johann Adolph Scheibe: A Catalogue of his Works*, Kopenhagen 2018 (Danish Humanist Texts and Studies. 58.), S. X.
[5] J. A. Scheibe, *Der Critische Musicus. Zweeter Theil*, Hamburg 1740, 53. Stück (1. September 1739), S. 214–216.

sich bei Herrn Nasat um einen eitlen und „hochmüthigen" Musiker handle, der
überzeugt sei, in jedweder Angelegenheit allwissend zu sein – auch auf dem
Gebiet des Orgelbaus. Er nehme sich sogar heraus, „dem besten Orgelmacher
noch Regeln vorzuschreiben". Bei dem geschilderten Anlaß ging es um den
Bau einer neuen Orgel für seine Kirche.

Es wurden auch zur Erbauung desselben keine Kosten gesparet, und also der Anschlag
zu einem sehr kostbaren Werke gemacht. Herr Nasat aber ließ durchaus nicht zu, daß
man das Werk mit drey Clavieren bauen sollte, weil er vorgab, ein Organist habe mit
zwey Clavieren zu thun genug. Und also war man endlich gezwungen, dem Werke nur
zwey Claviere zu geben; denn wenn unser Organist nicht hätte auf drey Clavieren spielen können/ welch Unglück würde nicht entstanden seyn! (S. 215)

Als es an der Zeit war, die Orgel zu stimmen, demonstrierte Herr Nasat „seine
Weisheit", indem er darauf bestand, daß das Instrument eine gleichschwebende
Temperatur erhalten müsse. Leander berichtet:

Da solches aber nicht ins Werk zu richten war, so wurden endlich zwar die meisten
Accorde ziemlich rein, allein die Accorde B und Dis, und dieser letztere insonderheit,
wurden so scharf u. unrein/ daß man sie nicht ohne Eckel anhören konnte. Diese trefli-
che Temperatur muste auch der Orgelmacher alles Wiederstrebens ungeachtet im neuen
Orgelwerke anwenden. Ein herrliches Meisterstück eines eigensinnigen und unge-
schickten Temperaturkrämers! (S. 215)

Zu guter Letzt nahte der Zeitpunkt der Orgelprüfung und es wurde erwartet,
daß der Organist das Instrument spielen und dabei dessen klangliche Qualitäten so gut wie möglich erkunden und demonstrieren würde. Doch Herr Nasat,
der darüber verärgert war, daß man ihn nicht zum Aufseher des Orgelprojekts
gemacht hatte, verwendete beim Spielen meist nur jeweils zwei oder drei Register, wodurch der Eindruck entstand, daß die Orgel nicht gut geraten sei. Er
ging sogar soweit, gereizt zu reagieren, wenn gelegentlich ein „geschickter
Fremder" auftauchte, der die Orgel hören und spielen wollte. Leander fähr fort:

Er gab nur noch vor einiger Zeit dießfalls seinen Unwillen ganz deutlich zu verstehen,
als sich ein paar erfahrne Männer bey uns befanden, diese neue Orgel mit Vergnügen
besahen, und dem Orgelmacher das Zeugniß eines fleißigen Arbeiters ertheilten. Dieses
verleitete ihn so gar zu verschiedenen Scheltworten, die er unanständiger Weise gegen
sie herausstieß. (S. 216)

Leander ist natürlich Johann Adolph Scheibe selbst (Scheibe war alleiniger
Autor des *Critischen Musicus*; als weitere Pseudonyme verwendete er unter
anderem die Namen Lucius, Thareus, Cornelius und Ventoso). Sein Porträt
eines „lächerlichen Organisten" entwarf Scheibe als Ergänzung zu einer in
zwei früheren Stücken seiner Zeitschrift veröffentlichten Beschreibung der

„Eigenschaften eines geschickten Organistens".[6] „Herr Nasat" ist Christian Lorenz, der von 1732 bis 1748 als Organist an der Altenburger Schloßkirche wirkte, und die erwähnte Orgel wurde in den Jahren 1734–1739 von Gottfried Heinrich Trost (um 1680–1759) erbaut[7] und am 22. und 23. Oktober 1739 von dem Gothaer Kapellmeister Gottfried Heinrich Stölzel (1690–1749) und dem dortigen Hoforganisten Johann Gottfried Golde (1679–1759) geprüft; beide waren aus Gotha angereist. Ein ausführlicher Bericht der erfolgreichen Prüfung wurde am 24. Oktober 1739 vorgelegt.[8] Folgende Umstände haben mich zu der Schlußfolgerung veranlaßt, daß der im *Critischen Musicus* veröffentlichte Brief sich auf die Orgel und den Organisten in Altenburg sowie den Besuch von Bach und Scheibe im Sommer 1739 bezieht: In einem auf den 18. Dezember 1733 datierten Angebot für die Schloßkirche in Altenburg schreibt Trost, er werde eine dreimanualige Orgel bauen und dabei das Rückpositiv als eigenständiges Werk beibehalten.[9] Im Februar 1734 war Trost bereits mit dem Bau einer neuen Windlade für das Rückpositiv beschäftigt, im September kam jedoch die Anweisung, die Orgel sei ohne Rückpositiv zu bauen. Dies sollte zum einen die Kosten senken; zum anderen aber sei es unumgänglich, wie Kapellmeister Stölzel an Herzog Friedrich III. schrieb, daß „das alte Rück-Positiv, zu gewinnung mehreres Raumes auf dem Chor, nunmehro ins Haupt-Werck gebracht, mithin das Chor zu Aufführung starker musiquen bequem gemacht" werde.[10] Am 1. Oktober 1734 unterbreite-

---

6   Ebenda, 45. und 46. Stück (7. und 14. Juli 1739), S. 145–152 und S. 153–160.

7   Der Vertrag wurde am 13. Juni 1735 unterzeichnet; zu diesem Zeitpunkt hatte Trost aber – basierend auf Angeboten vom 18. Dezember 1733 und vom 1. Oktober 1734 – bereits mit seiner Arbeit begonnen.

8   Siehe F. Friedrich, *Der Orgelbauer Heinrich Gottfried Trost,* Wiesbaden 1989, S. 174–176 (Dokument Nr. 10: Abnahmegutachten der Altenburger Schloßorgel).

9   Der Bau der Altenburger Orgel ist detailliert beschrieben bei H. Löffler, *G. H. Trost und die Altenburger Schloßorgel,* MuK 3/2 (1931), S. 76–82; 4/4 (1932), S. 171– 176; und 4/6 (1932), S. 280–285. Siehe auch Friedrich (wie Fußnote 8), S. 119–121 und S. 161–163. In den 1730er Jahren wurden nur noch wenige Orgeln mit separatem Rückpositiv (Pfeifenwerk in einem eigenen, eher kleinen Gehäuse, das im Rücken des Spielers in der Emporenbrüstung angebracht ist) gebaut. Der Orgelneubau in Altenburg scheint der einzige Fall gewesen zu sein, wo Trost vorschlug, ein Rückpositiv beizubehalten.

10   Thüringisches Staatsarchiv Gotha, *Geh. Archiv XXVI, 148a,* fol. 26; zitiert nach B. Buchstab, *Orgelwerke und Prospektgestaltung in Thüringer Schloßkapellen,* Marburg 2002, Fußnote 482 (Seite nicht paginiert). Das Entfernen des Rückpositivs war eine der zahlreichen Neuerungen im Orgelbau, die sich einstellten, als die große Orgel auf der Westempore ein volles Mitglied des instrumentalen und vokalen Ensembles wurde, das an gewöhnlichen Sonntagen und Festtagen konzertante Musik lieferte. Siehe L. Edwards Butler, *Innovation in Early Eighteenth-Century Central German Organ Building,* in: Keyboard Perspectives 11 (2018), S. 61–74.

te Trost einen überarbeiteten Vorschlag zur Disposition, diesmal für eine zweimanualige Orgel, und auf der Grundlage dieses Angebots entwarfen Stölzel,
Golde und Lorenz am 24. Januar 1735 in Gegenwart des Herzogs die Disposition für ein neues Instrument „nach moderner Art".[11] Schließlich wurde gemeinsam mit Trost am 13. Juni 1735 ein Vertrag für eine neue zweimanualige
Orgel unterzeichnet.[12] (Als er 1737 um seine Meinung gebeten wurde, verlieh
der Orgelbauer Gottfried Silbermann neben anderen Kommentaren seiner
Überraschung Ausdruck, daß Trost für eine Orgel mit einer derart großen Zahl
von Registern zwei anstelle von drei Manualen geliefert hatte.[13])
Die Entscheidung, das Rückpositiv zu entfernen und sämtliche Manualregister
auf nur zwei Werke zu verteilen, scheint mithin auf Stölzel zurückzugehen. Es
ist aber auch möglich, daß der Organist und/oder Trost selbst diese Veränderung empfahlen. In Waltershausen hatte Trost zunächst eine zweimanualige
Orgel mit 38 Registern vorgeschlagen; das Instrument hatte also nur ein Register weniger, als sein Entwurf von 1734 für Altenburg vorsah.[14] Stölzel hatte im
September 1734 berichtet, die umzubauende alte Orgel „sei pures Wurmmehl,
die Pfeifen zerfielen durch Salpeter, der Wind steche durch, das Gehäuse sei
zerfressen."[15] Trost scheint bei seinen Umbauarbeiten an der alten Orgel – die
er schrittweise reparierte, teilweise ersetzte und, sofern notwendig, neu auf-
baute – entdeckt zu haben, daß das Instrument in einem viel schlechteren Zustand war als zunächst angenommen. Für die Behauptung, Lorenz habe kein
dreimanualiges Instrument spielen wollen, ist Scheibes Bericht die einzige
Quelle.
Die Diskussion darüber, welche Stimmung die Schloßorgel haben sollte,
wurde sehr kontrovers geführt. Fünf in den Archivalien zu diesem Orgelbau-
projekt erhaltene Tabellen dienten mit großer Wahrscheinlichkeit als Grundlage für die offenbar ausgiebigen Debatten und Experimente.[16] Neben drei
wohltemperierten Systemen (einschließlich Neidthardt I) wurden ein annähernd und ein völlig gleichschwebendes Temperaturmodell vorgeschlagen.
Eine Tabelle mit der Bezeichnung „Temperatur einer Orgel, wie die Quinten
und Tertien gegen einander schweben, so in Zahlen angedeutet" enthält den

---

[11] Löffler, *G. H. Trost und die Altenburger Schloßorgel* (wie Fußnote 9), S. 172.

[12] Friedrich (wie Fußnote 8), S. 119.

[13] Ebenda, S. 76.

[14] Ebenda, S. 113.

[15] Löffler, *G. H. Trost und die Altenburger Schloßorgel* (wie Fußnote 9), S. 172.

[16] Die Stimmung der Orgel wird diskutiert bei Friedrich (wie Fußnote 8), S. 49–52
sowie bei H. Schütz, *Der Altenburger Stimmungsstreit des Jahres 1738*, in: K. Wegscheider und H. Schütz, *Orgeltemperatur – ein Beitrag zum Problem der Rekonstruktion historischer Stimmungsarten bei Orgelrestaurierungen*, hrsg. von E. Thom,
Michaelstein 1988, S. 114–125.

zweifellos von Trost stammenden Kommentar: „Nun kann H. Lorenz seine Meinung hierüber entdecken."[17]
Am 30. April 1738 bat Trost um eine Entscheidung, welche Stimmung er anwenden solle, und erklärte, „daß es ihm einerley seyn würde, die ganze Orgel nach der itzo gemachten gleichschwebenden Temperatur zu stimmen, der Organist suche zu behaupten, daß diese Temperatur vor der alten sonst gebräuchlichen die beste sey, maßen bey der Capelle da auf der Orgel transponirt werden müßte, auf allen Thonen accompagniret werden konte."[18] Trost war seit November 1723 Hoforgelbauer in Altenburg und fühlte sich zweifellos verpflichtet, die Wünsche des Hofes umzusetzen, andererseits wird ihm die Entscheidung bezüglich der für das Instrument zu wählenden Stimmung nicht gleichgültig gewesen sein. Sein Vorgehen bei der Einrichtung von Mixturen, die in Altenburg zum Teil neunfach waren – eine davon eine große Terz –, machte ihn besonders empfänglich für die Wahl einer Stimmung, die Terzen favorisierte.[19] Schließlich einigte man sich darauf, daß die Orgel in dem von Stölzel geforderten System zu stimmen sei.[20] Das letzte Wort hatte der Organist Lorenz, der während des Temperierens verschiedene Korrekturen empfahl, letztlich aber nicht zufrieden war. Wie Hartmut Schütz (Wegscheider Orgelbau, Dresden) bemerkt hat, wollte Lorenz anscheinend sowohl eine gleichschwebende Temperatur als auch so viele reine Terzen wie möglich haben.[21] Das Ergebnis war laut Scheibe „ein schlechte Temperatur".[22]
In ihrem Bericht zur Orgelprüfung erklärte die Rentkammer, daß man den Versuch unternommen habe, eine gleichschwebende Temperatur einzurichten, „diese [sei] auch in so viel gefunden worden, daß nur die zwey Tone Dis und B etwas harte sind"[23]; Stölzel hingegen monierte „einige, doch noch erleidliche Härtigkeit in den Tertiis der Clavium b und dis".[24] Diese Beschreibungen entsprechen Scheibes Urteil – „die Accorde B und Dis […] wurden so scharf u. unrein, daß man sie nicht ohne Eckel anhören konnte". Schütz hat nachgewiesen, daß die Kommentare sich auf die Töne Ais und Dis, also die Terzen über Fis und H, beziehen und nicht, wie allgemein angenommen, auf die Terzen in

---

17 Friedrich (wie Fußnote 8), S. 49.
18 Zitiert ebenda, S. 51.
19 Sowohl Friedrich (wie Fußnote 8, S. 51) als auch Schütz (wie Fußnote 16, S. 119 f.) haben die mitteltönigen Tendenzen der Altenburger Orgel bemerkt.
20 Friedrich (wie Fußnote 8), S. 51.
21 Schütz (wie Fußnote 16), S. 115.
22 Scheibe im „Register" des Critischen Musicus (unpaginiert). Welche Stimmung 1738 tatsächlich gewählt wurde, ist nicht bekannt. Als die Orgel 1974–1976 von der Firma Hermann Eule Orgelbau (Bautzen) restauriert wurde, wurde entschieden, sie nach Neidhardt I zu stimmen.
23 Friedrich (wie Fußnote 8), S. 175.
24 Schütz (wie Fußnote 16), S. 115.

den Akkorden B-Dur und Es-Dur. Um 1739 war es natürlich unverzichtbar, H-Dur und Fis-Dur (als Dominanten der gängigen Tonarten E-Dur, e-Moll und h-Moll) zur Verfügung zu haben, doch es waren Dis und Ais als deren Terztöne, die „etwas harte" – das heißt, zu hoch oder zu tief – waren.[25] (Die Rentkammer verteidigte die Schwächen der „modernen Stimmung" mit der Behauptung, daß das bis dahin genutzte System zu noch weniger brauchbaren Terzen geführt habe.)

Es gibt eine häufig zitierte Bach-Anekdote, die unsere Bewertung der Temperierung der Altenburger Orgel zusätzlich kompliziert. Nach einem anonym überlieferten Bericht aus dem Jahr 1798[26] spielte Bach auf der großen Altenburger Orgel einmal das Credo-Lied („Wir glauben all an einen Gott"); er begann die erste Strophe in d-Moll und hob sodann die Gemeinde für die zweite Strophe nach es-Moll und für die dritte nach e-Moll. Daß sich dies im Rahmen eines Gottesdienstes während Bachs Besuch kurz vor der Orgelprüfung von 1739 ereignete, gilt allgemein als gesichert.[27] (In Anbetracht von Scheibes Beschreibung des eifersüchtigen Gebarens des Altenburger Organisten Lorenz ist es allerdings kaum vorstellbar, daß dieser einem Besucher erlaubt hätte, auf seiner Orgelbank Platz zu nehmen.) Diese Anekdote hat viele Forscher davon überzeugt, daß die Altenburger Orgel eine Stimmung aufwies, die eine solch abenteuerliche Modulation erlaubt hätte. Aber ist nicht auch genau das Gegenteil möglich? Wenn Bach auf einer Silbermann-Orgel eine Fantasie in as-Moll genau deshalb spielte, weil er demonstrieren wollte, daß Silbermanns Stimmung dies nicht erlaubte – so lautet eine 1855 von Edward John Hopkins nacherzählte Geschichte[28] – könnte Bach nicht etwas Ähnliches auch in Altenburg getan haben? Oder war er wirklich von der Stimmung des Instruments derart

---

[25] Daß diese Terzen wirklich zu hoch waren, wird im Zusammenhang mit einer 1768 ausgeführten Reparatur bestätigt, die anläßlich einer Beschwerde des Organisten Johann Ludwig Krebs über den „Dis-Accord" vorgenommen wurde. Um sämtliche Dis-Pfeifen zu korrigieren, konnte der Orgelbauer Johann Gottlieb Mauer aus Leipzig diese nicht einfach neu stimmen, sondern war gezwungen, zusätzliches Metall zu verwenden, so daß jede Pfeife verlängert und damit tiefer intoniert wurde. Siehe Schütz (wie Fußnote 16), S. 116.

[26] Dok V, Nr. C 1005a.

[27] Friedrich (wie Fußnote 8, S. 72) erörtert die Möglichkeit, daß Bach mehr als einmal nach Altenburg reiste, da die Orgel bei seinem Besuch im Sommer 1739 noch nicht offiziell geprüft worden war. Allerdings kam es durchaus vor, daß eine Orgel noch vor ihrer Prüfung in Gebrauch genommen wurde. Die von Johann Scheibe in der Leipziger Johanniskirche gebaute Orgel wurde an Pfingsten 1743 „zum ersten Mal gehört", obwohl sie noch nicht ganz vollendet war. Siehe Stadtarchiv Leipzig, *Riemer-Chronik*, Bd. 2, S. 548; siehe auch Dok III, Nr. 740K.

[28] Siehe *New Bach Reader*, hrsg. von H. T. David und A. Mendel, revidiert und erweitert von C. Wolff, New York 1998, Nr. 400.

angetan, daß er es wagte, die Gemeinde auf eine solch abenteurliche harmonische Reise mitzunehmen?

Es ist durchaus möglich, daß der Altenburger Organist Lorenz so einfältig war, wie Scheibe ihn dargestellt hat. Seine Unbedarftheit in Fragen des Orgelbaus bestätigt eine von Löffler mitgeteilte Anekdote.[29] Am 6. November 1739, weniger als zwei Wochen nach der erfolgreichen Abnahme der Orgel, klagte Lorenz, das Instrument „hänge" (das heißt, ein Ton erklang die ganze Zeit). Man rief den Orgelbauer in die Kirche und er paßte die Tastaturen problemlos an. Als jemand anmerkte, daß der Organist auch selber in der Lage hätte sein müssen, das Problem zu lösen, erwiderte Lorenz, seine Aufgabe sei lediglich, die Orgel zu spielen. Daraufhin erhielt er vom Hof eine Rüge, da niemand den Eindruck gewinnen sollte, daß die Orgel nicht belastbar gebaut sei. (Übrigens beschreibt Punkt VI in Trosts detaillierter Anleitung zur Instandhaltung seines Altenburger Meisterstücks genau, wie Hänger in den Manualklaviaturen zu korrigieren seien, indem man die von ihm bereitgestellten Schrauben fester anzog oder lockerte.[30]) In ihrem Bericht an Friedrich III. vermerkte die Rentkammer zudem „die vielen Mißhelligkeiten", die zwischen dem Hoforganisten Lorenz und dem Hoforgelbauer Trost entstanden waren. Trost warf Lorenz vor, er gehe mit der Orgel nicht pfleglich um und spiele sie nicht ordentlich, um den – falschen – Eindruck zu erwecken, daß das Instrument nicht den „verhofften Effect" bewirke, während Lorenz sich darüber beklagte, daß „der Orgelmacher in Ziehung der Register ihm irre zumachen gesuchet."[31] Beiden Parteien wurde beschieden, daß sie unrecht hätten; Lorenz wurde angewiesen, wie man von ihm erwarten konnte, das volle Potential der Orgel zu nutzen, und Trost wurde untersagt, den Organisten während seines Spiels zu stören.[32] Ob Bach Scheibes Ansichten über den Altenburger Organisten und die Stimmung seiner Orgel teilte, ist nicht bekannt; daß die beiden aber in ihrer Beurteilung der Qualität von Trosts Instrument übereinstimmten, wird, wie wir gesehen haben, nicht nur in Scheibes Brief berichtet, sondern auch von der

---

[29] Löffler, *G. H. Trost und die Altenburger Schloßorgel* (wie Fußnote 9), S. 284.

[30] Heinrich Gottfried Trost, *Unterthänigste Nachricht, wie bey nachfolgenden Zeiten insonderheit aber nach meinem in göttlichen Willen beruhenden Absterben, hiesige neu erbaute Schloßorgel bis in die späteren Zeiten, in unwandelbaren und tüchtigen Stande erhalten werden möge*, Altenburg, 24. Oktober 1739; siehe Friedrich (wie Fußnote 8), S. 163–168.

[31] In einem ähnlichen Fall beschwerte sich Johann Scheibe bei der Leipziger Universität, daß der Organist Johann Christoph Thiele (1692–1773) die Orgel der Paulinerkirche weder ordentlich spiele noch sämtliche Register nutze; er empfahl daher, einen besser ausgebildeten Organisten anzustellen. Siehe A. Schering, *Musikgeschichte Leipzigs. Dritter Band. Das Zeitalter Johann Sebastian Bachs und Johann Adam Hillers (von 1723 bis 1800)*, Leipzig 1941, S. 113.

[32] Friedrich (wie Fußnote 8), S. 176.

Rentkammer bestätigt. Das Datum des Briefes (12. August 1739) liefert einen terminus ante quem für Bachs und Scheibes Besuch in Altenburg. Bisher war angenommen worden, daß die Reise kurze Zeit vor dem 7. September 1739 stattgefunden hatte – dem Datum des ersten Dokumentes, das die Anwesenheit von CapellMeister Bach erwähnt.[33] Es ist sehr wahrscheinlich, wie auch Löffler annimmt, daß Scheibes Vater ihn nach Altenburg begleitete, und vielleicht schloß sich auch Wilhelm Friedemann Bach der Gruppe an – er war nur zwei Jahre jünger als der junge Scheibe und hielt sich vor dem 11. August 1739 vier Wochen lang in Leipzig auf.[34] Der Beleg, daß Bach und Scheibe gemeinsam im Sommer 1739 nach Altenburg reisten und dort die neue Orgel ausprobierten, zwei Jahre nachdem Scheibe seine heute so berühmte Kritik an Bachs Musik veröffentlicht hatte, ist auch insofern bemerkenswert, als dies die Annahme nahelegt, daß die beiden „erfahrnen Männer" weiterhin gut miteinander auskamen. Vor diesem Hintergrund ist der Bericht über Bachs strenge Prüfung der von Scheibes Vater in der Leipziger Johanniskirche gebauten Orgel im Jahr 1743 möglicherweise neu zu bewerten.[35] Denn vielleicht sind wir es, die eine Fehde weiterführen, die die ursprünglichen Parteien längst beigelegt hatten. Scheibe selbst hat später einmal betont: „daß Herr Bach durch die im sechsten Stücke befindliche so genannte bedenkliche Stelle wirklich sollte beleidiget seyn worden, ist wohl nicht zu glauben, weil es klar genug ist, daß sie ihm vielmehr rühmlich, als nachtheilig ist."[36]

Lynn Edwards Butler (Vancouver, B.C., Kanada)
Übersetzung: Stephanie Wollny

---

[33] Löffler, *G. H. Trost und die Altenburger Schloßorgel* (wie Fußnote 9), S. 283, zitiert – ohne Quellenbeleg – einen angeblich auf den 10. September 1738 datierten Brief Trosts, in dem „der dermahlen anwesende Capellmeister und andere *Musici*" genannt werden. Bedenkt man Scheibes auf den 12. August 1739 datierten Brief und die datierten Hofakten vom 7. September 1739 und 26. Oktober 1739, in denen von einem Besuch Bachs die Rede ist, erscheint das von Löffler angegebene Datum eher unwahrscheinlich.

[34] Dok II, Nr. 443.

[35] Dok III, Nr. 740. Der Nekrolog (Dok III, Nr. 666, S. 88) hält fest: „Die Untersuchung war vielleicht eine der schärfsten, die jemals angestellet worden. Folglich gereichte der vollkommene Beyfall, den unser Bach über das Werck öffentlich ertheilte, so wohl dem Orgelbauer, als auch wegen gewisser Umstände, Bachen selbst, zu nicht geringer Ehre." Hierzu heißt es im Kommentar (S. 93), „,mit gewissen Umständen' ist zweifellos die Auseinandersetzung mit Johann Adolph Scheibe gemeint."

[36] Dok II, Nr. 530.

Die Bach-Thomaner Carl August Folger und Johann Gottfried Schönemann in Landsberg

Carl August Folger ist der Forschung seit langem als Thomaner und Privatschüler Bachs bekannt.[1] Am 12. Februar 1730 in Beerendorf bei Delitzsch als Sohn des dortigen Schulmeisters Johann Georg Folger geboren, wurde er am 18. Mai 1745 in das Alumnat der Leipziger Thomasschule aufgenommen[2] und erhielt später (ab einem unbekannten Zeitpunkt) von Johann Sebastian Bach auch Orgelunterricht. Letzteres ist durch Folgers Bewerbungsschreiben um den Delitzscher Organistendienst vom 26. November 1749 belegt, in dem er Bach als seinen „Lehr-Meister" „in hac Arte" bezeichnet.[3] Der Neunzehnjährige erhielt die Stelle jedoch nicht und blieb weiterhin Thomaner. Was mit ihm nach seinem Abgang von der Thomasschule 1751 geschah, war bis vor kurzem eine offene Frage.

Bei Recherchen im Kirchenbuch von Folgers Geburtsort wurde nun ein Eintrag zum Aufgebot seiner Hochzeit im Jahr 1754 identifiziert, wonach er Organist in der Kleinstadt Landsberg (zwischen Delitzsch und Halle gelegen) war.[4] Aus Landsberger Dokumenten ließ sich anschließend ermitteln, daß er am 14. Mai 1752 vom Rat zum Organisten und Collaborator an der Schule berufen wurde[5] und, gerade erst 28jährig, am 26. Februar 1758 starb.[6] Während Folger in seinem knappen Landsberger Bewerbungsschreiben nur von seiner „gründlich erlernten Kunst" spricht und seinen Lehrer unerwähnt läßt,[7] heißt es in einem Ratsbericht, der Kandidat habe „sich wegen seiner

---

[1] B. F. Richter, *Stadtpfeifer und Alumnen der Thomasschule in Leipzig zu Bachs Zeit*, BJ 1907, S. 32–78, speziell S. 75; A. Werner, *Musikgeschichte der Stadt Delitzsch*, AfMw 1 (1918/19), S. 535–564, speziell S. 556.

[2] Stadtarchiv Leipzig, *Thomasschule, Nr. 483 (Album Alumnorum Thomanorum)*, fol. 97r.

[3] Dok II, Nr. 588.

[4] Archiv und Bibliothek der Kirchenprovinz Sachsen Magdeburg, Film-Nr. 3886, Nr. 808, Kirchenbuch Döbernitz und Beerendorf 1576–1784, unfoliiert.

[5] Stadtarchiv Landsberg, *M XVII 1 (Bittschreiben von Stadtpfeifern und Organisten, Besetzung der Orgelstelle 1687–1758)*, fol. 45r. Laut einem Bericht des Rates (ebenda, unfoliiert) hat Folger den Schuldienst erst seit Michaelis 1753 tatsächlich ausgeübt.

[6] Pfarrarchiv Landsberg, *Kirchenbuch für Landsberg. No. II. 1746–1810*, Gestorbene, Sp. 40.

[7] *Bittschreiben* (wie Fußnote 5), fol. 43r, datiert Landsberg, 13. 5. 1752.

Capacitaet zu dieser vacanten Function durch zwey ansehnl. Testimonia von H. M. Joh. August Ernesti, Rect. bey der Thomas Schule zu Leipzig u. H. Joh. Seb. Bachen, ehemahl. Capelldirectore zur Gnüge legitimiret".[8] Leider waren diese Dokumente weder in der Ratsakte noch in den entsprechenden Anstellungsunterlagen der Kirche aufzufinden. Da Bach zu jenem Zeitpunkt aber bereits seit knapp zwei Jahren tot war, muß er das erwähnte Zeugnis ursprünglich aus einem anderen Anlaß ausgestellt haben – sehr wahrscheinlich im Zusammenhang mit Folgers Bewerbung nach Delitzsch 1749. Die Praxis, nach einer gescheiterten Bewerbung zurückerhaltene Zeugnisse wiederzuverwenden, ist auch in anderen Fällen zu beobachten.[9] Daß Folger sich vor Mai 1752 noch andernorts beworben und das verschollene Zeugnis in weiteren Akten Erwähnung gefunden hat, ist daher nicht ausgeschlossen.

Bei der Durchsicht der Landsberger Quellenüberlieferung wurde zufällig noch ein weiterer, bislang nur dem Namen nach bekannter Thomaner Bachs ermittelt: Johann Gottfried Schönemann war von Anfang 1749 bis zu seinem Tod am 28. Dezember 1760 Kantor in Landsberg.[10] Der am 1. März 1710 in Grimma[11] geborene Schönemann gehörte einer älteren Generation an als sein Kollege Folger. Noch kurz vor Bachs Amtsantritt am 29. April 1723 in die Externenmatrikel der Thomasschule eingeschrieben, zählte er am 13. Juli 1723 zu jenen ersten fünf Knaben, die unter dem neuen Thomaskantor in das Alumnat aufgenommen wurden.[12] Bisher war nicht bekannt, wohin es Schönemann nach seinem Auszug aus der Schule im Herbst 1732 verschlagen hatte. Zunächst scheint er noch einige Zeit im Umkreis Bachs geblieben zu sein, denn nach dem Abgangsvermerk von Rektor Gesner in der Alumnenmatrikel wurde

---

8 Ebenda, fol. 43v, Entwurf des Berichts an die Kircheninspektoren Johann Christian Mehlhorn (Superintendent in Delitzsch) und Caspar Jonas Heße (Amtmann in Delitzsch), Landsberg, 16. 5. 1752.

9 Dok I, Nr. 69 und 71.

10 Landesarchiv Sachsen-Anhalt, Abteilung Magdeburg, Standort Wernigerode, *A 29a, I Nr. 677* (*Praesentations-Schreiben und Vocationes derer Schulmeister zu Landsberg* [1618–1807]); *Kirchenbuch für Landsberg* (wie Fußnote 6), Gestorbene, Sp. 44.

11 Pfarrarchiv Grimma, Kirchenbuch 1710, S. 481. Vater: Daniel Schönemann (Hutmacher), Paten u. a.: Sebastian Wunderlich, emeritierter Organist in Wurzen, und Gottfried Keilig, dessen Substitut. Vielleicht besuchte Schönemann die Wurzner statt der Grimmaer Schule (sein Name fehlt in C. G. Lorenz, *Grimmenser-Album. Verzeichnisse sämmtlicher Schüler der Königlichen Landesschule zu Grimma*, Grimma 1850). Der in der Thomaner-Matrikel (siehe Fußnote 13) als Geburtstag angegebene 3. 3. 1710 ist in Wirklichkeit das Taufdatum.

12 Bach-Archiv Leipzig, *Thomanerchor, Nr. 128* (*Catalog. Externor. Scholae Thoman. 1685–1740*), unfoliiert, und *Nr. 127* (*Catalogus Alumnor. Schol. Thom. 1627–1631, 1640–1729*), unfoliiert.

er „zu den Externen entlassen".[13] Später hat er sich, wie er in seiner Bewerbung nach Landsberg schreibt, „als ein armer Wurm in der Fremde in der schmählichsten Armuth fort fristen und erhalten" müssen und hielt sich zuletzt in Dresden auf.[14] Wo genau er zwischen 1732 und 1749 lebte und wie er seinen Unterhalt bestritt (Informatorentätigkeit, Musikunterricht?), ließ sich nicht feststellen. Spätestens in Landsberg haben Schönemann offenbar psychische Probleme zu schaffen gemacht. In den Akten ist die Rede von den „melancholischen Umstände[n] des hiesigen Cantoris"[15] und der „Verwirrung seiner Sinnen und Vernunfft",[16] weshalb er zeitweise von Folger vertreten werden mußte.[17] Dieser war damit der Alleinverantwortliche für Schule und Kirchenmusik, und das ohne für diese Tätigkeit ausreichend besoldet zu werden. Schon im Vorfeld der Stellenbesetzung 1752 wünschte die Bürgerschaft einen Organisten, „der aus seinem Vermögen etwas Zuschuß hat um desto beßer sich hinzubringen im Stande ist",[18] und schließlich blieben Gehaltszahlungen ganz aus, da Folger wegen Streitigkeiten zwischen Rat und Kirche um das Jus patronatus nie vom Konsistorium im Amt bestätigt wurde.[19] Folgers Situation dürfte sich zusätzlich verschlimmert haben durch den Umstand, daß Landsberg stark vom

---

[13] *Album Alumnorum* (wie Fußnote 2), fol. 8v: „Diutius alere hominem cum inconsultis videretur ad externos dimissus auctumno 1732." (vgl. den ähnlichlautenden Vermerk zu Heinrich Wilhelm Ludewig, siehe P. Wollny, *Neuerkenntnisse zu einigen Kopisten der 1730er Jahre,* BJ 2016, S. 63–113, speziell S. 75).

[14] Pfarrarchiv Landsberg, *18/1 (Acta Das Cantorat zu Landsberg [...] Ao. 1741–1749. Ergangen Auf der Super. Delizsch),* fol. 63f., signiert „Johann Gottfried Schönemann B. A. C. Grimmens. Misn. aet. 37", datiert Dresden, 27. 11. 1748. Seine Unterkunft befand sich „in Dreßden vorm Pirnischen Thore auf der Rannschen Gaßen in des Schuhmacher Bayers seinen Hause".

[15] Pfarrarchiv Landsberg, *32/2 (Acta Die Besetzung des Organisten- und Collaborator-Dienstes und was der anhängig betr. Ergangen Superintendur Delitzsch de ao. 1752[–1817]),* fol. 3f.

[16] Landesarchiv Sachsen-Anhalt, Abteilung Magdeburg, Standort Wernigerode, *A 29a, I Nr. 679 (Acta Den Organisten und Schul-Collaborator-Dienst zu Landsberg betr. [1752–1810]),* fol. 12r.

[17] Stadtarchiv Landsberg, *M XV 14 (Acta Die Pfarr und Schul-Inventaria Besoldung und Accidentien betr. ingl. Was wegen des in Melancholie verfallenen Cantoris Johann Gottfried Schönemann u. deßen Eheweibes Versorgung und sonst ergangen 1668–1754).*

[18] *Acta Den Organisten und Schul-Collaborator-Dienst zu Landsberg betr.* (wie Fußnote 16), fol. 9.

[19] Sächsisches Hauptstaatsarchiv Dresden, *Rep. A 28 II, Nr. 332 (Acta Das Jus Patronatus des Organisten- und Collaborator-Dienstes zu Landsberg betr. Ober-Consistorium Anno 1752[–1776]),* fol. 4–7.

Siebenjährigen Krieg betroffen war.[20] Am 22. September 1757 beklagte der Organist seinen „elende[n] Zustand" und drohte mit Aufkündigung seines Dienstverhältnisses,[21] wozu es jedoch wegen seines bald darauf erfolgten Todes nicht mehr gekommen ist.

Die Bedingungen für die Landsberger Kirchenmusik unter Folger und Schönemann waren also alles andere als günstig. Welche Werke die beiden aufführten, läßt sich nicht sagen – entsprechende Notenmaterialien sind nicht überliefert, und die einzige dokumentarisch in Landsberg nachweisbare Komposition ist die Kantorenprobemusik des Jahres 1736, bei der es sich um Georg Philipp Telemanns Kantate „Mit Gott im Gnadenbunde stehn" TVWV 1:1141 handelt.[22] Daß reguläre Figuralmusik einst an jedem zweiten Sonntag erklingen sollte, geht aus den Gesetzen der Landsberger Kantorei von 1695 hervor.[23] In einer 1741 verfaßten Instruktion ist lediglich von „möglichster Einschränckung des Praeambulirens und Musicirens" die Rede.[24] Die Orgel in der Stadtkirche St. Nicolai war ohnehin von bescheidenen Dimensionen: 1694 von einem Orgelbauer aus Löbejün erbaut, verfügte sie über 13 Register auf einem Manual und Pedal.[25]

Vermutlich hat Folger auf diesem (nicht erhaltenen) Instrument auch Werke von Bach gespielt. Notenmanuskripte von seiner Hand, etwa Abschriften aus der Zeit seines Unterrichts bei Bach, konnten bisher jedoch nicht ermittelt werden. Allerdings wurde bei entsprechenden Versuchen festgestellt, daß keineswegs alle inzwischen bekannten und mit Folgers Namen signierten Dokumente autograph sind. Als Eigenschriften mit den charakteristischen Formen (etwa der Buchstaben C und Schluß-s sowie der langen Umlautstriche; siehe Abbildungen 1 und 2) können demnach nur sein Eintrag in die Thomanermatrikel

---

[20] R. Kutscher, *Geschichte der Stadt und Burg Landsberg*, Landsberg 1961, S. 75–77.

[21] Pfarrarchiv Landsberg, *32/2* (*Acta Pastoralia den Landsbergischen Organisten betr. de anno 1693[–1836]*), fol. 23.

[22] Pfarrarchiv Landsberg, ohne Signatur (*Acta die Schul-Collegen zu Landsberg betr.*), fol. 152f., handschriftliches Textheft.

[23] Ebenda, fol. 70r. In einer revidierten Fassung von 1709 (ebenda, fol. 73r) wird ein 14tägiger Turnus nicht mehr erwähnt, dafür werden nun „Concerte, Arie, oder in der Fastenzeit die Passion" als die aufzuführenden Gattungen genannt.

[24] Pfarrarchiv Landsberg, ohne Signatur (*Acta pastoralia die Cantores, deren Amt, Bestallung und sonst betr. vom Jahre 1728 an et seqt.* [–1805]), unfoliiert, datiert Delitzsch, 22. 6. 1741.

[25] *Acta die Schul-Collegen zu Landsberg* (wie Fußnote 22), fol. 35. Bei dem Orgelbauer handelte es sich wahrscheinlich um Heinrich Christoph Tiensch (siehe *Lexikon norddeutscher Orgelbauer*, Band 2: *Sachsen und Umgebung*, hrsg. von W. Hackel und U. Pape, Berlin 2010, S. 396f.; freundlicher Hinweis von Markus Zepf, Leipzig). Die Anzahl der Register nennt ein Inventar aus dem Jahr 1718 (Stadtarchiv Landsberg, *M XV 15, Landsberg. Pfarr Kirch und Schul Inventarium 1718*, fol. 2r).

(1745)[26] sowie sein Beschwerdebrief (1757)[27] gelten. Bei den Bewerbungs-schreiben nach Landsberg (1752)[28] und Delitzsch (1749)[29] handelt es sich hin-gegen um Kanzleiabschriften.

Folgers Noten dürften nach seinem frühen Tod in den Besitz der Witwe Maria Dorothea[30] übergegangen sein und könnten von ihr an den neuen Landsberger Organisten Johann Heinrich Bothe veräußert worden sein. Dieser lebte offenbar in ähnlich prekären Umständen wie sein Vorgänger, da er sich 1759/60 (letztlich erfolglos) um die Kantorate in Lands-berg und Brehna bewarb[31] und 1768 ohne Anstellung (jedenfalls nicht als Kirchenmusiker) in seine Heimatstadt Merseburg zurückkehrte.[32] Dort verliert sich seine Spur und damit auch die zu eventuellen Bachiana.

Auch Schönemanns musikalischer Nachlaß könnte über die Witwe[33] an seinen Amtsnachfolger gelangt sein. Dieser, der ehemalige Kruzianer Christian Fried-rich Stenzel,[34] blieb bis zu seinem Tod 1807 Kantor in Landsberg.[35] Ungeachtet der Frage, ob Bachiana zum Notenvorrat der Landsberger Kantoren gehörten oder nicht, ist anzunehmen, daß Schönemann mit den Vokalwerken des Tho-maskantors zumindest in seiner Jugend vertraut war. Dies läßt sich nicht nur aufgrund seiner Zeit als Thomaner vermuten, denn mit hoher Wahrscheinlich-keit ist er der in Bachs Aufführungsmaterialien vorkommende Schreiber „An-

---

[26] Wie Fußnote 2.

[27] Wie Fußnote 21.

[28] Wie Fußnote 7.

[29] Superintendenturarchiv Delitzsch, *Abth. II Litt. C. No. 2* (*Acta Die Besetzung des Organisten Dienstes bey der Stadtkirche zu Delitzsch* [1651–1750]).

[30] Tochter des Landsberger Gastwirts Johann Gottfried Thamm, Heirat mit Folger am 14. 11. 1754, gestorben am 7. 6. 1760. Die gemeinsamen Söhne starben früh (Carl August, geb. 4. 6. 1755, gest. 15. 6. 1757; Johann Carl, geb. 26. 5. 1756, gest. 6. 9. 1756), die einzige Tochter Carolina Sophia (geb. 15. 10. 1757; alle Daten nach dem *Kirchenbuch für Landsberg*, wie Fußnote 6) wurde 1776 wegen Kindsmordes in Beerendorf inhaftiert (siehe Kirchenbuch Döbernitz und Beerendorf, wie Fußnote 4, Taufen 1782).

[31] *Acta Die Besetzung des Organisten- und Collaborator-Dienstes* (wie Fußnote 15), fol. 3–6; Kreisarchiv Bitterfeld, *Stadt Brehna, Nr. 896* (*Acta die Vocationes Derer alhiesigen Schuldiener betr. Anno 1748[–1819]*), fol. 130 f.

[32] *Acta Den Organisten und Schul-Collaborator-Dienst zu Landsberg betr.* (wie Fuß-note 16), fol. 18 ff.

[33] Johanna Dorothea Schönemann verließ Landsberg offenbar, da ihr Tod im Kirchen-buch nicht verzeichnet ist. Jeder ihrer Söhne starb bald nach der Geburt (*Kirchen-buch für Landsberg*, wie Fußnote 6).

[34] Geboren am 7. 12. 1736 in Kleinwolmsdorf bei Radeberg, ab 1751 Alumne der Dresdner Kreuzschule, ab 1760 oberster Chorpräfekt (nach dem Lebenslauf in *Acta pastoralia die Cantores*, wie Fußnote 24, unfoliiert).

[35] *Praesentations-Schreiben und Vocationes derer Schulmeister* (wie Fußnote 10).

onymus Vb".[36] Zum Vergleich können vier autographe Schriftstücke herangezogen werden, und zwar das Bewerbungsschreiben nach Landsberg (1748),[37] eine Schülerliste (1757),[38] Schönemanns Eintrag in die ältere Alumnenmatrikel der Thomasschule (1723)[39] und vor allem sein lateinischer Eintrag in die jüngere Matrikel (1730).[40] Obwohl die dem Kopisten Anon.

Vb zugewiesenen Instrumentalstimmen in *St 49* (Continuo-Dublette), *St 71* (Violine-II-Dublette) und *St 320* (Violine-I-Dublette) nur wenige verbale Eintragungen enthalten und obwohl der allgemeine Schriftduktus hier flüchtiger als in den Vergleichsdokumenten erscheint, sind deutliche Übereinstimmungen insbesondere bei den Buchstaben C, t und A sowie den Ziffern 1 bis 4 auszumachen (siehe Abbildungen 3–5).

Zu den demnach wahrscheinlich zum Teil von Schönemann kopierten Stücken gehören die Kantaten „Jauchzet Gott in allen Landen" BWV 51 (*St 49*) und „Nun danket alle Gott" BWV 192 (*St 71*), für die ein Zusammenhang mit dem Weißenfelser Hof vermutet wurde. BWV 51 könnte anläßlich eines besonderen Gottesdienstes im Auftrag von Bachs Förderer Christian von Sachsen-Weißenfels um 1730 entstanden sein[41]; BWV 192 ist möglicherweise erstmals zum Kirchweih- und zugleich Trinitatisfest 1730 (4. Juni) in der herzoglichen Nebenresidenz Sangerhausen erklungen.[42] Die erhaltenen Stimmensätze können sowohl für diese mutmaßlichen Uraufführungen als auch für Wiederaufführungen im Leipziger Gottesdienst angefertigt worden sein. Während für BWV 192 wegen des unspezifischen Charakters des Textes und des Fehlens anderer Indizien eine solche Aufführung in Leipzig nicht genauer datiert werden kann, wurden für BWV 51 der 15. Sonntag nach Trinitatis 1730 (17. September) und spätere Termine vorgeschlagen.[43] Der Hauptverantwortliche für die Aufführungsmaterialien war offenbar jeweils Johann Ludwig Krebs, der

---

[36] NBA IX/3, Nr. 155. Identifizierung nach einem freundlichen Hinweis von Peter Wollny, Leipzig.

[37] Wie Fußnote 14.

[38] Pfarrarchiv Landsberg, *18/1* (*Acta Catechetica zu Landsberg betr. Ao. 1720 bis 1757. Ergangen auf der Superintendur Delitzsch*), unfoliiert, datiert Landsberg, 13. 12. 1757.

[39] Wie Fußnote 12.

[40] Wie Fußnote 13.

[41] K. Hofmann, *Johann Sebastian Bachs Kantate „Jauchzet Gott in allen Landen" BWV 51. Überlegungen zu Entstehung und ursprünglicher Bestimmung*, BJ 1989, S. 43–54. Siehe aber auch die einschränkenden Bemerkungen bei U. Wolf, *Johann Sebastian Bach und der Weißenfelser Hof – Überlegungen anhand eines Quellenfundes*, BJ 1997, S. 145–150.

[42] M.-R. Pfau, *Entstanden Bachs vier späte Choralkantaten „per omnes versus" für Gottesdienste des Weißenfelser Hofes?*, BJ 2015, S. 341–349.

[43] Hofmann (wie Fußnote 41), S. 49.

die ersten (gegebenenfalls einzigen) Exemplare einer jeden Stimme anfertigte (mit Ausnahme des Solo-Soprans zu BWV 51, den Bach selbst schrieb). Die Herstellung von Dubletten überließ Krebs jedoch anderen, teils noch nicht namentlich identifizierten Kopisten (vermutlich ebenfalls Thomaner) und übernahm mitunter nur wenige Notenzeilen – wie im Fall von Schönemanns Stimmen.

Die Vermutung, daß Johann Gottfried Schönemann um 1730 als Notenschreiber eingesetzt wurde, läßt sich gut mit Bachs Urteil über ihn im *Entwurff einer wohlbestallten Kirchen Music* aus ebendiesem Jahr in Einklang bringen, wo er den nun schon Zwanzigjährigen in die erste Kategorie der Thomaner, „die brauchbaren", einordnet.[44] Nicht im näheren Umfeld der Thomasschule zu verorten ist allerdings *St 320* zu Johann Bernhard Bachs Ouvertüre g-Moll (BNB I/B/7), zu der Anon. Vb eine von Johann Sebastian Bach zu Ende geführte Violindublette beisteuerte. Der vom Thomaskantor und seinen Angehörigen – Anna Magdalena und Carl Philipp Emanuel Bach – sowie zwei weiteren anonymen, singulär auftretenden Schreibern angefertigte Stimmensatz wird mit dem von Bach im März 1729 übernommenen Collegium musicum in Verbindung gebracht und anhand des Wasserzeichens sowie der Schriftformen des Bach-Sohns auf das Jahr 1730 datiert.[45] Doch zum einen sollte diese Datierung wohl als „um 1730" verstanden werden,[46] zum anderen ist nicht auszuschließen, daß Schönemanns Dublette später als der Kernstimmensatz entstanden ist, dann sicherlich für eine Wiederaufführung. Es liegt daher nahe, die Entstehung der Stimme erst in die Zeit nach Schönemanns Abgang vom Alumnat im Herbst 1732 zu datieren, als dieser Mitglied des Collegium musicum und an Nebeneinkünften aus Schreiberdiensten besonders interessiert gewesen sein könnte, bevor er dann doch „als ein armer Wurm" außer Landes gehen mußte.

Abschließend sei noch einmal die Fährte von Bachs verschollenem Zeugnis für Carl August Folger aufgenommen. Aus der umfangreichen Dokumentation des Streites um das Ernennungsrecht der Landsberger Organisten, der sich bis weit nach Folgers Tod hinzog, geht hervor, daß die zwei oben erwähnten Atteste ehemals die Folia 96 und 97 einer „Acta die Bestellung des Cantoris, Schulmeister- und Organisten-Dienstes in dem Städtlein Landsberg" betreffend bildeten. Diese vom Amt Delitzsch unter der Signatur *K. No. 3* geführte

---

[44] Dok I, Nr. 22 (S. 63).

[45] A. Glöckner, *Neuerkenntnisse zu Johann Sebastian Bachs Aufführungskalender zwischen 1729 und 1735*, BJ 1981, S. 43–75, speziell S. 48.

[46] C. P. E. Bachs Anteile an zwei weiteren Ouvertüren J. B. Bachs (in *St 318* und *St 319*) datiert Glöckner nach dem „Gesamteindruck" und unter Zuhilfenahme von Aufführungsdaten anderer Werke zwischen 6. 6. 1729 und 8. 4. 1731 (ebenda, S. 66), zudem geht er von einer Entstehung der Kantatenstimmen des Anonymus Vb genau im Jahr 1730 aus.

Akte wurde wiederholt ans Konsistorium Leipzig, von dort weiter ans Oberkonsistorium Dresden und wieder zurückgeschickt. Nachdem der Vorgang länger geruht hatte, fand man sie 1773 unter anderen Schriftstücken in Leipzig „Bey Aufräumung hiesigen Consistorial-Archivs" auf und gab sie erneut „Auf die Dresdner Kuchen Kutzsche". Die letzte Erwähnung der Akte im Jahr 1776 betrifft ihren Versand von Dresden nach Leipzig,[47] von wo aus sie vermutlich wieder nach Delitzsch gelangte.

Zwar fehlt die gesuchte Akte in den heute existierenden Quellenbeständen „C 129 – Amtsgericht Delitzsch" im Landesarchiv Merseburg sowie „A 9 – Amt Delitzsch" im Landesarchiv Wernigerode, doch weisen einige unverzeichnete Dokumente im letztgenannten Bestand auf eine neue Spur. Es handelt sich um Briefe verschiedener Persönlichkeiten des 16. Jahrhunderts, die offenbar wenigstens zum Teil Delitzscher Archiven entnommen, dann in Pappmappen eingeklebt und laut einem beigefügten Zettel schließlich auf einer Auktion des Nachlasses eines „Actuar Lehmann" in Leipzig 1852 erworben worden sind.[48] Dieser „Actuar Lehmann" ist als der Delitzscher Chronist Johann Gottlieb Lehmann (1778–1852) zu identifizieren, der ab 1813 als Aktuar am dortigen Patrimonialgericht angestellt war[49] und Revisionen, Verkäufe und Kassationen aus den Archivbeständen durchführte.[50] Offenbar übernahm Lehmann im Zuge dieser Aktivitäten einzelne ihm interessant erscheinende Schriftstücke aus dem Amtsarchiv (sowie aus dem Ratsarchiv?) in seinen Privatbesitz. Daß er auch historische Dokumente aus zahlreichen anderen Provenienzen sammelte, geht aus dem Katalog zur Versteigerung seiner Bibliothek hervor, in dem unter den 7062 Nummern zahlreiche Manuskripte aufgeführt sind. In Hinsicht auf Bachs Zeugnis erscheinen zwei Posten verdächtig: „Ein Convolut versch. Schreib. u. Actenstücke d. Städte Dommitzsch, Gräfenhainchen, Landsberg, Marienberg, Naumburg, Rochlitz u. Zeitz betr." und „4 St. Schreib. u. Nachr. v. Landsberg". Unter den „Autographen" finden sich die Namen prominenter Leipziger wie Salomon Deyling (1726), Johann August Ernesti (1764, 1771), Johann Christoph Gottsched (1764) und Christian Fürchtegott Gellert (1767). Bachs Name fehlt zwar in dieser Rubrik, dürfte Lehmann aber dennoch geläufig gewesen sein. Dies belegt nicht nur das Vorhandensein der 1802 erschienenen Erstausgabe von Bachs Motetten in sei-

---

47 *Acta Den Organisten und Schul-Collaborator-Dienst zu Landsberg betr.* (wie Fußnote 16), fol. 4v, 8v, 29–31 und 50r. Siehe auch *Acta Das Jus Patronatus* (wie Fußnote 19).

48 Landesarchiv Sachsen-Anhalt, Abteilung Magdeburg, Standort Wernigerode, *D 9,* zwei Mappen ohne Signaturen in den Kästen Nr. 565 und 578.

49 Museum Barockschloß Delitzsch, *Sammlung Delitzscher Persönlichkeiten, VIII/22,* Biographie Lehmanns, unfoliiert.

50 M. Wilde, *Das Häuserbuch der Stadt Delitzsch,* I. Teil: *Die Altstadt,* Neustadt an der Aisch 1993 (Schriftenreihe der Stiftung Stoye. 24.), S. 19.

ner Sammlung,[51] sondern auch die Tatsache, daß er von 1793 bis 1797 Alumne der Thomasschule unter Johann Adam Hiller war und dort als „bester Diskantsänger" galt.[52] Sollte Lehmann also die Delitzscher Akte zu Folgers Anstellung in die Hände gekommen sein, so besteht die Chance, daß er die Bedeutung von Bachs Zeugnis erkannt und es in seine Obhut genommen hat. Auf dieser Annahme beruht die, wenn auch nur geringe Hoffnung, daß dieses Dokument, eines der letzten Schriftstücke von Bachs Hand, der Vernichtung entgangen und doch irgendwo erhalten geblieben ist.

Bernd Koska (Leipzig)

---

[51] *Verzeichniss der vom Herrn Actuar Lehmann in Delitzsch hinterlassenen Bibliothek* […] *welche nebst anderen Sammlungen werthvoller Bücher aus allen Wissenschaften Montag den 7. Juni 1852 und folgende Tage* […] *durch den verpflichteten Universitäts-Proclamator H. Hartung in Leipzig* […] *versteigert werden,* o. O. u. J., S. 135f. (Nr. 4218 und 4255), 218–220 und 216 (Nr. 6777).

[52] Biographie Lehmanns (wie Fußnote 49). Nach der dortigen Angabe besuchte er die Thomasschule bereits seit 1791, in die Alumnenmatrikel trug er sich jedoch erst im Mai 1793 ein (*Album Alumnorum,* wie Fußnote 2, fol. 233v). 1799 bezog Lehmann die Universität Leipzig (Erler III, S. 232).

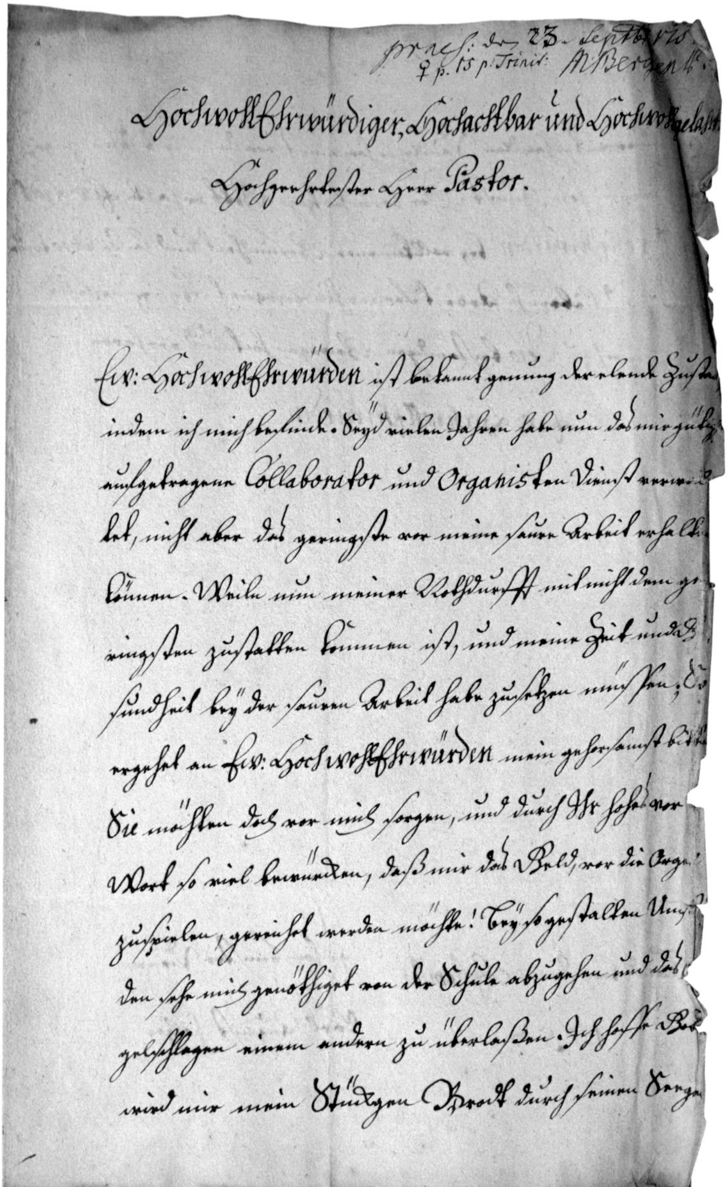
Hochwohlehrwürdiger, Hochachtbar und Hochwohlgelahrter
Hochgeehrtester Herr Pastor.

Ew: Hochwohlehrwürden ist bekannt genung der elende Zustand,
in dem ich mich befinde. Bey vielen Jahren habe nun das mir gütigst
aufgetragenen Collaborator und Organisten Dienst verwal-
tet, nicht aber das geringste vor meine saure Arbeit erhalten
können. Weile nun meiner Nothdurfft mit nicht dem geringsten zustatten kommen ist, und meine Zeit und Ge-
sundheit bey der sauren Arbeit habe zusetzen müssen, So
ergehet an Ew: Hochwohlehrwürden mein gehorsamst bitten
Sie möchten doch vor mich sorgen, und durch Ihr hohes vor
Wort so viel bewürcken, daß mir das Geld, vor die Orgel
zuspielen, gereichet werden möchte! Bey so gestalten Umständen sehe mich genöthiget von der Schule abzugehen und das
Orgelschlagen einem andern zu überlaßen. Ich hoffe Gott
wird mir mein Stückgen Brodt durch seinen Segen

Abbildung 1

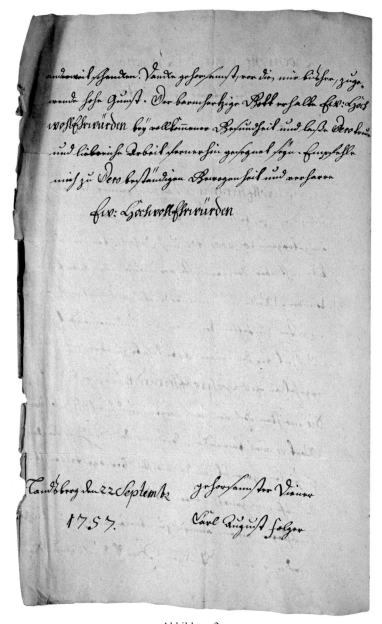

Abbildung 2
Abbildung 1–2: Carl August Folger, Brief vom 22. September 1757. Pfarrarchiv
Landsberg, *32/2* (*Acta Pastoralia den Landsbergischen Organisten betr. de anno
1693*[–1836]), fol. 23.

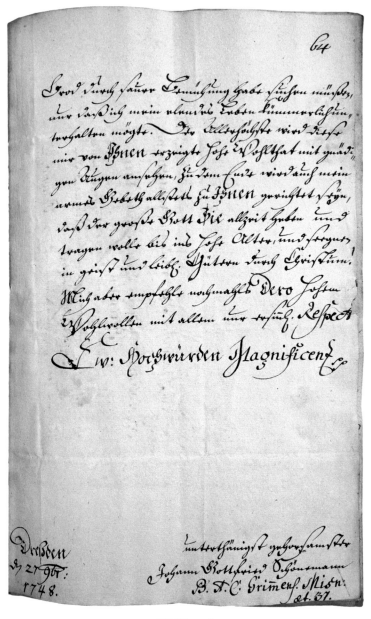

Abbildung 3:
Johann Gottfried Schönemann, Bewerbung um das Kantorat in Landsberg, 27.
November 1748. Pfarrarchiv Landsberg, *18/1* (*Acta Das Cantorat zu Landsberg* [...]
Ao. 1741–1749. Ergangen Auf der Super. Delizsch), fol. 63 f.

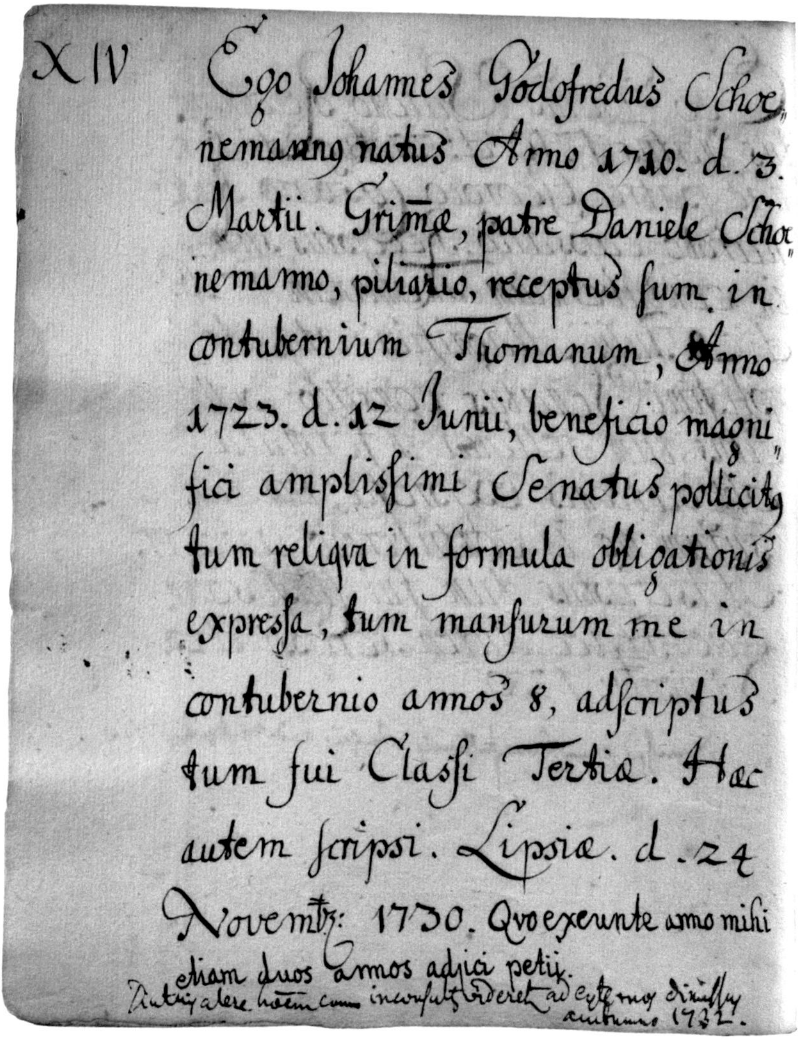

Abbildung 4:
Johann Gottfried Schönemann, Eintrag in das *Album Alumnorum Thomanorum*
(24. November 1730). Stadtarchiv Leipzig, *Thomasschule, Nr. 483, fol. 8v.*

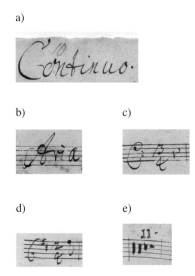

Abbildung 5a–e: Schriftformen des Anonymus Vb,
a)–c) J. S. Bach, „Jauchzet Gott in allen Landen" BWV 51. *St 49,* Continuo (Dublette)
d)–e) J. S. Bach, „Nun danket alle Gott" BWV 192. *St 71,* Violino II (Dublette)

Beobachtungen am Eingangschor von Bachs Kantate „Halt im Gedächtnis Jesum Christ" BWV 67

Der Eingangschor von Bachs Kantate „Halt im Gedächtnis Jesum Christ" BWV 67 ist in mancherlei Hinsicht atypisch. In der vorliegenden Studie möchte ich eine Reihe von ungewöhnlichen Merkmalen des Satzes erläutern und dabei einerseits ein wenig den Kompositionsprozeß erhellen und andererseits Bachs Umwidmung eines kontrapunktischen Komplexes erläutern, der das mehrschichtige Thema des Satzes darstellt. Hierzu ist es notwendig zu verstehen, inwieweit dieser Satz sich von den charakteristischeren Eröffnungschören in Bachs Kantaten unterscheidet.

Der Musik liegt kein madrigalischer Text zugrunde, sondern eine einzelne biblische Textzeile: „Halt im Gedächtnis Jesum Christ, der auferstanden ist von den Toten" (2 Timotheus 2,8). Der Satz wählt nicht die Form der Da-capo-Arie, sondern hat eine eher abstrakte durchkomponierte Struktur, die Alfred Dürr als „ein kunstvoll-symmetrisches Gebilde" bezeichnet hat.[1] Dürr hat den Satz als binäre Form mit den Abschnitten **A–A¹** analysiert (T. 1–71, 71–130). Tatsächlich aber entspricht er einer dreiteiligen Ritornellform **A–B–A–B¹–A,** die die drei harmonisch stabilen Präsentationen des Ritornells (Dürrs *Sinfonie,* hier Formteil **A**) in der Tonika, der Dominante und erneut der Tonika (T. 1–17, 55–71, 114–130) durch zwei ausgedehnte modulierende Episoden (**B** und die Variante **B¹**) voneinander trennt (T. 17–55, 71–114). Dürrs Diagramm sollte daher wie folgt modifiziert werden:

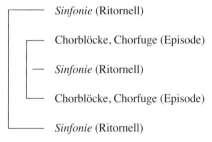

Sinfonie (Ritornell)

Chorblöcke, Chorfuge (Episode)

Sinfonie (Ritornell)

Chorblöcke, Chorfuge (Episode)

Sinfonie (Ritornell)

Die folgende detailliertere Analyse dient der Erläuterung der Satzstruktur:

---

[1] Dürr K, S. 252.

Takt	1	10
Modul	**ABC BCD.**	
Harmoniefolge	I–V–I I–V–I	
Tonart	**I** -- -- -- -- --	

Takt	17	25	33	39	47
Modul	**AB** B;	**AB** B;	E **AB**;	E **AB**;	E **AB**;
Harmoniefolge	I–I–V	I–I–V	–ii	–vi	–iii
Tonart	**I:** -- --	**V:** -- --	**V:** -- -- -- -- -- -- -- -- --		

Takt	55	64
Modul	**ABC BCD.**	
Harmoniefolge	I–V–I I–V–I	
Tonart	**V:** -- -- -- --	

Takt	71	81	91	98	105
Modul	**AB AB**;	**AB AB**;	E **AB**;	E **AB**;	E **AB**;
Harmoniefolge	I–I I–ii	vi–I I–ii	–iii	–vi	–I
Tonart	**V:**-- -- -- -- -- -- --		**I:**-- -- -- -- -- -- -- --		

Takt	114	123
Modul	**ABC BCD.**	
Harmoniefolge	I–V–I I–V–I	
Tonart	**I:** -- -- -- -- -- -	

Großbuchstaben in normaler Schrifttype repräsentieren rein instrumental gespielte, Großbuchstaben in Fettschrift stehen für vokal-instrumentale Module

Der Modulkomplex ABC umfaßt den ersten Abschnitt des Ritornells, wo A (T. 1–2) ein aus zwei Takten bestehender Tonika-Orgelpunkt ist, B (T. 3–5) das an die Eröffnungszeile des Chorals „O Lamm Gottes unschuldig" erinnernde Motto und C (T. 6–9) eine diatonische Sequenz, die von der Dominante zur Tonika absteigt. In der zweiten Hälfte leiten die Module B und C (T. 10–14) zu einem zwei Takte umfassenden kadenziellen Modul D (T. 15–17) über. Dieses Ritornell wird im Verlauf des Satzes zweimal mit Chor wiederholt – in der Satzmitte auf der Dominante (T. 55–71) und zum Schluß wieder in der Tonika (T. 114–130).

Zwischen dem ersten und zweiten sowie dem zweiten und dritten Auftreten des Ritornells (T. 17–55, 71–114) finden sich Varianten derselben Episode, **B** und **B**[1]. Beide beginnen mit chorischen Devisen (Dürrs „Chorblöcke"). Die erste (T. 17–33) präsentiert zweimal die Modulgruppe ABB und die zweite (T. 71–91) zweimal ABAB. Auf diese Devisen folgt in beiden Fällen dreimal eine freie Imitation (**E**), deren Fortsetzung als Koloratur-Begleitung einer Wiederholung des Ritornell-Kopfes **AB** dient (Dürrs „Chorfuge"). Während die Ritornelle harmonisch stabil sind, modulieren die Devisen: Die erste von der Tonika zur Dominate und die zweite von der Dominate zurück zur Tonika. Die Imitationsabschnitte durchlaufen verschiedene Molltonarten.

Der Ritornell-Beginn wird im Verlauf des Satzes entweder in seiner erweiterten Form **AB** oder in der verkürzten Form **B** insgesamt zwanzig Mal zitiert. Die ständige Wiederholung dieses „Mottos" in unterschiedlichen Instrumenten und Stimmlagen, in verschiedenen Tonarten und mit melodischen Veränderungen (allerdings ganz anders als die Wiederholung eines Ostinato-Basses in einer Variationsreihe) ist ausgesprochen ungewöhnlich, wenn nicht einzigartig. Der Umstand, daß diese Wiederholungen einerseits mit einem aus drei separaten Motiven bestehenden kontrapunktischen Komplex und andererseits mit einem eigenständigen imitativen Gebilde kombiniert werden, ist ebenso merkwürdig (mehr zu diesem kontrapunktischen Komplex weiter unten). Dürrs Verwendung des Begriffs „kunstvoll" in diesem Zusammenhang ist treffend, da er Bachs hier meisterhaft eingesetzte kombinatorische Kunstfertigkeit unterstreicht. Dies verleiht dem Satz einen leicht archaischen Anstrich, der Klaus Hofmann zu der Bemerkung veranlaßte, er sei „in einer Art konzertantem Motettenstil" geschrieben.[2]

Wenden wir uns nun einer detaillierten Untersuchung des kontrapunktischen Komplexes zu, der die Grundlage des Moduls **AB** bildet. Dieser Komplex besteht aus drei unterschiedlichen Motiven. Das erste (**aaa**) ist ein eine Tonstufe pro Takt absteigender Tetrachord, das zweite (**bcd**) eine drei Takte umfassende aufsteigende Passage in Achtelnoten, und das dritte (**ef**) ist eine zwei Takte lang aufsteigende Vorhaltskette, die im zweiten Takt mit dem Leitton der Dominante aufgelöst wird. Der Aufbau des Komplexes läßt sich wie folgt veranschaulichen:

Ritornell 1
Motto   ----   **x y z**
Motiv 1   **a a a** -----
Motiv 2   ---   **b c d**
Motiv 3   -------   **e f**
Harmoniefolge I-vii-vi-V-#iv

---

² Siehe K. Hofmann, Beiheft zu Folge 18 der Gesamteinspielung *Johann Sebastian Bach. Cantatas,* Bach Collegium Japan, Masaaki Suzuki, BIS Records, Åkersberga 2001 (BIS-CD-1251), S. 14.

Ein Blick auf das Autograph (*P 95*) zeigt, wie Bach diesen Komplex entwickelte (siehe Abbildung 1).

Das Motto in der Corno-Stimme und die Motive 1 und 3 in der Organo-Stimme stechen auffällig hervor, da sie vom Komponisten in Reinschrift eingetragen wurden. Dies bedeutet, daß Bach sie erfunden haben muß, noch bevor er an die Niederschrift ging. (Die einzige Korrektur in diesen Stimmen ist die Umwandlung der in der Corno-Stimme ursprünglich am Anfang von Takt 6 befindlichen Halbenote in eine Ganzenote mittels Kanzellierung des abwärts gerichteten Halses.) Die Mittelstimmen in diesen sechs Takten dokumentieren hingegen ein erhebliches Maß an Unentschlossenheit seitens des Komponisten.[3] Im ersten Takt von Violino I, Violino II und Viola wurden die Halbenoten, die den Dreiklang über dem Baß bilden, über die von Bach hier zunächst eingetragenen Viertelpausen geschrieben. Für die beiden ersten Takte der Ripieno-Streicher hatte er möglicherweise ursprünglich eine dreistimmige Fassung des musikalischen Materials erwogen, das jetzt in den beiden ersten Takten der beiden Oboi d'amore verwendet wird, dann jedoch seine Meinung geändert. Die endgültige Form des zweiten Motivs (T. 3–5) hatte er offensichtlich noch nicht festgelegt, denn er trug am Anfang von Takt 3 der Oboe-d'amore-Stimme zunächst eine Achtelpause ein. Dann, nachdem er begonnen hatte, die Passage in dieser Partie mit Achtelnoten zu füllen, alterierte er die Note d'' in Takt 3 (Note 6) und Takt 4 (Note 2) zu dis''. Das in den Partien für Oboe d'amore I und II zunächst als fünfte Note in Takt 4 eingetragene e'' wurde von Bach zu gis'' geändert und die leeren Notenköpfe, die in beiden Oboe-d'amore-Stimmen zunächst am Anfang von Takt 5 und 6 eingetragen waren, füllte er im Verlauf der Niederschrift auf. In den Streichern trug Bach in der zweiten Hälfte von Takt 3 zunächst Viertelpausen und Viertelnoten sowie in der Viola zusätzlich in Takt 4 eine Viertelpause gefolgt von den ersten drei Noten des Mottos in der Dominante ein, bevor er die Passage überarbeitete. (Er griff diese Idee später im ersten Vokalteil bei T. 28 wieder auf.) Auffällig sind das hohe Maß an kompositorischer Unentschlossenheit und die Vielzahl von Revisionen in den ersten fünf Takten der Mittelstimmen dieses Satzes, besonders im Vergleich mit dem nahezu kalligraphischen Charakter der Außenstimmen; damit handelt es sich bei diesem Abschnitt um eine Art Hybridform von Reinschrift und Konzeptschrift, während das Autograph sonst Konzeptschrift aufweist. Die Revisionen zumindest im Fall des zweiten Motivs lassen vermuten, daß es sich hier um die Originalfassung dieses Bestandteils des kontrapunktischen Komplexes handelt.

---

[3] Siehe die Beschreibung der Korrekturen in NBA I/11.1 Krit. Bericht (R. Emans, 1989), S. 17–21.

Bemerkenswerterweise findet sich derselbe kontrapunktische Komplex (ohne das Motto) in einem weiteren Werk Bachs, dem Konzert für drei Cembali, Streicher und Continuo in C-Dur BWV 1064 (siehe Beispiel 1a+b).

Beispiel 1. Vergleich der kontrapunktischen Komplexe am Anfang von BWV 67/1 und BWV 1064/3

a) BWV 67/1, T1–5

b) BWV 1064/3, T1–3

Am Beginn von Satz 3 dieses Konzerts werden die drei Motive in drei (statt fünf) Takten präsentiert. Während Motiv 2 und 3 in denselben Proportionen zueinander stehen wie in der Eröffnung von BWV 67/1, überschneiden sich Motiv 1 und 2 vollständig. Hieraus ergibt sich eine wesentlich dichtere kontrapunktische Struktur, die Exempeln von *contrapuncti triplices* in einigen musiktheoretischen Schriften der Zeit ähneln.[4]

Ritornell 1			
Motiv 1	a	a	a
Motiv 2	b	c	d
Motiv 3	--	e	f
Harmoniefolge	I-vii-vi		

In beiden Sätzen folgt auf die eröffnende Präsentation dieser drei Motive eine Sequenz, die taktweise von der fünften zur zweiten Stufe absteigt. In BWV

---

[4] Siehe etwa das Exempel eines doppelten Kontrapunkts mit drei Themen aus einem Werk von Johann Krieger bei J. Mattheson, *Der Vollkommene Capellmeister*, Hamburg 1739 (Reprint: Kassel 1954), S. 442.

67/1 setzt unmittelbar mit dem Erreichen der Tonika eine abgewandelte Wiederholung des Anfangssegments ein, während in BWV 1064/3 eine kurze, nur zwei Takte umfassende und in der Tonika verharrende Passage, den Eröffnungsabschnitt des Ritornells beschließt. Insgesamt werden die drei Motive und ihre Kombination in BWV 67/1 wesentlich freier behandelt als in BWV 1064/3. Beim zweiten Auftreten des Komplexes (T. 10–13) fehlen das erste und dritte Motiv, nur das zweite ist zu hören. In der Eröffnung des ersten Vokalteils nach dem Ritornell (T. 17–23) erscheinen nur das erste und zweite Motiv, wobei das zweite unvollständig ist und nach zwei Takten abbricht. Es kommt nicht nur vor, daß Motive aus dem kontrapunktischen Komplex verschwinden, gelegentlich werden sie auch abgewandelt. Das erste Motiv, der absteigende Tetrachord, erscheint nicht nur in gegenläufiger Bewegung (T. 50–53), sondern zudem sowohl als absteigender (T. 55–58) als auch als aufsteigender (T. 83–85) gebrochener Dreiklang. In BWV 1064/3 hingegen ist die Behandlung der drei Motive wesentlich strenger und einheitlicher. Nach der solistischen Überleitung (T. 10–13) wird der gesamte eröffnende Abschnitt (T. 1–10) mit Stimmtausch auf der Dominante wiederholt (T. 14–23). Tatsächlich sind alle sechs Auftritte des Komplexes in diesem Satz – abgesehen von der Vertauschung der Stimmen – identisch.

Berücksichtigt man den Konzeptschriftcharakter des Autographs von BWV 67/1,[5] so scheint es sich hier um die ursprüngliche Realisierung des kontrapunktischen Komplexes zu handeln. Die größere Stringenz und Einheitlichkeit in der Behandlung derselben Struktur im Konzertsatz unterstützt die Schlußfolgerung, daß BWV 1064/3 nach BWV 67/1 entstanden ist. Aber wie läßt sich dies mit der etablierten Chronologie der beiden Werke vereinbaren? Sowohl Werner Breig[6] als auch Jean-Claude Zehnder[7] haben überzeugend dargelegt, daß es sich bei BWV 1064 um ein frühes Werk handelt. Breig hält es für einen von Bachs ersten Versuchen in der Gattung des Konzerts, und Zehnder datiert es noch genauer auf das letzte Jahr von Bachs Weimarer Periode. In der Tat hat besonders der dritte Satz einige Gemeinsamkeiten mit den frühen Konzerten „avec plusieurs instruments", vor allem mit dem letzten Satz des vierten Brandenburgischen Konzerts BWV 1049 und dessen dicht gearbeiteten kontrapunktischen Ritornellen und ausgedehnten, eher lockeren Episoden. Bemerkenswert erscheint die Beobachtung, daß das Thema dieses fugierten Kon-

[5] Auch wenn dies in NBA I/11.1 Krit. Bericht nicht explizit angemerkt wird, wird der Befund durch die über den gesamten Satz verteilten zahlreichen Korrekturen in der autographen Partitur bestätigt.

[6] W. Breig, *Zur Chronologie von Johann Sebastian Bachs Konzertschaffen. Versuch eines neuen Zugangs,* AfMw 40 (1983), S. 77–101, speziell S. 90–92.

[7] J.-C. Zehnder, *Zum späten Weimarer Stil Johann Sebastian Bachs* in: Bachs Orchesterwerke. Bericht über das 1. Dortmunder Bach-Symposion 1996, hrsg. von M. Geck, in Verbindung mit W. Breig, Witten 1997, S. 89–124, speziell S. 115.

zertsatzes eine Variante des dritten Motivs des kontrapunktischen Komplexes ist.

Doch wie paßt diese Datierung zu der unbezweifelbaren Erkenntnis, daß der Eröffnungssatz der Kantate die frühere Behandlung dieses Komplexes darstellt? Das Datum der Erstaufführung der Kantate, der Sonntag Quasimodogeniti (16. April) 1724, könnte eine Lösung dieses Rätsels bieten. Sowohl Breig als auch Zehnder konzentrieren sich in ihren Studien vor allem auf den Eröffnungssatz des Konzerts, und in der Tat ist diesem und dem langsamen Satz (mit seinem „Basso quasi ostinato"[8]) stilistisch eindeutig ein frühes Datum zuzuweisen. Den dritten Satz allerdings erwähnt Breig nur am Rande, und Zehnder diskutiert ihn gar nicht. Ich möchte daher die Hypothese wagen, daß BWV 1064 zunächst eine zweisätzige Sinfonia war, deren dritter Satz (wie der des Ersten Brandenburgischen Konzerts) im April 1724 ergänzt wurde,[9] weil Bach für einen bestimmten Anlaß ein Konzert benötigte, möglicherweise für eines der „extraordinairen" Konzerte, die das Collegium musicum während der Leipziger Ostermesse des Jahres 1724 gab.[10] Der neue Satz könnte in Übereinstimmung mit der originalen Besetzung der beiden ersten Sätze für drei Solovioloinen konzipiert worden sein. Andererseits könnte ein solches Konzert auch der Ausgangspunkt der späteren, für drei Cembali bearbeiteten Fassung gewesen sein. Obwohl sie Vermutung bleiben muß, birgt diese Hypothese eine überzeugende Erklärung für Bachs Wiederverwendung von Musik aus dem Chorsatz einer Kantate als Grundlage für das Ritornell eines Kammerkonzerts. Zu einer für ihn überaus arbeitsreichen Zeit des Jahres zog er es vor, auf ein kurz zuvor geschaffenes Werk als kreativen Stimulus zurückzugreifen, anstatt einen völlig neuen Satz zu komponieren.

Werfen wir noch einmal einen Blick auf die Beispiel 1a und b, so wird deutlich, daß jede der leichten Veränderungen, die Bach in dem Konzertsatz an allen drei Motiven des kontrapunktischen Komplexes vornahm, eine Verbesserung sowohl der einzelnen Linien als auch des Zusammenhangs darstellt. Da es keinen Grund gab, das Motto in den Konzertsatz zu übernehmen, wurde der zwei Takte ausgehaltene Grundton (Segment **A**) mit Ausnahme des ersten Mo-

---

[8] Siehe Spitta II, S. 628.

[9] An anderer Stelle habe ich darzulegen versucht, daß dies für Bach ein weitaus gängigeres Verfahren zur Gewinnung von dreisätzigen Konzerten gewesen sein könnte, als bislang angenommen. Siehe G. Butler, *Bach the Cobbler: The Origins of J. S. Bach's E-Major Concerto BWV 1053*, in: Bach Perspectives 7, hrsg. von G. Butler, Urbana und Chicago 2008, S. 1–20.

[10] Obwohl Bach die Leitung des sogenannten Schottischen Collegium musicum erst 1729 übernahm, wirkte er – wie sein Schüler Heinrich Nikolaus Gerber bezeugt – seit 1724 an den Auftritten dieses Ensembles mit. Siehe A. Glöckner, *Zur Vorgeschichte des „Bachischen" Collegium musicum,* in: Bachs Orchesterwerke (wie Fußnote 7), S. 293–303, speziell S. 299.

tivs eliminiert. Ursprünglich, in BWV 67/1, war dieses allein erklungen – noch vor dem Eintritt des zweiten und dritten Motivs –, doch in BWV 1064/3 fällt sein Auftreten mit dem des zweiten Motivs zusammen, mit dem es sich überschneidet – ein Vorgang, auf den der erste Einsatz des Chores in BWV 67/1 (T. 17–19) bereits vorausdeutet. Da das zweite Motiv jetzt der zweiten Violine zugewiesen war, war seine Gestalt nun nicht mehr durch den Tonumfang der Oboe d'amore begrenzt; dies erlaubte Bach, die drei letzten Noten zu ändern. Damit verbesserte er nicht nur die melodische Kontur insgesamt, sondern vermied zugleich auch die Wiederholung der Figuration in der zweiten Hälfte des nächsten Taktes. Im Sinne größtmöglicher Vielfalt führte er zudem – anstatt wie in der Kantate dieselbe Figur in der sequenzierenden Weiterführung dieser Stimme vier weitere Male zu wiederholen (T. 6–9) – in dem Konzert eine neue Figur ein (T. 4–7). In BWV 67/1 hatte er das dritte Motiv als Fortführung des ersten verwendet, doch in BWV 1064/3 wird dies durch das Einsetzen des ersten Motivs zwei Takte später verhindert. In BWV 1064/3 erhält es seine eigene Stimme mit einem unabhängigen Einsatz der Viola und des dritten Cembalos (T. 2–3), wodurch es sich klanglich deutlich von den anderen beiden Motiven unterscheidet. Zugleich dient die Verkürzung der ursprünglichen Halbenoten im dritten Motiv dazu, es vom ersten Motiv abzusetzen und rhythmisch wie melodisch zu beleben.

Über Bachs Verwendung der Parodietechnik in seiner Vokalmusik ist bereits viel geschrieben worden. Gewiß handelt es sich hier um die klarste und gründlichste Art der Übernahme von bereits existierender Musik in einer späteren Überarbeitung. Zwischen diesem Extrem auf der einen Seite und der völligen Neukomposition auf der anderen liegt der Prozeß der Nutzung bereits existierender Musik als Grundlage für ein späteres Werk. Die vergleichsweise freie Behandlung des kontrapunktischen Komplexes im Eröffnungssatz der Kantate „Halt im Gedächtnis Jesum Christ" BWV 67 und dessen verdichtete, strengere Übernahme in den Schlußsatz des Konzerts für drei Cembali BWV 1064 ist ein ausgezeichnetes Beispiel einer solchen Vorgehensweise.

Gregory Butler (Vancouver, B.C., Kanada)
Übersetzung: Stephanie Wollny

Abbildung 1.
J. S. Bach, „Halt im Gedächtnis Jesum Christ" BWV 67/1, autographe Partitur (*P 95*),
Beginn von Satz 1

Die Frühfassung der Matthäus-Passion – ohne Blockflöten?

Die endgültige Fassung der Matthäus-Passion (BWV 244) liegt im Partituratograph Bachs von 1736 (*P 25*) und in den zugehörigen Stimmen von 1736 und 1742 (*St 110*) vor. Die Frühfassung (BWV 244b) – wohl von 1727 – ist nur in einer Abschrift aus der Zeit nach 1750 überliefert (*Am.B. 6/7*). Die Abschrift stammt von der Hand Johann Christoph Farlaus (geb. 1734/35), eines Schülers von Johann Christoph Altnickol (der früher selbst für den Schreiber gehalten wurde). Farlaus Vorlage war eine Partitur, und zwar vermutlich Bachs Originalpartitur von 1727. Die Frühfassung liegt sowohl in einer Faksimileausgabe von Alfred Dürr aus dem Jahre 1972 (NBA II/5a) als auch in einer Neuedition von Andreas Glöckner aus dem Jahre 2004 (NBA II/5b) vor.

Beim Vergleich der Fassungen von Satz 19, „O Schmerz! hier zittert das gequälte Herz – Was ist die Ursach aller solcher Plagen", fällt ein Unterschied in der Bläserbesetzung auf: Bach schreibt 1736 „due Fiauti" (*P 25*) vor, also Blockflöten in *f'*, und notiert diese im französischen Violinschlüssel. Farlau dagegen gibt „2. Travers:" an, also Querflöten, und notiert diese im gewöhnlichen Violinschlüssel. Demnach wären die Partien in der Frühfassung für Querflöten bestimmt gewesen und erst in der späteren Fassung Blockflöten zugewiesen worden.

Alfred Dürr läßt im Vorwort seiner Faksimileausgabe Zweifel an der Bestimmung für Querflöten erkennen (S. VIII). Er vermutet eine „Eigenmächtigkeit" des Schreibers (nach damaligem Forschungsstand noch Altnickol) und weist auf die „ungünstigen Querflötentonarten" hin. Allerdings müsse Farlau die Partien vom gewöhnlichen in den französischen Violinschlüssel umgeschrieben haben. Und freilich seien ihm dabei, so Dürr, „unerwartet wenige Fehler unterlaufen", nämlich nur einer: „Lediglich in Takt 18 (Bl. 24ᵛ) schreibt er *b''* mit überflüssigem ♭ statt vermutlich *des'''*." Aber vielleicht habe Farlau auch nur „die fehlende Hilfslinie übersehen". Andererseits finde sich in Bachs Autograph *P 25* auch „eine Korrektur im Terzabstand (Takt 15, Flöte I, 4. Note), die auf eine Vorlage Bachs im normalen Violinschlüssel schließen läßt". Für Dürr „bleibt die Frage nach der ursprünglichen Besetzung dieses Satzes letztlich unentschieden, wobei die Annahme einer Querflötenbesetzung mangels überzeugender Gegenbeweise die größere Wahrscheinlichkeit für sich beanspruchen kann". Andreas Glöckner vermerkt zurückhaltender: „Zu fragen wäre […], ob die Besetzungsangabe *2 Travers:* der Partiturvorlage […] entstammt, oder eine eigenmächtige (beziehungsweise modernisierende) Besetzungsveränderung des Kopisten darstellt" (NBA II/5b Krit. Bericht, S. 48).

Mit Dürrs Überlegungen sind die Argumente nicht erschöpft: Der von ihm an-
gemahnte „Gegenbeweis" liegt in der Musik selbst. Abgesehen von dem mutmaßlichen Schreibfehler Farlaus in T. 18 stimmen die Flötenpartien der beiden
Fassungen tongetreu überein. Das bedeutet, daß die Partien auch in der Frühfassung nirgends Töne unter f', der unteren Umfangsgrenze der Blockflöte,
berühren, also jedenfalls auf der Blockflöte spielbar waren. An einer einzigen
Stelle ist zu erkennen, daß dies kein Zufall ist, sondern Bach auch schon in der
Frühfassung auf den begrenzten Tiefenumfang der Blockflöte Rücksicht genommen hat, nämlich in T. 26 in der 2. Flöte. Hier lautet die 1. Note es''. Zu
erwarten wäre aber nach der in T. 23 beginnenden sequenzartigen Motivreihe
der entsprechende Ton in der eingestrichenen Oktave, also es':

Beispiel: Satz 19, Flauto I und II, T. 23–28/Anfang (BWV 244b, nach NBA II/5b, S. 65)

Der Flauto traverso der Zeit Bachs hatte einen Tiefenumfang bis d'. Der Ton
es' war darauf ohne weiteres spielbar. Auf der Blockflöte war dies nicht möglich. An der fraglichen Stelle ist ein rein musikalischer Grund für die Auswei-
chung in die Oberoktave nicht erkennbar. Der einzige Grund ist offenbar praktischer Art, nämlich Rücksichtnahme auf den Umfang der Blockflöte. Die
Blockflöte war also auch schon in Bachs Frühfassung das Instrument der Wahl.
Es ist somit davon auszugehen, dass Farlau die Flötenbesetzung des Satzes
eigenmächtig umgestellt hat.

Klaus Hofmann (Göttingen)

Neuerkenntnisse zu zwei Hamburger Kopisten Carl Philipp Emanuel Bachs

In seiner Funktion als Musikdirektor der fünf Hamburger Hauptkirchen von 1768 bis 1788 war Carl Philipp Emanuel Bach auf die Musiker seines Ensembles angewiesen, um seine vielfältigen Dienstverpflichtungen erfüllen und seine Kompositionen angemessen aufführen zu können. Ebenso wichtig war die Schar von Kopisten, die ihm den reibungslosen Ablauf seiner Arbeitsvorgänge ermöglichten. Sie beteiligten sich an der Anfertigung von Aufführungsstimmen und Partituren sowie an der Herstellung der Abschriften von Bachs Werken, die an Interessenten weitergegeben werden sollten. Daß sich diese beiden Kreise von musikalischen Helfern überschnitten, kann nicht sonderlich überraschen, und tatsächlich wird dies von der neusten Forschung zunehmend bestätigt. Die beiden wichtigsten Kopisten Bachs waren Mitglieder seines Vokalensembles: der Altist Otto Ernst Gregorius Schieferlein, der bis einschließlich 1780 als Schreiber wirkte, und der Tenorist Johann Heinrich Michel, der ab 1781 einen großen Teil der anfallenden Schreibarbeiten übernahm.[1] Daneben hat auch der von Bach regelmäßig eingesetzte Bassist Johann Andreas Hoffmann bei der Anfertigung von Aufführungsmaterialien geholfen.[2] Von den Kopisten, die in Bachs Instrumentalensemble spielten, konnte bisher nur der Bratschist Ludwig August Christoph Hopff identifiziert werden.[3]
Dieser Beitrag versucht die Namen von zwei weiteren, bisher anonymen Hamburger Schreibern C. P. E. Bachs zu bestimmen, die unter den Sigeln Anon.

---

[1] Zur mutmaßlichen Identifizierung von Schieferlein als Bachs Hauptkopist Anon. 304 siehe Peter Wollnys Rezension von Joachim Janeckes Katalog der in der Berliner Staatsbibliothek aufbewahrten Telemann-Autographen und -Abschriften, BJ 1995, S. 215–219, speziell S. 218 f.

[2] M. L. Hill, *Der Sänger Johann Andreas Hoffmann als Notenkopist C. P. E. Bachs*, BJ 2016, S. 199–206. – Daß der Altist Hardenack Otto Conrad Zinck ebenfalls Schreibarbeiten geleistet hat, ist anzunehmen. Siehe hierzu P. Wollny, *C. P. E. Bach, Georg Philipp Telemann und die Osterkantate „Gott hat den Herrn auferwecket" Wq 244*, in: Er ist der Vater, wir sind die Bub'n: Essays in Honor of Christoph Wolff, hrsg. von P. Corneilson und P. Wollny, Ann Arbor/Michigan 2010, S. 78–94, speziell S. 90.

[3] J. Neubacher, *Der Organist Johann Gottfried Rist (1741–1795) und der Bratschist Ludwig August Christoph Hopff (1715–1798): zwei Hamburger Notenkopisten Carl Philipp Emanuel Bachs*, BJ 2005, S. 109–123.

307 und Anon. 309 bekannt sind.[4] Beide sind mit der Hauptquelle der Passionskantate Wq 233/BR-CPEB Ds 2 verbunden, waren aber darüber hinaus auch an der Herstellung anderer Quellen in Bachs Hamburger Aufführungsrepertoire beteiligt. Wie sich zeigen wird, gehören sie ebenfalls zum Kreis der für Bach tätigen Musiker.

Die Quellen von C. P. E. Bachs Passionskantate: Ein Überblick

Da die namentliche Identifizierung der Kopisten Anon. 307 und Anon. 309 eng mit den Quellen von Bachs Passionskantate zusammenhängt, ist es hilfreich, zunächst die Entstehungsgeschichte und Quellenlage dieses Stückes kurz zusammenzufassen. Bach hat das Werk 1769 oder 1770 als Auszug aus seiner ersten in Hamburg komponierten liturgischen Passionsmusik geschaffen und um einige neue Sätze erweitert. Die erste Hamburger Aufführung der Passionskantate erfolgte 1774, zwei Jahre nach der eigentlichen Uraufführung, die in Berlin stattfand. Im Gegensatz zu seinen anderen beiden Oratorien „Die Israeliten in der Wüste" Wq 238/BR-CPEB D 1 und „Die Auferstehung und Himmelfahrt Jesu" Wq 240/BR-CPEB Ds 3 wurde die Passionskantate nie gedruckt. Über mehrere Jahre hinweg hat der Komponist in sechs oder mehr Phasen Revisionen vorgenommen und die entsprechenden Änderungen sowohl in seine Hauskopie des Werkes *(P 337)* als auch in eine mittlerweile verschollene Handschrift eingetragen.[5] Diese beiden Quellen dienten als Grundlage für zahlreiche weitere Partiturabschriften, die heute weit verstreut sind. Vier dieser Abschriften weisen autographe Korrekturen und Ergänzungen auf, die zum Teil Zeugen des Revisionsprozesses sind.

Weil die Passionskantate im Laufe dieser Revisionsphasen so häufig kopiert wurde und daher in unterschiedlichen Fassungen vorliegt, hielt Bach es für notwendig, auf der Titelseite seiner Hauskopie *(P 337)* einen Hinweis anzubringen, demzufolge die Partitur zwar kein „Original" sei, dennoch sei sie „so correct, wie möglich und ganz gewiß correcter, als alle übrigen Exemplare, weil sie der Besitzer, nehmlich der Autor sehr oft durchgesehen hat."

Tatsächlich hat Bach nur zwei der 243 Seiten der Partitur selbst geschrieben; den Rest übernahmen drei Kopisten: 103 Seiten stammen von Anon. 307, 52 Seiten von Anon. 308 und 88 Seiten von Anon. 309.[6] Wie Anette Nagel be-

---

[4] Diese Bezeichnungen basieren auf einer Fortzählung der Schreiberangaben in TBSt 2/3, die Yoshitake Kobayashi in den 1970er vorgenommen hat. Kobayashis Schreiberkartei befindet sich im Bach-Archiv Leipzig.

[5] A. Nagel, *Studien zur Passionskantate von Carl Philipp Emanuel Bach,* Frankfurt/ Main 1995, S. 66–68.

[6] Ebenda, S. 124. Autographe Korrekturen sind auf der Mehrzahl der Seiten zu finden.

merkt hat, weist die Partitur einige merkwürdige Eigenschaften auf: (1) Es findet sich jeweils nur eine Schreiberhand pro Bogen in einer Lage,[7] (2) oft stammen die Bögen in einer Lage von zwei unterschiedlichen Schreibern und (3) die Verteilung der Kopisten in der Abfolge der Lagen folgt keiner erkennbaren Logik.[8] Als weitere Besonderheit ist der flüchtig geschriebene Name „Hoffmann" am unteren linken Rand der jeweils ersten Seite von zwei Bögen, die von Anon. 308 herrühren, auszumachen. Anhand dieser Vermerke und mit Berücksichtigung weiterer Quellen aus C. P. E. Bachs Hamburger Zeit gelang es mir vor einigen Jahren, die Identität des Anon. 308 als den Hamburger Bassisten Johann Andreas Hoffmann zu identifizieren.[9] In der Zwischenzeit wurde Bachs Hauskopie der Passionskantate *(P 337)* von der Staatsbibliothek zu Berlin digitalisiert und ist damit leicht zugänglich. Dank der hohen Auflösungsqualität der Scans sind mir zwei weitere ähnliche Vermerke aufgefallen, die zur Identifizierung der Kopisten Anon. 307 und Anon. 309 beitragen.

Anonymus 307

Auf der ersten Seite des Notentexts erscheint in der unteren linken Ecke von derselben Hand (wie der Vermerk „H. Hoffmann") flüchtig geschrieben der Name „Wanscher" (siehe Abbildung 1). Erwartungsgemäß wurde die ganze Lage von derselben Hand – in diesem Fall von Anon. 307 – kopiert. Man darf davon ausgehen, daß dieser Vermerk dieselbe Aussagekraft hat wie die auf Hoffmann zielende Notiz. Der Name „Wanscher" bezieht sich höchstwahrscheinlich auf den als Bratschist, Violonist und Hornist wirkenden Georg Lorenz Wanscher (1703–1784), der von 1768 bis 1782 in Bachs Hamburger Instrumentalensemble gewirkt hat.[10] Er begann seine nachweisbare musikalische Tätigkeit sporadisch ab etwa 1740 unter Bachs Vorgänger Georg Philipp Telemann; ab den späten 1750er Jahren ist er regelmäßiger nachweisbar. Sein Name taucht gelegentlich in dem sogenannten „Rechnungsbuch der Kirchen-

---

7 Die einzige Ausnahme ist der Bogen mit den Seiten 49/50 und 55/56; hier findet sich die Hand von C. P. E. Bach und einem seiner Schreiber.

8 Nagel (wie Fußnote 5), S. 66 und 126, sowie S. 247–249 (Anhang V).

9 Hill, *Der Sänger Johann Andreas Hoffmann als Notenkopist C. P. E. Bachs* (wie Fußnote 2).

10 J. Neubacher, *Georg Philipp Telemanns Hamburger Kirchenmusik und ihre Aufführungsbedingungen (1721–1767): Organisationsstrukturen, Musiker, Besetzungspraktiken*, Hildesheim 2009, S. 168 und 461; R. L. Sanders, *Carl Philipp Emanuel Bach and Liturgical Music at the Hamburg Principal Churches from 1768 to 1788*, Diss. Yale University 2001, S. 90 und 159. Laut Neubacher (S. 461) erscheint sein erster Vorname auch als „Jürgen".

Musiken" auf, das Quittungen für außerliturgische Kirchenmusikaufführungen aus der Amtszeit von Telemann, Bach und Christian Friedrich Gottlieb Schwencke enthält.[11] Ein Blick in den Telemann-Katalog von Joachim Jaenecke erlaubt die Feststellung, daß Anon. 307 mit dem dort als „Kopist 57" bezeichneten Schreiber identisch ist.[12] Seine Hand taucht in zahlreichen Handschriften auf, deren Entstehungsdaten von C. P. E. Bachs ersten Hamburger Jahren bis etwa 1780 reichen. Fast alle der von ihm geschriebenen Telemann-Quellen stammen aus Bachs Sammlung – mit einer wichtigen Ausnahme: das Aufführungsmaterial zu Telemanns Kantate für die Einweihung der Georgenkirche TVWV 2:6 (D-B, *Mus. ms. 21752/1*).[13] Da dieses Werk 1747 entstand, bietet die Quelle eine Bestätigung dafür, daß Anon. 307 bereits in den 1740er Jahren tätig war. Sein Wirken umfaßt somit eine Zeitspanne, die mit Wanschers Biographie übereinstimmt.

Von Anon. 307 stammen – ganz oder teilweise – folgende Quellen[14]:

– C. P. E. Bach, Passionskantate Wq 233/BR-CPEB Ds 2; *P 337*
– C. P. E. Bach, Magnificat (Hamburger Fassung) Wq 215/BR-CPEB E 4.2; *P 994, St 191 I-II, St 191a*, Fasz. 8
– C. P. E. Bach, Einführungsmusik Klefeker BR-CPEB F 43; D-Bsa, *SA 714*, Fasz. 2
– C. P. E. Bach, Heilig Wq 218/BR-CPEB Ef 3; *St 185*
– C. P. E. Bach, 4 Cembalo-Konzerte Wq 37, Wq 35, Wq 31 und Wq 38; *St 198; St 519; St 524* (Fasz. 2); *St 540*
– C. P. E. Bach, Sinfonia in D-Dur Wq 176 (Hamburger Fassung); *St 235*
– C. P. E. Bach, Triosonate in B-Dur Wq 161/2; D-KIl, *Mb 60*
– J. S. Bach, Kunst der Fuge BWV 1080 und Choral „Wenn wir in höchsten Nöten sein" BWV 668a; D-F, *Mus Hs 1622*
– W. F. Bach, „Lasset uns ablegen" Fk 80/BR-WFB F 1, in C. P. E. Bachs Bearbeitung als Pfingst-Quartalsstück, aufgeführt 1772 und 1779 (BR-CPEB Ff 14); D-B, *Mus. ms. Bach St 358*[15]
– G. A. Homilius, Markus-Passion HoWV I.10, von C. P. E. Bach in seine Markus-Passion von 1770 (H 783) überführt; D-Bsa, *SA 37*
– G. A. Homilius, „Lobsinget dem Heiland" HoWV II.74; D-Bsa, *SA 366*, Fasz. 1–3
– Telemann, Sanctus in D-Dur TVWV 9:16, mit nachträglich hinzugefügtem deutschen Zweittext von C. P. E. Bach; D-B, *Mus. ms. 21744*, Nr. 5
– Telemann, „Komm, heiliger Geist, Herre Gott" TVWV 3:92; D-B, *Mus. ms. 21747/35*

---

[11] D-Ha, *731-1 Handschrift 0462.*
[12] J. Jaenecke, *Georg Philipp Telemann. Autographe und Abschriften. Katalog,* München 1993 (Staatsbibliothek zu Berlin Preußischer Kulturbesitz. Kataloge der Musikabteilung. I/4.), S. 373.
[13] Ebenda, S. 267.
[14] Für den Hinweis auf *St 198, St 235* und D-KIl, *Mb 60* danke ich Paul Corneilson.
[15] Nagel (wie Fußnote 5), S. 124, nennt als Signatur irrtümlich *St 348.*

– Telemann, „Heilig, heilig ist Gott, der Herr" TVWV 2:6 und 14:3d; D-B, *Mus. ms. 21752/1*

– Telemann „Komm, heiliger Geist, Herre Gott" TVWV 3:92; D-B, *Mus. ms. 30285, Nr.* 1 (siehe Abbildung 2)

Darüber hinaus stammen die Incipits in C. P. E. Bachs „Clavierwerke-Verzeichnis" (1772) von Anon. 307 (D-Bsa, *SA 4261*).[16] In der musikwissenschaftlichen Literatur findet sich für den Schreiber Anon. 307 gelegentlich auch die Bezeichnung „Augustino".[17] Dieser Name taucht, geschrieben von unbekannter Hand, auf der dritten Seite des Umschlags von *St 358* auf („Die Singstimmen von H. Augustino"). Daß diese Angabe auf den hier diskutierten Kopisten zu beziehen ist, darf aus mehreren Gründen bezweifelt werden.[18] Zunächst ist die Stelle des Vermerks – auf der dritten statt auf der ersten oder zweiten Seite – ungewöhnlich. Auf der ersten Seite des Umschlags befindet sich die von Georg Poelchau geschriebene Werktitel („Auf Pfingsten | Lasset uns ablegen etc. etc. | D # | Von Friedemann Bach") sowie die um 1850 von Siegfried Wilhelm Dehn hinzugefügten Besetzungsangaben. Merkwürdig ist auch der Hinweis lediglich auf die Singstimmen, da Anon. 307 zudem acht der sechzehn Instrumentenstimmen geschrieben hat. Wegen dieser Ungereimtheiten wäre zu erwägen, daß die Notiz sich in Wirklichkeit gar nicht auf die Singstimmen in *St 358* bezieht, sondern ursprünglich in einen anderen Zusammenhang gehörte. Denkbar wäre, daß Poelchau den Umschlag einem anderen Stimmensatz entnahm und – nach außen gefaltet – für St 358 verwendete.

Anonymus 309

Die zweite Bleistiftnotiz in *P 337* findet sich auf Seite 17, der ersten Seite des ersten von Anon. 309 beschriebenen Bogens. Ebenso wie die Angaben „H. Hoffmann" und „Wanscher" steht sie, fast verlöscht, in der unteren linken Ecke der Seite. Sie lautet „Fagottist" gefolgt von einem Namen, der so flüchtig geschrieben wurde, daß er kaum zu entziffern ist (siehe Abbildung 3). Die Berufsbezeichnung vor dem Namen könnte bedeuten, daß der Familienname

---

[16] Siehe C. Wolff, *Carl Philipp Emanuel Bachs Verzeichnis seiner Clavierwerke von 1733 bis 1772*, in: Über Leben, Kunst und Kunstwerke: Aspekte musikalischer Biographie. Johann Sebastian Bach im Zentrum (Festschrift Hans-Joachim Schulze zum 65. Geburtstag), hrsg. von C. Wolff, Leipzig 1999, S. 217–235, speziell S. 229–235.

[17] Zum Beispiel bei Nagel (wie Fußnote 5), S. 124 und 247. Diese Angabe geht wohl auf eine Mitteilung von Y. Kobayashi zurück. In TBSt 2/3, S. 84, erscheint er als „unbekannter Schreiber".

[18] Die folgenden Überlegungen verdanke ich Peter Wollny, der mir auch einen Scan der dritten Umschlagseite zur Verfügung stellte.

allein – anders als bei „Wanscher" und „Hoffmann" – zur Identifizierung nicht
ausreichte. Der Name ist am ehesten als „Schröder" zu lesen. In der Tat gab es
– wie wir aus Eintragungen im „Rechnungsbuch der Kirchen-Musiken" wissen
– im 18. Jahrhundert vor und nach der Entstehungszeit dieser Handschrift mindestens vier Musiker dieses Namens.[19] Der erste, Gottfried Ludwig Schröder,
spielte Bratsche und Clarino und ist von 1717 bis 1745 nachgewiesen.[20] Zwei
andere Namensträger – einer davon „Schröder, am Berge" – sind unter „Bässe"
in einer Trauermusik von Telemann am 11. Dezember 1740 genannt.[21] Höchstwahrscheinlich war einer von diesen beiden „Bässe"-Spielern David Diederich
Schröder (1720–1774), Sohn eines Notars und von 1746 bis zu seinem Tod
Organist an der Waisenhauskirche in Hamburg.[22] Ein weiterer Schröder findet
sich in der Ära C. P. E. Bachs und Schwenckes; er spielte zwischen 1778 und
1806 regelmäßig Geige, Bratsche und ebenfalls „Bässe".[23] Ob zwischen diesen
Schröders verwandtschaftliche Beziehungen bestanden, ist nicht bekannt.
Die Schreibertätigkeit des Anon. 309 ist im Vergleich zu der von Wanscher
(Anon. 307) begrenzt. Außer in P 337 findet sich seine Handschrift nur in drei
weiteren Quellen:[24]

– C. P. E. Bach, Matthäuspassion von 1773 H 786/BR-CPEB Dp 4.2; D-Bsa, *SA 5136,
  Fasz. 2*: Dubletten Violino I und II
– C. P. E. Bach, Cellokonzert in B-Dur Wq 171; S-Skma, *Alströmersamlingen, Wq 171*:
  Sämtliche Stimmen außer Violino II
– C. P. E. Bach, Cembalo-Konzert in A-Dur Wq 8; B-Bc, *5887 MSM*, Fasz. 8

Die Datierung der von Anon. 309 geschriebenen Teile in *P 337* kann anhand
zusätzlicher Indizien weiter spezifiziert werden. In der Partitur sind häufig die
Namen der Solisten am Anfang eines Satzes angegeben. Einer von ihnen, der
Tenor Carl Rudolph Wreden, ist auf fünf Seiten genannt, die von Wanscher
(S. 1), Hoffmann (S. 44) und Anon. 309 (S. 29, 38 und) geschrieben wurden
(siehe Abbildung 4). Da Wreden nur bis 1774 gewirkt hat, kann dieses Jahr als

---

[19] Siehe auch Sanders (wie Fußnote 10), S. 156, und Neubacher (wie Fußnote 10),
     S. 455 f.
[20] Neubacher (wie Fußnote 10), S. 456.
[21] D-Ha, *731-1 Handschrift 0462*, S. 42 f. An dieser Aufführung war auch ein als Vio-
     linist genannter Schröder beteiligt, bei dem es sich wohl um Gottfried Ludwig
     Schröder handelt.
[22] Neubacher (wie Fußnote 10), S. 186.
[23] Sanders (wie Fußnote 10), S. 91 und 156.
[24] In seiner Ausgabe von Wq 171 datiert Robert Nosow die von Anon. 309 geschriebe-
     nen Stimmen ohne Begründung auf 1780–1786, siehe CPEB:CW III/9.3, S. xv.

terminus ante quem für die Anfertigung dieser Seiten gelten, was bedeutet, daß alle drei Hauptschreiber mindestens vor diesem Datum beteiligt wurden.[25] Diese vorläufige und ungenaue Datierung ist für die Identifizierung des Anon. 309 von begrenzter Hilfe. Daß seine datierbaren Beiträge aus der Zeit vor und um 1774 stammen, könnte gleichermaßen auf den Bratschen- und Clarin-Spieler Gottfried Ludwig Schröder, den Organisten und Instrumentalisten David Diederich Schröder und den dritten der unter Telemann nachgewiesenen Schröders weisen. Außerdem sind Ähnlichkeiten zu Jaeneckes „Kopist 60" zu beachten, der in den Stimmen einer Telemann-Kantate aus dem Jahr 1732 beteiligt war; akzeptiert man die Identität von „Kopist 60" und Anon. 309, so würde dies eher für Gottfried Ludwig Schröder oder einen der beiden anderen im Jahr 1740 als „Bässe"-Spieler bezeichneten Schöder sprechen, da die beiden anderen Kandidaten zu jung gewesen wären.[26] Durchaus plausibel bleibt aber auch die Möglichkeit, daß es sich bei David Diederich Schröder oder dem Fagottisten und Kopisten um den ab 1778 regelmäßig in Bachs Ensemble wirkenden Musiker dieses Familiennamens handelt. Gelänge eine eindeutige Zuweisung, hätte dies Konsequenzen für die Datierung von Quellen und Revisionsstadien der oben genannten Werke C. P. E. Bachs.

Warum finden sich Schreibervermerke in *P 337*?

Bisher blieb die Frage, wer diese Vermerke auf die Namen geschrieben hat, unberührt. In meinem Beitrag im BJ 2016 habe ich vermutet, daß C. P. E. Bach selbst die Vermerke im Zusammenhang mit der Anfertigung von Ersatzseiten einfügte. Auf der Grundlage weiterer Beispiele gelingt nun aber eine andere, viel sicherere Bestimmung. Der Schriftduktus dieser Notizen weist auf Poelchau als Schreiber (siehe Abbildung 5a–b, speziell die Form der Majuskel „F").[27] Poelchau ist unter anderem dafür bekannt, daß er historische Details zu den Schätzen seiner Sammlung festhielt. So notierte er auf der Titelseite eines früher zu *P 337* gehörenden gedruckten Textbuchs der Passionskantate den Ver-

---

[25] Siehe Sanders (wie Fußnote 10), S. 105 und 159; Neubacher (wie Fußnote 10), S. 462 f.; M. L. Hill, *Carl Philipp Emanuel Bach's Passion Settings: Context, Content, and Impact,* Diss. Yale University 2015, S. 103 f. Eine Tabelle von Schreibern mit Seitenangabe befindet sich bei Nagel (wie Fußnote 5), S. 247–249.

[26] Eine Schriftprobe dieses Kopisten findet sich bei Jaenecke (wie Fußnote 12), S. 376. Die Kantate TVWV 11:15 ist in mehreren Abschriften überliefert (D-B, *Mus. ms. 21743/50, Mus. ms. 21754/5* und *Mus.ms. 21754/7*). „Kopist 60" war an allen drei Quellen beteiligt.

[27] Peter Wollny hat mich 2016 freundlicherweise auf Poelchau als Schreiber der Bleistiftnotizen in *P 337* hingewiesen.

merk: „Der Text ist von Mad. Karschin u. Prof. Ebeling, eine Arie von Eschen-
burg".[28] Die Einfügung der Schreibernamen entspricht dieser Gepflogenheit.
Wenn die Anmerkungen über die Schreiber Hoffmann, Wanscher und Schröder
von Poelchau stammen, ist ihnen dieselbe Aussagekraft zuzubilligen wie dem
Hinweis auf die Dichter des Oratoriums.

Poelchaus Interesse an der Entstehungsgeschichte der von ihm gesammelten
Werke ist durch zahlreiche solcher Kommentare in den Quellen seiner Samm-
lung nachgewiesen. Dennoch waren seine Bemerkungen zu den beteiligten
Schreibern in *P 337* ungewöhnlich, da er in erster Linie Autographe mit entsprechenden Attestaten versehen hat. Es gibt jedoch zu dieser Vorgangsweise
Parallelen. Ähnliche Bemerkungen zu C. P. E. Bachs Hauptkopist Johann
Heinrich Michel hat er in mindestens zwei anderen Handschriften angebracht.
Ein bekannter Fall befindet sich am Ende von Michels Abschrift des Musikalischen Opfers BWV 1079 *(P 241)*, wo Poelchau einen ausführlichen Kommentar angefügt hat: „Von H. Michels Hand. (Tenorist beym Bachschen Kirchenchore in Hamburg 1787)".[29] Ein weiteres Beispiel stammt aus einer Sammlung
von Chören, Accompagnato-Rezitativen und einer Arie von C. P. E. Bach
(P 340). Auf der Titelseite dieses Konvoluts vermerkte Poelchau, daß die
Stücke „in eigenhändiger Partitur" geschrieben seien. Da aber eines der Stücke
von Michels Hand herrührt, setzte Poelchau nachträglich folgenden Zusatz
hinzu: „(Von H. Michels Hand)". Ergänzend fügte er weitere Angaben auf
der Titelseite des betreffenden Chors mit Bleistift hinzu: „Von der Hand des
H. Michel Tenorist bey dem Hamb. Kirchenchore" (siehe Abbildung 6).
Darüber hinaus finden sich weitere Fälle, wo Poelchau Schreiber in Bach-Handschriften nachweist, etwa in dem Konvolut *P 275*. Die eigenhändige Titelseite
enthält die Namen von insgesamt drei verschiedenen Kopisten, die die Werke
von anderen Personen in der Quelle abgeschrieben hatten. Der dritte, J. S.
Bachs letzter Schüler Johann Gottfried Müthel, wird von Poelchau auch ander-
wärts als Schreiber identifiziert, etwa in seiner Abschrift von C. P. E. Bachs
Cembalo-Sonate in g-Moll Wq 65.11 *(B-Bc, 27887 MSM:* „Diese Sonate ist
von der Hand eines Schülers von Joh. Sebast. Bach, dem Organisten | an der St.
Peters Kirche in Riga Joh. Gottfried Müthel, gebohrn zu Möllen 1729. | Er
starb mit dem Ruhm einer der größten Clavierspieler seiner Zeit gewesen zu
seyn.").[30] Eine ähnliche Zuweisung findet sich in dem handschriftlichen Anhang mit Choralbearbeitungen verschiedener Komponisten zu Müthels Exemplar von Georg Friedrich Kauffmanns *Harmonischer Seelenlust (D-B, Mus. O.*

---

[28] D-B, *Mus. T 1924.* Auf S. 2 findet sich der Vermerk „herausgelöst aus Mus. ms. Bach
P 337".

[29] Für den Hinweis auf *P 241* danke ich Paul Corneilson. Siehe auch TBSt 1, S. 24, und
TBSt 2/3, S. 16.

[30] Siehe LBB 2 (U. Leisinger/P. Wollny), S. 510 f.

12172 Rara: „Die geschriebenen Vorspiele und Choräle in diesem Bande sind von der Hand des ehemaligen Organisten Müthel in Riga, eines Schülers von Joh. Sebastian Bach.").

Im Fall von *P 337* ist nicht allein die Existenz der genannten Schreiberkommentare von Poelchaus Hand bemerkenswert, sondern auch andere Merkmale. Erstens verwendet Poelchau bei den Erwähnungen von Michel die Anrede „H." (als Abkürzung für „Herrn"); in der gleichen Weise bezeichnet er den Schreiber Hoffmann in *P 337*. Zweitens gibt Poelchau Informationen über die Berufe Michels und Müthels, ähnlich wie er es von der musikalischen Tätigkeit von Anon. 309 („Fagottist") auf Seite 17 von *P 337* tat.

Warum aber zeigte Poelchau im Fall von *P 337* Interesse an Schreibern, die im Vergleich zu Michel und Müthel eine untergeordnete Rolle bei der Überlieferung von Werken der Bach-Familie spielten? Vermutlich wurde dies von besonderen Eigenschaften der Quelle motiviert. Sicherlich jedoch regte C. P. E. Bachs eigenhändige Anmerkung auf der Titelseite der Partitur seiner Passionskantate bezüglich des Fehlens eines Autographs Poelchaus Neugier an, nach den Urhebern dieses Manuskripts zu suchen. Poelchau, der eifrig Autographe sammelte, wäre der merkwürdige Aufbau der Quelle hinsichtlich der beteiligten Schreiber sicherlich auch ohne diese Notiz beim Durchblättern sofort aufgefallen.

Hat die Plazierung seines letzten Schreibervermerks vielleicht sogar den Charakter eines inneren Monologs während der ersten Begegnung mit der Partitur? Die ersten drei Schreibernamen tauchen jeweils beim ersten Auftreten der betreffenden Hände auf (Seite 1, 3 und 17), während der Vermerk „H. Hoffmann" auf Seite 161 (von insgesamt 245) nach einer auffälligen, 30 Seiten umfassenden Lücke erscheint, in der diese Kopistenhand gar nicht vorkommt. Jedenfalls deuten die Blässe und Flüchtigkeit seiner Schrift in *P 337* vielleicht auf Erinnerungen für seinen privaten Gebrauch oder eventuell auf Informationen hin, die ihm auf die Schnelle gegeben wurden; jedenfalls unterscheiden sie sich deutlich von den oben diskutierten Schreibervermerken.

Wer auch immer Poelchau mit diesen Informationen versorgt hat, er muß intime Kenntnisse über die Musiker und Schreiber aus C. P. E. Bachs Umkreis gehabt haben. Als mögliche Quelle für die Bestimmung der Identitäten der Schreiber kommen Bachs Nachfolger Schwencke, Schwenckes Vater Johann Gottlieb (Fagottist unter Bach) und die Sänger Hoffmann und Delver in Betracht sowie andere von Bachs Musikern, die zu der Zeit noch am Leben waren, als Poelchau seine Sammeltätigkeit ausübte. Poelchau war Schüler von Telemanns Enkel Georg Michael Telemann, der die Hamburger Musikszene in den späten 1750er und 1760er Jahren kannte; auch er kommt daher als Informant in Frage.[31]

---

[31] Für den Hinweis auf die letztgenannte Möglichkeit danke ich Jason Grant.

*

Obwohl die Identifizierung von Anon. 307 und 309 beim jetzigen Forschungsstand nur unvollständig gelingen kann, erfüllen die Neuerkenntnisse zu zwei Hamburger Schreibern C. P. E. Bachs mehrere Zwecke. Aus philologischer Sicht regen sie dazu an, die Chronologie von Bachs Hamburger Zeit weiter zu verfeinern; aus biographischem Blickwinkel unterstreichen sie die vielseitige und bedeutende Rolle, die Bach den Sängern und Instrumentalisten seines Kirchenmusikensembles bei der Herstellung und Bewahrung der von ihm aufgeführten Werke beimaß. Und schließlich erweitern diese Informationen unser Verständnis des Sammlers Poelchau, da seine bisher nur in geringer Zahl ausgewerteten Anmerkungen zu Schreibern seinen Bemühungen um die Bewahrung musikalischer Leistungen der Vergangenheit eine neue Facette verleihen.

Moira Leanne Hill (Northfield, Minnesota)

Abbildung 1:
P 337, S. 1: „Wanscher"

Abbildung 2:
D-B, *Mus. ms. 30285* (G. P. Telemann, Motette „Komm, heiliger Geist, Herre Gott"
TVWV 3:92), S. 1, geschrieben von Anon. 307

Abbildung 3:
P 337, S. 17: „Fagottist Schröder"

Abbildung 4:
P 337, S. 29: Der von Anon. 309 geschriebene Name des Tenoristen Wreden von
C. P. E. Bach getilgt und durch „Michel" ersetzt

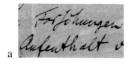

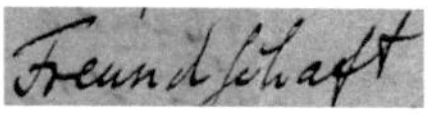

Abbildung 5a–b:
Ausschnitte aus einem Brief von G. Poelchau an Friedrich Schlichtegroll,
27. Oktober 1818; D-B, *Mus. ep. Poelchau, G. 2*

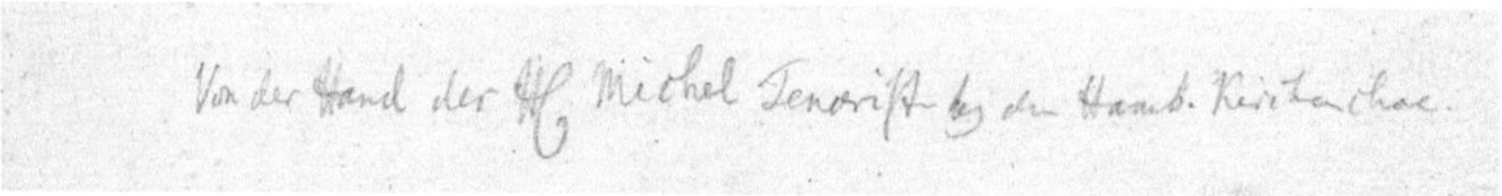

Abbildung 6:
P 340, Seite 31: Hinweis auf den Schreiber Michel von der Hand Poelchaus

Schrieb Johann Kuhnau einen dritten Teil der *Neuen Clavier Übung*?[1]

Die Abteilung „Libri musici" des Bücherkatalogs der Leipziger Ostermesse von 1724 nennt die folgenden Titel von Johann Kuhnau[2]:

Kuhnauens, Joh. Neue Clavier-Ubung, 3. Theile 4. Leipzig, bey Joh. Herb. Kloß. Ejusd. Musicalischer Vorstellung einiger Bibl. Historien in 6. Sonaten in Kupffer gestochen, 4. ib. ap. eund.

Überraschend ist insbesondere der erste Eintrag, denn es wird gemeinhin angenommen, daß Kuhnau lediglich zwei Teile seiner *Neuen Clavier Übung* veröffentlicht hat.[3] Der vorliegende Katalog hingegen scheint zu belegen, daß „3. Theile" dieser Reihe im Quartformat („4.") angeboten wurden. Da der Katalogeintrag arabische Ziffern aufweist, ist ein typographischer Fehler allerdings nicht ausgeschlossen („3" statt „2"). Hinzu kommt, daß Meßkataloge nicht durchweg glaubwürdige Quellen sind – sie wurden häufig genutzt, um den Markt für geplante Publikationen zu testen, die dann in Wirklichkeit nie erschienen.[4]

Diese Vorbehalte scheinen jedoch im vorliegenden Fall nicht zuzutreffen, da es eine Bestätigung im *Allgemeinen Europäischen Bücher-Lexicon* für das Jahr 1742 gibt. Dieses von dem in Leipzig ansässigen Buchhändler Theophil Georgi ins Leben gerufene bibliographische Nachschlagewerk nennt drei Teile von Johann Kuhnaus *Neuer Clavier Übung* in drei aufeinanderfolgenden Einträgen:

---

[1] Dieser Aufsatz geht auf einen Vortrag zurück, den ich auf dem Bach Network Dialogue Meeting 2019 (Madingley Hall, Cambridge/UK, 8.–12. Juli 2019) hielt. Ich danke allen, die seinerzeit hilfreiche Anmerkungen und Vorschläge gemacht haben. Die Forschungen für diesen Beitrag wurden gefördert vom Narodowe Centrum Nauki (Nationales Forschungszentrum Polen, Projekt-Nr. 2016/20/S/HS2/00058). Die hier diskutierte Hypothese über die Existenz eines dritten Teils von Kuhnaus *Neuer Clavier Übung* habe ich bereits in meinem Buch *Trzecia część Clavier Übung Johanna Sebastiana Bacha: muzyka i znaczenie* (Kraków 2019) vorgestellt.

[2] *Catalogus universalis sive designatio eorum librorum*, Leipzig 1724, S. [46] (Olms Microform: *Bibliothek der Deutschen Sprache*, Serie 3: Nachschlagewerke, 3.3.00.01. 3.056).

[3] J. Kuhnau, *Neuer Clavier Ubung Erster Theil*, Leipzig 1689; J. Kuhnau, *Neuer Clavier Übung Andrer Theil*, Leipzig [1692].

[4] A. Göhler, *Die Messkataloge im Dienste der musikalischen Geschichtsforschung. Eine Anregung zur zeitgenössischen Bücherbeschreibung*, Leipzig 1901 (Reprint: Hilversum 1965) S. 19–24.

368	K U H N		K U N A		Bog.	Thl	gr.
1695 Johann.	Kuhnau Clavir-Ubung 1. Theil	f.	Leipz. Kloß		22f	—	21
1695 ——	—— id. lib. 2.	f.			22f.	—	21
1724 ——	—— id. lib. 3.	Biblifche Hifto-					
	rien	f.			55f3b	7	8
1710 ——	—— Frifche Clavir-Früchte	f.	Dreßd. Zimm.		25	1	—
1700 ——	—— Mufical-Quackfalber	12	—— Mieth		23	—	5
1607 David	Kuhnemanni de Beneficio competentiæ	4	Goslar. König		23	—	5

Abbildung 1:
T. Georgi, *Allgemeines Europäisches Bücher-Lexicon*, Leipzig 1742, Bd. 2, S. 368
(Exemplar: D-Mbs, *2 N. libr. 4-2*)[5]

Die beiden ersten Bände entstammen offenbar der heute noch nachweisbaren Auflage von 1695.[6] Sie wurde vom Autor selbst herausgegeben, doch der erste Teil enthält auf dem Titelkupfer den Zusatz: „Zu finden bey Joh. Herbordt Klosen". Kloß (Kloss, Klosius; † 1730, nachweisbar 1684–1730[7]) war ein Leipziger Buchhändler und Verleger, der spätestens ab 1695 am Vertrieb von Kuhnaus Drucken beteiligt war. Es wäre daher kaum überraschend, wenn er – wie es das *Allgemeine Europäische Bücher-Lexicon* behauptet – einen dritten Teil der *Neuen Clavier Übung* veröffentlicht hätte. Auffällig ist allerdings das Erscheinungsjahr 1724 – zwei Jahre nach Kuhnaus Tod.

Die graphische Gestaltung des Eintrags im *Allgemeinen Europäischen Bücher-Lexicon* scheint anzudeuten, daß Teil III der *Neuen Clavier Übung* und die *Biblischen Historien*[8] als eine Einheit angesehen wurden, was die Annahme nahelegt, daß Kloß eine Neuauflage der *Biblischen Historien* vorlegte und diese als dritten Teil der *Neuen Clavier Übung* bezeichnete. Doch der Umfang der drei Werke stützt diese Überlegung nicht.

Die fünfte Spalte von Georgis Bibliographie gibt die Zahl der Druckbogen für jedes verzeichnete Werk an.[9] Für den ersten und zweiten Teil der *Neuen Clavier Übung* lautet die Zahl „22 f.", während der Umfang von Teil III und den

---

[5] Georgis *Bücher-Lexicon* ist als Scan des Münchener Digitalisierungszentrums greifbar: https://reader.digitale-sammlungen.de/de/fs1/object/display/bsb10497580_00748. html (Zugriff: 21. 8. 2019).

[6] Die frühen Ausgaben von Kuhnaus Werken wurden von C. David Harris im Kritischen Bericht seiner Kuhnau-Edition detailliert beschrieben; siehe *Johann Kuhnau. The Collected Works for Keyboard*, hrsg. von C. D. Harris, New York 2003, Bd. 2, S. 129–143.

[7] D. L. Paisey, *Deutsche Buchdrucker, Buchhändler und Verleger 1701–1750*, Wiesbaden 1988 (Beiträge zum Buch- und Bibliothekswesen. 26.), S. 133.

[8] Dieses Werk wurde erstmals von Immanuel Tietz (Leipzig 1700) verlegt.

[9] „Bog." ist offenbar eine Abkürzung für „Bogen". Dies belegt eine Formulierung auf der Titelseite: „Bey iedem Buche sind zu finden die unterschiedenen Editiones, die Jahr-Zahl, das Format, der Ort, der Verleger, die Anzahl der Bögen und der Preiß." Siehe T. Georgi, *Allgemeines Europäisches Bücher-Lexicon*, Leipzig 1742, Bd. 1.

Biblischen Historien mit „55 f 3 b" angegeben ist. Georgi war bezüglich dieser Angaben sehr gewissenhaft, da das Papier bei Büchern stets der kostbarste Faktor war, der sich unmittelbar auf den Preis niederschlug.[10] „22 f." steht vermutlich für 22 Bogen in folio. Da in diesem Format ein Bogen vier Druckseiten ergibt,[11] müßten der erste und der zweite Teil der *Neuen Clavier Übung* gemäß Georgi jeweils 88 Seiten aufweisen, was ziemlich genau mit den Umfängen der nachweisbaren Auflagen übereinstimmt.[12] Diese Analysen mögen zeigen, daß Georgi eine zuverlässige Quelle ist, auch wenn die Seitenkalkulationen nicht immer absolut genau sein mögen. Die Angaben für den dritten Eintrag seiner Liste („55 f 3 b") wären dann als 55 Bogen im Folioformat zu deuten, was 220 Seiten entspricht, während die Bedeutung von „3 b" unklar bleibt.[13] Da die *Biblischen Historien* einen Umfang von 124 Seiten haben,[14] müßte der dritte Teil der *Neuen Clavier Übung* rund 96 Seiten umfassen.

Die Hypothese, daß Teil III der *Neuen Clavier Übung* eine eigenständige Publikation war (und nicht lediglich eine Neuausgabe der *Biblischen Historien*) wird durch das Layout des Leipziger Bücherkatalogs von 1724 gestützt: Die drei Teile der *Neuen Clavier Übung* bilden eindeutig einen separaten Eintrag, der von dem der *Biblischen Historien* klar unterschieden ist.

Obwohl weder von Teil III der *Neuen Clavier Übung* noch von der 1724er Ausgabe der *Biblischen Historien* Exemplare greifbar sind, erscheint der Nachweis einer 1725 erschienenen Auflage der letztgenannten Sammlung doch von Bedeutung (A-Wn, *SA. 82. F. 69*). Sämtliche früheren Ausgaben nen-

---

[10] Die Preisberechnung von Büchern nach deren Umfang ermöglichte auch den Tauschhandel zwischen Buchhändlern in verschiedenen Städten und Ländern; dies führte zu einer Erweiterung des Angebots. Siehe H. Furstner, *Geschichte des Niederländischen Buchhandels*, Wiesbaden 1985, S. 46 f.

[11] *Music Printing and Publishing*, hrsg. von D. W. Krummel und S. Sadie, New York und London 1990, S. 510–513.

[12] Das Exemplar der *Neuen Clavier Ubung Erster Theil* (Leipzig 1695) in D-LEm (Digitalisat: https://sachsen.digital/werkansicht/dlf/197452/1/, Zugriff 20. 8. 2019) hat 94 Seiten (Frontispiz, Titelseite, 4 Seiten Vorwort, 79 Seiten mit musikalischer Notation und 9 Leerseiten). Das mit diesem zusammengebundene Exemplar von *Neuer Clavier Übung Andrer Theil* (Leipzig 1695; Digitalisat: https://sachsen.digital/werkansicht/dlf/197451/3/0/, Zugriff 20. 8. 2019) hat hingegen 92 Seiten (Titelseite, 3 Seiten Vorwort, 81 Seiten mit musikalischer Notation und 7 Leerseiten).

[13] Trotz eingehender Diskussionen mit Spezialisten für die Kulturgeschichte der frühen Neuzeit konnte keine eindeutige Auflösung der Chiffre „b 3" gefunden werden. Unter verschiedenen Erklärungen scheint mir der Vorschlag von Dr. Michał Czerenkiewicz (Uniwersytet Jagielloński) bemerkenswert, demzufolge das Kürzel drei Abbildungen meinen könnte.

[14] Laut Harris (wie Fußnote 6, S. 139) umfassen die *Biblischen Historien* 62 Blätter (= 124 Seiten).

nen Immanuel Tietze als Verleger,[15] während das Exemplar in Wien hingegen
Kloß auf der Titelseite nennt (siehe Abbildung 2).

Abbildung 2:
J. Kuhnau, *Musicalische Vorstellung Einiger Biblischer Historien*, Leipzig 1725,
Titelseite (Exemplar: A-Wn, *SA. 82. F. 69*)

In dieser Ausgabe betrifft die wesentliche Abweichung zu früheren Ausgaben
die Titelseite[16]; es ist also durchaus wahrscheinlich, daß Kloß die Druckplatten
von Tietze erwarb und lediglich die Titelseite austauschte. Sollte dies der Fall
gewesen sein, dann hat Kloß möglicherweise ebenfalls die Handschriften einer
Reihe von bis dahin unveröffentlicht gebliebenen Stücken Kuhnaus übernommen und sie nachfolgend als Teil III der *Neuen Clavier Übung* veröffentlicht.
Dieses Szenario erscheint plausibel, zumal die Nachkommen des Komponisten
nachweislich den Versuch unternahmen, zwei von dessen nachgelassenen Werken zu veröffentlichen. In einer „Nota" am Ende von Johann David Heinichens
1728 erschienenem Traktat *Der General-Bass in der Composition* heißt es:

Es sind die verschiedene im Druck herausgegebene *Musicali*sche und andere Schriften
des sonst berühmten Herrn *Kuhnau* […] der *Musicali*schen Welt allbereit so bekannt,
daß es überflüßig seyn würde, allhier viel Rühmens von der besondern Geschicklichkeit

---

[15] Ebenda, S. 139–141.
[16] Das Layout der Vorworte weicht ebenfalls von den anderen Ausgaben des 18. Jahr-
      hunderts ab; siehe Harris (wie Fußnote 6), S. 139 f.

und Gelehrsamkeit dieses Mannes zu machen. Weil er nun nach seinem Tode unten *specificir*te 2. *Manuscripta* in lateinischer Sprache hinterlassen […], welche dessen Erben gern an einen billigen Verleger bringen möchten; als hat man solches hiermit denen Liebhabern kund thun […] wollen. Solte sich ein Verleger dazu finden, so kan er sich entweder hier in Dresden, oder bey der *Kuhnau*ischen Frau Wittbe in Leipzig melden.[17]

Die bisher diskutierten Quellen scheinen die Annahme, daß Kloß um 1724 tatsächlich einen dritten Teil der *Neuen Clavier Übung* veröffentlichte, zu stützen. Dennoch bleibt zu bedenken, daß bis zum Auftauchen eines Exemplars der fraglichen Ausgabe sämtliche Überlegungen spekulativ bleiben.

Die in den 1730er Jahren erschienenen Kataloge und Ankündigungen der Leipziger Buchhändler bieten weiteres Material für unsere Diskussion. 1734 bot Johann Heinrich Zedler, der nach Kloß' Tod dessen Verlag übernommen hatte,[18] auf der Leipziger Messe und in seinem Laden zwei Teile der *Neuen Clavier Übung* sowie die *Biblischen Historien* an.[19] Diese Mitteilung ist von besonderer Bedeutung, weil sie nicht im Register von Göhlers bibliographischem Nachschlagewerk zu finden ist.[20]

Ähnlich informierte der Augsburger Verleger Johann Jakob Lotter die Öffentlichkeit 1735 in einer Anzeige, die am Ende von Johann Valentin Rathgebers *Holocaustomatis ecclesiastici* plaziert ist, daß die *Biblischen Historien* und die beiden Teile von Kuhnaus *Neuer Clavier Übung* sowohl in seinem Geschäft als auch auf der Münchner Messe zu haben seien.[21] Daß keiner dieser Händler – insbesondere Zedler – den dritten Teil der *Neuen Clavier Übung* nennt, erscheint seltsam. Allerdings können hierfür verschiedene Gründe verantwortlich sein; denkbar wäre etwa, daß es auf dem Markt kein Interesse gab oder daß die Druckplatten nicht an Zedler, sondern an einen anderen Händler gegangen waren – zum Beispiel an Johann Samuel Heinsius.

---

[17] J. D. Heinichen, *Der General-Bass in der Composition*, Dresden 1728, S. [987]. Die erste Fassung war 1711 in Hamburg bei Benjamin Schiller unter dem Titel *Neu erfundene und gründliche Anweisung* […] *zu vollkommener Erlernung des General-Basses* erschienen. Die Ausgabe von 1728 enthält wesentliche Änderungen und Erweiterungen.

[18] G. Quedenbaum, *Der Verleger und Buchhändler Johann Heinrich Zedler, 1706–1751. Ein Buchunternehmer in den Zwängen seiner Zeit. Ein Beitrag zur Geschichte des deutschen Buchhandels im 18. Jahrhundert*, Hildesheim 1977, S. 133.

[19] Vgl. den Katalog im Anhang von *Eröffnetes Cabinet grosser Herren*, Bd. 14, Leipzig 1734, S. [234].

[20] Göhler (wie Fußnote 4), Teil 3, S. 11.

[21] J. V. Rathgeber, *Holocaustomatis ecclesiastici. Pars III. Complectens offertoria festivalia*, op. 14, Augsburg 1735; das Verzeichnis findet sich auf den letzten beiden Seiten des *Canto*-Stimmbuchs.

Der Leipziger Verleger und Buchhändler Heinsius war ein Handelspartner von Zedler.[22] In seinem 1748 erschienenen Katalog lieferbarer Bücher findet sich folgender Eintrag[23]:

Kuhnaus, Joh. musicalische Vorstellung einiger biblischer Historien auf den Clavier zu spielen, 2 Theile, fol. Leipz. [1]725 1 rthlr.

Die *Biblischen Historien* sind hier als ein Druck in „2 Theilen" bezeichnet. Es ist also nicht auszuschließen, daß Heinsius den bei Georgi beschriebenen Druck anbot, bestehend aus dem dritten Teil der *Neuen Clavier Übung* und den *Biblischen Historien*.

Unabhängig davon, ob die vorgestellte Hypothese die Wahrheit trifft oder nicht, bieten die diskutierten Dokumente faszinierende Einblicke in die lebhafte Rezeption von Johann Kuhnaus Tastenwerken in Leipzig und darüber hinaus (Augsburg, München). Seine Veröffentlichungen müssen ein großer Erfolg gewesen sein, da sie wieder und wieder aufgelegt wurden und sich über ihre Erstveröffentlichungen hinaus für mehrere Jahrzehnte einer weiten Verbreitung erfreuten.[24] Johann Sebastian Bach, der sein Amt als Thomaskantor 1723 antrat, hatte vermutlich Gelegenheit, die von Kloß besorgten Ausgaben kennenzulernen; es ist mithin denkbar, daß seine Idee, eine Serie von Veröffentlichungen eigener Werke unter dem Titel *Clavier Übung* herauszubringen, zumindest teilweise von Kuhnaus Erfolg angeregt wurde.[25]

Tomasz Górny (Warszawa)
Übersetzung: Stephanie Wollny

---

[22] Quedenbaum (wie Fußnote 18), S. 264 und 305.

[23] *Catalogus novus universalis, Derer Bücher, Welche vor den beygesetzten Preiß zu haben sind Bey dem Buchhändler Joh. Sam. Heinsius zu Leipzig*, Leipzig 1748, S. 394.

[24] Kuhnaus Drucke waren noch greifbar, als Breitkopf seinen Musikalienhandel begann; siehe *Verzeichniß Musikalischer Bücher, […] welche bey Johann Gottlob Immanuel Breitkopf in Leipzig […] zu bekommen sind. Zweyte Ausgabe*, Leipzig 1761, S. 48; *Verzeichniß Musikalischer Bücher […] welche bey Bernh. Christoph Breitkopf und Sohn in Leipzig […] zu bekommen sind. Dritte Ausgabe*, Leipzig 1763, S. 74.

[25] Zu Parallelen zwischen Kuhnaus und Bachs Sammlungen siehe unter anderem NBA V/1 Krit. Bericht (R. D. Jones, 1978), S. 54; sowie C. Wolff, *The Clavier-Übung Series*, in: ders., Bach: Essays on his Life and Music, Cambridge/Mass. 1991, S. 189–213, speziell S. 189 f.

Zur Aufführung des Oratoriums „Isaac, ein Vorbild des Erlösers" in der Leipziger Thomaskirche im Jahr 1754

In der Abteilung „Ausländische Bücher" der Russischen Nationalbibliothek St. Petersburg, die eine stattliche Zahl von deutschen Musiktextdrucken aus dem 17. und 18. Jahrhundert verwahrt, konnte ein weiteres Heft mit der Dichtung zu einer Leipziger Passionsmusik ermittelt werden (Signatur: *17.82.6.35b*); das hier dokumentierte Werk erklang am Karfreitag 1754 in der Thomaskirche. Diese Quelle ist von besonderer Bedeutung im Zusammenhang mit den kürzlich in der Turmbibliothek der Stadtkirche St. Laurentius in Nürtingen aufgefundenen und im BJ 2018 vorgestellten Abschriften (Partitur und Stimmen) von Gottlob Harrers Oratorium „Isaac".[1] Wie seit langem bekannt ist, nennt der 1764 veröffentlichte nichtthematische Katalog von Johann Gottlob Immanuel Breitkopf Harrers Komposition wie folgt: „Oratorio, Isaaco, figura del Redemtore, del Abb. Metastasio. ins Deutsche übersetzt. Genug mein Sohn, genug, der größte Theil der Nacht. *a Cornetto, 2 Trombone, 2 Oboi, 2 Violini, Viola, 2 Flauti, S. A. T. B.* in Part. a 6 thl. 16 gl."[2] Diesem Nachweis folgend wurde das Oratorium mit dem genannten Textincipit in das Verzeichnis der Werke von Harrer als HarWV Anh. I/124 aufgenommen.[3] Der Textbeginn in der von Helmut Lauterwasser entdeckten Partitur von „Abraham und Isaac" stimmt allerdings nicht völlig mit dem Breitkopf-Verzeichnis von 1764 überein, sondern beginnt mit den Worten „Genug mein Sohn, die Nacht bricht ein".[4] Die in den Nürtinger Abschriften geforderte Instrumentalbesetzung hingegen entspricht weitgehend den Angaben bei Breitkopf.

Das in Petersburg entdeckte Textheft wartet mit der verblüffenden Erkenntnis auf, daß das 1754 in Leipzig aufgeführte Oratorium mit demselben Incipit begann wie das bei Breitkopf verzeichnete Werk („Genug mein Sohn, genug, der größte Theil der Nacht"). Der hier im Anschluß an eine kurze Beschreibung

---

[1] H. Lauterwasser, *Ein verschollen geglaubtes Oratorium von Gottlob Harrer in Nürtingen*, BJ 2018, S. 185–206.

[2] *Verzeichniß Musicalischer Werke allein zur Praxis, sowohl zum Singen, als für alle Instrumente, welche nicht durch den Druck bekannt gemacht worden; in ihre gehörige Classen ordentlich eingetheilet; welche in richtigen Abschriften bey Bernh. Christoph Breitkopf u. Sohn, in Leipzig […] zu bekommen sind*, Leipzig 1764, S. 18.

[3] U. Kollmar, *Gottlob Harrer (1703–1755), Kapellmeister des Grafen Heinrich von Brühl am sächsisch-polnischen Hof und Thomaskantor in Leipzig. Mit einem Werkverzeichnis und einem Katalog der Notenbibliothek Harrers*, Beeskow 2006, S. 245.

[4] Lauterwasser (wie Fußnote 1), S. 190 f.

des St. Petersburger Hefts und seines bibliographischen Zusammenhangs mitgeteilte Text weicht allerdings in erheblichem Maße von der Nürtinger Quelle
ab und zeigt kaum Übereinstimmungen (siehe auch Abbildungen 1–3). Der
Titel lautet:

Isaac, | *ein Vorbild* | *des Erlösers,* | *am* | *heiligen Char-Freytage* | *in der Kirche zu St.*
Thomä | *vorgestellet* | *Anno 1754.* | *Singende Personen:* | *Die Stimme GOttes.* | *Der*
Engel des HErrn. | *Abraham. Isaac. Sara.* | *Gamaris, Isaacs Vertrauter.*[5]

Format: 17,8 × 10,3 cm; Umfang: 16 Seiten. Es handelt sich um den zweiten Faszikel
eines Konvoluts verschiedener Hefte mit Texten zu Kirchenmusiken, die zwischen dem
Ende des 18. und der Mitte des 19. Jahrhunderts in Riga, Helsinki (Helsingfors) und St.
Petersburg aufgeführt wurden (Signatur: *17.82.6.34a–17.82.6.39f,* olim *24.XIII.6/15–24.*
XIII.6/20):

1: *Kantate* | *über die* | *Leidensgeschichte Jesu Christi,* | *zufolge der* | *Erzählung des*
   Evangelisten Johannes. | *Zur Musik* | *in* | *den Rigischen Stadt-Kirchen* | *bestimmt.* ||
   Riga, | *gedruckt und zu bekommen bei W. F. Häcker.* | *1825.*
2: *Isaac* (Titel siehe oben)
3: *Zur* | *Einweihung eines neuen Gotteshauses,* [Riga 1835].
4: *Kantate* | *am Pfingstfeste,* | *aufgeführt* | *in der Petri-Kirche* | *zu St. Petersburg.* || *Der*
   Text ist aus verschiedenen Pfingst-Gesängen gewählt, | *und in Musik gesetzt* | *von* |
   einem Mitgliede der Petri-Gemeinde. | *1797.*
5: [Ohne Titel-Seite]: „Vor der Predigt"; „Nach der Predigt". Am Ende: „S^t· PETERS-
   BURG, | GEDRUCKT BEI M. C. IVERSEN. | 1813".
6: *LOBGESANG* | *Eine Symphonie-Cantate* | *Nach Worten der heiligen Schrift* | *com-*
   ponirt von | *Felix Mendelssohn-Bartholdy.* || *HELSINGFORS,* | *J. C. Frenckell &*
   Sohn, 1851.

Auf der letzten Seite des letzten Hefts dieses Konvoluts findet sich in Bleistift
die sogenannte Registrierungsnummer („1853/1.642") der Kaiserlichen Öffentlichen Bibliothek St. Petersburg. Mit Hilfe eines archivalischen Dokuments (einem Brief des Ministers für Nationale Bildung vom 19. Mai 1853)
läßt sich ermitteln, daß zumindest dieses Heft am 1. April 1853 über den Ge-

---

[5] Obwohl die Stadt Leipzig in dem neu aufgefundenen Textheft nicht erwähnt wird,
   stimmen sämtliche Details des Drucks und der graphischen Gestaltung der Titelseite
   mit ähnlichen Leipziger Textheften der Zeit überein. Siehe etwa das Textheft zu Gott-
   lob Harrers „Paßions- | Oratorium, | wie es | am heil. Charfreytage | Anno 1752. | all-
   hier in der | St. Thomas-Kirche | aufgeführet werden soll" (D-LEm, *I B 41*). Auch das
   Verzeichnis der „Singenden Personen" entspricht genau den Angaben in dem St. Petersburger Heft. Zu bedenken ist überdies, daß die Titelseite des Texthefts zur Aufführung von Bachs Markus-Passion im Jahr 1744 in der Thomaskirche ebenfalls keinen
   Hinweis auf den Ort gibt. Siehe T. Schabalina, *„Texte zur Music" in Sankt Petersburg*
   – Weitere Funde, BJ 2009, S. 11–48, speziell S. 13 und 45.

hilfen des Finnischen Generalgouverneurs in die Bibliothek kam.[6] Es bleibt jedoch ungewiß, ob der Leipziger Textdruck von 1754 zu dieser Zeit bereits Teil des Konvoluts war. In den Unterlagen des Bibliotheksarchivs wird jedenfalls lediglich das letzte Heft erwähnt: „642. Lobgesang eine Symphonie Cantate. Helsingf. 1851 in 8°." Es ist daher sehr wahrscheinlich, daß die oben genannten Hefte erst zu einem späteren Zeitpunkt in der St. Petersburger Bibliothek zusammengelegt und in einem Band vereinigt wurden. Daher muß die Provenienz des „Isaac"-Librettos als unbekannt angesehen werden. Es ist allerdings auffällig, daß die Abteilung „Ausländische Bücher" der Russischen Nationalbibliothek zahlreiche Textdrucke zu musikalischen Werken besitzt, die in der Leipziger Thomaskirche aufgeführt wurden, darunter die Passionsmusiken der Jahre 1734, 1744 und 1756.[7] Deren Provenienz ist ebenfalls unbekannt.

Die Incipits der einzelnen Sätze des „Isaac" von 1754 lauten wie folgt:

[Erster Theil]
[Recit.]   Abr.: Genug, mein Sohn, genug, der gröste Theil der Nacht
          Isaac: Mein Vater, ich gesteh dir zu
          Abr.: Ich weiß es wohl, du machst aus allen Dingen Lehren
          Isaac: Nur noch diß eintz'ge sage mir
          Abr.: In einem Alter, da kein Weib nicht mehr gebähren kann
          Isaac: Und der bin ich?
          Abr.: Ja, der bist du
          Isaac: Mein Vater, nein
[Aria]   Ach solt ich meine Redlichkeit
[Recit.]   Abr.: Mein GOtt, wie soll ich dir genugsam dancken
          Die St. GOttes: Wo bist du, Abraham?
          Abr.: Hie bin ich
          Die Stimme GOttes: Mach dich auf
          Abr.: Ach GOtt! Was vor ein schreckliches Geboth
          Gam.: Hier bin ich, Herr, und was befiehlst du mir?
          Abr.: Weckt gleich den Isaac, und lasset meine Sachen
          Gam.: Ich geh' den Augenblick
          Abr.: Der Sara muß ich es verschweigen
          Sara: Wohin eil't Abraham?
          Abr.: GOtt hat mir offenbahr't, ich soll ein Opfer weyh'n
          Sara: Darf ich nicht auch mit dir?
          Abr.: Vor dißmahl gehts nicht an

---

6 Архив РНБ. Фонд 1. Опись 4. 1853. Ед. хр. 49. № 642 (Archiv der Russischen Nationalbibliothek, *Fond 1. Inventar 4. 1853. Einheit 49. Nr. 642*).

7 Siehe Schabalina (wie Fußnote 5), S. 30–35; sowie diess., *„Texte zur Music" in Sankt Petersburg. Neue Quellen zur Leipziger Musikgeschichte sowie zur Kompositions- und Aufführungstätigkeit Johann Sebastian Bachs*, BJ 2008, S. 33–98, speziell S. 58–60 und S. 77–84.

Sara: Warum?
Abr.: GOtt hat mir noch den Ort nicht kund gethan
Sara: Ach die Beschwerlichkeit
Abr.: Es stehet nicht in meiner Macht
Sara: Ach! Abraham, diß schmertzet mich
Abr.: Schweig, Sara, schweig!
[Aria]   Stelle deinen Sinn zufrieden
[Recit.] Sara: Wenn er auch sterben soll
Gam.: Ist Isaac nicht hier?
Sara: Das weiß ich alles wohl
Gam.: Ach schlage dir die Sorgen aus dem Sinn
Sara: Ich zweifle gar an GOttes Gnade nicht
[Aria]   Getreue Mütter muß es kräncken
[Recit.] Gam.: Du gründest dich auf eine Möglichkeit
Sara: (O Anblick, der mich rühret!)
Isaac: Die Kindes-Pflicht bringt mich zu dir geführet
Sara: Wie werd ich mich um deinet willen grämen!
Isaac: Ach, stelle deine Thränen ein
Sara: Weil es GOtt haben will, so mag es auch geschehen
Gam.: So höre doch mit deinen Klagen auf
Sara: Nunmehro werf' ich mich in allen
Gam.: So ist es recht, nehm't ein Exempel dran
[Aria]   Wer nur auf diesen Leit-Stern blicket

Anderer Theil
[Recit.] Abr.: Mein Sohn, hier ist der Ort
Isaac: Ich sehe zwar das Holtz
Abr.: Mein Sohn, der HErr wirds ihm ersehen
Isaac: Du weist, daß ich nicht heucheln kann
Abr.: So frag' ich denn voran
Isaac: Noch mehr, als ich dir kann erzehlen
Abr.: Glaubst du, daß er der Geber alles Guten sey?
Isaac: Das glaub' ich, und bekenn' es frey
Abr.: Muß man sich auch
Isaac: Ja wohl, und Ihn dadurch bis an sein Ende preisen
Abr.: Wie aber, wenn er uns auf harte Proben stell't?
Isaac: So muß man thun, was ihm gefäll't
Abr.: Gesetzt, du soltest itzt dein Leben
Isaac: So dächt' ich gleich in meinem Sinn
Abr.: So wisse denn, mein Sohn, weil hier das Schlacht-Schaaf fehlet
Isaac: Ausdrücklich hat mich GOtt darzu erseh'n?
Abr.: (So ein Gehorsam ist nicht in der Welt zu hören!)
Der Engel GOttes: Halt, Abraham, halt ein, zieh' deinen Arm zurücke
Isaac: Wo bin ich = = leb' ich noch = = bist du denn Abraham?
Abr.: Ja, der bin ich, mein Sohn

Isaac: Wie aber wird das Opfer nun gescheh'n?
Abr.: Dort läß't ein Widder sich in einer Hecke seh'n
Der Engel: Abraham, Abraham!
Abr.: Hie bin ich, dein Knecht höret
Der Engel GOttes: GOtt sieht, wie Ihm dein Hertz durch den Gehorsam ehret

[Aria]	Dein Saame soll hier auf der Erden
[Recit.]	Sara alleine: Wer sagt mir, wo mein Isaac

Gam.: Ich will dir alles recht erzehlen
Sara: Nur plage mich mit vielen Worten nicht
Gam.: Nein, höre mich nur an

[Aria]	Erbärmlich war es anzusehen
[Recit.]	Sara: Es scheint als woll'st du zur Vermehrung

Gam.: Den weiß ich nicht
Sara: Ach Abraham, wo hast du meinen Sohn?
Abr.: Hier ist er schon
Isaac: Hier bin ich. Wie? empfängst du mich mit Thränen?
Gam.: Es ist die Würckung von den vielen Sehnen
Sara: Mein Sohn, du hast mir Schmertz gemacht
Isaac: Warum hast du dich denn gekränck't?
Sara: Man weiß mehr als zu wohl
Abr.: So ist der Mensch, er bildet sich gleich ein

[Aria]	Wir können uns um viele Sachen
[Recit.]	Nun aber muß ich dir auch offenbahren

Sara: Wie aber gieng das arme Kind daran?
Abr.: Als ein gedultigs Lamm, ließ er dabey sich sehen
Sara: Und also ward das Opfer nicht vollbracht?
Isaac: GOtt hatte schon in allen drauf gedacht

[Aria]	Hertzlich gerne wolt' ich sterben
[Recit.]	Gam.: Beglückt ist Abraham auf Erden

Sara: Nicht aber das allein

[Aria]	Macht eure Hertzen zu Altären
[Recit.]	Abr.: Noch mehr, GOtt läst durch die Begebenheit
Choral	Der Sohn dem Vater gehorsam ward, etc. bis: Da bist du seelig worden
[Recit.]	Ich schaue jenen Berg
Choral	Seht, wie GOtt so kläglich thut, etc. bis: Seht die Blutes-Tropfen
[Recit.]	Der Widder wickelt sich in Dornen-Hecken ein
Choral	Welch ein Mensch ist GOttes Sohn, etc. bis: An statt aller Sünder
[Recit.]	Er wird nach Schlägen, Hohn und Plagen
Choral	Ach er trägt zu seinem Tod
[Recit.]	Betrübt seh' ich, wie Er den Sterbens-Platz besteigt
Choral	Weint, itzt giebt er gute Nacht, etc. bis: Ins Vaters Hände
[Recit.]	Ich nehme wahr, wie eine Finsterniß
Choral	Finsterniß die gantze Welt, etc. bis: todte sich erheben
[Recit.]	Diß ist der grosse Tag, der GOttes Eifer zwingt
Chorus	Hat GOtt im Himmel schon vor so viel hundert Jahren

Die in dem Leipziger Textheft von 1754 enthaltene Dichtung stimmt nahezu vollständig mit dem Text von Johann Heinrich Rolles Oratorium „Die Opferung Isaacs" überein. Daher ist anzunehmen, daß Harrer im Jahr 1754 dieses Werk in Leipzig aufführte.[8] Andreas Waczkat setzt dessen Entstehung in Rolles Berliner Zeit (um 1741 bis 1746) an.[9] Der Text basiert auf Pietro Metastasios „Oratorio Isacco, Figura del Redentore"; vermutlich handelt es sich jedoch nicht um eine direkte Übertragung der italienischen Dichtung, sondern um die Bearbeitung einer bereits existierenden deutschen Übersetzung. Die Komposition zeigt Merkmale von Rolles frühem Stil und weicht erheblich von seinen später in Magdeburg geschaffenen Musikalischen Dramen ab.[10] Obwohl die Rezeption von Rolles Werken in der zweiten Hälfte des 18. Jahrhunderts sehr breit gestreut war,[11] gab es vor der Entdeckung des St. Petersburger Textdrucks keine Nachweise für eine Aufführung von „Die Opferung Isaacs" in Leipzig zu dieser Zeit. Offenbar handelt es sich um den frühesten dokumentarischen Nachweis für dieses Stück überhaupt.[12] Ein Vergleich der Texte in dem Leipziger Druck aus der Russischen Nationalbibliothek und in der in Berlin befindlichen Partitur von Rolles „Isaac" (D-B, *Mus. ms. 18703*[13]) zeigt, daß die beiden Quellen speziell in den Rezitativen leicht voneinander abweichen. Zum Beispiel heißt es in der zweiten Zeile des eröffnenden Rezitativs von Abraham „hingebracht", während in der Partitur „zugebracht!" steht. Des weiteren lautet die sechste Zeile im Textdruck „Der Leib muß seiner Ruh' genüßen", in der Partitur hingegen „Der Leib muß ja die Ruh' genießen". In dem sich anschließenden Rezitativ des Isaac beginnt die zweite Zeile mit den Worten „So offt dir nur beliebt", während die Partitur „So

---

[8] Ich bin Peter Wollny für seine Hilfe bei der Identifizierung von Rolles Werk sowie für weitere wertvolle Hinweise zu Dank verpflichtet.

[9] A. Waczkat, *Johann Heinrich Rolles musikalische Dramen: Theorie, Werkbestand und Überlieferung einer Gattung im Kontext bürgerlicher Empfindsamkeit*, Beeskow 2007, S. 190–198.

[10] Ebenda.

[11] Ebenda, S. 287–327.

[12] Waczkat (ebenda, S. 336) weist auf den lückenhaften Kenntnisstand hin, wenn er schreibt „Erste Aufführung: (nicht nachgewiesen)". R. Kaestner (*Johann Heinrich Rolle: Untersuchungen zu Leben und Werk*, Kassel 1932, S. 39) behauptet, die erste Aufführung des „Isaac" habe 1764 in Magdeburg stattgefunden.

[13] Das Wasserzeichen der Partitur, eine Variante des Lilienwappens, ähnelt Heawood Nr. 1843 (1775), Nr. 1839 (ca. 1750–1760) und Nr. 1825 (1763). Die Beschaffenheit des Papiers und Besonderheiten der Kopistenschrift deuten auf eine Entstehung der Partitur deutlich nach 1760 (vermutlich nicht vor 1780). RISM und Waczkat datieren die Handschrift auf „um 1800". Bei dem Schreiber könnte es sich um den aus Magdeburg stammenden, später als Buchhändler, Verleger und Komponist in Berlin wirkenden Johann Daniel Sander (1759–1825) handeln; siehe Waczkat (wie Fußnote 9), S. 336.

offt dir nur gefällt" liest. In Arien sind derartige Divergenzen naturgemäß seltener, doch auch hier finden sich Beispiele. In der Arie des Isaac „Hertzlich gerne wolt' ich sterben" lautet die sechste Zeile im Textdruck „Soll ich ferner hin noch leben", während die Partitur die Lesart „Soll ich länger allhier leben" aufweist. Die folgende Zeile beginnt im Textdruck mit „Woll er seine Gnade geben", in der Partitur mit „Wollst du deine Gnade geben". Die vierte Zeile des Schlußchors beginnt im Textdruck mit „Der uns durch seinem [sic] Tod", in der Partitur mit „Der uns durch Blut und Tod".

Diese textlichen Abweichungen lassen vermuten, daß der 1754 in Leipzig aufgeführte „Isaac" auch einige musikalische Unterschiede aufwies. Neben der Berliner Partitur sind weitere Quellen zu Rolles Werk greifbar: Partitur und Stimmen in D-HER („Isaacs Opfferung | di Rolle", Signatur: *Mus. B. 147:4*, Provenienz: Ebersdorf, Collegium musicum) und eine autographe Reinschrift in D-MAt („Die | Opferung Isaac. | Ein Drama | von | Rolle", Signatur: *Mus. ms. 2*). Diese Handschriften konnten für die vorliegende Studie nicht eingesehen werden, doch weisen sie laut den Quellenvergleichen von Waczkat nur geringfügige Abweichungen von der Berliner Partitur auf; alle drei Handschriften scheinen auf eine gemeinsame Vorlage zurückzugehen.[14] Anscheinend dokumentiert der Leipziger Textdruck von 1754 eine andere Fassung der Passionsmusik. Da der „Isaac" zu Rolles frühesten Werken zählt, wäre es nicht überraschend, wenn der Komponist in späteren Jahren einige Details geändert und eine verbesserte Fassung seines Oratoriums geschaffen hätte.[15]

Vereinen wir unsere Erkenntnisse zu dem neu entdeckten Textbuch mit den Ergebnissen der neueren Forschungsliteratur,[16] so ergibt sich die folgende Chronologie der Aufführungen von Passionsmusiken in Leipzig in der Zeit zwischen 1748 und 1757:

Datum		Aufführungsort	Werk	Nachweise
1748	8. April	Großes Concert (Gasthof zu den Drei Schwanen)	J. A. Hasse, *Serpentes ignei in deserto*	D-W, *Textb. 739* (Textdruck)[17]
	12. April	[Thomaskirche]	?	

---

[14] Waczkat (wie Fußnote 9), S. 336.

[15] Es ist nicht auszuschließen, daß einige dieser Änderungen von Harrer selbst für seine Leipziger Aufführung vorgenommen worden sind. Die verfügbaren Quellen erlauben jedoch keine eindeutigen Rückschlüsse.

[16] Ich danke Peter Wollny für seine Hilfe bei der Erarbeitung dieses Aufführungsverzeichnisses.

[17] M. Bärwald, *Johann Sebastian Bach und die Passionsaufführungen im „Großen Concert"*, BJ 2012, S. 235–249, speziell S. 241 und 248.

Datum		Aufführungsort	Werk	Nachweise
1749	31. März	Großes Concert	J. A. Scheibe, „Wir gingen alle in der Irre"	D-B, *Mus. Tp 230/5* (Textdruck)[18]; Riemer-Chronik[19]
	4. April	[Nikolaikirche]	J. S. Bach, Johannes-Passion BWV 245, Fassung IV	*St 111* (Originalstimmen)[20]
1750	23. März	Großes Concert	J. A. Hasse, *I pellegrini al sepolcro*	B-Br, *Fétis 4547 A 1 Mus.* (Textdruck)[21]; Riemer-Chronik[22]
	27. März	Thomaskirche	nicht identifiziertes Passions-Oratorium (*Andächtige Erinnerungen des leidenden Jesu*; eventuell Pasticcio Graun/Telemann, „Wer ist der, so von Edom kömmt")	Textdruck, verschollen (nur Titel bekannt)[23]
1751	5. April	Großes Concert	J. A. Hasse, *Il cantico de'tre fanciulli*	Riemer-Chronik[24]

---

[18] BJ 2012, S. 238–240 (M. Bärwald); BJ 2018, S. 23–25 (H.-J. Schulze).

[19] A. Dörffel, *Geschichte der Gewandhausconcerte zu Leipzig*, Leipzig 1884, S. 249; G. Wustmann, *Quellen zur Geschichte Leipzigs*, Leipzig 1889, S. 430.

[20] Kobayashi Chr, S. 63.

[21] U. Leisinger, *Hasses „I Pellegrini al Sepolcro" als Leipziger Passionsmusik*, LBB 1, S. 71–85, speziell S. 74.

[22] Dörffel (wie Fußnote 19), S. 249; Wustmann (wie Fußnote 19), S. 430.

[23] Siehe H.-J. Schulze, *Johann Sebastian Bachs Passionsvertonungen*, in: Johann Sebastian Bach. Matthäus-Passion BWV 244. Vorträge der Sommerakademie J. S. Bach 1985, hrsg. von U. Prinz, Kassel 1990 (Schriftenreihe der Internationalen Bachakademie Stuttgart. 2.), S. 24–49, speziell S. 47.

[24] Dörffel (wie Fußnote 19), S. 249; Wustmann (wie Fußnote 19), S. 430. A. Schering, *Musikgeschichte Leipzigs. Dritter Band. Das Zeitalter Johann Sebastian Bachs und Johann Adam Hillers (von 1723 bis 1800)*, Leipzig 1941, S. 269; M. Bärwald, *Italienische Oper in Leipzig (1744–1756)*, Beeskow 2016 (Forum Mitteldeutsche Barockmusik. 6.), S. 485.

Datum	Aufführungsort	Werk	Nachweise
9. April	[Nikolaikirche]	G. Harrer, Johannes-Passion HarWV Anh. I/125 (?)	–[25]
1752 27. März	Großes Concert	J. A. Hasse, *I pellegrini al Sepolcro*	Textdruck, ehemals D-Dl, *Lit. Ital. D 1406* (Kriegsverlust)[26]
31. März	Thomaskirche	G. Harrer, „Ich weiß nicht, wo ich bin" *(La Passione del Nostro Signore)* HarWV 51	D-LEm, *B I 41* (Textdruck); PL-GD, *Ms. Joh. 216* (Originalstimmen)
1753 16. April	Großes Concert	G. Harrer, *Gioas rè di Giuda* HarWV 49	D-Dl, *Mus. 2740-D-1* (teilautographe Partitur, datiert „a[nn]o 1753"); D-HAu, *Pon. IId 1714* (Textdruck); Riemer-Chronik[27]
20. April	Nikolaikirche	G. Harrer, *Der Tod Abels des Gerechten* HarWV 50	D-LEm, *Becker III.2.82* (autographe Partitur, datiert „1753")
1754 8. April	Großes Concert	J. A. Hasse, *La conversione di Sant' Agostino*	Textdruck, ehemals D-LEst (Kriegsverlust)[28]

---

[25] Der einzige Nachweis für diese Passionsmusik ist der Breitkopf-Katalog von 1764. Da es sich um die einzige von Harrer komponierte und aufgeführte oratorische Passion handelt, darf das Werk als ein Anknüpfen an die Leipziger Tradition bis 1750 gewertet werden und ist somit in die noch offene Lücke Karfreitag 1751 einzuordnen (vgl. auch unter dem 28. März 1755).

[26] Schering (wie Fußnote 24), S. 269; BJ 2012, S. 236f. und 242 (M. Bärwald).

[27] Dörffel (wie Fußnote 19), S. 250; Wustmann (wie Fußnote 19), S. 431.

[28] BJ 1913, S. 110 (H. von Hase); Schering (wie Fußnote 24), S. 269; Bärwald, *Italienische Oper in Leipzig* (wie Fußnote 24), S. 488.

Datum		Aufführungsort	Werk	Nachweise
	12. April	Thomaskirche	J. H. Rolle, *Die Opferung Isaacs*	RUS-SPsc, *17.82.6.35b* (Textdruck)
1755	24. März	Großes Concert	J. A. Hasse, *Il cantico de'tre fanciulli*	D-LEb, *Rara II, 651-C* (Textdruck)[29]
	28. März	[Nikolaikirche]	G. Harrer, *Abraham und Isaac* HarWV Anh. I/124 (?)	D-Sla, *254* (Partitur- und Stimmenabschrift)[30]
1756	11./12. April	Großes Concert	J. A. Hasse, *La Deposizione dalla Croce*	D-Hs, *A/347225* (Textdruck)[31]; Riemer-Chronik[32]
	13. April	Exercitio Musico (Konzertsaal im Goldenen Anker)	G. P. Telemann, *Das Selige Erwägen*	Textdruck, ehemals D-LEst (Kriegsverlust)[33]
	16. April	Thomaskirche	J. F. Doles, „Wer ist der, so von Edom kommt"	RUS-SPsc, *15.8.7.158* (Textdruck)[34]
1757	4. April	Konzertsaal im Goldenen Anker	J. A. Hasse, *I pellegrini al Sepolcro*	Textdruck, verschollen[35]

---

[29] Schering (wie Fußnote 24), S. 269; Bärwald, *Italienische Oper in Leipzig* (wie Fußnote 24), S. 486 f.

[30] Lauterwasser (wie Fußnote 1), passim. – Die Nürtinger Abschriften von Harrers „Isaac" sind nicht datiert. Das engmaschige Datennetz für die Passionsaufführungen in der ersten Hälfte der 1750er Jahre erlaubt jedoch die sichere Datierung auf das Jahr 1755. Es ist denkbar, daß Harrer für sein Werk von Rolles Komposition, die ein Jahr zuvor aufgeführt hatte, angeregt wurde.

[31] BJ 2012, S. 243 und 249 (M. Bärwald).

[32] Dörffel (wie Fußnote 19), S. 250; Wustmann (wie Fußnote 19), S. 432.

[33] BJ 1913, S. 110 (H. von Hase); Schering (wie Fußnote 24), S. 269 f.; Bärwald, *Italienische Oper in Leipzig* (wie Fußnote 24), S. 480 f.

[34] BJ 2008, S. 37 und 58 f. (T. Schabalina).

[35] BJ 1913, S. 112 (H. von Hase); Schering (wie Fußnote 24), S. 270; Bärwald, *Italienische Oper in Leipzig* (wie Fußnote 24), S. 516.

Im Zusammenhang mit jüngeren Forschungen zum Leipziger Musikleben nach Bachs Tod[36] liefert das in St. Petersburg aufgefundene Textheft eine willkommene Erweiterung unseres Wissens. Der spätestens seit Ende der 1740er Jahre sich anbahnende Wandel der musikalischen Traditionen läßt sich nunmehr deutlicher als bisher verfolgen. Zudem bildet die Quelle ein kennenswertes Zeugnis für die frühe Rezeptionsgeschichte von Johann Heinrich Rolles Oratorium „Die Opferung Isaacs". Für die letzte Aufführung von J. S. Bachs Johannes-Passion sowie für seine bislang nicht genauer zu datierenden späten Abschriften fremder Passionsoratorien (Händel, Brockes-Passion; Pasticcio Händel/Keiser; vielleicht Pasticcio Graun/Telemann) eröffnet sich ein facettenreicher musikhistorischer Kontext. Vielleicht lassen sich eines Tages auch die Lücken im Kalender der Passionsaufführungen vor 1750 schließen.

Tatjana Schabalina (Sankt Petersburg)
Übersetzung: Stephanie Wollny

---

[36] Ergänzend zu den bereits genannten Veröffentlichungen siehe auch P. Wollny, *Aspekte der Leipziger Kirchenmusikpflege unter Johann Sebastian Bach und seinen Nachfolgern*, in: Jahrbuch SIM 2000, S. 77–91; ders., *Bach, Harrer und Doles: Anmerkungen zum Repertoire des Thomanerchors nach 1750*, in: Geistliche Musik und Chortradition im 18. und 19. Jahrhundert: Institutionen, Klangideale und Repertoire im Umbruch, hrsg. von A. Hartinger, C. Wolff und P. Wollny, Wiesbaden 2017, S. 91–100; F. Heinze, *Vier unbekannte Textdrucke zu Leipziger Ratswahlkantaten aus den Jahren 1751–1754. Überlegungen zum Repertoire der Amtszeit Gottlob Harrers*, BJ 2008, S. 317–327; J. S. Sposato, *Leipzig after Bach: Church and Concert Life in a German City*, New York 2018.

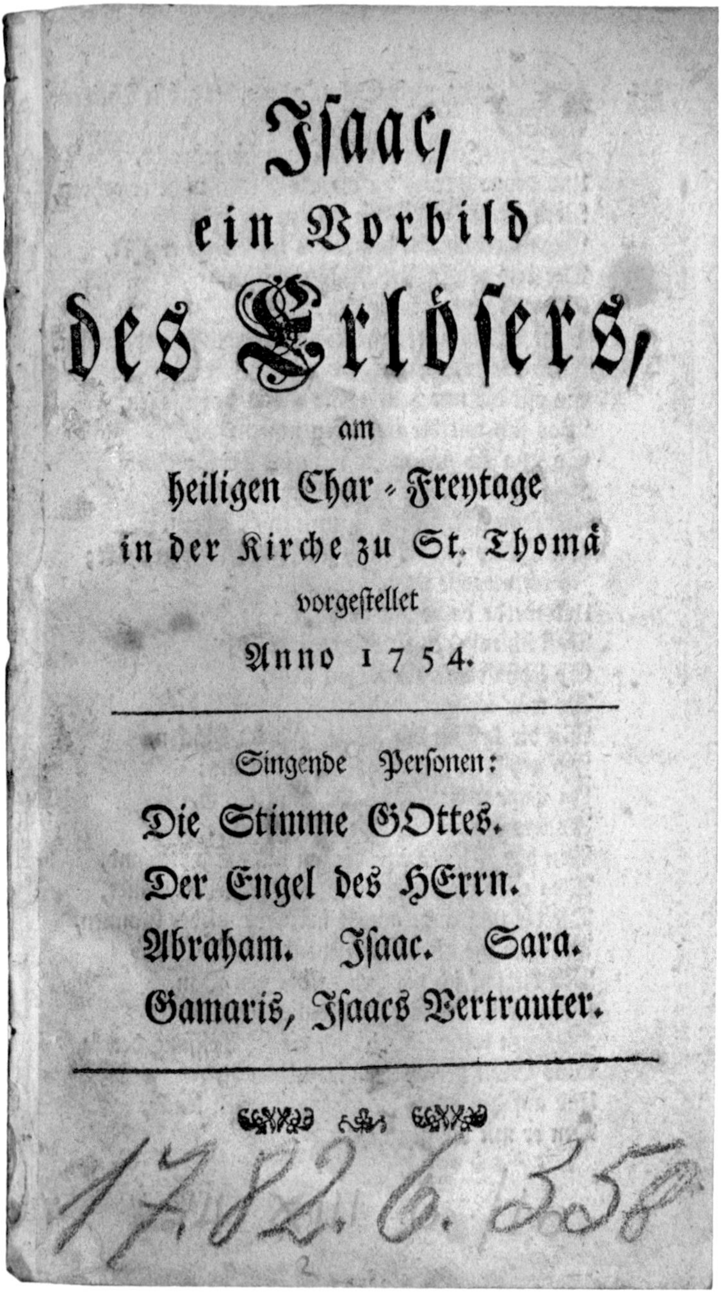

Isaac,
ein Vorbild
des Erlösers,

am

heiligen Char - Freytage
in der Kirche zu St. Thomä

vorgestellet

Anno 1 7 5 4.

Singende Personen:

Die Stimme GOttes.

Der Engel des HErrn.

Abraham. Isaac. Sara.

Gamaris, Isaacs Vertrauter.

Abbildung 1

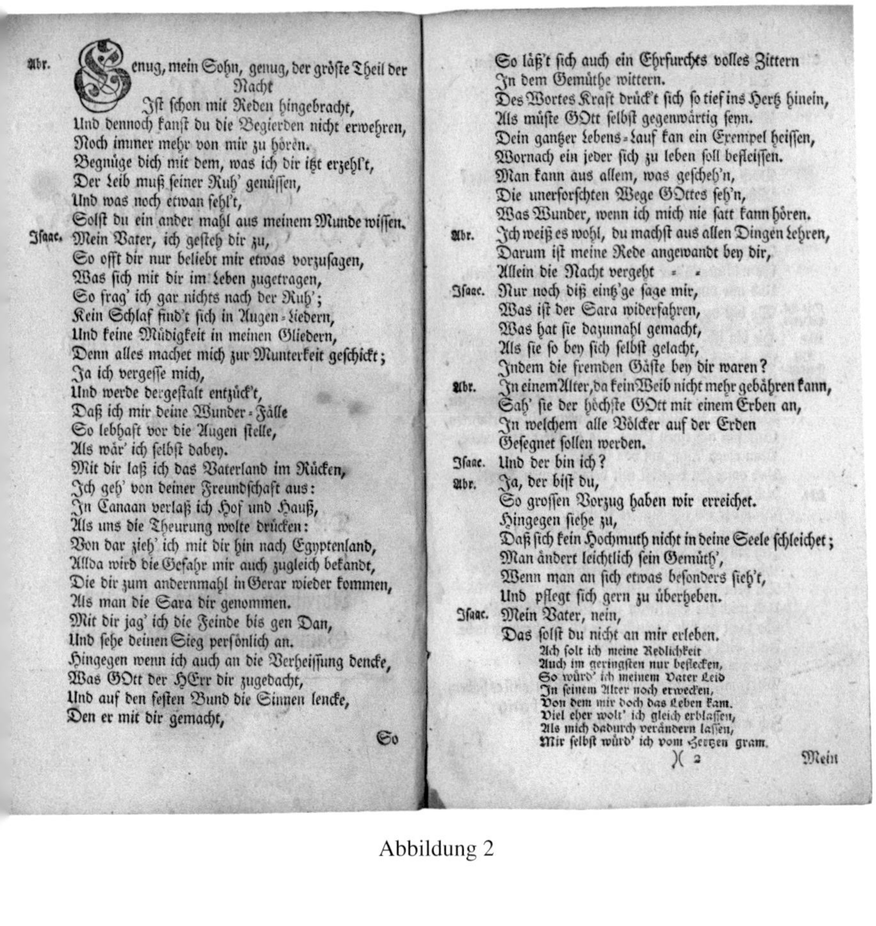

Abr. Genug, mein Sohn, genug, der gröste Theil der Nacht
Ist schon mit Reden hingebracht,
Und dennoch kanst du die Begierden nicht erwehren,
Noch immer mehr von mir zu hören.
Begnüge dich mit dem, was ich dir itzt erzehlt,
Der Leib muß seiner Ruh' genüssen,
Und was noch etwan fehlt,
Solst du ein ander mahl aus meinem Munde wissen.

Isaac. Mein Vater, ich gesteh dir zu,
So offt dir nur beliebt mir etwas vorzusagen,
Was sich mit dir im Leben zugetragen,
So frag' ich gar nichts nach der Ruh;
Kein Schlaf find't sich in Augen-Liedern,
Und keine Müdigkeit in meinen Gliedern,
Denn alles machet mich zur Munterkeit geschickt;
Ja ich vergesse mich,
Und werde dergestalt entzückt,
Daß ich mir deine Wunder-Fälle
So lebhaft vor die Augen stelle,
Als wär' ich selbst dabey.
Mit dir laß ich das Vaterland im Rücken,
Ich geh' von deiner Freundschaft aus:
In Canaan verlaß ich Hof und Hauß,
Als uns die Theurung wolte drücken:
Von dar zieh' ich mit dir hin nach Egyptenland,
Allda wird die Gefahr mir auch zugleich bekandt,
Die dir zum andernmahl in Gerar wieder kommen,
Als man die Sara dir genommen.
Mit dir jag' ich die Feinde bis gen Dan,
Und sehe deinen Sieg persönlich an.
Hingegen wenn ich auch an die Verheissung dencke,
Was GOtt der HErr dir zugedacht,
Und auf den festen Bund die Sinnen lencke,
Den er mit dir gemacht,

So

So läßt sich auch ein Ehrfurchts volles Zittern
In dem Gemüthe wittern.
Des Wortes Kraft drückt sich so tief ins Hertz hinein,
Als müste GOtt selbst gegenwärtig seyn.
Dein gantzer Lebens-Lauf kan ein Exempel heissen,
Wornach ein jeder sich zu leben soll befleissen.
Man kann aus allem, was gescheh'n,
Die unerforschten Wege GOttes seh'n,
Was Wunder, wenn ich mich nie satt kann hören.

Abr. Ich weiß es wohl, du machst aus allen Dingen Lehren,
Darum ist meine Rede angewandt bey dir,
Allein die Nacht vergeht;

Isaac. Nur noch diß eintz'ge sage mir,
Was ist der Sara widerfahren,
Was hat sie dazumahl gemacht,
Als sie so bey sich selbst gelacht,
Indem die fremden Gäste bey dir waren?

Abr. In einem Alter, da kein Weib nicht mehr gebähren kann,
Sah' sie der höchste GOtt mit einem Erben an,
In welchem alle Völcker auf der Erden
Gesegnet sollen werden.

Isaac. Und der bin ich?

Abr. Ja, der bist du,
So grossen Vorzug haben wir erreichet.
Hingegen siehe zu,
Daß sich kein Hochmuth nicht in deine Seele schleichet;
Man ändert leichtlich sein Gemüth,
Wenn man an sich etwas besonders sieh't,
Und pflegt sich gern zu überheben.

Isaac. Mein Vater, nein,
Das solst du nicht an mir erleben.
Ach solt ich meine Redlichkeit
Auch im geringsten nur beflecken,
So würd' ich meinem Vater Leid
In seinem Alter noch erwecken,
Von dem mir doch das Leben kam.
Viel eher wolt' ich gleich erblassen,
Als mich dadurch verändern lassen,
Mir selbst würd' ich vom Hertzen gram.

)(2

Mein

Abbildung 2

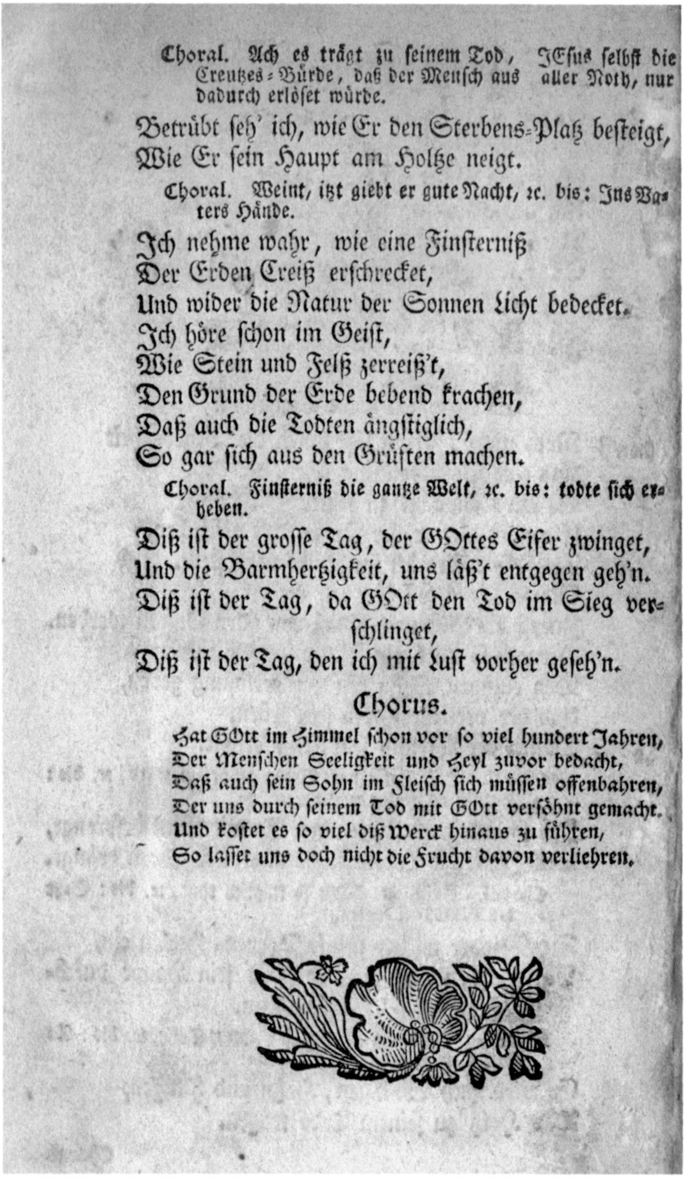

Choral. Ach es trägt zu seinem Tod, JEsus selbst die Creußes = Bürde, daß der Mensch aus aller Noth, nur dadurch erlöset würde.

Betrübt seh' ich, wie Er den Sterbens-Plaß besteigt,
Wie Er sein Haupt am Holße neigt.

Choral. Weint, ißt giebt er gute Nacht, ꝛc. bis: Ins Wa= ters Hände.

Ich nehme wahr, wie eine Finsterniß
Der Erden Creiß erschrecket,
Und wider die Natur der Sonnen Licht bedecket.
Ich höre schon im Geist,
Wie Stein und Felß zerreiß't,
Den Grund der Erde bebend krachen,
Daß auch die Todten ängstiglich,
So gar sich aus den Grüften machen.

Choral. Finsterniß die gantze Welt, ꝛc. bis: todte sich er= heben.

Diß ist der grosse Tag, der GOttes Eifer zwinget,
Und die Barmherßigkeit, uns läß't entgegen geh'n.
Diß ist der Tag, da GOtt den Tod im Sieg ver=
schlinget,
Diß ist der Tag, den ich mit Lust vorher geseh'n.

Chorus.

Hat GOtt im Zimmel schon vor so viel hundert Jahren,
Der Menschen Seeligkeit und Zeyl zuvor bedacht,
Daß auch sein Sohn im Fleisch sich müssen offenbahren,
Der uns durch seinem Tod mit GOtt versöhnt gemacht.
Und kostet es so viel diß Werck hinaus zu führen,
So lasset uns doch nicht die Frucht davon verliehren.

Abbildung 3
Abbildungen 1–3: RUS-SPsc, *17.82.6.35b, Isaac, | ein Vorbild | des Erlösers, | am |
heiligen Char-Freytage | in der Kirche zu St. Thomä | vorgestellet | Anno 1754.*,
Titelseite, S. 2–3 und 16. Mit freundlicher Genehmigung der Russischen Nationalbibliothek St. Petersburg.

Besprechung

Wer war Anna Magdalena Bach?*

Von Andrew Talle (Evanston/Illinois)

(1) Martin Jarvis, *Did Johann Sebastian Bach Write the Six Cello Suites?*, Ph.D. Diss., Charles Darwin University, Darwin/Australien, 2007, 430 Seiten.

(2) Martin Jarvis, *Written by Mrs. Bach: The Amazing Discovery that Shocked the Musical World*, Sydney/Australien: ABC Books (Harper Collins), 2011, 280 Seiten.

(3) David Yearsley, *Sex, Death, and Minuets: Anna Magdalena Bach and Her Musical Notebooks*, Chicago: University of Chicago Press, 2019, 336 Seiten.

(4) Eberhard Spree, *Die verwitwete Frau Capellmeisterin Bach. Studie über die Verteilung des Nachlasses von Johann Sebastian Bach*, Altenburg: Kamprad Verlag, 2019, 308 Seiten.

Obwohl Johann Sebastian Bach seit mehr als zweihundert Jahren Gegenstand intensiver Forschung ist, wissen wir immer noch erstaunlich wenig über sein Privatleben. Die bislang aufgefundenen Dokumente sind vorwiegend offizieller Natur – Bewerbungen, Gehaltsquittungen und geschäftliche Aufzeichnungen, wohlwollende Empfehlungen für Schüler, Titelseiten und dergleichen. Die wenigen erhaltenen Materialien, die einen Eindruck von Bachs Persönlichkeit vermitteln, beziehen sich auf Auseinandersetzungen mit Kollegen oder Vorgesetzten; über den Umgang mit seinen engsten Bezugspersonen wissen wir hingegen fast gar nichts. Nur seine Kompositionen geben uns einen plastischen Eindruck von einem überaus intelligenten und sensiblen Menschen, einem aufmerksamen Leser und einem unendlich einfallsreichen, geradezu magischen Beschwörer subtiler Gefühlswelten. Welchen Gewinn und welche Herausforderungen damit verbunden waren, mit jemandem zu leben, der

* Der vorliegende Beitrag erschien zuerst in englischer Sprache (A. Talle, *Who Was Anna Magdalena Bach?*, in: BACH. Journal of the Riemenschneider Bach Institute 51, 2020, S. 139–171). Autor und Herausgeber danken der Redakteurin, Christina Fuhrmann, für die Erlaubnis, die vorliegende überarbeitete deutsche Fassung im BJ zu veröffentlichen.

offensichtlich davon besessen war, Musik zu erschaffen, die jegliche Erwartungen der Zeitgenossen übertraf – darüber können wir nur spekulieren.

Für alle, die mehr über Bachs Privatleben wissen wollen, ist seine zweite Ehefrau, Anna Magdalena Bach (1701–1760), von zentralem Interesse. 29 Jahre lang war sie seine engste Vertraute. Ihre professionellen Leben waren eng miteinander verwoben, außerdem zogen sie gemeinsam eine Familie mit siebzehn Kindern auf. Die einzigartige Qualität ihrer Beziehung bleibt letztlich unergründlich, doch es ist leicht vorstellbar, daß A. M. Bach über das schöpferische Leben ihres Mannes unendlich viel wußte – nicht nur, wann und wo er seine außergewöhnlichen Werke komponierte, sondern auch wie und warum. Und ihre Erfahrungen sind auch deshalb unschätzbar für uns, weil sie uns Vieles lehren können über das Leben anderer Ehefrauen und Mütter von Musikern und nicht zuletzt auch über die Musikerinnen dieser Epoche. Vor diesem Hintergrund ist es ausgesprochen bedauerlich, daß Anna Magdalena Bachs Leben noch weitaus schlechter dokumentiert ist als das ihres Mannes. Die bekannten Fakten sind rasch genannt.[1] Anna Magdalena Wilcke wurde am 22. September 1701 als jüngstes von sechs Geschwistern in Zeitz geboren. Wie ihr späterer Ehemann entstammte auch sie einer musikalischen Familie: Beide Großväter und mindestens ein Onkel waren Berufsmusiker, ebenso wie ihr Vater, der am Hof von Herzog Moritz Wilhelm von Sachsen-Zeitz (1664–1718) als Trompeter wirkte. Ihr einziger Bruder trat in die Fußstapfen des Vaters und wurde ebenfalls Hoftrompeter, außerdem heirateten auch drei ihrer vier Schwestern Hoftrompeter.[2] Als junges Mädchen muß auch Anna Magdalena Wilcke selbst eindrucksvolle musikalische Fähigkeiten entwickelt haben, denn bereits im Alter von neunzehn Jahren erhielt sie am Hof von Johann August von Anhalt-Zerbst (1677–1742) ein Honorar, nachdem sie „in der Capelle einige mahl mit gesungen".[3] Weitere Dokumente belegen, daß sie in der Lutherischen Kirche in Köthen im Juni 1721 das Abendmahl empfing und im September bei zwei Kindern von Hofangestellten die Patenschaft übernahm. In den Taufeinträgen ist sie als „fürstliche Sängerin allhier" beziehungsweise als „Cammer-Musicantin" beschrieben; es ist daher anzunehmen, daß

[1] Die verläßlichste Sammlung biographischer Zeugnisse zu Anna Magdalena Bach ist weiterhin Maria Hübners Buch *Anna Magdalena Bach. Ein Leben in Dokumenten und Bildern*, Leipzig 2004.
[2] Ebenda, S. 25–27.
[3] Ebenda, S. 36–37. Die Aufführungen fanden zwischen Herbst 1720 und Frühjahr 1721 statt. Als Honorar erhielt A. M. Wilcke 12 Reichstaler, während ihrem Vater bei demselben Anlaß nur halb so viel gezahlt wurde. Es wird vermutet, daß A. M. Wilcke bei der berühmten Primadonna Christiane Pauline Kellner (1664–1745) Gesangsstunden nahm; diese Theorie konnte bisher jedoch noch nicht durch entsprechende Dokumente belegt werden. Siehe H.-J. Schulze, *Anna Magdalena Wilcke – Gesangschülerin der Paulina?*, BJ 2013, S. 279–295.

sie zu diesem Zeitpunkt bereits bei Hofe angestellt war, obwohl Lohnzahlungen erst acht Monate später dokumentiert sind.[4] Bei der ersten der beiden genannten Taufen teilte der Kapellmeister – dessen erste Frau etwas mehr als ein Jahr zuvor gestorben war – sich mit ihr die Patenschaft, was als Zeichen ihrer offiziellen Verlobung gewertet wurde. Am 3. Dezember 1721 wurde Anna Magdalena Wilcke zu Anna Magdalena Bach und übernahm bei den vier Kindern ihres Mannes die Rolle der Stiefmutter. Sechs Monate nach der Hochzeit erhielt sie endlich auch ein offizielles Jahresgehalt von 200 Reichstalern – die drittbeste Honorierung unter achtzehn Hofmusikern.[5] Trotz dieser offensichtlich sehr vorteilhaften beruflichen Situation verließ das Ehepaar Köthen genau ein Jahr später und zog mit der wachsenden Familie nach Leipzig, wo Bach seinen Dienst als Kantor der Thomasschule und städtischer Musikdirektor antrat. Anna Magdalena Bachs einzige dokumentierte Auftritte nach diesem Zeitpunkt fanden bei Besuchen an ihrem vormaligen Wirkungsort Köthen statt (1724, 1725 und 1729).[6] Im Jahr 1730 schrieb Johann Sebastian an seinen Freund Georg Erdmann, daß seine Frau „gar einen sauberen Soprano singet" und berichtete von regelmäßigem gemeinsamen Musizieren mit den Kindern im häuslichen Rahmen.[7] Ihr privates Musikleben ist durch zwei „Clavier-Büchlein" belegt, die ihren Namen tragen und 1722 beziehungsweise 1725 angelegt wurden. Beide beginnen recht förmlich mit von ihrem Mann notierten großen Cembalo-Suiten und fahren fort mit einer Mischung von Menuetten, Polonaisen, Liedern, Gedichten und anderem. Diese wurden nicht nur von der Besitzerin selbst eingetragen, sondern auch von ihrem Mann und verschiedenen Mitgliedern des Haushalts. Bei zahlreichen Gelegenheiten wirkte sie als Kopistin und fertigte Stimmen auch für umfangreiche Werke an – so findet sich zum Beispiel von ihrer Hand eine Continuo-Stimme für die Matthäus-Passion, auf der sie in ihrem kräftigen sächsischen Dialekt „Zur groß Bassion" vermerkt hat – sowie Abschriften von Kammer- und Tastenmusik,

---

[4] Hübner (wie Fußnote 1), S. 40.
[5] A. M. Bachs Jahresgehalt wurde in einigen maßgeblichen Publikationen irrtümlich als 300 Reichstaler angegeben, darunter *The New Bach Reader*, hrsg. von H. T. David und A. Mendel, revidiert und erweitert von C. Wolff, New York 1998, S. 93 f.; und C. Wolff, *Johann Sebastian Bach: The Learned Musician*, New York 2000, S. 204 f. In den Köthener Rechnungsbüchern findet sich die korrekte Summe – 16 Reichstaler und 16 Groschen pro Monat (= 200 Reichstaler pro Jahr). Nur der Kapellmeister J. S. Bach (400 Reichstaler) und der „*Premier* Cammer *Musicus*" Joseph Spieß (302 Reichstaler) erhielten mehr. Landesarchiv Sachsen-Anhalt, Abteilung Dessau (im folgenden: LASAD), Z 73 (Köthener Kammerrechnungen 1721/22), S. 39 f.
[6] Wahrscheinlich trat Anna Magdalena 1732 während einer gemeinsamen Reise mit ihrem Mann auch in Kassel auf, eine Honorarzahlung ist allerdings nicht dokumentiert (nur die Erstattung der Übernachtungskosten des Ehepaars); siehe Dok II, Nr. 318.
[7] Dok I, Nr. 23.

darunter die solistischen Streicherwerke BWV 1001–1012 und die Französische Ouvertüre BWV 831a.[8]
In den ersten beiden Jahrzehnten in Leipzig gebar Anna Magdalena dreizehn Kinder, von denen sechs das Erwachsenenalter erreichten. Briefentwürfen aus den frühen 1740er Jahren ist zu entnehmen, daß sie eine passionierte Gärtnerin war und den Vetter und Privatsekretär ihres Mannes, Johann Elias Bach, bat, ihr aus seiner fränkischen Heimat gelbe und „Himmel blaue" Nelken zu besorgen, eine dort erhältliche botanische Rarität. Als diese eintrafen, soll sie sie höher geschätzt haben „als die Kinder ihren Christ Beschehr", und sich so sorgsam um sie gekümmert haben, „wie man kleine Kinder zu warten pfleget, damit ja keines davon eingehen möge."[9] Während eines Besuchs in Glaucha im Jahr 1740 war J. S. Bach von den Fähigkeiten eines abgerichteten Hänflings angetan und sorgte dafür, daß er seiner Frau zugesandt wurde, die anscheinend „eine große Freundin von dergleichen Vögeln" war.[10] Nur ein Jahr später erlitt Anna Magdalena während einer Schwangerschaft Komplikationen, die dazu führten, daß sie „schon seither 14 Tagen nicht eine einzige Nacht nur eine Stunde Ruhe gehabt, und weder sizen noch liegen" konnte und ihre Angehörigen fürchteten, ihre „Hochwertheste Frau Mamma" zu ihrem „größten Leidwesen gar [zu] verliehren."[11] Glücklicherweise überstand sie dieses Martyrium; sie überlebte ihren Ehemann um zehn Jahre und starb am 27. Februar 1760 im Alter von 58 Jahren. In den Jahren ihres Witwentums beantragte sie bei den Leipziger Stadtvätern finanzielle Unterstützung, die ihr auch gewährt wurde.[12]
Angesichts des großen Mangels an erhaltenen Dokumenten, die sich direkt auf Anna Magdalena Bachs Biographie beziehen, trägt jeder neue Fund erheblich zu unserem kollektiven Wissen bei. Im Jahr 1953 verkündete Werner Neumann die Entdeckung einer Luther-Bibel, auf deren vorderem Deckel die Initialen „A. M. B." eingraviert sind, während den hinteren das Jahr „1738" ziert; außerdem enthält das Buch eine fromme und liebevolle mütterliche Widmung (datiert 25. Dezember 1749) an den damals 17jährigen Johann Christoph Friedrich Bach (1732–1795), der kurz davor stand, das Elternhaus zu verlassen: „Zum steten Andencken und Christlicher erbauung schencket ihrem lieben Sohn dieses herliche Buch Anna Magdalena Bachin gebohrne Wülckin Deine getreu und wohlmeinde Mamma".[13] 1997 berichtete Hans-Joachim Schulze über die Entdeckung eines Erbauungsbuches, das eine weitere hand-

8 Ein Überblick über ihre Arbeit als Kopistin findet sich bei Y. Tomita, *Anna Magdalena as Bach's Copyist*, in: Understanding Bach 2 (2007), S. 59–76.
9 LBB 3 (E. Odrich/P. Wollny, 2000), S. 148. Mit „himmelblauen Nelken" ist eine Enzian-Art gemeint; siehe Hübner (wie Fußnote 1), S. 73.
10 Dok II, Nr. 477; Hübner (wie Fußnote 1), S. 69f.
11 Dok II, Nr. 490; Hübner (wie Fußnote 1), S. 74f.
12 Hübner (wie Fußnote 1), S. 84–106.
13 W. Neumann, *Auf den Lebenswegen Johann Sebastian Bachs*, Berlin 1953, S. 279.

schriftliche Widmung Anna Magdalena Bachs enthielt, diesmal an eine Nach-
barin namens Christiane Sibylla Bose (1711–1749). Diese Inschrift betont
ebenfalls die zentrale Rolle, die der christliche Glaube in ihrem Weltbild spielte, und dokumentiert zugleich die enge freundschaftliche Beziehung zu der
jüngeren Frau: „Als der HochEdlen, Hoch-Ehr und Tugend-begabten Jonffer,
Jonfer Christiana Sybilla Bosin, meiner besonders hochgeehrtesten Jonfer
Gefatterin u. werthesten Herzens Freündin erfreülicher Geburths Tag einfiel;
wolte mit diesen kleinen doch wohlgemeinten Andencken sich bestens emp-
fehlen. Anna Magdalena Bach.“[14] 2016 teilte Peter Wollny den eigenwilligen
Fall eines 13jährigen Bewerbers namens Christoph Friedrich Meißner (geb.
1716) um Aufnahme in die Thomasschule mit: In dem nach dessen Vorsingen
angefertigten Protokoll vom Mai 1729 lobte J. S. Bach seine „gute Stimme u.
feine *profectus*“, doch nur ein Jahr später zählte Meißner zu den schlechtesten
Sängern der gesamten Schule. Wollnys Erklärung für diese überraschende Diskrepanz ist, daß es sich bei dem Jungen um Anna Magdalena Bachs Neffen
handelte. Die Probleme, die Meißner verursachte, beschränkten sich jedoch
nicht auf die Musik: 1731 wurde er wegen Fehlverhaltens von der Schule verwiesen. Selbst nach dieser Kalamität erlaubte Bach dem Jungen, weiterhin bei
der Familie zu leben, und beschäftigte ihn neben Anna Magdalena und Carl
Philipp Emanuel Bach als Schreiber – unter anderem ist er einer der Kopisten
im Originalstimmensatz der Kaffeekantate.[15] Man spürt hier, daß A. M. Bach
erheblichen Einfluß auf ihren Mann hatte – sie bewegte ihn dazu, einen Prü-
fungsbericht zu beschönigen und einen alles andere als vielversprechenden
Kandidaten mit Vollstipendium in die Thomasschule aufzunehmen, nur weil er
der Sohn ihrer Schwester war.

Die zahlreichen weißen Flecken in Anna Magdalena Bachs Biographie haben
einer ganzen Reihe von Autoren als Projektionsfläche für ihre eigenen Fanta-
sien gedient. Viele haben aber unter dem Vorwand einer sachlichen biographischen Darstellung letztlich nur die Frau beschrieben, die sie in ihren Augen
hätte sein sollen. In einem besonders eklatanten Fall nimmt ein Autor A. M.
Bachs Doppelabschrift der Sonaten und Partiten für Violine solo BWV 1001–
1006 und der Cello-Suiten BWV 1007–1012 (*P 268* und *P 269*) als Ausgangspunkt für seine erstaunlichen Hypothesen. Sie kopierte diese Werke in den
späten 1720er Jahren im Auftrag von Georg Heinrich Ludwig Schwanenberger
(1696–1774), einem Musiker am Wolfenbütteler Hof, der einige Zeit als Schüler Johann Sebastian Bachs in Leipzig verbrachte. Schwanenberger selbst
schrieb einige der Satztitel der Violinstücke, auf der für die beiden Handschrif-

[14] H.-J. Schulze, *Anna Magdalena Bachs „Herzens Freündin". Neues über Beziehungen zwischen den Familien Bach und Bose*, BJ 1997, S. 151–153.
[15] P. Wollny, *Neuerkenntnisse zu einigen Kopisten der 1730er Jahre*, BJ 2016, S. 78–81.

ten gemeinsam angelegten Titelseite (in *P 268*) wies er die Kopierarbeit aber eindeutig Anna Magdalena zu: „Pars. 1. Violino Solo Senza Basso composée par Sr. Jean Seb: Bach. Pars 2. Violoncello Solo. Senza Basso. composée par Sr. J. S. Bach. Maitre de la Chapelle et Directeur de la Musique a Leipzic. ecrite par Madame Bachen. Son Epouse." Die letzten Worte dieses Titels – „ecrite par Madame Bachen" (geschrieben von Frau Bach) – inspirierten Martin Jarvis, Professor für Musikwissenschaft an der Charles Darwin University in Australien, eine Dissertation (1), ein Buch (2) und sogar einen Film (2014)[16] zu produzieren, in denen er behauptet, daß Anna Magdalena die Cello-Suiten nicht nur einfach kopiert habe; vielmehr sei das Wort „ecrite" im Sinne von „komponiert" zu verstehen. Schwanenbergers zweimalige klare Formulierung, daß die Musik von Johann Sebastian Bach „komponiert" und von Anna Magdalena lediglich geschrieben wurde, enthält Jarvis seinen Lesern dabei bezeichnenderweise vor.[17]

Zudem nennt Jarvis keinerlei stichhaltige Anhaltspunkte in der Handschrift, die seine Hypothese vielleicht unterstützen könnten – etwa Korrekturen, die darauf hinweisen würden, daß A. M. Bach tatsächlich komponierte (also die Musik in ihrem Kopf hörte, während sie sie niederschrieb, und dabei die Art von Korrekturen vornahm, die deren Substanz kreativ verbesserten) und nicht einfach nur Vorhandenes abschrieb (also die in der Vorlage enthaltenen Informationen vor allem nach visuellen Vorgaben mechanisch kopierte).[18] Eine ge-

---

[16] *Written by Mrs. Bach* (Regie: Alex McCall, Produktion: Glasgow Films in Verbindung mit Look Films, 2014), neu aufgelegt durch Evolution Films als *Written by Mrs. Bach: Broken Silence* (2016).

[17] Zu weiteren Kritiken an Jarvis' Arbeit, die diesen Punkt ansprechen, siehe A. Ross, *The Search for Mrs. Bach*, in: The New Yorker, 31. Oktober 2014; und R. Tatlow, *A Missed Opportunity: Reflections on „Written by Mrs. Bach"*, in: Understanding Bach 10 (2015), S. 141–157. In einem der zahllosen in seinem Buch enthaltenen Beispiele wissenschaftlicher Unaufrichtigkeit präsentiert Jarvis nur eine kleine und grobkörnige Abbildung von Schwanenbergers Titel und bietet zudem weder eine Übertragung noch eine Übersetzung an. Andererseits aber bildet er eine Vergrößerung der rechten unteren Ecke der Titelseite ab inklusive Transkription und Übersetzung der einzigen Worte, die seine Leser sehen sollen: „Written by Mrs. Bach. His wife." Siehe (2), S. 254 f. In seiner Dissertation, auf der sein Buch basiert, ist Jarvis nur unwesentlich mitteilsamer und bestätigt knapp Schwanenbergers Verwendung des Begriffs „composée" („komponiert"), um gleich anschließend ohne weitere Begründung zu behaupten, daß dies „wenig bedeute"; siehe (1), S. 279.

[18] Siehe (1), S. 336, zu einer kurzen Diskussion der Kopierfehler, die Anna Magdalena bemerkte und korrigierte. Im Gegensatz zu Jarvis' pauschaler Behauptung kann allerdings keine dieser Stellen als Beleg für ihre kompositorische Tätigkeit interpretiert werden. Es handelt sich ganz offensichtlich um einfache Emendationen, die auf der Basis vernünftiger Schlußfolgerungen oder visueller Vergleiche mit den Vorlagen ausgeführt wurden.

naue Untersuchung ihrer Abschrift der Cello-Suiten zeigt zweifelsfrei, daß sie die Noten und Rhythmen während des Kopiervorgangs keinesfalls in ihrem Kopf hat hören können, ganz zu schweigen von der Möglichkeit des Komponierens. Wie sonst hätte sie in einer Gigue im 6/8-Takt einen überflüssigen Takt im 3/8-Metrum einfügen können (Suite I, T. 31)? Wie könnte sie ganze Schläge einer Allemande (Suite III, T. 21) und einer Gavotte (Suite V, T. 1) übersprungen haben, wie sieben Sechzehntelnoten in einen Takt einfügen, der nur sechs enthalten konnte (Suite V, Prélude, T. 220), wie eine Allemande als „Courante" bezeichnen (Suite V), wie ein unisono in der Quelle als zwei separate Töne mißdeuten (Suite VI, Gigue, T. 54), wie einen Kustos als Verzierung lesen (Suite V, Prélude, T. 5), zwei Vorschlagsnötchen als gewöhnliche Sechzehntelnoten fehlinterpretieren (Suite VI, Gigue, T. 29) und einen Vorschlag als ein Auflösungszeichen (Suite V, Gigue, T. 36)? Jarvis erwähnt keinen einzigen dieser Fehler und bietet daher auch keinerlei Erklärung dafür, wie es möglich sein kann, daß eine Komponistin, die ihre eigene Musik kopiert, so große Schwierigkeiten hat, die eigene Handschrift zu entziffern. Stattdessen versucht er, zusätzlich Verwirrung zu stiften, indem er Anna Magdalena Bachs Handschrift an Stellen zu erkennen glaubt, wo nur ein Verschwörungstheoretiker sie vermuten könnte: Einmal trägt sie in Weimar (daß sie die Stadt jemals besucht hat, ist nirgendwo belegt), im Alter von zwölf (!) Jahren den von ihrem künftigen Ehemann komponierten Canon à 4 BWV 1073 in ein Freundschaftsalbum des Weimarer Stadtschreibers ein; sodann fertigt sie – wiederum in Weimar und wiederum als Zwölfjährige – eine kalligraphische Handschrift von Bachs Arie „Alles mit Gott und nichts ohn' ihn" BWV 1127 als Geburtstagsgeschenk für dessen Dienstherrn Herzog Wilhelm Ernst von Sachsen-Weimar (1662–1728) an, und dergleichen mehr.[19] Derartige Offenbarungen basieren bei Jarvis auf einer Methode, die er absurderweise als „Forensic Document Examination" bezeichnet; damit beschreibt er ein Verfahren, bei dem bisher unerkannte Proben von Anna Magdalena Bachs Handschrift durch den Vergleich mit ihr eindeutig zugeordneten Quellen identifiziert werden. Das klingt zunächst durchaus vernünftig, doch das wichtigste Vergleichsobjekt, das er verwendet, ist ein nach Johann Sebastians Tod eingereichtes Gesuch um finanzielle Unterstützung, das Jarvis' Meinung nach „ein deutliches Bild von Anna Magdalenas Verwendung sowohl von Graphemen als auch ganzer Wörter" vermittelt; ([1], S. 124). Dabei ignoriert er, daß all diese Grapheme und ganzen Wörter – wie bereits vor mehr als einem halben Jahrhundert erkannt wurde – von jemand anderem geschrieben wurden, wäh-

---

[19] Siehe (2), S. 397–430. Auf verschiedene anzüglichere und gänzlich unbelegbare Theorien, die Jarvis in seinem Film verbreitet – etwa die über eine außereheliche Affäre zwischen Anna Magdalena Wilcke und Johann Sebastian Bach, die seine erste Frau in den Selbstmord getrieben haben soll – werde ich hier nicht weiter eingehen.

rend A. M. Bach das Gesuch lediglich unten auf der zweiten Seite signiert hat.[20] Somit ist selbst dieser Rosettastein eine Täuschung.

Jarvis ist nicht so sehr ein schlechter Wissenschaftler als vielmehr ein Pseudowissenschaftler, der lediglich vortäuscht, wissenschaftlich zu arbeiten. Seine Arbeit weist die äußeren Merkmale einer seriösen Forschungsarbeit auf (das heißt: Fußnoten, Tabellen, Abbildungen von Handschriften usw.), ist aber absoluter Schwindel, und die berechnende Art, mit der er eine Fülle von legitimen Zeugnissen unter den Teppich kehrt, zeigt, daß er sich dessen durchaus bewußt ist.[21] Jarvis ist für die Musikwissenschaft, was Hwang Woo-Suk für die Biotechnologie, Milena Penkowa für die Neurowissenschaft und Marc Hauser für die Evolutionsbiologie ist – lauter Wissenschaftler, die ihre Karrieren mit betrügerischen Mitteln zu optimieren suchten, indem sie Daten fälschten oder zumindest relevante Daten ignorierten, die ihre angeblich welterschütternden Ergebnisse nicht bestätigten. Der wesentliche Unterschied ist nur, daß Jarvis' Scharade ihm nie ein traumhaftes Jobangebot oder ein hochdotiertes Forschungsstipendium eingebracht hat. Er erntete lediglich eine Menge erstaunlich unkritischer Aufmerksamkeit der Weltpresse.[22]

Wie konnte eine derart schlecht recherchierte Geschichte über die Bach-Familie sich so weit verbreiten? Man könnte es auf einen perversen Anreiz der modernen Medien zurückführen: Eine starke emotionale Reaktion zu provozieren, ist wesentlich lukrativer, als verläßliche Nachrichten zu verbreiten. Skrupellose Journalisten auf der Suche nach einem Click-Köder, die in Jarvis' „Forschung" eine fesselnde Schlagzeile erkannten und die Chance ergriffen, sie groß rauszubringen. Doch was machte den Inhalt so zugkräftig? Mittels der Unterdrückung kritischer Zeugnisse haben Jarvis und seine Unterstützer Anna Magdalena Bach zu einem berühmten Opfer der wahrhaft beklagenswerten Misogynie gemacht, die traditionell die kreative Arbeit von Frauen entwertet hat. Es ist schwierig, der Geschichte einer Sängerin, Mutter und Kopistin zu widerstehen, die sich heimlich auch noch als zukunftsweisende Komponistin betätigte, sich in einer patriarchalischen Gesellschaft behauptete und dank ei-

---

[20] Dok II, Nr. 617. Selbst die grundlegende wissenschaftliche Literatur über die Bach-Familie ist Jarvis nicht zugänglich, da er die deutsche Sprache weder lesen noch sprechen kann. Vgl. (2), S. 185–189.

[21] Der von Alex Ross in *The Search for Mrs. Bach* (wie Fußnote 17) zum Ausdruck gebrachten Meinung, Jarvis sei „sein Projekt mit noblen Absichten angegangen", kann ich mich nicht anschließen.

[22] Zu den Medien, die leichtgläubige Berichte über Jarvis' Arbeit veröffentlicht haben, zählen BBC News, die *Daily Mail*, France Musique, *The Guardian*, iNews, Jezebel, Reuters, *The Telegraph*, *USA Today* und die *Washington Post*. Die Medienfachleute, die die größte Verantwortung für die Verbreitung von Jarvis' schwindlerischer Forschung tragen, sind Pamela Kaufman und Alex McCall, die Urheber des in Fußnote 16 genannten Dokumentarfilms.

nes unbestechlichen und kämpferischen Musikwissenschaftlers zu spätem Ruhm gelangte. Jarvis' Coup, Anna Magdalena Bach die Cello-Suiten komponieren zu lassen, war ausgesprochen clever, denn dies bedeutete nicht nur eine packende Geschichte über geschlechtsspezifische Vorurteile und intrigante Machenschaften innerhalb der Bach-Familie, sondern versprach zugleich auch sensationelle Einblicke in die Entstehungsgeschichte einiger der rätselhaftesten Werke des klassischen Kanons. Doch leider ist das alles blanker Unsinn. Zum Glück ließ der Schaden sich auf die kurzlebige Tagespresse beschränken: Schreiber-Identifizierungen gehören zur empirischen Forschung und müssen reproduzierbar sein, um von der wissenschaftlichen Gemeinschaft anerkannt zu werden, und da Jarvis' Ergebnisse offensichtlich nicht reproduzierbar sind, werden sie die seriöse Forschung nicht weiter tangieren. Trotzdem sind die Schäden groß. Bach-Spezialisten müssen sich noch immer mit der Frage herumschlagen, ob Anna Magdalena Bach wirklich die Cello-Suiten komponiert hat, und werden dadurch von wichtigeren Studien abgelenkt. Metaphorisch gesprochen, müssen sie nun die Reinigungsarbeiten übernehmen, die ein havarierter Öltanker in einem Naturschutzgebiet angerichtet hat.

Immerhin haben Cellisten auf Jarvis' Behauptungen generell skeptisch reagiert.[23] Gleichwohl neigen sie auf ihre eigene anfechtbare Weise dazu, Anna Magdalena Bachs Manuskript zu fetischisieren. Ihre Abschrift ist eine von insgesamt vier erhaltenen Quellen der Cello-Suiten aus dem 18. Jahrhundert, allerdings wurde ihr von Herausgebern und Musikern stets ein besonders hohes Maß an Authentizität zugesprochen. Bei ihrem Versuch, J. S. Bachs verlorenes Original zu rekonstruieren, wären Musiker gut beraten, wenn sie sämtliche erhaltenen Quellen unvoreingenommen verglichen. Doch selbst einige phänomenale Cellisten haben beschlossen, sich ausschließlich auf A. M. Bachs Abschrift zu konzentrieren und jedes falsch plazierte Artikulationszeichen umzusetzen, als hieße eine andere Wahl, „einen Rembrandt zu übermalen".[24] Dieses blinde Vertrauen in ihre Abschrift wurzelt in zwei stillschweigenden Annahmen. Zum einen herrscht die verbreitete Überzeugung, daß Anna Magdalena Bach Zugang zu einer verläßlicheren Quelle gehabt haben muß als die anderen Kopisten, da sie mit dem Komponisten verheiratet war. Und zum anderen hätte, so glaubt man, Johann Sebastian Bach niemals zugelassen, daß

---

[23] Steven Isserlis, *Suite scandal: why Bach's wife cannot take credit for his cello masterwork*, in: The Guardian, 29. Oktober 2014. Meines Wissens hat sich unter den professionellen Cellisten als einzige Attila Kiyoko Cernitori Jarvis' Theorie öffentlich angeschlossen, indem sie ihre 2015 entstandene Aufnahme der Cello-Suiten (Mpc 889211234219) als die erste „unter dem Namen von Anna Magdalena Wilcken Bach veröffentlichte" Einspielung ankündigte.

[24] A. Bylsma, *Bach, The Fencing Master: About Mrs. Anna Magdalena Bach's Autograph Copy of the 6 Suites for Violoncello Solo senza Basso of Johann Sebastian Bach*, Amsterdam 2019, S. 6 und passim.

eine Abschrift seiner Musik das unmittelbare Umfeld der Familie verlassen hätte, bevor er sie nicht gewissenhaft auf Fehler geprüft hätte. Doch keine dieser Annahmen hält einer gründlichen Hinterfragung stand. Es gibt keinen Grund zu glauben, daß Anna Magdalena Bachs Kopie dem verlorenen Autograph des Komponisten näher steht als eine der anderen erhaltenen Handschriften.[25] Die Überzeugung, daß J. S. Bach ihre Arbeit sorgfältig Korrektur las, widerlegen nicht nur die zahlreichen oben erwähnten Fehler, sondern auch die ebenso zahlreichen Patzer in ihrer Abschrift der Sonaten und Partiten für Violine solo. Letztlich fußt unser Vertrauen in A. M. Bachs Qualitäten als Kopistin auf Sentimentalität. Musiker und Herausgeber versuchen, ihre Lesarten zu rechtfertigen, und seien sie noch so unklar, unbeholfen oder offensichtlich falsch, denn es fühlt sich respektlos an, ihre Arbeit in Frage zu stellen. Die Vorstellung, sie könne beim Kopieren der Musik ihres Mannes nachlässig oder gar lustlos vorgegangen sein, bedroht unsere tiefe Überzeugung, daß sie ihn genauso verehrte, wie wir es tun. Doch diese Abschrift ist kein Manifest. Sie ist das Resultat einer Auftragsarbeit für einen beliebigen Studenten, für die die Kopistin wahrscheinlich einen oder zwei Nachmittage benötigte und zweifellos bezahlt wurde. Anna Magdalena Bach hat ihren Mann und seine Musik wahrscheinlich geliebt, aber die Idee, daß, was immer sie auch nur anfaßte, von dieser Liebe durchdrungen war, ist letztlich Ausdruck unserer Verehrung für den Meister und unserer Bereitschaft, sie als Inkarnation dieser Verehrung und nicht als menschliches Wesen zu behandeln.

Im vergangenen Jahr erschienen gleich zwei Bücher über Anna Magdalena Bach: David Yearsleys *Sex, Death, and Minuets* (3) und Eberhard Sprees *Die verwitwete Frau Capellmeisterin Bach* (4). Beide Autoren sind erfahrene Musiker und Musikwissenschaftler. Yearsley ist Organist und Professor für Musikwissenschaft an der Cornell University und dies ist sein drittes Buch über ein auf Bach bezogenes Thema.[26] Spree ist seit kurz vor dem Mauerfall Kontrabassist im Leipziger Gewandhausorchester; der Musikwissenschaft hat er sich vergleichsweise spät in seiner Laufbahn zugewandt – das oben genannte Buch ist seine Dissertation. Die beiden 2019 veröffentlichten Monographien widmen sich vordergründig demselben Thema, könnten aber kaum unterschiedlicher sein.

---

[25]   Siehe meinen Kommentar zu NBA[rev] 4 (A. Talle und J. E. Kim, 2016). Seit diese Ausgabe im Druck erschien, bin ich zu der Überzeugung gelangt (vor allem aufgrund von Gesprächen mit Jeffrey Solow), daß James Grier mit seiner Meinung recht hat, daß es sich bei A. M. Bachs Vorlage keinesfalls um ein Autograph ihres Mannes gehandelt haben kann. Siehe J. Grier, *The Critical Editing of Music: History, Method, and Practice*, Cambridge 1996, S. 82–86.

[26]   Die anderen beiden sind *Bach and the Meanings of Counterpoint*, Cambridge 2002, und *Bach's Feet: the Organ Pedals in European Culture*, Cambridge 2012.

Yearsley ist ein außerordentlich kompetenter Stilist mit beneidenswert vielfältigen und fundierten musikalischen Kenntnissen. Er besitzt die Begabung, nicht nur Wissenschaftler, sondern auch eine Leserschaft außerhalb des akademischen Rahmens anzusprechen. Sein Buch beginnt mit einer aufschlußreichen Schilderung der um die Figur der Anna Magdalena Bach rankenden Mythen. Bereits im frühen 19. Jahrhundert, kurz nachdem Johann Sebastian Bach den Status eines Nationalhelden erlangt hatte, begannen Romanautoren, fiktive Darstellungen über das Familienleben des unsterblichen Komponisten zu produzieren, wobei sie ihm eine angemessen pflichtbewußte und ehrfurchtsvolle Gattin an die Seite stellten. Das einflußreichste Werk dieser Art ist das Anfang des 20. Jahrhunderts entstandene Buch *The Little Chronicle of Magdalena Bach* (London 1925) der englischen Autorin Esther Meynell (1878–1955), das weltweit zu einem Bestseller wurde – zum Teil wegen seiner bezaubernd-anrührenden Fantasie des Bachschen Familienalltags, zum Teil aber auch, weil die Herausgeber sich davor hüteten, den fiktionalen Charakter des Werks (oder auch nur den wirklichen Namen der Autorin) zu verraten. Meynells Anna Magdalena Bach war treu und passiv, bescheiden und voller Liebe zu ihrem Mann: „Nach meiner Heirat galt für mich nur noch sein Leben."[27] In ihrem Buch wird sexuelles Verlangen nur versteckt angedeutet und musikalische Ambitionen jenseits der ihres Mannes sind nicht zu spüren. Wie Yearsley schreibt: „Trotz all ihrer überhitzten Ergüsse teilt die *Kleine Chronik* letztlich die Zielsetzung der Meynell zugänglichen Bach-Biographien – eine vertiefte Kenntnis des großen Komponisten und seiner Musik" (S. 18).

Sex, Death, and Minuets bildet einen Gegenpol zur *Kleinen Chronik*. Während Meynells Protagonistin passiv bis hin zur Unsichtbarkeit war, ist Yearsleys Heldin sexuell souverän, eine begeisterte Konsumentin von Kaffee und Tabak trotz der diese Laster begleitenden Kontroversen und vor allem eine herausragende, unabhängige Musikerin. Ihre Lebensumstände zwangen sie, sich immer wieder mit dem Tod und dem Sterben auseinanderzusetzen und sich im letzten Jahrzehnt ihres Daseins mit den Demütigungen von Armut und Vereinsamung abzufinden. Die Zeugnisse, auf die Yearsley sich bei der Ausgestaltung dieser literarischen Figur stützt, sind bekannt – sein Buch enthält keine neuen biographischen Funde –, aber die von ihm präsentierten Interpretationen loten diese Belege immer wieder bis an ihre Grenzen aus. Seine Arbeit erweist sich als eine Art gedankliches Experiment: Was, wenn Anna Magdalena wesentlich durchsetzungsfähiger, selbstbewußter und talentierter war, als die Musikwissenschaft bisher angenommen hat? Hin und wieder ist die von Yearsley konstruierte Beweisgrundlage solide und seine darauf aufgebauten Interpretationen sind überzeugend. Ebenso häufig allerdings werden bei dem Ver-

---

[27] Zitiert nach (3), S. 17.

such, Anna Magdalena die größtmögliche Wirkungskraft zuzugestehen, die Ambivalenzen der historischen Belege außer acht gelassen.

Yearsleys Plädoyer für Anna Magdalena Bachs sexuelles Selbstbewußtsein stützt sich zum Teil auf den Umstand, daß sie in den 1740er Jahren ein Hochzeitsgedicht kopiert hat, das einige gewagte Zweideutigkeiten enthält. Während andere Wissenschaftler vor ihm diese Anzüglichkeiten herunterspielten, geht Yearsley bereitwillig auf sie ein: „Daß Anna Magdalena Bach sich in ihrem musikalischen Notenbüchlein von 1725 Witze über Penisgröße erlaubt, ist eine Tatsache, die ebenso unwiderlegbar ist wie sie den Hütern des Bachschen Erbes peinlich war" (S. 43). Als Kontext bietet er eine Tour durch gedruckte Hochzeitsgedichte und stellt fest, daß das Vergnügen seiner Protagonistin an derlei Texten für ihre Zeit und ihr Umfeld durchaus typisch war. Indirekte Belege für A. M. Bachs musikalisches Selbstvertrauen kommen von aufschlußreichen Analysen verschiedener Kantaten, die ihr Mann vermutlich für sie komponierte, darunter besonders „Vergnügte Pleißenstadt" BWV 216 (1728) und „O angenehme Melodei!" BWV 210a (1729). Yearsley bespricht diese Werke auf eindrucksvolle Weise. In suggestiver Sprache vermittelt er den verführerischen Charakter von Bachs Musik und spekuliert fundiert über Anna Magdalenas Bühnenpersönlichkeit. Die Anforderungen, die der Komponist offenbar an sie stellte, lassen vermuten, daß sie in der Tat eine große Virtuosin war – offensichtlich konnte er sich darauf verlassen, daß sie ihre Partie mit der gefragten Koketterie präsentieren konnte. In seiner charakteristischen Ausdrucksweise malt Yearsley sich auch gleich die begleitende Gestik aus, zum Beispiel „eine elegante Hand, die sie auf die Brust legt, ein Senken des Kopfes oder eine Neigung zur Seite, um eine beginnende Ohnmacht anzudeuten, ein Lächeln, ein Zwinkern und andere bereitwillige Bekundungen von Freude und Verzückung" (S. 80). Indem er seine Diskussion auf textlichen wie musikalischen Details aufbaut, gelingt es dem Autor, ein stimmiges Bild von Anna Magdalena Bachs Bühnenpräsenz zu entwickeln; zugleich relativiert er die traditionelle Meinung, daß Bachs Musik viel Frömmigkeit enthält, aber die Freuden des Fleisches weitgehend ignoriert.

Eher weniger überzeugend sind Yearsleys Theorien zu Anna Magdalena Bachs Notenbüchlein. Während andere Autoren die beiden Handschriften recht allgemein als Belege für häusliches Musizieren im Bachschen Familienkreis interpretiert haben, ist Yearsley der Meinung, daß sie fest in der Hand ihrer Besitzerin waren: „Während das erste Notenbüchlein ‚für' sie war, scheint das zweite eher ‚von' ihr zu sein – nicht von ihr komponiert, aber von ihr nach ihrem eigenem Geschmack, ihren Pflichten und Wünschen kuratiert, und dann nutzte sie seinen Inhalt von 1725 bis zu ihrem Tod 35 Jahre später auf immer wieder neue und andere Weise" (S. xxiii). Vor allem das spätere Buch wird als lebensnahe Spiegelung ihrer musikalischen Persönlichkeit interpretiert: „Es gibt keine wirkliche Berechtigung, wie so häufig geschehen, an ihrer zentralen

Mitwirkung bei der Zusammenstellung des Notenbüchleins von 1725 zu zweifeln – fast könnte man sogar sagen, an ihrer ‚Autorschaft'. In der Tat gibt es mehr als genug Gründe, sie als Besitzerin und Gestalterin des Bandes ernstzunehmen, als die Frau, die ihn eigenhändig füllte und zugleich andere ermutigte, weiteres Material beizusteuern, von den meisterhaften Partiten ihres Mannes bis zu den ersten kompositorischen Versuchen ihres jüngsten Sohnes Johann Christian (geb. 1735) aus der Zeit um 1745" (S. xxii–xxiii). Wie bereits angedeutet, enthält dieses Notenbüchlein verschiedene Klavier- und Vokalstücke und andere Aufzeichnungen, die nicht nur von Anna Magdalena und Johann Sebastian Bach eingetragen wurden, sondern auch von Carl Philipp Emanuel, Johann Christoph Friedrich und einem Studenten und Hauslehrer namens Bernhard Dietrich Ludewig (1707–1740) sowie von weiteren, bisher noch nicht identifizierten Schreibern.[28] Wir können einigermaßen sicher sein, daß Anna Magdalena Bachs Mitwirkung diejenigen Stücke betraf, die sie selbst in das Büchlein eintrug (vor allem Menuette, Polonaisen und andere sogenannte Galanterien), aber anzunehmen, daß sie auch für alle anderen Einträge auf irgendeine Weise verantwortlich war, hieße, die Beteiligung der übrigen involvierten historischen Figuren zu mißachten. Wer kann schon sagen, welche verschiedenen Kräfte sich da zusammentaten, um diese recht verworrene Anthologie zu kreieren? Schon allein die Idee einer Kuratierung ist problematisch, wenn man bedenkt, daß das einzige dauerhafte organisatorische Prinzip die Chronologie ist. Und selbst dieses Prinzip wird gelegentlich außer Kraft gesetzt: An einer Stelle überschlug Anna Magdalena Bach eine ganze Reihe von zu der Zeit noch leeren Seiten und trug in der Mitte des Heftes zwei der Französischen Suiten (BWV 812 und 813) ein.[29] Warum sie so verfuhr, werden wir nie erfahren, doch es erscheint plausibel, daß sie hier einen Teil eines Kompendiums für sich reklamieren wollte, das sich nicht (oder nicht mehr) völlig unter ihrer Kontrolle befand.

Yearsleys Behauptung, daß das Notenbüchlein von 1722 ausschließlich „für" Anna Magdalena bestimmt gewesen sei, ist ebenfalls kaum aufrechtzuerhalten. Sicherlich hat es zunächst so begonnen, mit einer von ihr selbst geschrie-

---

28 Yearsleys Behauptung, daß Johann Christian Bach den Marsch in F-Dur BWV-Anh. 131 komponiert und kopiert hat und daß dieser um 1745 „von B. D. Ludewig korrigiert" (S. 245) wurde, ist schlicht falsch. Ludewig starb bereits 1740, als Johann Christian gerade vier Jahre alt war. Johann Christian Bachs Hand taucht – laut einer Beobachtung von Peter Wollny – lediglich auf der Titelseite der „Aria di Giovannini" BWV 518 auf. Siehe S. Roe, „Johann Christian Bach's German Heritage", Referat im Rahmen der gemeinsamen Konferenz der American Bach Society und der Mozart Society of America (Stanford University, 15. Februar 2020). Zu einer Diskussion von Ludewigs Mitwirkung siehe P. Wollny, *Tennstädt, Leipzig, Naumburg, Halle: Neuerkenntnisse zur Bach-Überlieferung in Mitteldeutschland*, BJ 2002, S. 33–36.
29 NBA V/4 Krit. Bericht (G. von Dadelsen, 1957), S. 69–72.

benen kalligraphischen Titelseite: „Clavier-Büchlein vor Anna Magdalena Bachin ANNO 1722". Doch den nachfolgenden Inhalt zu interpretieren fällt nicht so leicht, wie Yearsley seine Leser glauben machen möchte. Besonders angetan ist er von der Idee, daß die von Johann Sebastian Bach eingetragene fragmentarische Fantasie in C-Dur BWV 573 (mit dem Titel „Fantasia pro Organo") ihr Interesse am Orgelspiel belegt: „Indem er ein imposantes Orgelstück für seine junge Frau einzutragen begann, muß Johann Sebastian Bach gewürdigt haben, daß Anna Magdalena über die Belastbarkeit, das Geschick, die Koordination und physische Kraft verfügte, die seine überaus anspruchsvollen Tastenwerke sowohl den Händen als auch den Füßen abverlangen" (S. 147). Die Annahme, daß diese Musik ihren Weg in das Clavier-Büchlein fand, damit Anna Magdalena sie spielen könnte, ist allerdings problematisch. Erstens gibt es in beiden Notenbüchern kein weiteres Werk, das explizit für die Orgel bestimmt ist. Zweitens brach J. S. Bach seine Niederschrift am Anfang des 13. Takts ab, obwohl das Stück noch keinesfalls vollendet war und es noch mehr als genug Platz gegeben hätte, auf dieser und der nächsten Seite fortzufahren. Und schließlich folgt unmittelbar auf die Fantasie ein weiteres fragmentarisches Stück in Bachs Hand, die Air mit Variationen in c-Moll BWV 991, die sich in einem solchen Zustand der kompositorischen Unfertigkeit befindet, daß sie sicherlich niemand anderem als dem Komponisten selbst als Basis für eine Aufführung hätte dienen können. Wäre es denkbar, daß Bach in diesen Fällen ein Notenbuch, auf dem der Name seiner Frau stand, für eigene Zwecke oder die eines anderen Mitglieds des Haushalts verwendet hat? Eine solche Interpretation könnte unsere Vorstellungen bezüglich der Besitzansprüche auf dieses Buch (es gehörte ihr!) oder bezüglich ihrer Ehe (wie *konnte* er!) verletzen. Aber ist das Kopieren der ersten zwölf Takte eines Orgelstücks mitten in dieses Notenbuch etwa weniger invasiv als ungezwungen die abgekürzten Titel von drei theologischen Abhandlungen auf seine vordere Umschlagseite zu kritzeln? Daß J. S. Bach diesen Frevel begangen hat, ist erwiesen, aber warum er die von Anna Magdalena so liebevoll präparierte Titelseite auf diese Weise entweiht hat, bleibt unerklärlich.[30] Schon diese Tatsache allein sollte jedem zu denken geben, der versucht ist, kühne Behauptungen über die Verwendung dieser Notenbücher in die Welt zu setzen. Yearsleys ein ganzes Kapitel füllende These, daß dieses bescheidene fragmentarische Orgelstück „die eindringlichste aus dem 18. Jahrhundert überlieferte musikalische Beschwörung einer Frau an der Orgel" repräsentiert (S. 147), bewegt sich damit auf sehr dünnem Eis.

Im Kontext von *Sex, Death, and Minuets* allerdings scheint die Frage, ob Anna Magdalena Bach die Orgel spielte, zu kurz zu greifen. Die ersten zwölf Takte der Fantasie sind für Yearsley Grund genug für eine breitere Behandlung des

[30] NBA V/4 Krit. Bericht, S. 8 f.

Themas Frauen an der Orgel in der frühen Neuzeit. Er lenkt die Aufmerksamkeit seiner Leser kurz auf rund ein Dutzend solcher Fälle, die sich chronologisch von der Mitte des 15. bis zur Mitte des 18. Jahrhunderts und geographisch von Florenz über Gent bis Berlin erstrecken. Das bezüglich Ort und Zeit Anna Magdalena Bach am nächsten kommende Beispiel ist eine Abbildung aus Johann Kuhnaus *Biblischen Historien* (Leipzig 1700), die allerdings ein Jahr vor ihrer Geburt veröffentlicht wurde und eine Frau darstellt, die einer wesentlich höheren gesellschaftlichen Klasse angehörte. Seine Schlußfolgerungen lauten in etwa so: Obwohl es in der frühen Neuzeit gesellschaftliche Zwänge gab, die europäische Frauen davon abschreckten, die Orgel zu spielen, taten es einige trotzdem. Dies ist sicherlich korrekt (und ich werde im folgenden noch weitere Nachweise erbringen), doch die von Yearsley zitierten Beispiele sind von den dokumentierten Erfahrungen Anna Magdalena Bachs so weit entfernt, daß ihr angeblich grenzüberschreitender Antrieb, die Orgel zu spielen, ihr nur unterstellt werden kann. In Ermangelung weiterer Informationen zu diesem Thema würde der Leser sich Vergleiche mit orgelspielenden Frauen wünschen, deren Biographien mehr Ähnlichkeit mit der Anna Magdalena Bachs aufweisen – Töchter von Musikern, professionelle Sopranistinnen, Kantorenfrauen. Es läßt sich durchaus passenderes Vergleichsmaterial finden, allerdings nicht in den gedruckten Quellen, auf die Yearsley sich beschränkt. Überhaupt stellt die Vernachlässigung handschriftlicher Quellen ein fundamentales Problem dieses Buches dar, auf das ich noch zurückkommen werde.

Wie bereits erwähnt, präsentiert *Sex, Death, and Minuets* eine Reihe von musikalischen Beispielen, die vermuten lassen, daß Anna Magdalena eine begabte Sopranistin war. Die Annahme des Autors, daß sie, hätte sie sich nicht für die Ehe entschieden, eine unabhängige Karriere hätte verfolgen können, ist eine Binsenweisheit der Bach-Forschung. Sie basiert auf der Information, daß Anna Magdalena Wilcke in ungewöhnlich jungem Alter von 19 Jahren eine prestigeträchtige Anstellung an einem angesehenen Hof (Köthen) fand, in einem von einer Berühmtheit (J. S. Bach) geleiteten Ensemble sang und ein ungewöhnlich hohes Gehalt empfing (200 Reichstaler pro Jahr). Die Umstände ihres Engagements als „fürstliche Sängerin" und „Cammer-Musicantin" sind allerdings rätselhaft. Obwohl sie diese Titel offenbar bereits im September 1721 führte, sind vor Mai 1722 – also acht Monate später – keine Gehaltszahlungen dokumentiert. Ihre Hochzeit fand zwischen diesen beiden Daten statt – am 3. Dezember 1721. Heiratete Johann Sebastian Bach also „seine führende musikalische Kollegin in Köthen", wie Yearsley es sieht, der damit ihre Unabhängigkeit bei der Erlangung dieser Position betont (S. 158), oder war Bachs Wunsch, Fräulein Wilcke zur Frau zu nehmen, der Grund für ihre Anstellung? Das früheste Dokument, das sie als Hofsängerin bezeichnet, ist zugleich der erste Beleg für die bevorstehende Hochzeit mit dem Kapellmei-

ster.[31] Nach dem Tod seiner ersten Frau Maria Barbara, die im Juli 1720 plötzlich verstorben war, erwog Bach ernsthaft, Köthen zu verlassen; nur wenige
Monate später bewarb er sich in Hamburg auf die Organistenstelle an St. Jako-
bi.[32] Vor diesem Hintergrund wäre die Vorstellung durchaus plausibel, daß sein
Dienstherr Fürst Leopold von Anhalt-Köthen in dem Bemühen, ihn in Köthen
zu halten, angeboten hätte, seine künftige Ehefrau einzustellen.

Auf die Gefahr hin, diese undurchsichtige Situation noch weiter zu komplizie-
ren, möchte ich hier einen kleinen handschriftlichen Beleg zitieren, der der
Aufmerksamkeit der Bach-Forschung bisher entgangen zu sein scheint und der
möglicherweise von Belang ist. Die Köthener Kammerrechnungen enthalten
für August und September 1719 Nachweise für Zahlungen an einen ungenannten „Trompeter aus Zerbst."[33] Könnte es sich bei dieser Person um Anna Magdalenas Bruder Johann Caspar Wilcke d. J. gehandelt haben, der ab 1717 als
Trompeter in Zerbst diente? Und könnte er etwas mit ihrer Anstellung in
Köthen zu tun gehabt haben, und sei es nur, daß er Fürst Leopold und Kapellmeister Bach auf seine begabte junge Schwester aufmerksam machte? Die
ganze Geschichte hinter Anna Magdalena Bachs Weg zu ihrer bezahlten Anstellung werden wir wahrscheinlich nie erfahren, doch die Komplexität der
Beweislage zu ignorieren, wird uns der Wahrheit auch nicht näher bringen.

Yearsleys Versuche, das Leben der Anna Magdalena Bach zu kontextualisie-
ren, wären überzeugender ausgefallen, wenn er sie mit Quellenforschungen
zum Leben vergleichbarer Figuren flankiert hätte. Welche anderen Sängerinnen wurden vor oder nach A. M. Bach am Köthener Hof angestellt? Wie hoch
war deren Gehalt? Was könnten die Erfahrungen dieser anderen Musiker verraten über die Welt, in die die junge A. M. Wilcke mit ihrer Anstellung eintrat?
Eine Sichtung der Kammerrechnungen des Köthener Hofs zeigt, daß die meisten bei Hofe verpflichteten Sänger – ein Falsettist hier, ein Kastrat dort – nur
kurz zu Besuch weilten; ihre Biographien sind bislang noch fast völlig uner-
forscht.[34] Die einzigen weiblichen Sänger neben Anna Magdalena, die bisher

---

[31] Hübner (wie Fußnote 1), S. 40.
[32] Dok II, Nr. 102.
[33] LASAD, *Z 73* (Köthener Kammerrechnungen 1719/20), S. 121 (7. August 1719) und
S. 124 (30. September 1719). Bei beiden Zahlungen handelt es sich um Erstattungen
(1 Reichstaler; 1 Reichstaler und 4 Groschen) an den Hofpauker Anton Unger, der
diesen anonymen Trompeter aus Zerbst sowie den ihn begleitenden Reitknecht ver-
pflegte (26. August 1719).
[34] LASAD, *Z 73* (Köthener Kammerrechnungen 1718/19), S. 35: „zur Abfertigung des
*Discanti*sten auß Rudelstadt" (20. Oktober 1718) und „den *Castraten* Ginacini zur
Abfertigung" (21. März 1720). Der einzige männliche Sänger in Köthen, zu dem
umfangreich geforscht wurde, ist Jonas Friedrich Boenicke (nachweisbar 1723–
1737), der für eine Aufführung im August 1723 fünf Reichstaler erhielt und ähnliche

überhaupt wissenschaftliche Aufmerksamkeit erfuhren, sind die Monjou-Schwestern, die in Köthen von September 1720 bis November 1722 als „Singe-Jungfern" wirkten.[35] In den Kammerrechnungen werden ihre Honorare gemeinsam mit dem ihres Vaters Jean-François Monjou (nachweisbar 1713–1736?) aufgeführt, der exakt für die Dauer ihres Aufenthalts in Köthen als „Pagen Hofmeister" angestellt war. Der Umstand, daß er weder Vorgänger noch Nachfolger hatte, läßt vermuten, daß seine Anstellung nur deshalb erfolgte, weil seine Töchter singen konnten.[36] Zusammen verdienten die drei Monjous 300 Reichstaler pro Jahr (also jeweils 100, wenn alle die gleiche Summe erhielten, und damit halb so viel wie Anna Magdalenas 200). Die Monjou-Schwestern sangen später an der Berliner und der Hamburger Oper, wo sie respektable wenn nicht gar herausragende Bühnenkarrieren entwickelten. Ihre Biographien harren noch immer der genauen Erforschung.[37] Die umfassendste und aufschlußreichste Parallele zu Anna Magdalena Bach findet sich bei Angelika Rosa (1734–1790), deren Autobiographie 1908 von ihrem Ururenkel veröffentlicht wurde und 1994 in einer modernen Ausgabe erschien.[38] Da diese Quelle für einige von Yearsley und anderen vertretene Argumente relevant ist, bisher aber von der Bach-Forschung nicht wahrgenommen wurde, möchte ich sie hier kurz vorstellen. Catharina Angelica

---

Gastauftritte auch an anderen mitteldeutschen Höfen hatte. Siehe R.-S. Pegah, „…*und bißhero mein Glück in der Welt zu suchen …"* – *Notes on the Biography of Jonas Friedrich Boenicke*, in: Musicians' Mobilities and Music Migrations in Early Modern Europe: Biographical Patterns and Cultural Exchanges, hrsg. von Gesa zur Nieden und B. Over, Mainz 2016, S. 227–240.

[35] BJ 2013 (H.-J. Schulze), S. 293–295. Eine der Monjou-Schwestern hieß „Christel", die andere bleibt anonym.

[36] Schulze (ebenda, S. 294) hat herausgefunden, daß ein gewisser „Monsieur Monjou" aus Paris in den Leipziger Adreßbüchern von 1732 und 1736, nicht aber in dem von 1750 verzeichnet ist. Dem kann ich hinzufügen, daß sich weitere Erwähnungen dieser Person unter derselben Adresse auch in den Adreßbüchern von 1713 und 1714 finden (nicht aber in denen von 1702 oder 1723).

[37] Eine kursorische Durchsicht der Köthener Kammerrechnungen ergab eine bisher unbemerkte Zahlung von 5 Reichstalern für die Anfertigung von einem „Kleÿdt und Schnürbrust" für „J. Monjou." Siehe LASAD, *Z 73* (Köthener Kammerrechnungen 1720/21), S. 39. Eine systematische Suche würde zweifellos weitere Informationen vielleicht sogar zu A. M. Bach selbst zutage fördern.

[38] Siehe V. Kirchner, *Angelika Rosa. Lebensschicksale einer deutschen Frau im 18. Jahrhundert in eigenhändigen Briefen*, Magdeburg 1908; sowie M. Roitzheim-Eisfeld, P. Wulbusch, M. Heuser und O. Niethammer, *Ich wünschte so gar gelehrt zu werden. Drei Autobiographien von Frauen des 18. Jahrhunderts. Dorothea Friderika Baldinger, Charlotte von Einem, Angelika Rosa*, Göttingen 1994. A. Rosas originale Aufzeichnungen wurden während eines Bombenangriffs auf Magdeburg im Zweiten Weltkrieg zerstört.

Salome Rosa wurde am 26. August 1734 in Fischelbach geboren, sie war die Tochter von Maria Salome Rosa (gest. vor 1784) und Philipp Samuel Rosa (geb. 1702). Im Jahr nach ihrer Geburt wurde ihr Vater in Köthen als Hofprediger angestellt; 1737 wurde er zum Superintendenten befördert, 1741 jedoch wegen einer heimlichen Affäre mit einer Witwe fristlos entlassen. Um dem Skandal zu entgehen, floh er mit seiner Geliebten nach Halle, während die siebenjährige Angelika mit ihrer Mutter und den Geschwistern in Köthen blieb; ihren kargen Lebensunterhalt bestritten sie mit dem Anfertigen von Gold- und Silberborten. Als junges Mädchen war sie als Hauslehrerin sehr gefragt, nicht nur weil sie sowohl die deutsche als auch die französische Sprache in Wort und Schrift beherrschte, sondern auch wegen ihrer musikalischen Fähigkeiten – das Klavierspiel hatte sie bei Friedrich Gottlob Fleischer (1722–1806) erlernt, einem Mitglied der Hofkapelle.[39] Eines Tages, als sie von einem benachbarten Dorf zurückkehrte, wo sie sich als Hauslehrerin vorgestellt hatte, begegnete sie auf dem Heimweg Fürst August Ludwig von Anhalt-Köthen (1697–1755), dem jüngeren Bruder und Nachfolger Fürst Leopolds. August Ludwig war mit ihrer skandalösen Familiengeschichte vertraut, und nachdem sie sich eine Weile unterhalten hatten, bot er ihr an, sie für eine Anstellung bei Hofe in Betracht zu ziehen. Am darauffolgenden Tag schickte er ihr um 10 Uhr morgens einen „Läufer", der sie aufforderte, sich noch am selben Tag um 2 Uhr vorzustellen. Nach ihrem Eintreffen bei Hofe wurde sie aufgefordert, auf dem Cembalo zu spielen, zur Begleitung ihres Lehrers zu singen und einige Stücke eines blinden Komponisten namens Friedrich von Erlach (1708–1757), der gerade anwesend war, vom Blatt zu spielen.

Die folgende Zeile aus Angelika Rosas Autobiographie ist aufgrund der aufscheinenden Parallelen zu den Erfahrungen Anna Magdalena Bachs von besonderem Interesse: „Das gelang mir denn auch so, daß ich vom Fürsten mit 200 Thalern Gehalt unter die Hofmusici aufgenommen wurde."[40] Am Tag nach dem Vorspiel schickte der Prinz ihr Taft, Seide, Leinen, Spitzen und allerhand weiteren Putz mit der Anordnung, sie möge sich so elegant wie möglich einkleiden; sie folgte dieser Aufforderung, allerdings sehr zum Kummer ihrer Familie und Freunde, die der Meinung waren, daß eine solch opulente Ausstaffierung sich für die Tochter eines Pfarrers nicht schicke. Ihre Mutter bestand

---

[39] Fleischer wirkte 1742/43 zunächst als Notist und „Laquay", bevor er um das Jahr 1746 in die Hofkapelle aufgenommen wurde. Siehe M. Richter, *Die Köthener Hofmusik zur Zeit des Fürsten August Ludwig,* in: Musik an der Zerbster Residenz. Bericht über die Internationale wissenschaftliche Konferenz vom 10. bis 12. April 2008 im Rahmen der 10. Internationalen Fasch-Festtage in Zerbst, hrsg. von der Internationalen Fasch-Gesellschaft, Beeskow 2008, S. 175–177. In ihrer Autobiographie schrieb A. Rosa, sie habe bei „Capellmeister Fleischer" Unterricht genommen, allerdings hat Fleischer diesen Rang in Köthen nie erreicht.

[40] Roitzheim-Eisfeld (wie Fußnote 38), S. 98–100.

darauf, daß Angelika, sollte sie die Anstellung akzeptieren, so bald wie möglich heiraten müsse; eine Reihe hastig eingeleiteter Werbungen führten jedoch nicht zu dem erhofften Ergebnis. Erst nachdem im Winter desselben Jahres acht junge Musiker in die Hofkapelle aufgenommen wurden, fand sich der passende Ehepartner in der Person des Oboisten Johann Georg Kirchner (1729–1763).[41] Vier Monate nach ihrer ersten Begegnung vertraute er Angelika Rosa während einer Probe („im Übungsconcert") an, daß er sie heiraten wolle. Um dieselbe Zeit forderte Fürst August Ludwig sie auf, einige prachtvoll ausgestattete Zimmer im Schloß zu beziehen, in denen sich unter anderem ein kostbares Cembalo, eine Bibliothek und schöne Bilder befanden.[42] Angelika Rosa war sehr versucht, dieses Angebot des Fürsten anzunehmen, entschloß sich auf Anraten ihrer Mutter aber, stattdessen Kirchner zu heiraten: „,Der Fürst ist schon über 50 Jahre alt', sagte sie, ,wer ist dir Bürge, daß dessen Nachfolger deine jetzige Lage ungeändert läßt? Hast du einen Mann, so hast du einen Versorger, einen Schutz, solange er lebt.'"[43] Kirchner ersuchte förmlich um die Erlaubnis, Angelika Rosa heiraten zu dürfen, doch der Fürst ließ die beiden wissen, daß er sie entlassen würde, sollten sie ihr Ansinnen in die Tat umsetzen. Rosa ließ sich überreden, ihre Hochzeitspläne nicht aufzugeben, sie gestand aber ein, daß die Aussicht, ihre Anstellung zu verlieren, „ein Donnerschlag für [ihren] Ehrgeiz" war.[44] Erzürnt über das Beharren des jungen Paares setzte der Fürst Kirchner nun unter Hausarrest und untersagte ihm jeglichen Kontakt. Auch Angelika Rosa durfte nicht mehr bei Hofe erscheinen, was erneut ihre „Ehrsucht aufs empfindlichste" kränkte.[45] Nachdem Kirchner

---

[41] Ebenda, S. 245. Kirchners Name erscheint nicht in den Köthener Kammerrechnungen, aber seine Tätigkeit als Oboist, seine Krankheit und seine umstrittene Beziehung zu Angelika Rosa werden sämtlich von dem erhaltenen Kirchenbucheintrag zu ihrer Hochzeit am 16. Februar 1754 bestätigt: „Ist Joh. Georg Kirchner, gewesener Hobouist alhier, mit Catharina Angelica Salome Rosin auf Fürstl. Consistorial Befehl wegen begangener Unkeuschheit vor dem Bette wegen der ernsten Kranckheit durch den H. Consistorial Rath Schlichter Ehelich copuliret worden." St. Jakob Köthen, *Getraute 1721–1769*, S. 395 (Nr. 4). Ich danke Nicola Hedemann, die für mich die Kirchenbücher geprüft hat.

[42] Ebenda, S. 103 f.: „Gerade zu der Zeit wollte der Fürst, daß ich aufs Schloß ziehen sollte, wozu denn auch einige Zimmer aufs prächtigste zugerichtet wurden. Ein kostbares Instrument, eine Bibliothek, schöne Schildereien – o wie ich da umher geführt wurde! Was das für einen Reiz für mich hatte, kann ich mir jetzt noch recht lebhaft vorstellen, aber ausdrücken kann ich es nicht. Aber meine gute Mutter, die weiter sah als ich, lehnte diese Gnade des Fürsten durch allerlei Vorwände von einer Woche zur andern ab, mir jedoch verhehlte sie den eigentlichen Beweggrund ihres Verfahrens, welches mich äußerst mißmuthig machte."

[43] Ebenda, S. 104.
[44] Ebenda.
[45] Ebenda, S. 106.

aber schwer erkrankte, erbarmte sich der Fürst schließlich und gab den beiden die erbetene Erlaubnis.

Die Hochzeit war eine etwas überstürzte Angelegenheit, doch trotzdem folgten die Kirchners einer wichtigen Köthener Tradition: „Ein Jeder, der bei Hof im Dienste war, mußte, wenn er sich verheirathete, dem Fürsten den Hochzeitskuchen schicken."[46] (Man fragt sich, ob Johann Sebastian und Anna Magdalena Bach im Jahr 1721 diesem Brauch ebenfalls gefolgt sind.) Die Kirchners kehrten an den Hof zurück und blieben dort drei weitere Jahre. Allerdings wurde der Ehemann zunehmend eifersüchtig auf den Umgang seiner Frau mit anderen Männern: „Jeder Concerttag war für mich ein Tag der Angst; denn da wurde zu Hause dies und jenes Wort, Miene oder dergleichen ohne Bedeutung scharfsichtig vorgenommen. ‚Warum küßte dir der die Hand?' ‚Warum reichte dir der die Noten hin?'"[47] Auch aus anderen Gründen wurde ihr Arbeitsumfeld zunehmend unbehaglich. Der Fürst drohte jedem Musiker mit Entlassung, der sich durch einen Substituten vertreten ließ. Außerdem verfügte er, daß alle männlichen Musiker lange gepuderte Perücken zu tragen hätten – eine längst veraltete Mode. Manch einer zögerte, sich dieser neuen Regel zu beugen, doch wer neu an den Hof kam, wurde gepackt und sein eigenes Haar wurde ihm unter Zwang gestutzt. Sodann wurde ihm eine lange Perücke auf den Kopf gestülpt, unter deren gepuderten weißen Locken vereinzelte braune oder schwarze Haare unschön hervorschauten. Angelika Kirchner und die übrigen Musiker suchten sich zu rächen, indem sie „die ältesten Musikstücke, die wir finden konnten"[48] aufführten, doch diese passive Form der Rebellion hatte nicht die gewünschte Wirkung, denn der Fürst fand großen Gefallen an diesem alten Repertoire – vielleicht weil es zu den altmodischen Perücken paßte. Wenig später nutzten die Kirchners eine Unterbrechung ihrer Konzertverpflichtungen für einen Familienbesuch in der Nähe von Halle. So fand Angelika Kirchner sich eines Sonntagsmorgens in einer Dorfkirche in der Nähe von Wettin, wo sie eine unerwartete Gelegenheit nutzte, die sich daraus ergab, daß eine Schwägerin ihren Sitz in der Nähe der Orgel hatte: „Ihr Kirchenstuhl war oben bei der Orgel. Das machte mir Lust, die Orgel zu spielen. Das war denn ein Wunder über Wunder. Als wir aus der Kirche gingen, hatten sich die Bauern in zwei Reihen gestellt und machten uns mit großer Ehrerbietung viele Kratzfüße."[49] Unglücklicherweise hatte ihr Mann keine Reiseerlaubnis eingeholt, und als der Fürst nach ihm verlangte, damit er an einer Darbietung von „Simfonien" mitwirken könne, flog die Abwesenheit der beiden auf und sie wurden umgehend entlassen. Musikalien und Instrumente, die

---

[46] Ebenda.
[47] Ebenda, S. 107.
[48] Ebenda, S. 109.
[49] Ebenda, S. 111.

lange Perücke ihres Mannes und alles was sonst noch der Kapelle gehörte, mußte unmittelbar zurückgegeben werden. Als sie sich gerade anschickten, Köthen endgültig zu verlassen, begegnete Angelika Kirchner dem alternden Fürsten zufällig auf der Straße. Er verzog das Gesicht und blaffte: „Wart, ich will euch Canaillenzeug wohl kriegen. Umsonst sollt ihr mir den Streich nicht gespielt haben."[50] In ihrer Autobiographie merkte sie sarkastisch an, daß, wenn sie nur sechs Monate gewartet hätten, sie Köthen in Frieden hätten verlassen können – Fürst August Ludwig starb am 6. August 1755. Sie ergänzte noch, sein Nachfolger, Karl Georg Leberecht von Anhalt-Köthen (1730–1789), „verabschiedete 18 junge Musici und behielt nur 8 alte Leute."[51] Nachdem sie Köthen verlassen hatten, machten die Kirchners sich in Aken selbständig – sie brauten und verkauften Getränke und hielten Nutztiere.[52] Angelika Kirchner fuhr fort, im häuslichen Kreis zu singen und Cembalo zu spielen, doch ihre Mutterpflichten und die Notwendigkeit, das Familieneinkommen durch Privatunterricht aufzubessern, beanspruchten immer mehr Zeit – besonders nach dem Tod ihres Mannes (1763).[53] Im Jahr 1776 ging Angelika Kirchner eine zweite Ehe ein, dieses Mal mit einem Prediger aus Brandenburg. 1784/85 schloß sie das Manuskript ihrer Autobiographie ab; sie starb am 19. Februar 1790.

Angelika Rosas Autobiographie ist mit gewissem Vorbehalt zu lesen. Die Chronologie ist auf eine Weise diffus, die sich nicht allein dadurch erklären läßt, daß sie ihre Geschichte erst Jahrzehnte später zu Papier brachte. Auch ist offensichtlich, daß sie ihre Erlebnisse auf eine Weise ausschmückte, die sich populären Romanen der Zeit annäherte.[54] Insgesamt jedoch kommt Marion Roitzheim-Eisfeld, die den Wahrheitsgehalt des Textes sorgfältig geprüft hat, zu dem Schluß, daß er den Tatsachen entspricht.[55] In einigen Aspekten war Angelika Rosas Leben allerdings wohl skandalöser, als sie in ihrer fiktionalisierten Darstellung glauben macht. So ist den überlieferten Kirchenakten zu entnehmen, daß ihre Hochzeit nicht, wie im Text behauptet, am 24. Januar 1751 stattfand, sondern am 16. Februar 1754 – zu einem Zeitpunkt, als sie bereits im

---

[50] Ebenda, S. 112.
[51] Ebenda, S. 112f. Tatsächlich wurde zu dieser Zeit die gesamte Köthener Hofkapelle entlassen. Siehe R. Bunge, *Johann Sebastian Bachs Kapelle zu Cöthen und deren nachgelassene Instrumente*, BJ 1905, S. 35.
[52] Roitzheim-Eisfeld (wie Fußnote 38), S. 115.
[53] Ebenda, S. 134.
[54] Daß bestimmte in der Autobiographie enthaltene Behauptungen problematisch waren, wurde schon bald nach der Erstveröffentlichung erkannt. Siehe Roitzheim-Eisfeld (wie Fußnote 38), S. 238.
[55] M. Roitzheim-Eisfeld, *Realität und Fiktion in der Autobiographie der Angelika Rosa*, in: Autobiographien von Frauen: Beiträge zu ihrer Geschichte, hrsg. von M. Heuser, Tübingen 1996, S. 194–213.

achten Monat schwanger war.[56] Es ist anzunehmen, daß sie diese Daten nicht nur korrigierte, um ihre Lebensgeschichte besser an die bürgerlichen Konventionen anzupassen, sondern auch, um ihre tatsächliche Rolle bei Hofe zu kaschieren. Denn man gewinnt beim Lesen ihrer Autobiographie den Eindruck – besonders angesichts des Angebots eines luxuriösen Appartements im Schloß –, daß der Fürst Angelika Rosa antrug, sie als seine Geliebte zu etablieren. Sie behauptet zwar, seine Offerte ausgeschlagen zu haben, dies mag jedoch nur ein weiterer Versuch sein, ihre Biographie zu beschönigen. Bestärkt wird der Eindruck einer Affäre durch die dramatische Weigerung des Fürsten, der Heirat des jungen Paares zuzustimmen, und die Inhaftierung des Bräutigams, als die beiden nicht nachgeben. Auch gibt einem die Eifersucht des Ehemanns zu denken, wenn er den Umgang seiner Frau mit nicht weiter spezifizierten Männern beobachtet (zu denen sicherlich auch der Fürst gehörte), die dreist ihre Hand küssen und während einer Darbietung nach bestimmten Liedern verlangten. Kann es dem Zufall geschuldet sein, daß Fürst August Ludwig nur zwei Wochen vor ihrer Hochzeit die meisten Mitglieder der Hofkapelle entließ?[57] Insgesamt ist es kaum möglich, in Angelika Rosas Autobiographie Dichtung und Wahrheit voneinander zu trennen. Liest man aber zwischen den Zeilen, so erscheint es plausibel, daß das Fehlen ihres Namens in den offiziellen Kammerrechnungen der wahren Natur ihrer Anstellung geschuldet ist.[58]

Angelika Rosas in Köthen gesammelte Erfahrungen bieten verblüffende Parallelen zu denen von Anna Magdalena Bach. Beide waren zur Zeit ihres ersten Engagements noch sehr jung. Beide waren nicht nur Sängerinnen, sondern auch Cembalistinnen. Sie erhielten das gleiche Honorar von 200 Reichstalern. Wurde auch Anna Magdalena nach einer zufälligen Begegnung und rasch erfolgten Gesangsprobe engagiert? Wurde auch sie vom Fürsten mit eleganter Kleidung versorgt? Wurden auch ihr großzügig ausgestattete Zimmer im Schloß angeboten (und hat sie diese vielleicht sogar bezogen)? War Anna Magdalena Wilckes Familie vielleicht ebenso besorgt über die Situation, daß eine alleinstehende junge Frau eine Stellung bei Hofe in unmittelbarer Nähe eines unverheirateten und unberechenbaren Fürsten annahm? Beide Frauen wurden offenbar zumindest eine Zeitlang aus privaten Mitteln bezahlt: Anna Magdalena Wilckes Name erscheint in den offiziellen Kammerrechnungen erstmals frühestens acht Monate, nachdem sie am Hof aufzutreten begann, und Angelika Rosas Name taucht überhaupt nicht auf.

---

[56] Etwa zwei Wochen nach ihrer Hochzeit bekam Rosa eine Tochter. Siehe Roitzheim-Eisfeld, *Realität und Fiktion* (wie Fußnote 55), S. 201.

[57] Bunge (wie Fußnote 51), S. 35.

[58] Wahrscheinlich wurde sie aus privaten Mitteln bezahlt („Chatoul Rechnungen"). Bedauerlicherweise sind derartige Dokumente aus dem 18. Jahrhundert nicht erhalten.

Letztlich werfen die hier angerissenen Parallelen eine für die Bach-Forschung unbequeme Frage auf: Wenn Angelika Rose tatsächlich nicht nur als Sängerin, sondern auch als Geliebte des Fürsten engagiert wurde, hätte dies im Fall von Anna Magdalena Wilcke auch der Fall sein können? Könnte hier die Erklärung dafür liegen, daß auch sie so lange aus privaten Mitteln bezahlt wurde? Aus unserer distanzierten Perspektive erscheint dieses Szenario – „Anna Magdalena als Kurtisane" – eher unwahrscheinlich. Sexuelle Beziehungen, die auf solch unterschiedlichen Machtverhältnissen basieren, verursachen häufig große emotionale Anspannungen, die kaum zu unterdrücken sind. Angelika Rosas Geschichte ist voller Sturm und Drang – die hitzköpfige Weigerung des Fürsten, seine Einwilligung zu ihrer Hochzeit zu geben, die Inhaftierung ihres Bräutigams und dessen anschließende schwere Erkrankung; die Rachegelüste des Fürsten angesichts der „Streiche", die die beiden ihm angeblich gespielt haben, und so weiter. Anna Magdalena und Johann Sebastian Bach hingegen scheinen auch nach ihrem Fortgang aus Köthen weiterhin freundschaftlichen Umgang mit Fürst Leopold gepflegt zu haben und kehrten mehrmals an ihren einstigen Wirkungsort zurück, auch zu seiner Beerdigung. In einem 1730 verfaßten Brief an seinen Jugendfreund Georg Erdmann pries Bach seinen früheren Dienstherrn als „einen gnädigen und *Music* so wohl liebenden als kennenden Fürsten."[59] Hätte eine solche Beziehung voller offensichtlicher gegenseitiger Bewunderung Bestand haben können, wenn Anna Magdalena Bach eine frühere Geliebte Leopolds war?

Nehmen wir trotzdem einmal an, Anna Magdalena Wilcke wäre nicht nur ihrer sängerischen Begabung wegen, sondern (unter der Hand) auch zur Erfüllung der sexuellen Wünsche des Fürsten engagiert worden. Ich denke, ein solcher Gedanke wäre vielen Bach-Freunden ausgesprochen zuwider, und diese Aversion sollte man durchaus einmal näher in Augenschein nehmen. Es gibt zahlreiche Belege für die Vermutung, daß Anna Magdalena Bach eine hingebungsvolle Ehefrau und sorgsame Mutter war, die sich an Singvögeln und Blumen erfreute und das Leben einer frommen Lutheranerin führte. Man kann sich leicht vorstellen, wie sie noch spät in der Nacht die Stimmen für die nächste Aufführung ihres Mannes kopierte, in erschöpfter Verzweiflung zusammenzuckte, wenn eines ihrer Kinder von einem schlechten Traum erwachte, wie sie sie tröstete und in ihren Gebeten inbrünstig darum flehte, daß sie gesund bleiben mögen. Fällt es hingegen schwer, sich dieselbe Frau als neunzehnjähriges Opfer absolutistischer Machtstrukturen vorzustellen, die ihresgleichen allzu häufig zwangen, sexuelle Ausbeutung durch Männer zu erleiden, die ihre Karriere fördern, aber auch jederzeit zerstören konnten? Ist es denkbar, daß Bach eine solche Frau heiratete und nahezu dreißig Jahre lang mit ihr zusammenlebte? Oder glauben wir, daß er zu konservativ war, eine Frau, die solche Trau-

---

[59] Dok I, Nr. 23.

mata erlitten hatte, seiner Sympathie oder gar Liebe wert zu erachten? Die Vorstellung, die wir von den Bachs haben, ist in weiten Teilen zweidimensional. Geschichten wie die von Angelika Rosa können uns helfen, unsere vorgefaßten Meinungen zu erkennen und uns anregen, der menschlichen Seite von Anna Magdalena und Johann Sebastian Bach mehr Raum zu geben.

Auch wenn sie beide in Köthen ein recht fürstliches Gehalt bezogen, war weder Angelika Rosa noch Anna Magdalena Bach eine lange öffentliche Karriere als professionelle Sängerin beschieden. David Yearsley ist der Meinung, daß A. M. Bach auch in Leipzig weiterhin aufgetreten sein muß. Und wenn es stimmen sollte, daß die Kantate „O angenehme Melodei!" als persönliches Bravourstück für sie geschrieben wurde, ist anzunehmen, daß sie in den 1720er und 1730er Jahren bei verschiedenen öffentlichen Feierlichkeiten auftrat. Yearsley spekuliert ferner, daß sie wahrscheinlich auch im Zimmermannschen Kaffeehaus sang, wo ihr Mann in den 1730ern ein Collegium Musicum leitete. Zur Begründung seiner Vermutung führt er an, daß es „kaum wahrscheinlich wäre, daß ein musikliebendes Leipziger Publikum, das lange Zeit in den Genuß gekommen war, Frauen in weiblichen Gesangsrollen auf der Bühne zu hören und zu sehen, auf dieses Vergnügen nach der Schließung des Leipziger Opernhauses im Jahr 1720 gänzlich verzichten würde" (S. 159). Er führt zur Unterstützung dieser Theorie zwar keinerlei Nachweise an, aber es gibt tatsächlich ein Dokument, das darauf hindeutet, daß sie korrekt sein könnte – das handschriftliche Tagebuch des Studenten Heinrich Zernecke (1709–1775). Zernecke verbrachte am 17. September 1733 einige Zeit in den Häusern von Christiana Mariana von Ziegler und Johann Christoph Gottsched, bevor er einer Musikdarbietung beiwohnte: „Abends von 8. biß 10. Uhr wurde im Schelhafferschen Hause vom Hrn. Capellmeister Görner ein Concert aufgeführet, alwo eine ungemeine Anzahl von Vornehmen sowohl als andern Leuthen geringern Standes zugegen war. Es ließen sich dabeÿ des hiesigen Tantz-Meisters, Nagel, zweÿ Töchter, die eine im Singen, die andere auff der Flaute-traverse, hören."[60] Wenn Frauen gemeinsam mit dem von Johann Gottlieb Görner geleiteten Collegium Musicum auftreten konnten – in diesem Fall zwei Töchter des Tanzmeisters Andreas Nagel (1690–1743), die achtzehnjährige Erdmute Susanna (geb. 1715) und die sechzehnjährige Johanna Sophia (1717–1743) –, dann ist anzunehmen, daß dies auch für das Bachische Collegium Musicum galt.[61] Doch ist Anna Magdalena Bach wirklich weiterhin aufgetreten? Der Musiklexikograph Ernst Ludwig Gerber beschrieb sie im Jahr 1790 als „vortrefliche

---

[60] PL-GD, *Ms. 854*, S. 377 (17. September 1733).

[61] Die biographischen Angaben zu diesen Mitgliedern der Familie Nagel fanden sich im Kirchlichen Archiv Leipzig (*Taufen St. Nikolai* 1715, S. 249 und *Taufen St. Thomas* 1717, S. 360) sowie im Stadtarchiv Leipzig (Ratsleichenbuch 1743, S. 5 und 7).

Sopranistin", die starb, „ohne jemals öffentlich von diesem ihrem vortreflichen Talente Gebrauch gemacht zu haben." [62] Gerbers Quelle ist vermutlich eine Mitteilung seines Vaters Heinrich Nikolaus Gerber (1702–1775), der in den 1720er Jahren bei Johann Sebastian studiert hatte. Doch der ältere Gerber verließ Leipzig einige Jahre bevor Bach die Leitung des Collegium Musicum übernahm, und der jüngere Gerber tauchte erst 1765 in der Stadt auf; damit verfügte keiner der beiden über Kenntnisse aus erster Hand zu Anna Magdalenas Aktivitäten in den 1730er und 1740er Jahren. Trotzdem überrascht es, eine solche Behauptung in einem Musiklexikon zu finden; sie sollte daher nicht ohne weiteres verworfen werden. Der jüngere Gerber nahm sein Studium an der Leipziger Universität nur fünf Jahre nach Anna Magdalenas Tod auf und könnte mithin neben seinem Vater durchaus noch andere Informationsquellen gehabt haben. Wenn wir ihn beim Wort nehmen und uns vorstellen, daß Anna Magdalena tatsächlich nach 1730 nicht mehr gerne öffentlich auftrat, woran könnte das gelegen haben? Vielleicht hatten sich ihr Lebensschwerpunkt und ihre Interessen einfach in eine andere Richtung entwickelt, wie es ja auch bei Angelika Rosa der Fall war.

Meiner Meinung nach liegt das zentrale Problem von *Sex, Death, and Minuets* nicht darin, daß das Buch keine neuen Dokumente präsentiert, die sich direkt auf Anna Magdalena Bachs Biographie beziehen; solche Materialien tauchen nur selten und meist eher zufällig auf, sind also extrem schwer zu finden – wenngleich dies gelegentlich durchaus gelingt (siehe die Diskussion der Forschungsarbeit von Spree weiter unten). Meine Kritik an Yearsleys Buch liegt vor allem darin, daß das von ihm herangezogene Vergleichsmaterial zu weit von den Erfahrungen seiner Protagonistin entfernt ist, als daß sich daraus wirklich Rückschlüsse auf ihr Leben ziehen ließen. Diese Diskrepanz ist oft zeitlich oder räumlich, doch selbst wenn er Primärquellen genau aus ihrer Zeit und ihrem Umfeld benutzt, sind diese von einer Art, die sie von gelebter Erfahrung distanziert. Mit Ausnahme von Anna Magdalenas Klavierbüchern und einigen weiteren musikalischen Quellen zitiert Yearsley keinerlei ungedruckte Dokumente. Seine im Deutschland des 18. Jahrhunderts angesiedelte kulturgeschichtliche Studie wurde recherchiert und niedergeschrieben, als würde es die Fülle an handschriftlichen Schätzen, die sich heute noch in deutschen Archiven und Bibliotheken finden, schlicht nicht geben. Stattdessen verläßt er sich nahezu ausschließlich auf gedruckte Quellen aus der Zeit, vor allem auf allgemeine Nachschlagewerke (zum Beispiel das Frauenzimmer-Lexicon, den Zedler, die einschlägigen Schriften von Weigel, Iccander, Sicul usw.). [63] Und es

---

[62] Gerber ATL, Bd. 1, Sp. 76.

[63] G. S. Corvinus, *Nutzbares, galantes, und curiöses Frauenzimmer-Lexicon […] von Amaranthes,* Leipzig 1715; J. H. Zedler, *Grosses vollständiges Universal-Lexicon aller Wissenschafften und Künste,* 68 Bde., Halle und Leipzig 1732–1754); J. C.

liegt in der Natur der Sache, daß die in der Bach-Zeit erschienenen Bücher eher präskriptiv waren und damit mehr darüber verrieten, wie die Menschen sich zu verhalten hatten, als darüber, wie sie sich tatsächlich verhielten. Handschriftliche Quellen sind im Vergleich hierzu hingegen eher deskriptiv und persönlich, sie verraten, wie reale Personen mit den ihnen auferlegten gesellschaftlichen Zwängen umgingen. Um nur ein besonders auffälliges Versäumnis für ein Buch zu nennen, dessen Untertitel den Begriff „Musical Notebooks" enthält: Yearsley bietet keinen wirklich substantiellen Vergleich von Anna Magdalenas Clavier-Büchlein mit den Notenbüchern oder Musiksammlungen irgendeiner anderen Musikerin der Zeit.[64] Das Buch *Sex, Death, and Minuets* wäre seinem explizit formulierten Ziel, „historische Perspektiven" zu bieten, die „bislang vernachlässigte ethische, berufliche, familiäre und musikalische Werte und Praktiken nicht nur der Bach-Familie, sondern auch allgemein weiblicher Musiker der Zeit erhellen" (S. xxxiii), wesentlich näher gekommen, wenn der Autor sich weniger auf die von gedruckten Autoritäten der Epoche propagierten idealen Typen und Theorien verlassen und sich stattdessen mehr an den dokumentierten Erfahrungen realer Frauen orientiert hätte.

Eberhard Spree (4) tut genau das, was Yearsley versäumt – er präsentiert detaillierte Vergleiche zwischen Anna Magdalena Bach und spezifischen Personen ihrer Zeit und ihres Umfelds, mit den Ehefrauen anderer Thomaskantoren, den Witwen anderer Leipziger und dergleichen mehr. Im Verlauf seiner Forschungen gelang es ihm sogar, einige neue Dokumente aufzutun, die sich unmittelbar auf Anna Magdalena Bachs Biographie beziehen. Spree behandelt sie durchweg als Individuum und nicht als Sprungbrett für kulturgeschichtliche Diskussionen. Er verfügt nicht über Yearsleys klaren und prägnanten Stil, sondern schreibt eher prosaisch und iterativ. Aber er ist ein ernsthafter Wissenschaftler und vermittelt seinen Lesern einen wesentlich lebhafteren und plausibleren Eindruck der Bachschen Lebenssituation, als man ihn in *Sex, Death, and Minuets* findet. Wo Yearsleys Versuche, Anna Magdalena Bach größeren Wirkungsraum zuzusprechen, bemüht und oft forciert erscheinen, gelingt es Spree, Materialien und Interpretationen zu präsentieren, die auf überzeugende Weise vermitteln, welch einfallsreiche Persönlichkeit sie war. Dabei richtet sein Blick sich vor allem auf ihre letzten Lebensjahre.

Weigel, *Musicalisches Theatrum*, Nürnberg 1720); Iccander [= Johann Christian Crell], *Das in gantz Europa berühmte, galante, und sehenswürdige Königliche Leipzig in Sachsen*, Leipzig 1725; und C. E. Sicul, *Annalium Lipsiensium Maxime Academicorum Sectio XVI*, Leipzig 1723.

[64] Yearsley bietet lediglich einige knappe Hinweise (S. 93 f., 131 und 146) auf die Notenbücher der Susanne von Soldt (Antwerpen, 1599) und der Christiana Trolle (Preetz, um 1700).

Es galt in der Bach-Forschung lange als erwiesen, daß Anna Magdalena Bach nach dem Tod ihres Mannes im Jahr 1750 einsam und verarmt zurückblieb. Einer der vehementesten Vertreter dieser Ansicht ist Reinhard Szeskus, der behauptet hat, daß sie bei der Erbteilung ungerecht behandelt worden sei.[65] Die Indizien für diese These erscheinen durchaus solide: Sie erhielt einen kleineren Anteil am Vermögen ihres Mannes als ihre Kinder und Stiefkinder, wird als „Allmos. Frau" bezeichnet und wurde vom Rat der Stadt Leipzig für die Überreichung einiger Exemplare der Kunst der Fuge „wegen ihrer Dürfftigkeit" mit 40 Reichstalern bedacht.[66] Davor hatte es allerdings bereits Bestrebungen gegeben, besonders von Maria Hübner, Anna Magdalena Bachs augenscheinliche Mittellosigkeit durch einen Vergleich ihrer Situation mit der ihrer Leipziger Zeitgenossen zu relativieren.[67] Yearsley verwirft derlei Bemühungen als Versuche, das beklagenswerte Schicksal seiner Protagonistin absichtlich zu beschönigen (S. 193 f.), und füllt das letzte Kapitel seines Buches mit Analysen von Bach-Kantaten, die von Einsamkeit und Todessehnsucht handeln.

Spree vertritt die Ansicht, daß Anna Magdalena sich keineswegs in solch verzweifelter Verfassung befand, wie man aus den überlieferten Dokumenten schlußfolgern zu müssen glaubte. Von Rechts wegen erhielt sie ein Drittel vom Nachlaß ihres Mannes und die zum Zeitpunkt seines Todes lebenden Kinder (von denen einige noch recht jung waren) teilten sich die verbleibenden zwei Drittel. Der Umstand, daß sie ihren Anteil dadurch verkleinerte, daß sie von ihren Kindern und Stiefkindern Artikel aus dem Nachlaß erwarb, ist nicht als Zeichen ihrer Armut zu werten, wie Szeskus behauptet hat, sondern vielmehr als Indikator ihrer finanziellen Stabilität. Ihre Entscheidung, die nicht unerheblichen Schulden ihrer verwitweten Schwester zu übernehmen, die gewöhnlich als Zeichen der Schwäche gedeutet wird, ist in Sprees Augen ein weiteres Zeichen der Stärke. Außerdem optierte Anna Magdalena (gemeinsam mit den übrigen Erben) für die Fortsetzung einer Investition in eine Silbermine, die Johann Sebastian 1741 getätigt und bis zu seinem Lebensende beibehalten hatte. Die mit Investitionen dieses Typs verbundenen Regulierungen waren komplex, und Spree versteht sie wohl besser als jeder andere moderne Zeitgenosse, doch selbst er kann sich keinen Reim darauf machen, was Johann Sebastian bewogen haben mag, im Laufe von neun Jahren 30 Reichstaler in dieses Bergbauprojekt zu stecken. Es ist wohl plausibel, dem Kantor die Hoffnung zu unterstellen, aus diesem Einsatz Gewinn zu ziehen, allerdings zahlten nur etwa vier Prozent der Minen in der Region Dividende. Spree führt nun Belege aus

---

[65] R. Szeskus, *Bach in Leipzig. Beiträge zu Leben und Werk von Johann Sebastian Bach*, Wilhelmshaven 2003, S. 55 und 104.

[66] Hübner (wie Fußnote 1), S. 84–106, speziell S. 97, 100 und 105.

[67] Maria Hübner, *Zur finanziellen Situation der Witwe Anna Magdalena Bach und ihrer Töchter*, BJ 2002, S. 29–60.

der Zeit an, die suggerieren, daß Investitionen dieser Art häufig als eine Art
bürgerliche oder moralische Pflicht angesehen wurden und daher eher als Zu-
wendungen zu verstehen sind (S. 31 f.). Anna Magdalena Bach und ihre Mit-
erben jedenfalls übernahmen diese Zahlungen an die Mine nach Bachs Tod für
kurze Zeit und erhöhten sie sogar; sie waren mithin zumindest anfänglich offenbar nicht besonders besorgt, daß ihnen das Geld ausgehen könnte (S. 120).[68]
Wenn die verwitwete Anna Magdalena Bach also wohlhabender war als bisher
angenommen, was waren ihre Einnahmequellen? Spree stellt fest, daß das
Nachlaßverzeichnis in beachtlichem Maße unvollständig ist: Eine große Zahl
von Posten, die sich ganz sicher im Besitz der Familie befanden, ist nicht vermerkt. Als Ehegattin des Verstorbenen hätte A. M. Bach die so genannte „Gerade" zugestanden – Materialien, die nicht verkaufbar waren, oder Haushalts-
gegenstände, die täglich benutzt wurden. Hierzu gehörte unter anderem auch
ihre persönliche Kleidung, die zweifellos recht wertvoll war. Ferner deckte der
Begriff einen Großteil der Bücher im Besitz der Familie, außerdem Objekte
aus Silber, Messing und Zinn, Schreibmaterialien, Mobiliar und bestimmte
Musikinstrumente (zum Beispiel Clavichorde), die nicht im Nachlaßverzeichnis genannt sind. Auch erhielt sie wahrscheinlich eine beachtliche Zahl von
Porträts, die nach ihrem Tod in die eindrucksvolle Sammlung ihres Stiefsohns
Carl Philipp Emanuel Bach eingingen. Spree stieß unter anderem auf ein bis
dahin unbekanntes Dokument aus dem Jahr 1753, das verrät, daß Anna Magdalena einem Haushalt mit drei Kindern vorstand, darunter ihr geistig behin-
derter Sohn Gottfried Heinrich (1724–1763), von dem lange Zeit angenommen wurde, daß er zu der Zeit in Naumburg bei der Familie seiner Schwester
Elisabeth Juliana Friderica Altnickol lebte (S. 59 f.). Es muß also ausreichende
finanzielle Mittel gegeben haben, wenn Anna Magdalena es sich leisten konnte,
all diese Menschen zu ernähren. Das eine oder andere kam vermutlich von der
Leipziger Messe, dank derer jedes Jahr nahezu drei Monate lang Kaufleute und
Besucher aus ganz Europa nach Leipzig strömten. Wahrscheinlich vermietete
Anna Magdalena Bach zu Messezeiten das eine oder andere Zimmer in ihrer
Wohnung, wie es fast jeder tat, der ein Bett entbehren konnte. Unter den Ge-
genständen, um deren Übernahme aus dem Nachlaß ihres Mannes sie sich sehr
hartnäckig bemühte, befanden sich „7. höltzerne Betten". Eine solche Anschaffung würde man kaum von einer Frau erwarten, die sich auf eine einsame
und verarmte Existenz vorbereitete.
Die auffälligste Lücke im Nachlaßverzeichnis betrifft Bachs Notenbibliothek,
darunter seine eigenen Kompositionen, von denen viele in den Besitz seiner
Witwe übergegangen sein müssen. Spree argumentiert, daß Anna Magdalena
in den 1750er Jahren Kopien ihrer geerbten Handschriften anbot, genauso wie
sie es zu Lebzeiten ihres Mannes getan hatte. Daß Bachs Werke auch nach

---

[68] Die Erben stellten ihre Investitionen in die Mine um die Mitte des Jahres 1751 ein.

seinem Tod noch immer sehr gefragt waren, zeigen die hohen Preise, die der Musikalienhändler Breitkopf in den 1760er und 1770er Jahren für Abschriften verlangte (S. 86–91). Und schließlich engagierte C. P. E. Bach seine Stiefmutter als Kommissionärin für den ersten Teil seines *Versuchs über die wahre Art das Clavier zu spielen* (Berlin 1753). Spree bemerkt scharfsinnig, daß C. P. E. Bach keiner seiner elf Anzeigen (aus den Jahren 1752, 1754 und 1759) eine Adresse beifügte, die es potenziellen Kunden ermöglicht hätte, sie aufzusuchen (S. 210–213); er vertraute offensichtlich darauf, daß seine Stiefmutter bekannt genug war, daß es Interessenten an seiner Abhandlung keine Schwierigkeiten bereiten würden, sie in einer Stadt von 30.000 Einwohnern ausfindig zu machen, und daß der Zustand ihrer Wohnung die Bach-Familie nicht beschämen würde.

Der Umstand, daß Anna Magdalena von der Stadt Almosen erhielt, bedeutet nicht zwingend, daß sie bedürftig war, wie Szeskus, Yearsley und andere vermutet haben. Spree merkt an, daß eine andere sogenannte Almosenfrau, die Witwe eines Ratsherrn, Hausdiener beschäftigte und von ihrem Stiefsohn ein regelmäßiges Einkommen bezog. Selbst nachdem sie unerwartet 1000 Reichstaler erbte, wurde ihr das städtische Almosen weiterhin ausbezahlt (S. 247). Der Rat der Stadt Leipzig wies zwar auf Anna Magdalenas „Dürfftigkeit" hin, doch auch dies war ein Begriff, mit dem man üblicherweise Witwen bezeichnete – nicht unbedingt, weil sie arm waren, sondern wegen des Schmerzes, der gewöhnlich mit dem Verlust des Ehemannes einhergeht (S. 217–219). Wie Gottfried Barth (1650–1728) es in einer 1721 veröffentlichten Abhandlung über Erbschaftsregulierungen formuliert hat: „Daß der Wittben-Stand ein elendes und sehr miserables Leben sey, wird wohl niemand läugnen, indem die Wittben ihres Beschirmers, und Ernährers beraubet seynd, und deswegen in denen Rechten […] nicht unbillig unter die armseligen, und miserabeln Personen gezehlet werden, ohne Unterscheid, wes Standes, Würden, und Vermögens sie seynd."[69] Anna Magdalena Bach erhielt finanzielle Unterstützung nicht, weil sie mittellos war, sondern weil den Stadtvätern daran gelegen war, daß sie den Lebensstandard beibehalten konnte, den sie zu Lebzeiten ihres Mannes genossen hatte (S. 145–173).

Im Gegensatz zu Yearsleys Vorwurf der Beschönigung tendierte die Bach-Forschung bisher dazu, die Härte von Anna Magdalena Bachs Schicksal nicht etwa herunterzuspielen, sondern hervorzuheben. Warum war uns so daran gelegen, sie leiden zu lassen? Zum Teil wohl, weil wir unbewußt immer noch von der von Esther Meynell so treffend formulierten Prämisse ausgehen, daß für sie „nur noch sein Leben" galt. Wie hätte eine solche Frau als Witwe prosperieren können? Was aber noch problematischer ist: Wir haben von Anna Magdalena Bach erwartet, daß sie unseren eigenen Schmerz stellvertretend auf sich

---

[69] Zitiert nach (4), S. 219.

nimmt. Denn letztlich legen wir in die ihr zugeschriebene Misere unsere eigene Hilfosigkeit angesichts der uns von J. S. Bach trennenden unüberbrückbaren Kluft. In der Absicht, neue Perspektiven auf seine Musik zu gewinnen, sammeln wir mühsam Informationen über sie und all die anderen Gestalten im Umkreis des Komponisten – Schüler, Kollegen, Gönner und auch weit marginalere Figuren. Damit hoffen wir, den Quellen seiner Kreativität ein klein wenig näherzukommen, tiefer in die makellose Brillanz seines Geistes zu spähen. Anna Magdalenas Zugang zu Bach war direkter als der irgendeines anderen Menschen. Sein Verlust bedeutete für sie nicht nur, daß sie den Tod ihres – sterblichen – Ehemannes zu verkraften hatte, sondern zugleich wurde auch ihre tiefe Verbindung zu einem längst als unsterblich betrachteten Wesen durchtrennt. Sie ist unsere Maria Magdalena, die über den Leichnam unseres Heilands weint. Ihr Elend darf keine Grenzen kennen.

Bis zu dem Tag, an dem jemand eine von der echten Anna Magdalena Bach verfaßte *Kleine Chronik* entdeckt, wird sie für uns ein Trugbild bleiben und manch einer, der Verbindungen zur Musik ihres Mannes sucht, wird weiterhin Wege finden, sich ihm stellvertretend über sie anzunähern. Konfrontiert mit einem Mangel an biographischen Daten projizieren wir auf Anna Magdalena Bach die Eigenschaften, die in unseren Augen am besten zu der Ehefrau des größten Musikers aller Zeiten passen. Wir bestehen darauf, daß sie eine begabte Sopranistin, eine sorgfältige Kopistin, ein Ausbund an moralischer Tugend und eine treusorgende Mutter war, da es uns unangenehm wäre, wenn Bach eine mittelmäßige Sängerin, eine nachlässige Kopistin, eine unmoralische Karrieristin oder eine gleichgültige Mutter geheiratet hätte. Und der Gedanke, daß sie das Leben auch nach dem Tod ihres Mannes hätte genießen können, ist schlicht undenkbar.
Eine solche Voreingenommenheit ist der Gewinnung neuer Erkenntnisse kaum förderlich, doch was würde helfen? Diejenigen, die wirklich an Bachs Ehefrau interessiert sind, werden in der wissenschaftlichen Welt bleibende Spuren hinterlassen, indem sie neue Dokumente ausgraben, die sich unmittelbar auf die Biographie Anna Magdalena Bachs beziehen, indem sie das Leben anderer Frauen (einschließlich der Bach-Töchter) mit ähnlichen Lebenserfahrungen beleuchten und indem sie die von ihr angefertigten handschriftlichen Quellen (Musikalien und auch andere Dokumente) untersuchen, um herauszufinden, was diese über ihre Vorlieben und Beziehungen verraten. Welche Methoden wir auch anwenden und welche Leserschaft wir auch ansprechen, immer ist es von zentraler Wichtigkeit, daß wir die frustrierenden Unklarheiten der historischen Datenlage akzeptieren. Anna Magdalena Bach verdient es, von den Bürden der Repräsentation befreit und als Individuum behandelt zu werden.

Übersetzung: Stephanie Wollny

Mitglieder der Neuen Bachgesellschaft e.V. erhalten neben anderen Vergünstigungen das Bach-Jahrbuch als regelmäßige Mitgliedsgabe. Der jährliche Mitgliedsbeitrag beträgt nach dem Stand vom 1. Januar 2018:

Einzelmitglieder	€ 50,–
Ehepaare	€ 60,–
Schüler/Studenten	€ 25,–
Korporativmitglieder	€ 50,–

Beitrittserklärungen – formlos mit Angaben zur Person oder auf einer Kopie des untenstehenden Formulars – richten Sie bitte an die Geschäftsstelle der Neuen Bachgesellschaft, Postfach 100727, D-04007 Leipzig (Hausadresse: Burgstraße 1–5, Haus der Kirche, D-04109 Leipzig, Telefon bzw. Telefax 0341-9601463 bzw. -2248182, E-Mail: info@neue-bachgesellschaft.de).

Mitglieder der Neuen Bachgesellschaft können zurückliegende Jahrgänge des Bach-Jahrbuchs (soweit vorrätig) zu einem Sonderpreis erwerben. Anfragen richten Sie bitte an die Geschäftsstelle.

Beitrittserklärung

Ich/Wir möchte/n Mitglied/er der NBG werden:

Vor- und Zuname: _____

Geburtsdatum: _____

Beruf: _____

Straße: _____

PLZ – Ort: _____

Telefon/Telefax: _____

Gleichzeitig zahle/n ich/wir € _____

als ersten Jahresbeitrag sowie € _____

als Spende auf das Konto Nr. 67227908

bei der Postbank Leipzig (BLZ 86010090) ein.

IBAN: DE08 8601 0090 0067 2279 08

BIC: PBNKDEFF

Einzugsermächtigung

Ich/Wir erkläre/n mich/uns damit einverstanden, daß mein/unser Mitgliedsbeitrag von meinem/unserem Konto bei der

_____
(Bank/Sparkasse)

IBAN _____

BIC _____

bis zum schriftlichen Widerruf abgebucht wird.

_____	_____	_____
Ort, Datum	Unterschrift	Datum/Unterschrift